사회계약론

사회계약론

1판1쇄 | 2018년 4월 2일
1판4쇄 | 2021년 5월 24일
2판1쇄 | 2022년 12월 19일
2판2쇄 | 2023년 11월 27일

지은이 | 장-자크 루소
옮긴이 | 김영욱

펴낸이 | 안중철, 정민용
편집 | 윤상훈, 이진실, 최미정

펴낸곳 | 후마니타스(주)
등록 | 2002년 2월 19일 제2002-000481호
주소 | 서울특별시 마포구 신촌로14안길 17, 2층 (04057)
전화 | 편집_02.739.9929/9930 영업_02.722.9960 팩스_0505.333.9960

블로그 | blog.naver.com/humabook
엑스, 인스타그램, 페이스북 | @humanitasbook
이메일 | humanitasbooks@gmail.com

인쇄 | 천일문화사_031.955.8083 제본 | 일진제책사_031.908.1407

값 18,000원

ISBN 978-89-6437-419-1 94300
    978-89-6437-303-3 (세트)

정치
✛
철학
01

사회계약론

장-자크 루소 지음
김영욱 옮김

JEAN-JACQUES ROUSSEAU

DU CONTRAT SOCIAL
OU PRINCIPES
DU DROIT POLITIQUE

후마니타스

차례

일러두기 9

1권 10
1장 1권의 주제 11
2장 초기사회에 대해 12
3장 강자의 권리에 대해 15
4장 노예제에 대해 16
5장 언제나 첫 번째 합의로 거슬러 올라가야 한다 22
6장 사회계약에 대해 23
7장 주권자에 대해 26
8장 정치상태에 대해 29
9장 대물소유권에 대해 31

2권 35
1장 주권은 양도될 수 없다 35
2장 주권은 분할될 수 없다 36
3장 일반의지가 틀릴 수 있는가 39
4장 주권의 한계에 대해 41
5장 생살권에 대해 45
6장 법에 대해 48
7장 입법자에 대해 52
8장 인민에 대해 57
9장 계속 60
10장 계속 63
11장 여러 가지 입법체계에 대해 66
12장 법의 분류 69

3권 72

1장 정부 일반에 대해 72

2장 다양한 정부형태의 구성원리에 대해 78

3장 정부의 분류 81

4장 민주정에 대해 83

5장 귀족정에 대해 86

6장 왕정에 대해 89

7장 혼합정부에 대해 96

8장 모든 정부형태가 모든 나라에 적합한 것은 아니다 97

9장 좋은 정부의 증후에 대해 104

10장 정부의 권력남용과 타락 경향에 대해 106

11장 정치체의 죽음에 대해 110

12장 주권은 어떻게 유지되는가 111

13장 계속 113

14장 계속 115

15장 대의원 혹은 대표자에 대해 116

16장 정부설립은 결코 계약이 아니다 121

17장 정부설립에 대해 122

18장 정부의 월권을 방지하는 수단 124

4권 127

1장 일반의지는 파괴될 수 없다 127

2장 투표에 대해 130

3장 선출에 대해 133

4장 로마 민회에 대해 136

5장 호민관 제도에 대해 149

6장 독재관 제도에 대해 152

7장 감찰관 제도에 대해 156

8장 정치종교에 대해 158

9장 결론 173

옮긴이 주 174

옮긴이 해제 286

찾아보기 329

한국어판 일러두기

1. 원문으로 삼은 판본은 다음과 같다. *Du Contrat social ou Principes du droit politique*, éd. Robert Derathé, *Œuvres complètes*, t. III, Paris, Gallimard, 1964, pp. 347~470. 이와 함께 다음 두 판본을 참고했다. *Du Contrat social*, éd. Bruno Bernardi, Paris, Flammarion, 2001. *Du Contrat social*, éd. Simone Goyard-Fabre, Paris, Honoré Champion, 2010.

2. 루소의 모든 글은 다음 전집에서 인용하고, 인용 뒤에 "OC"와 권수, 쪽수로만 표기한다. *Œuvres complètes*, dir. Bernard Gagnebin, Marcel Raymond et al., Paris, Gallimard, 5 vol., 1959~1995.

3. 원주는 *, **, *** 등으로 각주 처리하며, 옮긴이 주는 1), 2), 3) 등으로 후주 처리한다. 주석에서 루소를 제외한 문헌의 인용은 서지 사항이 반드시 필요한 경우가 아니라면 책명과 장수로만 안내한다. 짧은 장으로 구성된 문헌들이라 어떤 판본으로 봐도 확인하기 어렵지 않을 것이다. 모든 번역은 옮긴이의 것이다.

4. 본문과 인용문에서 원저자의 강조는 드러냄표로 처리하고 원문을 병기한다. 이 외에 모든 원어 표기는 옮긴이가 독자의 이해를 돕기 위해 붙인 것이다.

5. 찾아보기의 인명, 지명, 용어는 루소의 본문과 주석에 나오는 것만 실었다.

6. 18세기 프랑스의 언어와 지식을 참고하기 위해 다음 두 문헌을 자주 들여다볼 것이다. 옮긴이 주에서 이 두 문헌은 한글 제목과 항목명만 안내한다.

   『백과사전』. *Encyclopédie ou Dictionnaire raisonné des sciences, des arts et des métiers*, dir. Denis Diderot et Jean le Rond d'Alembert, 17 vol., 1751~1772

   : http://enccre.academie-sciences.fr/encyclopedie/recherche/

   『아카데미 프랑세즈 사전』. *Dictionnaire de l'Académie française*, 4e édition, 1762

   : http://artfl.atilf.fr/dictionnaires/ACADEMIE/QUATRIEME/search.fulltext.form.html

사회계약[1]에 대해,
혹은 정치법의 원리[2]

제네바 시민,[3] 장-자크 루소

"공평한 협정의 조항을 말해 봅시다."

『아이네이스』*Aeneis* 11장[4]

DU
CONTRACT SOCIAL;
OU,
PRINCIPES
DU
DROIT POLITIQUE.

Par J. J. ROUSSEAU,
CITOYEN DE GENEVE.

Dicamus leges. ——— fœderis æquas

Æneid. xi

A AMSTERDAM,
Chez MARC MICHEL REY.
MDCCLXII.

일러두기

이 작은 논문은 더 방대한 어떤 저작에서 발췌한 것이다. 예전에 나는 내 힘을 고려하지 않고 그 일에 착수했다가 오래전에 포기해 버렸다. 해둔 것 중에서 여러 부분을 추려 낼 수 있겠지만, 이 부분이 가장 중요하고 또한 그나마 공중에게 내놓을 만한 가치가 있는 것 같다. 나머지 부분은 벌써 없어졌다.[5]

1권

나는 인간은 있는 그대로 두고 법은 바꿀 수 있는 것으로 생각하면서,[1] 정치질서ordre civil[2]에 정당하고 확실한 운영원칙règle d'administration[3]이 있을 수 있는지 따져 보고자 한다. 나는 이 연구 내내 권리[4]가 허용하는 것과 이익[5]이 명령하는 것을 결합하려 애쓸 것인데, 그래야 정의와 유용성이 결코 분리되지 않을 것이기 때문이다.[6]

나는 이 주제가 얼마나 중요한지 논증하지 않고 본론으로 들어간다. 정치에 대해 쓰다니 군주나 입법자라도 되냐는 질문이 나올 것 같다. 나는 아니라고, 그리고 아니기 때문에 정치에 대해 쓴다고 대답한다. 내가 군주나 입법자라면, 해야 할 것을 말하느라 시간을 허비하진 않을 것이다. 그것을 하든지 아니면 입을 다물 것이다.

내 목소리가 공무에 끼치는 영향력이 아무리 미약해도, 자유로운 국가[7]의 시민으로 태어나 주권자의 구성원이 되었으니 투표권이 있다는 것만으로도 공무에 대해 알아보는 일은 내 의무가 된다. 여러 정부[8]에 대해 숙고해 볼 때마다 내 나라 정부를 사랑할 새로운 이유들을 연구에서 계속 발견하게 되어 얼마나 다행인지!

1장
1권의 주제

인간은 자유롭게 태어나 어디에서나 쇠사슬에 묶여 있다. 자신이 다른 사람들의 주인이라고 믿는 자가 그들보다 더 노예로 산다. 이런 변화가 어떻게 일어났을까? 모르겠다. 어떻게 하면 이 변화를 정당한 것으로 만들 수 있을까? 이 문제는 내가 풀 수 있다고 생각한다.[9]

만약 힘과 힘에서 나오는 결과만을 고려한다면 나는 이렇게 말할 것이다. 누군가 한 인민을 강제로 복종시켰고 그래서 그들이 복종하고 있다면, 그 인민은 잘하고 있는 것이다. 그런데 멍에를 벗을 수 있게 되어 그래서 그 즉시 멍에를 벗어버린다면, 그들은 훨씬 더 잘하는 것이다. 왜냐하면 이것은 그들에게서 자유를 빼앗아 간 것과 동일한 권리를 통해 자유를 회수하는 것이라, 그들이 자유를 다시 취할 근거가 분명하든지 아니면 그들에게서 자유를 빼앗은 행위가 근거 없는 것이었든지, 둘 중 하나이기 때문이다. 사회질서ordre social는 다른 모든 권리의 기초가 되는 신성한 권리다.[10] 그런데 이 권리는 자연에서 유래하지 않고, 따라서 합의에 근거를 둔다. 중요한 것은 이 합의가 무엇인지 아는 것이다. 이 문제로 넘어가기 전에 방금 내놓은 주장을 입증해야 한다.

2장
초기사회에 대해[11]

　모든 사회 가운데 가장 오래되고 유일하게 자연적인 것은 가족사회다. 하지만 아이는 자신을 보존하기 위해 아버지를 필요로 하는 동안에만 그에게 매여 있다. 더 이상 그럴 필요가 없게 되면 자연적 유대는 즉시 소멸한다. 아이는 아버지에게 복종할 의무에서 벗어나고, 아버지는 아이를 보살필 의무에서 벗어나, 그들 모두는 똑같이 독립상태로 돌아간다. 만약 그들이 계속해서 결합된 채로 남아 있다면, 그것은 더 이상 자연적으로 그런 것이 아니라 자발적으로 그런 것이고, 이때 가족은 오직 합의에 의해서만 유지된다.

　이런 자유는 인간 공통의 것으로서 인간본성의 한 결과다. 인간의 제1 법칙은 자기 자신을 보존하기 위해 애쓴다는 것이고, 그가 우선적으로 돌봐야 할 것은 그 자신이다. 이성을 쓰는 나이가 되면 인간은 자신의 주인이 된다. 무엇이 자신을 보존하는 데 적합한 수단인지 판단하는 것이 오직 그 자신이기 때문이다.

　그러므로 가족을 정치사회의 첫 번째 모델이라 해도 좋을 것이다. 지도자는 아버지와, 인민은 아이들과 흡사한 이미지를 가진다. 모두는 평등하고 자유롭게 태어났기에 오직 자신에게 유용할 때에만 자신의 자유를 양도한다. 모든 차이는 다음 사실에 있다. 가족의 경우 아버지는 아이들에 대한 사랑만으로 기꺼이 그들을 돌보지만, 국가의 경우 지도자는 인민을 사랑하지 않기에 명령을 내리는 쾌락이 그것을 대체한다.[12]

　흐로티위스[13]는 인간의 모든 권력이 피통치자들에게 이득이 되도록 설립되는 것은 아니라고 말하며, 그 예로 노예제를 든다. 그의 가장 일관된 추론 방식은 언제나 사실을 통해 권리를 확립하는 것이다.* 이보다 더 앞뒤가 맞는 방법을 쓸 수도 있겠지만, 그런다고 해서 폭군들에게 더 유리하지는 않을 것이다.

따라서 흐로티위스에 따르면, 인류가 100여 명의 인간들에게 종속되어 있는지 아니면 100여 명의 인간들이 인류에게 종속되어 있는지 모호하다. 그런데 책 전체를 보면 그는 첫 번째 의견으로 기우는 것 같다. 이것은 또한 홉스[15]의 의견이기도 하다. 이리하여 인류는 여러 가축 떼로 분류되고, 각각은 그들을 잡아먹기 위해 지키고 있는 지도자를 갖게 된다.

목동의 본성이 양 떼의 본성보다 우월하듯이, 인간의 목자인 지도자들의 본성 또한 인민의 본성보다 우월하다. 필론의 보고에 따르면, 칼리굴라 황제는 이런 식으로 추론하여 이 유비로부터 왕이 신이라거나 혹은 인민이 짐승이라거나 하는 결론을 제법 잘 이끌어 냈다고 한다.[16]

흐로티위스와 홉스의 추론은 칼리굴라의 추론을 반복한다. 또한 이들 모두보다 앞서서 아리스토텔레스[17]는 인간이 결코 자연적으로 평등하지 않으며, 어떤 이들은 노예가 되기 위해 또 어떤 이들은 지배하기 위해 태어난다고 말했다.

아리스토텔레스는 옳았다. 하지만 그는 원인과 결과를 뒤바꾸었다. 노예상태로 태어난 모든 인간은 노예가 되려고 태어난

---

* 『인근 국가들에 대한 프랑스의 이익을 논하는 미간행 논설』*Traité manuscrit des intérêts de la France avec ses voisins*에서 d'A 후작은 이렇게 말한다. "공법에 대한 학문적 연구들은 대개 과거 오류들의 역사일 뿐이다. 그것에 대한 과도한 연구를 애써 자처함으로써 사람들은 괜히 머리만 싸맸던 것이다." 흐로티위스가 한 일이 정확하게 이것이다.[14]

것이다. 이보다 더 확실한 사실은 없다. 쇠사슬에 묶인 노예는 모든 것을, 심지어 거기에서 벗어날 욕망까지 잃어버린다. 노예는 율리시스의 동료들이 짐승처럼 우둔해지려고 했던 것처럼 자신의 예속을 사랑한다.* 따라서 본성상 노예인 사람들이 있다면, 그것은 애초에 본성에 반하여 노예가 된 사람들이 있었기 때문이다. 노예를 처음 만든 것은 힘이고, 그들의 비굴함은 그들을 영영 노예로 묶어 두었다.

나는 아담 왕에 대해, 또 온 세상을 나눠 가진 세 대왕의 아버지 노아 황제에 대해서는 일절 말하지 않았다. 노아의 세 자식들은 마치 사투르누스의 자식들처럼 세계를 지배했기에, 사람들은 그 둘을 혼동하기도 했다.[19] 나의 이런 절제를 고맙게 여기길 바란다. 내가 이 군주들 중 하나의, 어쩌면 장남 쪽의 직계 후손일 수 있어, 자격검증을 통해 인류의 정당한 왕이 되지 말라는 법도 없지 않은가? 어찌 됐건 섬에 있는 로빈슨[20]처럼, 아담이 세계의 유일한 거주자였던 동안 그가 세계의 주권자였다는 사실은 인정하지 않을 수 없다. 그리고 이 제국의 편리한 점은 군왕이 안전하게 왕좌에 앉아 반역도 전쟁도 음모자도 두려워할 필요가 없었다는 것이다.

* 플루타르코스의 작은 논설 『짐승도 이성을 사용한다』*Que les bêtes usent de la raison*를 보라.[18]

3장
강자의 권리에 대해

힘을 권리로, 복종을 의무로 변형하지 않는다면, 가장 강한 자도 언제까지나 지배자일 수 없다. 그 정도로 강할 수는 없기 때문이다. 그래서 강자의 권리droit du plus fort[21]라는 것이 있다. 사람들은 이 권리를 겉으로는 빈정대지만, 실제로는 원리로 확립하고 있다. 하지만 이 말에 대한 해명은 언제쯤이나 듣게 될까? 힘은 물리적 역량이다. 힘의 결과로 어떤 도덕성이 도출될 수 있는지 나는 알지 못한다. 힘에 굴복하는 것은 필연적인 행위이지, 의지의 행위가 아니다. 그것은 기껏해야 신중한 행위일 뿐이다. 어떤 의미에서 이것이 의무가 될 수 있단 말인가?

이른바 권리라는 이것을 잠시 가정해 보자. 나는 이 가정이 설명할 수 없는 혼란만 일으킨다고 말하겠다. 힘이 권리를 만든다면, 결과가 원인과 자리를 바꾸게 되어 어떤 힘이라도 첫 번째 힘을 이기면 권리를 계승하게 된다. 처벌을 피해 복종하지 않을 수 있다면 그 즉시 정당하게 그럴 수 있으며, 강자는 항상 옳기에 오직 강자가 되는 것만이 중요할 뿐이다. 그런데 힘이 멈추면 함께 소멸하는 권리란 대체 무엇인가? 힘 때문에 복종해야 한다면 의무 때문에 복종할 필요는 없으며, 복종이 강제되지 않을 땐 복종할 의무도 사라진다. 따라서 권리라는 말이 힘에 어떤 것도 덧붙이지 않음을 보게 된다. 이 경우 권리는 어떤 것도 의미하지 않는다.

권력에 복종하라. 이것이 힘에 굴복하라는 뜻이라면 좋은 가르침이긴 하나 불필요하다. 나는 누구도 이 가르침을 위반하지 않을 것이라고 응수할 것이다. 모든 권력이 신으로부터 나온다는 것을 인정한다. 그런데 모든 병도 신으로부터 온다. 그렇다고 해서 의사를 부르는 것이 금지되는가? 강도가 숲 한구석에서 나를 덮친다고 하자. 나는 힘에 눌려 지갑을 내주어야 할 뿐만 아니라, 지갑을 감출 수 있는데도 양심적으로 내주어야만 하는가? 그가 쥐고 있는 권총 또한 결국 권력이니까?

그러므로 힘은 권리를 만들지 않는다는 사실을, 그리고 우리의 의무는 오직 정당한 권력에만 복종하는 것뿐이라는 사실을 인정하자. 따라서 언제나 내 최초의 질문으로 돌아가게 된다.

4장
노예제에 대해

누구도 동류semblable[22]에 대해 자연적인 권한을 가지지 않고 힘은 어떤 권리도 생산하지 않기에, 그러므로 사람들 사이의 모든 정당한 권한은 합의를 기초로 삼는다.

흐로티위스는 이렇게 말한다. 만약 개별자particulier가 자신의 자유를 양도하고 스스로 노예가 되어 주인을 갖는 것이 가능하다면, 왜 인민 전체가 그들의 자유를 양도하고 스스로 왕의 신민이 되는 것은 가능하지 않단 말인가? 여기에는 설명을 요하는 여러 모호한 말이 있지만, 양도하다aliéner라는 말을 살펴보도록 하자. 양도한다는 것은 주는 것이거나 아니면 파는 것이다. 그런데 스스로 타인의 노예가 된 사람은 자신을 그냥 주는 것이 아니라, 자신을 팔아서 적어도 자신의 존속을 유지하려는 것이다. 하지만 인민이라면 왜 그들이 자신을 팔겠는가? 왕은 신민들에게 존속 수단을 제공하는 것이 아니라, 오히려 자신의 존속을 신민들에게서 구한다. 라블레[23]를 보면 왕은 검소하게 살지도 않는다. 그렇다면 신민들은 재산을 내놓는 조건으로 그 인격personne[24]까지 내준다는 것인가? 나는 그들이 무엇을 보존하려고 하는지 모르겠다.

누군가는 전제군주가 신민들에게 국가의 평온tranquillité civile[25]을 보장한다고 말할 것이다. 좋다, 하지만 신민들이 그들의 불화보다, 왕의 야망 때문에 발생하는 전쟁, 채울 수 없는 왕의 탐욕, 왕 주변 관리들에 의한 억압으로 인해 더 황폐화되는데, 그들이 이런 평온에서 무엇을 얻는단 말인가? 이 같은 평온 자체가 그들의 비참 중 하나인데, 그들이 거기에서 무슨 득을 본단 말인가? 지하 독방에서도 안전하게 살 수 있다. 이것으로 충분히 잘 지낼 수 있는 것인가? 키클롭스의 동굴에 갇힌 그리스인들도 거기에서 안전하게 살았다. 자신이 잡아먹힐 차례가 오길 기다리면서.[26]

누군가 한 인간이 자신을 무상으로 준다고 말한다면, 그는 부조리하고 이해 불가능한 것을 말하고 있을 뿐이다. 이렇게 하는 사람은 제정신이 아니라는 사실만으로 그의 행위는 부당하며 무효가 된다. 인민 전체에 대해 같은 것을 말한다면, 정신 나간 자들로 구성된 인민을 가정하는 것이다. 광기는 권리를 만들지 않는다.

누구나 자신을 양도할 수 있다 쳐도, 자신의 아이를 양도하는 것은 불가능하다. 아이도 인간으로서 자유롭게 태어난다. 아이의 자유는 그 자신에게 속한 것이라, 그 외에 누구도 그의 자유를 처분할 권리가 없다. 그가 이성을 사용하는 나이에 이르기 전이라면, 아버지가 아이의 이름으로 아이의 보존과 안녕을 위해 계약조건을 정할 수 있다. 하지만 돌이킬 수 없게끔 조건 없이 아이를 넘겨주는 것은 가능하지 않다. 왜냐하면 그런 증여는 자연의 목적에 반하고 부성의 권리를 넘어서기 때문이다. 그러므로 독단적인 정부가 정당한 것이 되기 위해서는 각 세대마다 인민이 마음대로 정부를 인정하거나 거부할 수 있어야 한다. 하지만 그렇게 되면 그 정부는 더 이상 독단적이지 않을 것이다.

스스로 자유를 포기하는 것은 인간의 자격, 인간성의 권리와 그 의무까지 포기하는 것이다. 모든 것을 포기하는 사람에게는 어떤 보상도 가능하지 않다. 그런 포기는 인간의 본성과 양립할 수 없으며, 자신의 의지에서 모든 자유를 제거하는 것은 자신의 행위에서 모든 도덕성을 제거하는 것이다. 요컨대 한쪽 당사자에게는 절대적 권한을 규정하고 다른 쪽 당사자에게는 한없는 복종을 규정하는 것은 모순되고 헛된 합의다. 어떤 사람이 상대방에게 모든 것을 요구할 수 있는 권리를 가진다면, 그가 상대방에 대한 어떤 의무에도 구애받지 않는다는 것은 명확하지 않은가? 등가물도 교환도 없는 이 유일한 조건에 의해 계약행위는 무효가 되지 않는가? 실제로 나의 노예가 나에 대해 무슨 권리를 가지겠는가? 그가 가진 모든 것이 내게 속하고 따라서 그의 권리가 나의 권리라면, 그가 내게 갖는 권리란 나 자신에 대한 나의 권리가 될 뿐이고, 따라서 아무 뜻도 없는 말이 된다.

호로티위스를 비롯한 몇몇은 이른바 노예법의 또 다른 기원을 전쟁에서 찾아낸다. 그들에 따르면 승자는 패자를 죽일 권리를 가지니까, 패자는 자신의 자유를 지불하고 생명을 되사들일 수 있다는 것이다. 이 합의는 양쪽 모두에게 이득이 되는 만큼 정당하다고 한다.

그런데 이른바 이 패자를 죽일 권리라는 것이 어떤 방식으로도 전쟁상태로부터 도출되지 않는다는 것은 분명하다. 원시적 독립상태에서 살아가는 인간들은 평화상태나 전쟁상태를 구성할 만큼 그들 사이에 지속적인 관계를 갖지 않는다. 이 때문에 그들은 자연적으로는 결코 적이 될 수 없다. 전쟁을 성립시키는 것은 사물들의 관계이지 인간들의 관계가 아니다. 전쟁상태는 단순한 대인 관계에서는 생겨날 수 없고 오직 대물 관계에서만 생겨날 수 있다. 사적 전쟁이나 인간 대 인간의 전쟁은, 자연상태état de nature에서는 지속적인 소유권이 없기에, 사회상태état social에서는 모든 것이 법의 권한 아래 있기에 존재할 수 없다.[27]

개인적인 싸움, 결투, 충돌과 같은 행위들은 결코 어떤 상태를 구성하지 않는다. 프랑스 왕 루이 9세[28]가 제정하여 허용하고 신의 평화Paix de Dieu[29]에 의해 중단된 사적 전쟁의 경우, 그것은 최고로 부조리한 체제이자, 자연법droit naturel의 원리와 모든 좋은 정치체제politie[30]에 반하는 봉건정부의 악습일 뿐이다.

그러므로 전쟁은 인간 대 인간의 관계가 아니라 국가 대 국가의 관계이고, 전시에 개별자들은 오직 우발적으로만 적이 되며, 그것도 인간이나 시민으로서가 아니라 병사로서, 즉 조국의 구성원으로서가 아니라 방어자로서만 그렇게 된다. 요컨대 모든 국가는 오직 다른 국가만을 적으로 가질 수 있을 뿐 인간을 적으로 삼을 수는 없다. 각기 다른 본성에 속한 사물들 사이에는 어떤 실제적인 관계도 설정될 수 없기 때문이다.

이 원리는 모든 시대를 통틀어 확립된 규범과 모든 개화된 인민의 일관된 실천에 부합한다. 선전포고란 권력이 아니라 그 권력의 신민들에게 전하는 경고다. 군주에게 전쟁을 선언하지 않은 채 신민의 재산을 훔치고 신민을 죽이거나 억류하는 외국인은 그가 왕이건 개별자건 인민이건 한낱 강도일 뿐이다. 전쟁의 와중에라도, 정의로운 군주는 적국에서 공적인 것에 속하는 것이라면 다 탈취해도 개별자들의 인격과 재산만은 존중한다. 그가 존중하는 권리가 바로 그 자신의 권리의 근거인 것이다.[31) 전쟁의 목적이 적국을 파괴하는 것이기에, 적국의 방어자들이 손에 무기를 쥐고 있는 한에서는 그들을 죽일 권리가 있다. 하지만 무기를 내려놓고 항복하여 적이나 적의 수단이 되길 멈추면, 그 즉시 그들은 단순히 인간으로 되돌아가고 그들의 생명에 대한 권리는 누구도 가질 수 없다. 가끔 국가의 구성원을 단 한 명도 죽이지 않고 그 국가를 죽이는 것도 가능하다. 따라서 전쟁에서는 그 목적에 필수적이지 않은 어떤 권리도 도출되지 않는다. 이런 원리는 흐로티위스의 것도 아니고 시인들의 권위에 근거하지도 않지만, 사물의 본성에서 유래하며 이성에 근거한다.

정복법[32)의 경우, 그것은 강자의 법loi du plus fort 이외에 다른 근거를 갖지 않는다. 전쟁이라고 해도 승자가 패배한 인민을 학살할 권리가 없다면, 승자가 가지고 있지 않은 권리를 통해 패자를 노예로 만들 권리를 정당화할 수는 없다. 적을 죽일 권리는 그를 노예로 만들 수 없을 때에만 주어진다. 따라서 적을 노예로 만들 권리는 그를 죽일 권리에서 나오지 않는다. 그러니 누구도 권리를 주장할 수 없는 인간의 생명을 그의 자유를 비용으로 되사게 하는 것은 불공정한 교환이다. 생살권droit de vie et de mort을 노예법 위에 확립하면서 노예법을 생살권 위에 확립한다면 악순환에 빠지는 것이 분명하지 않은가?

뭐든지 죽일 수 있다는 이 끔찍한 권리를 상정한다 해도, 나는 전쟁노예 혹은 피정복 인민이, 강제되는 동안 복종하는 것 말고는 주인에 대해 어떤 의무도 지지 않는다고 말하겠다. 생명 대신 등가의 것을 취한다고 해서 승자가 패자에게 무슨 호의를 베푼 것이 결코 아니다. 그는 패자를 헛되이 죽이는 대신 유용하게 죽이는 것이다. 그러므로 승자는 패자에 대해 힘의 행사에서 권리의 획득으로 옮겨간 것이 아니다. 오히려 전쟁상태는 전과 같이 그들 사이에 계속되고 있고, 그들의 관계 자체가 전쟁상태의 결과다. 전쟁법의 행사로 없는 강화조약이 있게 되는 것도 아니다. 그들이 어떤 합의를 체결하긴 했다. 그렇다, 하지만 이 합의는 전쟁상태를 파괴하지 않으며, 오히려 그것이 계속되고 있음을 전제한다.

따라서 사태를 어떤 방향에서 고찰하든 노예법이 무효인 것은, 그것이 부당할 뿐만 아니라 부조리하며 아무것도 의미하지 않기 때문이다. 노예제esclavage와 법droit,[33] 이 말들은 모순되며 서로 배제한다. 한 인간이 다른 한 인간에게 말하는 것이든 한 인간이 한 인민에게 말하는 것이든, 다음의 말은 언제나 똑같이 당찮다. "나는 부담은 너만 지고 이득은 나만 누리는 합의를 너와 체결하며, 나는 내가 내키는 한에서 이 합의를 준수하고 너도 내가 내키는 한에서 준수한다."[34]

5장
언제나 첫 번째 합의로 거슬러 올라가야 한다

지금까지 논박한 것을 다 인정하더라도, 그런다고 전제정 옹호자들에게 도움이 되지는 않을 것이다. 많은 사람들을 종속시키는 것과 사회를 운영하는 것 사이에는 언제나 큰 차이가 있다. 흩어져 있는 사람들을 차례차례 단 한 명에게 예속시킨다면, 그 수가 몇이든 나는 거기에서 주인 한 명과 노예들을 볼 뿐 결코 한 인민과 그들의 지도자를 보는 일은 없다. 그것은 말하자면 응집agrégation이지 회합association이 아니다.[35] 거기에는 공공선bien public도 정치체corps politique[36]도 존재하지 않는다. 세계의 절반을 예속시켰다 해도 이 사람은 여전히 한 개별자일 뿐이다. 그의 이익은 다른 사람들의 이익과 분리되어 있기에 여전히 하나의 사적인 이익일 뿐이다. 이 사람이 죽으면, 그가 사라진 후 제국은 마치 불에 타 잿더미로 분해되어 쓰러진 떡갈나무처럼 흩어지고 모든 연결을 잃는다.

호로티위스는 인민이 스스로를 왕에게 내줄 수 있다고 말한다. 그러므로 호로티위스의 논리대로라면, 인민은 자신을 왕에게 바치기 전에도 인민이다. 이 증여 자체가 정치체의 행위acte civil이며, 공적 심의를 전제한다. 따라서 인민이 왕을 선출하는 행위를 검토하기 전에, 인민이 인민이 되는 행위를 검토하는 것이 유익할 것이다. 왜냐하면 필연적으로 전자의 행위에 앞서는 이 행위가 사회의 진정한 토대이기 때문이다.

실제로 앞선 합의가 없었다면, 만장일치로 선출한다면 모를까 소수가 다수의 선택에 복종할 의무가 어디 있으며, 어떤 지배자를 원하는 100명이 무슨 권리로 그를 원하지 않는 열 명을 대신해 투표할 수 있단 말인가? 다수결원칙은 그 자체로 어떤 합의에 의해 설립되는 것이고, 따라서 그것은 적어도 한 번의 만장일치를 전제한다.[37)]

6장
사회계약에 대해

나는 인간이 다음 지점에 이르렀다고 가정한다. 자연상태에서 인간의 보존을 방해하는 장애물들의 저항력이, 개인이 자연상태에서 자신을 유지하기 위해 사용할 수 있는 힘을 능가하게 되었다. 그때 원시상태는 더 이상 존속할 수 없으며, 인류는 존재방식을 바꾸지 않으면 소멸할 것이다.[38)]

그런데 인간은 새로운 힘을 만들어 낼 수 없고 다만 존재하는 힘들을 합하고 지휘할 수 있을 뿐이다. 따라서 응집을 통해 여러 힘을 모아 저항력을 이겨내고, 하나의 동력으로 힘들을 작동시켜 힘들이 일치협력하여 움직이도록 하는 것만이 자신을 보존하기 위한 유일한 수단이다.

이렇게 힘을 합하는 것은 오직 여럿의 협력을 통해서만 가능하다. 하지만 각자의 힘과 자유는 자신을 보존하기 위한 일차적인 도구들인데, 어떻게 그가 자신에게 해가 되지 않게 하면서 그리고 자신에게 쏟아야 하는 보살핌도 등한시하지 않으면서 이 도구들을 투입할 수 있을 것인가? 나의 주제로 귀착하는 이 어려움을 다음과 같은 표현으로 진술해 볼 수 있겠다.

공동의 힘을 다해 각 회합원associé의 인격과 재산을 지키고 보호하며, 각자가 모두와 결합함에도 오직 자기 자신에게만 복종하기에 전만큼 자유로운 회합형식을 찾는 것.[39] 바로 이것이 사회계약으로 해결하려고 하는 근본 문제다.

계약의 조항들은 이 계약행위 자체의 본성에서 도출되어 결정되기에, 조금만 수정해도 소용없는 것이 되고 어떤 효과도 낳지 않는다. 따라서 아마도 한 번도 형식적으로 진술된 적이 없다 해도, 이 조항들은 어디에서나 동일하며 어디에서나 암묵적으로 인정되고 승인된다. 그리고 이 암묵적 승인은, 사회계약이 위반되어 각자가 본래 권리를 되찾아, 합의에 의한 자유를 상실하고 이를 위해 포기했던 자연적 자유를 회복할 때까지 유지된다.

잘 이해해 보면 이 조항들은 모두가 단 하나의 조항으로 귀착된다. 즉 각 회합원은 자신의 모든 권리와 함께 공동체 전체로 완전히 양도된다. 우선, 각자가 자신을 전부 주기에 계약조건이 모두에게 공평하며, 조건이 모두에게 공평하기에 어떤 사람도 계약조건이 타인에게 부담이 되도록 만드는 데 관심을 갖지 않는다.

게다가 이것은 아무것도 남겨 두지 않는 양도여서, 최대로 완전한 결합이 이루어지며 어떤 회합원도 요구거리를 가질 수 없다. 만약 개별자들에게 몇몇 권리가 남아 있게 되면, 각자는 어떤 사안에서 스스로 심판자 역할을 하게 되어 곧 모든 사안에 있어서 그렇게 되길 바랄 것이다. 왜냐하면 이들과 공중 사이에서 판결을 내려 줄 공통의 상급자가 없기 때문이다. 따라서 자연상태가 계속될 것이며, 회합은 필연적으로 압제적이거나 무의미한 것이 된다.

마지막으로, 각자는 모두에게 자신을 주기에 아무에게도 주지 않는다. 또한 누군가 다른 회합원에게 자신에 대한 권리를 넘기면 그도 상대방에 대한 동일한 권리를 획득하기 때문에, 잃어버린 모든 것의 등가물이 주어지며, 게다가 현재 가지고 있는 것을 더 큰 힘으로 보호하게 된다.[40]

따라서 사회계약에서 그것에 본질적이지 않은 것을 제외한다면, 우리는 사회계약이 다음의 말로 환원됨을 알게 될 것이다. 우리 각자는 공동으로, 자신의 인격과 모든 힘을 일반의지volonté générale의 최고 지도 아래 둔다. 그리고 우리는 단체로서, 각 구성원을 전체의 분리 불가능한 부분으로 받아들인다.

그 즉시 이 회합행위는 각 계약자의 개별적인particulière 인격이 있던 자리에, 집회assemblée[41]의 투표수와 동수인 구성원으로 이루어진 집단적 가상단체corps moral et collectif[42]를 생산하며, 이 단체는 이와 같은 회합행위로부터 통일성, 공동의 자아moi, 그리고 생명과 의지를 부여받는다. 이렇게 나머지 모든 인격의 결합을 통해 형성되는 이 공적 인격personne publique은, 예전에 도시국가cité*라는 이름을 가지고 있었고, 지금은 공화국république 또

* 이 단어의 참된 의미는 현대인들에게서 거의 완전히 지워졌다. 대부분의 사람들이 도시ville를 도시국가cité로, 부르주아bourgeois를 시민citoyen으로 착각한다. 그들은 집이 모이면 도시가 되나 시민이 모이면 도시국가가 된다는 사실을 알지 못한다. 예전에 카르타고인들은 이와 같은 오류로 인해 비싼 대가를 치렀다. 나는 군주의 신민들에게 시민cives의 지위가 주어졌다는 이야기를 어떤 책에서도 보지 못했다. 그 지위는 심지어 옛날 마케도니아인들에게도, 그리고 다른 어떤 인민보다 더 자유와 가까이 있는 오늘날 영국인들에게도 주어지지 않았다. 오직 프랑스인들만이 아주 편하게 시민의 명칭을 쓰는데, 이것은 그들의 사전을 보면 알 수 있듯이 그들이 이 명칭에 대해 어떤 진정한 관념도 가지고 있지 않기 때문이다. 그런 것이 아니라면 시민을 참칭

는 정치체corps politique라는 이름을 가진다. 구성원들은 이 공적 인격이 수동적일 땐 국가État로, 능동적일 땐 주권자souverain로, 그리고 그것을 동류들과 비교할 땐 권력puissance이라고 부른다. 회합원들은, 집단으로서는 인민peuple이라는 이름을 가지며, 개별적으로 지칭될 땐 주권의 권한에 참여하는 자로서는 시민citoyens으로, 국가의 법에 종속된 자로서는 신민sujets으로 불린다. 하지만 이 말들은 흔히 혼동되고 하나가 다른 하나로 이해되므로, 매우 정교하게 사용되는 경우에 구별할 수 있으면 된다.[44]

7장
주권자에 대해

이런 계약 서식을 통해 우리는 다음을 알게 된다. 회합행위는 공중과 개별자들 사이의 상호적인 약속을 포함한다. 그리고 각 개인은 말하자면 자기 자신과 계약함으로써 어떤 이중의 관계에 결부된다. 즉 그는 개별자들에 대해서는 주권자의 구성원

하는 것으로 대역죄의 벌을 받아야 할 것이다. 즉 프랑스인들에게 이 명칭은 어떤 덕을 표현할 뿐 권리를 표현하진 않는다. 보댕은 우리나라 시민들과 부르주아들에 대해 말하려고 하다가, 둘을 혼동함으로써 엄중한 실수를 저질렀다. 달랑베르 씨는 이 점을 틀리지 않고 "제네바"Genève 항목에서 우리 도시의 네 가지 (단순 외국인을 포함한다면 다섯 가지) 신분을 잘 구별했다. 우리 도시에는 네 신분이 있지만, 그중 두 신분만이 공화국을 구성한다. 내가 아는 한, 다른 어떤 프랑스 작가도 시민이라는 단어의 참된 의미를 이해하지 못했다.[43]

이며, 주권자에 대해서는 국가의 구성원이다. 자신과 맺은 약속은 책임질 필요가 없다는 시민법droit civil[45]의 원칙을 여기에 적용할 수는 없다. 왜냐하면 자기 자신에게 의무를 지는 것과 자신을 부분으로 포함하고 있는 전체에 의무를 지는 것 사이에는 큰 차이가 있기 때문이다.

또한 다음을 지적해야 한다. 공적 심의가 모든 신민에게 주권자에 대한 의무를 부과할 수 있는 것은, 각 신민이 두 가지 상이한 관계 속에 놓여 있기 때문이다. 그런데 반대 이유로[46] 공적 심의는 주권자에게 그 자신에 대한 의무를 부과할 수 없다. 따라서 주권자가 자기 자신에게 법을 부과한다는 것은 정치체의 본성에 어긋난다. 이때 주권자는 유일하고 동일한 관계 속에서만 고려되기에, 자기 자신과 계약하는 개별자의 경우와 같게 된다. 이로써 분명해지는 것은, 인민단체에게는 어떤 종류의 기본법loi fondamentale[47]도 의무가 되지 않으며 의무가 될 수도 없다는 사실이다. 이것은, 단체로서의 인민이 사회계약을 위반하지 않는 것에 있어서조차 타자와 어떤 약속도 맺을 수 없음을 뜻하지는 않는다. 왜냐하면 외국에 대해 이 단체는 단순한 존재, 개인이기 때문이다.

하지만 정치체 혹은 주권자는 그 존재가 오직 사회계약의 신성함에서 산출되므로, 자신의 일부를 양도하거나 스스로 다른 주권자에게 복종하는 것과 같이, 최초의 계약행위에 저촉되는 어떤 의무라도 자신이나 타자에게 부과할 수 없다. 자신의 존재근거인 계약행위를 위반한다면 자신의 존재를 소멸시키게 될 것이다. 그리고 아무것도 아닌 것은 어떤 것도 생산하지 못한다.

많은 사람들이 이렇게 하나의 단체로 결합하면, 구성원 중 하나에게 상처를 입히는 것은 단체를 공격하는 것과 같고, 단체를 공격하면 구성원들은 그만큼 그 고통을 느끼지 않을 수 없다. 그러므로 의무와 이익에 의해 두 계약 당사자는 똑같이 서로 도울 의무를 부여받으므로, 구성원들은 이 이중의 관계에서 얻을 수 있는 모든 이점을 그런 관계 아래 결합하기 위해 애써야 한다.

한편 주권자는 오직 그것을 구성하는 개별자들에 의해 형성되므로, 이들에 반하는 이익을 가지지 않고 가질 수도 없다. 따라서 주권자의 권력은 신민에게 어떤 보증도 내세울 필요가 없다. 왜냐하면 이 단체가 자신의 전체 구성원에게 해를 끼치길 원한다는 것은 불가능하기 때문이다. 또한 이 단체는 개별자 누구에게도 해를 입힐 수 없음을 아래에서 보게 될 것이다. 주권자는 주권자라는 사실만으로 언제나 자신의 모든 의무를 다한다.

하지만 신민들은 주권자에 대해 그렇지 않다. 공동이익intérêt commun에도 불구하고 신민들의 약속 엄수를 확보할 수단이 없으면, 주권자는 그들의 약속에 대해 어떤 보장도 받을 수 없다.

실제로 각 개인은 그가 시민으로서 가지는 일반의지와 반대되거나 상이한 개별의지volonté particulière를 인간으로서 가질 수 있다. 그의 개별이익은 공동이익과 아주 다른 것을 그에게 속삭일 수 있다. 그의 존재양식은 절대적이며 본래 독립적이다. 이 때문에 그에게는 공동의 목적을 위해 수행해야 하는 의무가 이유 없는 분담금처럼 간주될 수 있으며, 그것을 지불함으로써 자신이 떠맡아야 하는 부담이 그것을 내지 않아 생긴 손실에 의해 다른 사람들이 입는 해보다 더 크게 보일 수 있다. 또한 그는 국가를 구성하는 가상인격personne morale을 개별적인 인간이 아니라는 이유로 관념적 존재être de raison로 간주함으로써, 신민의 의무를 다할 생각도 하지 않은 채 시민의 권리를 누릴 것이다. 이런 불의가 번지면 정치체는 결국 파멸을 맞을 것이다.

그러므로 사회계약은 그것이 헛된 서식이 되지 않기 위해, 유일하게 다른 약속들에 효력을 줄 수 있는 다음과 같은 약속을 암묵적으로 포함한다. 그것은 누구든 일반의지에 복종하길 거부하면 단체 전체가 그를 강제로 복종시킨다는 것이다. 이것이 뜻하는 것은 다음과 다르지 않다. 우리는 그를 강제로 자유롭게 만들 것이다. 왜냐하면 이 계약조건으로 인해 시민 각자는 자신을 조국에 바치면서 모든 대인 의존으로부터 보호되기 때문이다.[48] 바로 이 조건이 정치기계machine politique의 기교와 운동을 만들어내고, 이 조건만으로 시민들의 약속engagements civils은 정당한 것이 된다. 이런 조건이 없는 약속이란 부조리하고, 전제적일 것이며, 엄청난 폐단에 직면할 것이다.[49]

8장
정치상태에 대해

자연상태에서 정치상태état civil[50]로의 이런 이행은 인간에게 매우 주목할 만한 변화를 만들어 낸다. 즉 행위에서 정의가 본능을 대체하고, 인간 행동은 전에는 없었던 도덕성을 부여받는다. 이때에야 의무의 목소리가 신체적 충동을 대신하고 법이 욕구를 대신하게 되어, 여태껏 오로지 자신만을 고려했던 인간은 이제 자신이 다른 원리를 따라 행동해야만 하고, 성향의 목소리를 듣기 전에 이성의 충고를 따라야 함을 알게 된다. 이 상태에서 인간은 자연이 주는 여러 이점을 박탈당하지만, 그것을 더 큰 것으로 다시 취하게 된다. 능력이 신장되고 발전하며, 관념이 확장되고, 감정이 고상해진다. 영혼 전체가 고양되니, 만약 이 새로운 조건에서 생겨난 폐단에 의해 그가 처음 조건 이하로 추락하는 일이 자주 일어나지 않는 한, 그는 자신을 자연상태에서 영원히 떼어낸 다행스러운 순간, 어리석고 모자란 동물을 지성적인 존재이자 인간으로 만든 그 순간을 끊임없이 찬양할 것이다.[51]

이 저울질 전부를 쉽게 비교할 수 있는 항목들로 환산해 보자. 사회계약을 통해 인간이 잃는 것은 자연적 자유와, 그를 유혹하고 그의 손이 닿는 모든 것에 대한 무제한적 권리다. 그가 얻는 것은 시민의 자유liberté civile[52]와, 그가 가지고 있는 모든 것에 대한 소유권이다. 이 보상에 대해 잘못 생각하지 않으려면, 개인의 힘에 의해 한계가 정해지는 자연적 자유와 일반의지에 의해 제한되는 시민의 자유를 잘 구별해야 하고, 힘의 결과일 뿐이거나 최초 점유자의 권리일 뿐인 점유와 확실한 명의로만 정당화될 수 있는 소유권을 구별해야 한다.

앞에서 말한 것을 근거로, 정치상태를 통해 얻는 것에 도덕적 자유를 추가할 수 있을 것이다. 도덕적 자유만이 인간을 진정으로 자신의 주인으로 만든다. 왜냐하면 오로지 욕구에만 매달리는 충동은 노예상태이고, 스스로 규정한 법에 복종하는 것은 자유이기 때문이다. 하지만 이 문제에 대해서는 이미 많이 얘기하기도 했고, 또 자유liberté라는 말의 철학적 의미는 이 책의 주제를 벗어난다.[53]

9장
대물소유권[54]에 대해

공동체가 형성되는 순간, 각 구성원은 지금 있는 그대로, 가진 재산을 비롯한 자신의 모든 힘과 자기 자신을 공동체에 내준다. 이 행위를 통해 다른 손으로 넘겨진다고 해서 점유가 그 본성을 바꾸어, 그것이 주권자 수중에서 소유권이 되는 것은 아니다. 하지만 도시국가의 힘이 개별자의 힘에 비해 비교할 수 없을 정도로 크기 때문에, 공적 점유 또한 사실에 있어서는 더 강력하며 더 철회 불가능하다. 그래도 그것은 적어도 외국인에 대해서는 더 정당한 것이 아니다. 왜냐하면 국가는 그 구성원들에 대해서는 국가 안의 모든 권리의 기초가 되는 사회계약을 통해 구성원들의 모든 재산을 지배하지만, 다른 외부 권력에 대해서는 오직 개별자들로부터 받은 최초 점유자의 권리를 통해서만 재산을 지배하기 때문이다.

최초 점유자의 권리는 강자의 권리보다는 더 실질적이지만, 소유권이 설립된 후에야 진정한 권리가 된다.[55] 모든 사람은 그에게 꼭 필요한 모든 것에 대한 권리를 본래 가지고 있다. 그런데 그를 어떤 재산의 소유권자로 만드는 확실한 증서acte positif로 인해 그는 나머지 모든 재산에서 배제된다. 몫이 결정되면 그는 거기에 만족해야 하며, 공동재산에 대해 더 이상 어떤 권리도 갖지 않는다. 모든 시민homme civil이, 자연상태에서는 그토록 허약한 최초 점유자의 권리를 존중해 마땅하다고 생각하는 이유가 바로 이것이다. 이 권리를 통해 존중되는 것은, 타인에게 속한 것이라기보다는 자신에게 속하지 않은 것이다.

일반적으로 어떤 토지에 대해 최초 점유자의 권리를 인정하기 위해서는 다음 조건들이 필요하다. 첫째, 이 토지에 아직 아무도 거주하지 않을 것. 둘째, 오로지 자신의 존속에 필요한 만큼만 토지를 점유할 것. 셋째, 공허한 의례가 아니라 노동과 경작을 통해 토지를 점유할 것. 오직 노동과 경작만이 소유권의 유일한 표시이며, 다른 사람들은 법적 증명이 없을 경우 이것을 존중해야만 한다.

그런데 필요와 노동으로 최초 점유자의 권리를 부여하면, 이 권리가 모든 곳에서 너무 쉽게 인정되지 않을까? 이 권리를 제한해야 하지 않을까? 빈 땅에 발만 내딛으면 그 즉시 공유지의 주인으로 자처할 수 있단 말인가? 사람들을 땅에서 잠깐 몰아낼 힘만 있으면, 그들이 다시 들어올 권리를 영영 박탈할 수 있는 것인가? 한 사람이나 인민이 거대한 영토를 차지하고 그곳에 대한 권리를 전 인류에게서 빼앗는 방법이라곤, 처벌받아 마땅한 침탈행위가 아니라면 무엇이 있는가? 왜냐하면 그것은 자연이 공동의 것으로 준 거주지와 양식을 나머지 사람들에게서 빼앗는 짓이기 때문이다. 누녜스 발보아가 해안에 이르러 남방해와 남아메리카 전부를 카스티야 왕국의 이름으로 점유했다는 것만으로,[56] 그가 모든 주민의 권리를 박탈하고 세계 모든 군주들을 그곳에서 배제할 수 있었다는 것인가? 이렇게 발을 들이미는 의미 없는 의례가 반복되었고, 가톨릭의 왕[57]은 집무실에 앉아 순식간에 전 세계를 가지기만 하면 됐다. 거기에 자신의 제국에서 다른 군주들이 전부터 가지고 있던 부분을 잘라 내는 일 정도가 추가된다.

우리는 연결되고 인접해 있는 개별자들의 땅이 어떻게 공적 영토가 되는지, 그리고 주권이라는 권리가 신민들뿐만 아니라 이들이 점유하고 있는 영토까지 포괄함으로써 어떻게 동시에 대인 권이자 대물권이 되는지 이해하게 된다. 이를 통해 소유자들은 더 큰 의존상태에 놓이게 되고, 그들의 힘 자체가 그들이 약속을 지 킬 것이라는 보증이 된다. 몇몇 고대 군왕들은 이런 이점을 잘 인 지하지 못했던 것처럼 보인다. 그들이 자신을 페르시아인의 왕, 스키타이인의 왕, 마케도니아인의 왕으로만 부른 것으로 보아, 스스로를 그 지방의 지배자라기보다 사람들의 지도자로 간주한 듯 하다. 오늘날 군왕들은 더 능란하게 프랑스의 왕, 스페인의 왕, 영 국의 왕 등으로 자칭한다. 그들은 이렇게 영토를 장악하면 그곳에 사는 주민들을 장악할 수 있다고 확신한다.

이 양도에는 특이한 점이 있다. 공동체는 개별자들의 재산을 수용하지만 그것을 빼앗는 것은 아니다. 오히려 공동체는 정당 한 점유를 보장함으로써, 침탈을 진정한 권리로, 용익jouissance을 소유권으로 바꾼다. 이 경우 점유자들은 공적 재산의 수탁인으로 간주되어, 국가의 모든 구성원은 그들의 권리를 존중하고, 국가 는 모든 힘을 다해 외국으로부터 그들의 권리를 보호한다. 이 양 도는 공중에게도 이롭지만 점유자들 자신에게는 훨씬 더 이롭다. 이를 통해 말하자면 그들은 내준 것 전부를 획득한다. 아래에서 보듯이, 이 역설은 동일한 토지에 대한 주권자의 권리와 소유권 자의 권리를 구별함으로써 쉽게 설명된다.

이런 일도 가능하다. 사람들이 아직 어떤 것도 가지고 있지 않은 채 결합부터 시작한 다음, 그들 모두에게 충분한 영토를 차 지해서 공동으로 사용하거나 나누어 가지는 것이다. 이때 땅을 똑같이 분배할 수도 있고 아니면 주권자가 설정한 비율에 따라 나누어 가질 수도 있겠다. 어떤 방식으로 땅을 취득하든, 각 개별 자가 자신의 토지에 대해 가지는 권리는 언제나 공동체가 모든 토지에 대해 가지는 권리에 종속된다. 그렇지 않다면 사회의 결합은 견고하지 않을 것이며, 주권행사도 실질적인 힘을 갖지 않을 것이다.

나는 모든 사회체계의 기초가 되는 다음 고찰로써 본 장과 1권을 마치려 한다. 기본계약은 자연적 평등을 파괴하는 것이 아니라, 반대로 자연이 설정한 사람들 사이의 신체적 불평등을 도덕적이고 정당한 평등으로 대체한다. 그리하여 사람들은 힘이나 재능에서는 불평등할 수 있어도, 합의를 통해 권리에서는 모두가 평등하다.*

1권 끝

---

* 나쁜 통치 아래에서 이 평등은 겉치레이고 기만일 뿐이다. 이런 곳에서 평등은 가난한 사람들을 계속 비참한 상태로 놔두는 구실이며, 부유한 사람들이 계속 남의 것을 침탈하도록 하는 구실이기도 하다. 사실상 법은 언제나 가진 자에게 이롭고 아무것도 가지지 않은 자에게는 해가 된다. 이로써 다음 결론이 나오는바, 사회상태는 모두가 어느 정도는 가지고 있고 누구도 너무 많이 가지지 않는 한에서만 인간에게 이로운 것이다.[58]

2권[1]

1장
주권은 양도될 수 없다

앞서 확립한 원리들에서 가장 먼저 도출되며 또한 가장 중요한 귀결은, 일반의지만이 국가의 설립 목적인 공동선bien commun에 따라 국가의 힘을 통솔할 수 있다는 것이다. 개별이익들의 대립이 사회의 설립을 필요하게 했다면, 그것을 가능하게 한 것은 개별이익들의 일치다. 이렇게 각기 다른 이익들에 공통으로 속해 있는 것이 사회의 연결을 만들어 낸다. 모든 이익이 일치하는 어떤 지점이 있지 않다면, 어떤 사회도 존재할 수 없을 것이다. 그렇다면 사회는 오직 이 공동이익을 기준으로 통치되어야한다.

따라서 나는 말한다. 주권은 일반의지의 행사일 뿐이기에 결코 양도될 수 없으며, 주권자는 집합적 존재일 뿐이기에 오직 그자신에 의해서만 대표될 수 있다. 힘을 이전하는 것은 가능하지만, 의지는 그렇지 않다.[2]

사실 개별의지가 어떤 사안에서 일반의지와 일치하는 것이 불가능하진 않다. 하지만 일반의지와의 일치가 지속적이고 일정하기란 불가능하다. 왜냐하면 개별의지는 본성상 편중préférences을 지향하고, 일반의지는 평등을 지향하기 때문이다.[3] 여하튼 일치가 존재한다고 해도 그것을 보장하기란 더더욱 불가능하다.

그런 일은 기교가 아닌 우연의 결과일 것이다. 주권자가 "어떤 사람이 원하고 있는 것 혹은 적어도 그가 원한다고 말하고 있는 것을 나도 지금 원하고 있다"고 말할 수는 있다. 하지만 "이 사람이 내일 원하게 될 것을 나도 원할 것이다"라고 말할 수는 없다. 의지가 미래에 대해 스스로 족쇄를 찬다는 것은 터무니없는 일이며, 의지는 의지하는 존재의 이득에 반하는 것을 승낙할 수 없기 때문이다.[4] 따라서 인민이 무턱대고 복종하기로 약속한다면 이 행위만으로 인민은 해산되며 인민의 자격을 잃는다. 주인이 존재하는 순간 더 이상 주권자는 없으며, 그 즉시 정치체는 파괴된다.

이것은 다음 사실을 부정하지 않는다. 지도자의 명령은 주권자가 자유롭게 반대할 수 있는데도 그렇게 하지 않는 한에서 일반의지로 간주될 수 있다. 이런 경우 보편적 침묵으로부터 인민의 동의를 추정해야 한다. 이에 대해서는 더 상세하게 설명할 것이다.

2장
주권은 분할될 수 없다

주권은 양도가 불가능한 것과 같은 이유로 분할될 수 없다. 의지는 일반적이거나* 일반적이지 않거나 둘 중 하나이기에, 그것은 인민단체의 의지든지 아니면 단지 그 한 부분의 의지일 뿐이다. 앞의 경우에 이 의지는 선포되어 주권행위가 되며, 법loi을 만든다. 뒤의 경우에 그것은 개별의지일 뿐이거나 행정직magistra-ture[5]의 행위일 뿐이다. 그것은 기껏해야 명령décret[6]이다.

그런데 주권을 그 원리에 있어서는 분할하지 못하는 우리의 정치가들은 그것을 대상에 따라 분할한다.[7] 그들은 주권을 힘과 의지, 입법권과 행정권, 과세권과 사법권과 전쟁권, 대내 행정과 대외 교섭권으로 나눈다.[8] 그들은 때로는 이 모든 부분을 뒤섞고, 때로는 분리한다. 그들은 주권자를 누더기처럼 구성된 공상의 존재로 만든다. 그들은 어떤 몸에서는 눈을, 어떤 몸에서는 팔을, 어떤 몸에서는 발을 떼어 내, 여러 몸을 가지고 인간을 만드는 것 같다. 아니, 정확히 그것이다. 들리는 바에 따르면, 일본의 약장수들은 구경꾼들이 보는 앞에서 아이를 잘게 썰어 하나씩 공중에 던진다고 한다. 그런데 떨어질 땐 모두 합쳐져서 살아 있는 아이가 된다. 우리 정치가들의 요술이 거의 이런 것이다. 시장 바닥에 어울리는 마력으로 사회체의 사지를 절단한 다음, 알 수 없는 방법으로 조각들을 다시 짜 맞춘다.

주권에 대한 정확한 관념 없이 이 권한의 발출émanations일 뿐인 것을 그것의 부분parties으로 간주하기 때문에 이런 오류가 발생한다.[9] 예를 들어, 전쟁을 선포하고 강화조약을 맺는 행위는 주권행위로 간주되었으나, 그렇지 않다. 왜냐하면 이런 행위 각각은 법이 아니라 단지 법의 적용이기 때문이다. 그것은 법의 적용 대상을 결정하는 개별적인 행위다. 법loi이라는 말의 관념을 정확히 파악하게 되면 더 분명하게 알게 될 것이다.[10]

* 어떤 의지가 일반적이기 위해서 꼭 만장일치일 필요는 없지만 모든 표를 셈하는 것은 필수적이다. 형식적인 배제는 무엇이건 일반성을 깨뜨린다.

마찬가지로 다른 분할 방식들을 살펴봐도, 주권의 분할을 보고 있다고 믿으면 이는 어김없이 잘못 생각하고 있다는 사실, 주권의 부분인 것처럼 보이는 권리들은 전부 주권에 종속되어 있고 따라서 권리들은 최고의지를 전제한다는 사실을 알게 될 것이다. 이 권리들은 최고의지를 집행할 뿐이다.

　　정치법을 다루는 저자들이 그들이 확립한 원리에 따라 왕과 인민 각각의 권리를 판단하려고 했을 때, 이런 정확성의 결여가 그들의 판정을 얼마나 흐려 놓았는지 이루 말할 수 없다. 누구라도 흐로티위스의 책 1권 3장과 4장을 보면, 이 박식한 사람과 그의 번역자 바르베락이 얼마나 당황하여 궤변 속에서 갈피를 잡지 못하는지 알 수 있다.[11] 그들은 그들의 의도에 비추어 너무 많이 말하거나 충분히 말하지 못한 것은 아닐까, 그리고 그들이 화해시켜야 하는 이익과 충돌하고 있는 것은 아닐까 하는 두려움에 빠져 있다. 흐로티위스는 프랑스로 망명한 후 조국에 대한 불만이 가득해 루이 13세에게 아첨하고 자신의 책을 그에게 헌정했다. 그는 어떤 수단도 아끼지 않고 온갖 기교를 동원해 인민의 모든 권리를 빼앗아 왕에게 부여했다.[12] 이것은 번역서를 영국의 왕 조지 1세에게 헌정한 바르베락의 구미에도 맞았을 것이다. 하지만 불행히도 그는 자신이 양위라고 부르는 제임스 2세의 추방으로 인해, 어쩔 수 없이 잠자코 있으면서 우물쭈물할 수밖에 없었다. 윌리엄을 왕위 찬탈자로 만들 수는 없었기 때문이다.[13] 이 두 작가가 참된 원리를 채택했다면, 모든 어려움에서 벗어나 언제나 일관됐을 것이다. 하지만 그렇다 해도 그들은 아쉬운 마음으로 진리를 말하면서 인민에게 알랑거렸을 것이다. 진리가 출세를 가져다주는 것도 아니고, 인민이 대사 자리나 교수 자리 혹은 연금을 주는 것은 아니기 때문이다.

3장
일반의지가 틀릴 수 있는가

앞의 논의로부터, 일반의지는 항상 곧고 항상 공익을 향한다는 사실이 도출된다. 하지만 그로부터 인민의 공적 심의가 언제나 똑같이 올바르다는 결론이 나오는 것은 아니다. 우리는 언제나 자신에게 좋은 것을 원하지만, 자신에게 좋은 것이 무엇인지 항상 아는 것은 아니다. 인민은 부패하는 법은 없어도 자주 속긴 한다. 바로 이때에만 인민은 나쁜 것을 원하는 것처럼 보인다.

모두의 의지volonté de tous와 일반의지 사이에는 흔히 큰 차이가 있다. 일반의지는 오직 공동이익에 몰두한다. 모두의 의지는 사적인 이익에 몰두하며 개별의지의 합일 뿐이다. 그런데 이 개별의지들에서 서로 상쇄되는 더 큰 것들과 더 작은 것들을 빼면,* 차이들의 합계로 일반의지가 남는다.

만약 인민이 충분한 정보를 가지고 심의할 때, 시민들 사이에 어떤 의사교환communication도 없다면, 엄청나게 많은 수의 작은 차이들로부터 언제나 일반의지가 도출될 것이고, 심의는 언제나 좋은 결과를 가져올 것이다. 하지만 인민이 큰 회합에 피해

---

* d'A 후작은 이렇게 말한다. "모든 이익은 다른 원리를 가진다. 두 개별이익의 일치는 제3자의 이익에 대립하여 형성된다." 그는 모든 이익의 일치는 각자의 이익에 대립하여 형성된다고 덧붙일 수 있었다. 이익들이 각기 다르지 않다면, 장애물이 없기에 공동이익도 거의 지각되지 않을 것이다. 그러면 모든 것이 저절로 이루어지고, 정치는 어떤 기교도 아니게 된다.[14]

를 주면서까지 술책을 부리고 부분회합associations partielles을 만들면, 이 회합 각각의 의지가 그 안의 구성원들에게는 일반적인 것이 되고 국가에 대해서는 개별적인 것이 된다. 이때 우리는 투표자가 더 이상 사람수가 아니라 단지 회합의 수만큼 있다고 말할 수 있다. 차이들의 수가 줄어들수록 결과의 일반성도 감소한다. 결국 이런 회합들 중 하나가 다른 모든 회합들보다 우세할 정도로 커지면, 더 이상 작은 차이들의 합이 아닌 유일한 차이 하나가 결과로 남는다. 그러면 더 이상 일반의지란 없고, 우세한 의견이라고 해봐야 어떤 개별적인 의견일 뿐이다.

그러므로 일반의지의 진술을 잘 포착하려면 국가 안에 부분사회société partielle가 없는 것과 각 시민이 오직 자신의 생각에 따라 의견을 내는 것이 중요하다.* 이것이 위대한 리쿠르고스[16]의 유례없이 숭고한 제도였다. 솔론, 누마, 세르비우스가 그랬듯이,[17] 부분사회가 있다면 그 수를 늘려야 하고 그들 사이의 불평등을 방지해야 한다. 이것만이 일반의지를 항상 명확하게 하고 인민이 결코 속지 않게 하는 좋은 예방 조치다.[18]

---

* 마키아벨리는 말한다. "확실히, 공화국에 해로운 분열이 있고 이로운 분열이 있다. 당파와 과격분자를 포함하는 분열은 해롭고, 그런 것을 만들지 않는 분열은 이롭다. 그러므로 공화국의 설립자는 내분을 막을 수 없을 땐 적어도 당파가 생기지 않는 방식으로 공화국의 질서를 바로잡아야 한다"(『피렌체사』*Hist. Fiorent* 7권).[15]

4장
주권의 한계에 대해

만약 국가 혹은 도시국가가 구성원들의 결합을 통해 생명을 얻는 가상인격이라면, 그리고 그것의 가장 중요한 책무가 자신을 보존하는 것이라면, 국가나 도시국가는 전체에 가장 적합한 방식으로 각 부분을 움직이고 배치하기 위한 보편적이고 강제적인 힘을 가져야 한다. 자연이 모든 인간에게 사지에 대한 절대적 힘을 준 것처럼, 사회계약은 정치체에 구성원들에 대한 절대적 권력을 부여한다. 이미 말했듯이 일반의지가 지휘하는 이 권력을 주권이라는 이름으로 부른다.[19]

하지만 공적 인격과 함께, 공적 인격을 구성하긴 하나 본래 공적 인격에서 독립된 생명과 자유를 갖는 사적 인격도 고려해야 한다. 따라서 시민과 주권자 각각의 권리를,* 그리고 시민들이 신민의 자격으로 수행해야 하는 의무와 인간으로서 누리는 자연권droit naturel을 잘 구별하는 것이 중요하겠다.

보통 다음이 인정된다. 각자는 사회계약을 통해 자신의 모든 힘과 재산과 자유에서 오직 공동체에 중요하게 쓰이는 부분만을 양도한다. 하지만 오직 주권자만이 이 중요성을 판단한다는 것도 인정해야 한다.

주권자가 요구하면 그 즉시 시민은 그가 국가에 기여할 수 있

---

* 세심한 독자들에게 간청하니 여기에서 나의 모순을 서둘러 비난하지 마시라. 언어의 빈약함 때문에 용어의 모순을 피할 수 없었다. 하지만 기다려 주시라.[20]

는 모든 것을 국가에 제공할 의무가 있다. 하지만 주권자 편에서는 공동체에 불필요한 어떤 족쇄도 신민에게 부과할 수 없으며, 그것을 원할 수도 없다. 자연의 법loi de nature에서도 그렇지만 이성의 법loi de raison에서도 원인 없이는 어떤 것도 일어나지 않기 때문이다.

사회체corps social와의 결합을 만들어 내는 약속이 의무가 되는 것은, 그것이 상호적으로 부과되기 때문이다. 그래서 이런 약속들의 본성상, 그것을 완수하면서 타인을 위해 일하는 것은 결국 자신을 위해 일하는 것과 같다. 일반의지는 왜 언제나 곧은가? 왜 모든 사람들이 그들 각각의 행복을 서로 지속적으로 원하게 되는가? 바로 각각chacun이라는 말을 자기 얘기로 삼지 않는 이가 없고, 모두를 위해 투표하면서도 자신을 위해 투표한다고 생각하지 않는 이가 없기 때문이다. 이로써 다음이 증명된다. 권리의 평등과 여기에서 생기는 정의의 관념은, 각자가 자신에게 부여하는 편중으로부터, 따라서 인간의 본성에서 유래한다. 또한 일반의지가 진정으로 일반적인 것이 되려면 본질뿐만 아니라 대상에서도 일반적인 것이어야 한다. 그리고 일반의지가 모두에게 적용되기 위해서는 모두에게서 나와야 한다. 끝으로 일반의지는 개별적이고 특정한 대상에 관계될 때 본래의 곧음을 상실한다. 왜냐하면 그때 우리는 우리와 무관한 것에 대해 판단하게 되어, 우리를 인도할 그 어떤 참된 공평함의 원리도 갖지 못하기 때문이다.

실제로, 사전 체결된 일반적 합의에 규정되어 있지 않은 사안에 대해 개별적인 사실이나 권리를 다루게 되면, 분쟁이 발생한다. 소송이 일어나고, 개별 당사자들이 한 측에 서고 공중이 다른 측에 선다. 하지만 이 소송에는 따를 만한 법도 판결을 내려 줄 판사도 없다. 그러면 일반의지의 엄중한 결정을 따른다는 것은 우스운 일이 될 것이다. 왜냐하면 이때 일반의지는 한쪽 당사자의 결론일 뿐이어서, 상대편에겐 외부의 개별의지가 되고 이로 인해 불의와 오류에 빠지기 쉬운 것처럼 보이기 때문이다. 개별의지가 일반의지를 대표할 수 없는 것과 마찬가지로, 일반의지도 개별적인 대상을 마주하면 그 본성이 바뀌어 사람에 대해서도 사실에 대해서도 일반적인 입장에서 판결을 내릴 수 없다. 예를 들어 보자. 아테네 인민은 지도자를 임명하거나 해임하기도 했고, 누군가에게는 명예를 부여하고 누군가에게는 처벌을 부과하기도 했으며, 수많은 개별적인 명령으로 온갖 정부행위를 무분별하게 행사하곤 했다. 이때 이 인민은 엄밀한 의미에서 더 이상 일반의지를 갖지 않았다. 그들은 주권자가 아니라 행정관으로 행동한 것이다. 이런 얘기가 일반적인 생각과는 상반되는 듯 보일 텐데, 내 생각을 설명하려면 시간이 좀 필요하다.

이상의 내용으로부터 다음을 이해해야 한다. 의지는 투표수가 아니라 그 표들을 결합하는 공동이익으로 인해 일반적인 것이 된다. 왜냐하면 이 제도에서 각자는 자신이 타자에게 부과하는 조건들에 필연적으로 종속되기 때문이다. 이것은 이익과 정의의 경이로운 일치이고, 이 일치 때문에 공동심의는 공평한 성격을 갖게 된다. 이 공평함은 모든 개별적인 사안의 심의에서는 사라지고 없다. 이런 심의에는 판사의 원리와 당사자의 원리를 하나로 만들고 결합하는 공동이익이 없기 때문이다.

어떤 측면을 통해 원리로 거슬러 올라가든 언제나 같은 결론에 이른다. 즉 사회계약은 모두 같은 조건으로 의무를 지고 모두 같은 권리를 누리는 시민들의 평등을 확립한다. 따라서 계약의 이런 본성에 의해 모든 주권행위, 다시 말해 일반의지의 모든 참된 행위는 시민 모두에게 똑같이 의무를 지우거나 똑같이 혜택을 준다. 그러므로 주권자는 국민단체corps de la nation[21]만을 알 뿐, 단체를 구성하는 사람 가운데 누구도 구별하지 않는다. 그렇다면 주권행위란 엄밀히 말해 무엇인가? 그것은 상급자와 하급자 사이의 합의가 아니라, 단체가 그 구성원 각각과 맺는 합의다. 이 합의는 그 기초가 사회계약이기에 정당하고, 모두에게 공통되기에 공평하며, 오직 일반선bien général을 대상으로 가지기에 이롭고, 공적인 힘force publique[22]과 최고권력에 의해 보장되기에 견고하다. 신민들이 오직 이런 합의에 종속되어 있는 한, 그들은 누구에게도 복종하는 것이 아니며 단지 그들 자신의 의지에 복종할 뿐이다. 주권자와 시민 양편의 권리가 어디까지인지 묻는 것은, 시민들이 그들 자신과 어떤 것까지 약속할 수 있는지 묻는 것이다. 즉 시민 각자가 모두에 대해, 모두가 시민 각자에 대해 무엇을 약속할 수 있는지 묻는 것이다.

이상에서 다음을 알게 된다. 주권은 그것이 아무리 절대적이고 신성하고 불가침하더라도 일반적인 합의의 한계를 넘지 않으며 넘을 수도 없다. 그리고 모든 사람은 이 합의에 따라 그에게 남겨진 재산과 자유를 전적으로 처분할 수 있다. 따라서 주권자에게는 어떤 신민에게 다른 신민보다 큰 부담을 지울 권리가 없다. 그러면 문제는 개별적인 사안이 되어 주권자의 힘이 효력을 상실하기 때문이다.

일단 이런 구별을 받아들이고 생각해 보면, 사회계약에서 개별자들이 어떤 것을 정말 포기하게 된다는 말은 너무나 거짓이다. 실제로는 계약의 결과 개별자들의 상황이 전보다 더 선호할 만한 것이 된다. 그들은 양도가 아니라, 득이 되는 교환을 하는 것이다. 불확실하고 불안정한 존재방식이 더 낫고 더 확실한 존재방식과 교환되며, 자연적 독립은 자유와, 타인에게 해를 끼칠 힘은 그들 자신의 안전과, 다른 힘에 의해 압도될 힘은 사회결합에 의해 무적이 되는 권리와 교환된다. 개별자들이 국가에 바친 생명도 국가에 의해 지속적으로 보호된다. 그렇다면 국가를 방어하기 위해 생명을 내놓는 행위란 무엇이겠는가? 그것은 국가에서 받은 것을 돌려주는 일일 뿐이다. 자신의 생명을 보존하도록 해준 것을 방어하기 위해 목숨을 걸고 불가피한 전투에 뛰어드는 행위란 무엇인가? 그것은 자연상태에서 더 큰 위험을 안고 더 자주 하던 것일 뿐이다. 필요하면 모두가 조국을 지키기 위해 싸워야 한다. 이것은 사실이다. 하지만 누구도 자신을 위해 싸울 필요는 없다. 이 또한 사실인 것이다. 우리는 안전을 잃으면 그 즉시 여러 위험을 무릅써야 한다. 그런데 그 위험 가운데 일부를 우리의 안전을 보장하고 있는 것을 위해 무릅쓴다면, 이는 득을 보는 것이 아닌가?

5장
생살권에 대해

이렇게 묻는 사람들이 있다. 개별자들에게 자신의 생명을 처분할 권리가 없는데, 어떻게 그들이 그들에게 없는 권리를 주권자에게 넘길 수 있는가? 이 문제가 풀기 어려워 보이는 것은 잘못 제기된 문제이기 때문이다. 모든 인간에게는 자신의 생명을 보존하기 위해 목숨을 걸 권리가 있다. 화재를 피하려고 창문으로 뛰어내린 사람이 자살의 죄를 지었다고 얘기된 적이 있는가? 승선할 때 폭풍우의 위험을 인지했다고 해서, 폭풍우로 죽은 사람에게 자살의 혐의를 씌운 적이 있는가?

사회계약의 목적은 계약자를 보호하는 것이다. 목적을 원하는 자는 수단도 원한다. 그런데 이 수단은 몇몇 위험, 심지어 몇몇 인명 피해를 수반한다. 타인을 희생시켜 자신의 생명을 보존하려는 자는 마찬가지로 필요할 경우 타인을 위해 자신의 생명을 내놓아야 한다. 이때 시민은 법이 원하는 대로 그가 무릅써야하는 위험에 대해 더 이상 판단할 수 없다. 군주가 "당신의 죽음이 국가에 필요하다"고 말한다면, 그는 죽어야 한다.[23] 왜냐하면 그때까지 그는 바로 이 조건하에서 안전하게 산 것이고, 그의 생명은 자연의 호의일 뿐만 아니라 국가가 조건부로 준 증여물이기 때문이다.

범죄자에게 부과되는 사형을 거의 같은 관점에서 고찰할 수 있다.[24] 살인자가 되면 죽을 것이라고 약속하는 것은 다른 살인자에게 희생되지 않기 위해서다. 우리는 이 계약을 통해 자신의 생명을 처분한다기보다, 오로지 생명을 보존하려고 궁리하는 것이다. 그리고 이런 계약을 받아들인다고 해서 계약자가 자기 목을 매달게 할 계획을 세운다고 추정해서도 안 된다.

게다가 사회법droit social[25]을 공격하는 모든 악한은 중죄를 저지름으로써 조국의 반역자, 배신자가 된다. 조국의 법을 어김으로써 그는 더 이상 조국의 구성원이 아니고, 심지어 조국과 전쟁을 벌이는 것이다. 이때 국가의 보존과 그의 보존은 양립할 수 없기에 둘 중 하나는 죽어야만 한다. 따라서 죄인이 사형을 당할 때 그는 시민이 아니라 적으로서 죽는다. 그가 사회계약을 깨뜨

렸으며 이 때문에 그는 더 이상 국가 구성원이 아니라는 사실이 소송과 재판으로 입증되고 선고된다. 이런 사실이 인정됨에 따라, 그는 국가에 거주한다는 것만으로도 계약 위반자로서 추방당하여 국가에서 잘려 나가야 한다. 혹은 공공의 적으로서 죽음을 통해 제거되기도 하는데, 왜냐하면 이때 적은 가상인격이 아니라 실제 인간이고, 이 경우 패자를 죽이는 것은 전쟁법상 정당하기 때문이다.[26]

하지만 누군가는 범죄자의 처벌은 개별적인 행위라고 말할지 모르겠다. 인정한다. 따라서 처벌은 결코 주권자가 할 일이 아니다. 처벌은 주권자가 직접 행사할 수 있는 권리가 아니라, 주권자에 의해 위임되는 권리다. 내 생각은 전부 일관되지만 모든 것을 한꺼번에 설명할 수는 없을 것 같다.

그런데 처벌이 잦다는 것은 언제나 정부가 허약하고 게으르다는 증거가 된다. 모든 악인은 어떤 것에 대해서는 유용할 수 있었던 사람들이다. 본보기를 위해서라 해도, 우리가 누군가를 죽일 권리는 그의 존속이 위험을 수반하는 경우에만 인정된다.

법이 규정하고 판사가 선고한 형을 죄인에게서 면제하거나 사면해 줄 권리는, 오직 판사와 법 위에 있는 자, 다시 말해 주권자만이 가질 수 있다. 그렇긴 해도 이 문제에서 주권자의 권리가 명확하지 않고, 이런 권리를 적용할 경우도 아주 드물다. 잘 통치되는 국가에서는 처벌이 별로 행해지지 않는데, 이것은 사면을 많이 해주기 때문이 아니고 범죄자가 적기 때문이다. 반면 국가가 몰락할 때에는 범죄가 너무 많아서 처벌이 잘 이루어지지 않는다. 로마 공화정에서는 원로원도 집정관도 결코 사면을 시도하지 않았다. 인민 또한 때로는 자신의 판단을 철회하기도 했지만, 사면을 베푸는 일은 없었다. 사면이 잦다는 사실은, 중죄를 지은 자가 굳이 사면을 바랄 필요가 없는 날이 머지않아 올 것을 예고한다. 이것이 어떤 결과를 낳는지 누구나 알고 있다. 하지만 내 마음이 뭔가를 속삭이고 내 펜을 만류하는 것이 느껴진다. 이 문제는 한 번도 과오를 범하지 않아 사면이 필요한 적 없었던 정의로운 사람에게 맡기도록 하자.

6장
법[27]에 대해

우리는 사회계약으로 정치체에 생명과 존재를 주었다. 이제 입법을 통해 의지와 운동을 주어야 한다.[28] 왜냐하면 최초의 행위로는 정치체가 형성되고 단결될 뿐, 정치체가 자기보존을 위해 해야 할 일 가운데 어떤 것도 규정되지 않기 때문이다.

선하고bien 질서에 부합하는 것은 사물의 본성상 그런 것이며, 사람들의 합의와는 무관하다. 모든 정의는 신에게서 나오고 신만이 정의의 원천이다. 하지만 우리가 그렇게 높은 데서 정의를 받는 방법을 안다면, 정부도 법도 필요치 않을 것이다. 틀림없이, 오직 이성에서 나오는 어떤 보편적 정의가 있다. 그런데 이 정의는 상호적인 것이어야 우리가 그것을 수락할 수 있다. 인간의 관점에서 사태를 고찰해 보면, 정의의 법lois de la justice[29]은 자연적 제재가 없어서 사람들에게는 아무 효과가 없다. 정의로운 자는 모든 사람에게 정의의 법을 지키는데 그에게는 아무도 지키지 않는다면, 이 법으로 악인만 득을 보고 의인은 손해를 본다. 그러므로 권리에 의무를 결합하고 정의가 그 목적을 달성케 하려면 합의와 법이 필요하다. 모든 것이 공유되는 자연상태에서, 나는 아무것도 약속하지 않은 사람에게는 어떤 의무도 지지 않고, 내게 쓸모없는 것만을 타인의 것으로 인정한다. 그런데 법에 의해 모든 권리가 규정되어 있는 정치상태는 이와 다르다.

그렇다면 요컨대 법이란 무엇인가? 이 단어에 형이상학적 관념만을 갖다 붙이면서 만족하는 한, 우리는 의견일치는 보지 못하고 계속 따지기만 할 것이다. 그리고 자연의 법loi de la nature이 무엇인지 말할 수 있다고 해서, 국가의 법이 무엇인지 더 잘 알게 되는 것도 아니다.[30]

일반의지는 개별적인 대상에 대해서는 있을 수 없다고 이미 말했다.[31] 실제로, 개별적인 대상은 국가 안에 있든지 아니면 국가 밖에 있다. 그것이 국가 밖에 있다면, 대상과 무관한 의지가 그 대상에 대해 일반적일 수는 없다. 대상이 국가 안에 있다면, 그것은 국가의 부분이 된다. 그러면 전체와 부분 사이에는 이것들을 별개의 두 존재로 만드는 관계가 형성된다. 부분이 있고, 이 부분을 뺀 전체가 있게 된 것이다. 하지만 부분을 뺀 전체는 결코 전체가 아니며, 이런 관계가 지속하는 동안에는 더 이상 전체란.없고 불균등한 두 부분이 있을 뿐이다. 이로부터 한편의 의지는 다른 편에 대해 결코 일반적일 수 없다는 결론이 나온다.

하지만 인민 전체가 인민 전체에 대해 명령할statue 때 인민은 오직 그 자신만을 고려한다. 이때 어떤 관계가 형성된다면, 그것은 전체의 어떤 분할도 없는, 한 관점에서 본 대상 전부와 다른 관점에서 본 대상 전부 사이의 관계다. 이때 명령의 대상인 질료matière는 명령하는 의지처럼 일반적이다.[32] 이 행위를 나는 법이라 부른다.

내가 법의 대상이 언제나 일반적이라고 말할 때 뜻하는 것은, 법은 단체로서의 신민과 추상적인 행위를 고려하며, 개인으로서의 어떤 인간이나 개별적인 행위는 결코 고려하지 않는다는 것이다. 따라서 법은 어떤 특권의 설치를 규정할 수는 있어도, 특권의 수혜자를 지명할 수는 없다. 법은 시민을 여러 계층으로 나누고 계층에 따라 권리를 부여받을 자격을 할당할 수 있지만, 이런저런 사람을 지명해서 계층에 등록시킬 수는 없다. 법은 왕정과 세습 승계를 제정할 수 있지만, 특정 왕을 선출할 수도 왕가를 지명할 수도 없다. 한마디로, 개별적인 대상에 결부되는 모든 기능은 결코 입법권에 속하지 않는다.

이런 생각을 통해 우리는 즉시 다음을 알게 된다. 법을 만드는 것이 누구의 일인지 더 이상 물을 필요가 없으니, 왜냐하면 법은 일반의지의 행위이기 때문이다. 또한 군주가 법 위에 있는지 물을 필요가 없으니, 왜냐하면 군주는 국가의 구성원이기 때문이다. 또한 정의롭지 않은 법이 있을 수 있는지 물을 필요가 없으니, 왜냐하면 누구도 자기 자신을 부당하게 대하지 않기 때문이다. 또한 어떻게 자유로운 상태로 법에 종속될 수 있는지 물을 필요가 없으니, 왜냐하면 법은 우리 의지의 기록일 뿐이기 때문이다.

또한 다음을 알게 된다. 법은 의지의 보편성universalité과 대상의 보편성을 겸비한다.[33] 따라서 어떤 사람이 독단적으로 지시하는 것은 그가 누구든 결코 법이 아니며, 주권자일지라도 어떤 개별적인 대상에 대해 내리는 지시는 마찬가지로 법이 아니다. 그것은 법이 아니라 명령décret이고, 주권행위가 아니라 행정행위다.

그러므로 나는 어떤 행정 형태를 가지든지 법에 의해 지배되는 모든 국가를 공화국république이라고 부른다. 왜냐하면 오직 이때에만 국가가 공적 이익에 의해 통치되고, 공적인 것chose publique이 중요한 것이 되기 때문이다.[34) 모든 정당한 정부는 공화정*이다. 정부가 무엇인지에 대해서는 나중에 설명하겠다.

법은 엄밀히 말해 정치체 회합association civile의 조건일 뿐이다. 법에 종속되는 인민이 법의 저자여야 한다. 사회의 조건을 정하는 것은 서로 회합하는 사람들의 고유한 일이다. 하지만 그들이 어떻게 계약조건을 정할 것인가? 갑작스러운 영감을 통해, 공통의 일치를 이루어서? 정치체에 이런 의지를 발화할 기관이 있는가? 이 의지를 작성하여 미리 공표하기 위해 필요한 선견지명을, 누가 정치체에 주겠는가? 그게 아니라면 정치체는 필요한 경우 어떻게 그 행위들을 표명할 것인가? 어떻게 몽매한 군중이 입법체계와 같이 중대하고 어려운 기획을 스스로 수행할 것인가? 그들은 무엇이 자신에게 좋은지 아는 경우가 거의 없기 때문에, 자신이 무엇을 원하는지 모르는 경우가 대부분이니 말이다. 인민은 언제나 알아서 좋은 것을 원하지만, 언제나 알아서 그것을 분간하는 것은 아니다. 일반의지는 언제나 바르지만, 일반의지를 인도하는 판단이 언제나 밝은 것은 아니다. 인민이 대상을 있는 그대로 보게 해야 하고, 때로는 보아야만 하는 방식으로 보게 해야 한다. 인민이 찾고 있는 바른 길을 보여 주어야 하고, 개별의지의 유혹으로부터 인민을 보호해야 한다. 공간과 시간을 가로

---

* 나는 이 단어를 통해 일부 귀족정이나 민주정만이 아니라 법이라는 일반의지에 의해 지도되는 모든 정부 일반을 뜻한다. 정당한 정부라면 주권자와 혼동되어서는 안 되고, 주권자의 하수인이어야 한다. 그렇다면 왕정조차 공화정이다. 다음 권에서 이 점이 해명될 것이다.

질러 보게 해야 하고, 쉽게 인지되는 현재 이득의 유혹과 숨겨져 있는 먼 해악의 위험을 저울질해 주어야 한다. 개별자들은 좋은 것을 보면서도 거부하고, 공중은 좋은 것을 원하지만 보지 못한다. 양쪽 모두 똑같이 안내자가 필요하다. 개별자들에게는 그들이 자신의 의지를 이성에 합치시키도록 강제해야 하고, 공중에게는 그들이 원하는 것을 인식하는 방법을 가르쳐주어야 한다.[35] 이렇게 사회체에서 지성과 의지의 결합을 만들어 내는 것은 공중의 계몽lumières publiques이며, 이 결합으로부터 부분들의 정확한 협력, 결국 전체의 가장 큰 힘이 생겨난다. 입법자가 필요한 이유가 바로 이것이다.

7장
입법자에 대해

　국민에 적합한 최선의 사회규칙을 찾아내려면 우월한 지성이 있어야 할 것이다. 이 지성은 인간의 모든 정념을 보았으나 그중 어느 것도 겪어본 적은 없어야 한다. 그는 우리의 본성과 어떤 관계도 없지만 그것을 속속들이 알아야 한다. 그의 행복은 우리와 별개이지만 그래도 그는 기꺼이 우리의 행복을 돌봐야 한다. 끝으로, 그는 시간의 흐름 안에서 먼 훗날의 영광을 준비하며, 한 시대 안에서 일하고 그 결과는 다른 시대에서 누릴 수 있어야 한다.＊ 인간에게 법을 주려면 신들이 필요할지 모른다.

　통치에 대한 책에서 플라톤은 칼리굴라가 사실의 차원에서

했던 추론을 권리의 차원에서 반복하면서 그가 찾는 시민homme civil이나 왕을 정의하려 한다.[36] 그런데 위대한 군주감이 정말로 드물다면, 위대한 입법자는 어떻겠는가? 군주는 입법자가 제안하는 모델을 따르기만 하면 된다. 입법자는 기계를 고안하는 역학자mécanicien이고, 군주는 기계를 조립하고 작동하는 일꾼일 뿐이다. 몽테스키외는 이렇게 말한다. 사회가 생겨날 때 제도를 만드는 것은 공화국의 지도자들이지만, 그런 다음에는 제도가 공화국의 지도자들을 만든다.[37]

감히 한 인민을 설립하려고 시도하는 자는 다음 능력들이 있음을 자각해야 한다. 그는 말하자면 인간의 본성을 변화시킬 수 있어야 하고, 그 자체로 완전하고 고독한 전체인 각 개인을 더 큰 전체의 부분으로 변형해 어떤 의미에서 그가 자신의 생명과 존재를 이 큰 전체로부터 부여받도록 만들 수 있어야 하며, 인간의 구성constitution[38]을 변질시켜 그것을 견고하게 만들 수 있어야 하고, 우리 모두가 자연에서 받은 물리적이고 독립적인 존재를 부분적이고 도덕적인 존재로 대체시킬 수 있어야 한다. 한마디로, 그는 인간에게서 본래의 힘을 빼앗고 나서 타인의 도움 없이는 사용할 수 없는 낯선 힘을 주어야 한다. 자연적 힘이 없어지고 소멸될수록, 획득한 힘이 크고 지속적일수록, 제도는 그만큼 더 견고하고 완전해진다. 그러므로 각 시민이 다른 모든 시민들을 통하지 않고는 어떤 것도 될 수 없고 어떤 것도 할 수 없다면, 그리고 전체를 통해 획득한 힘이 모든 개인의 자연적 힘을 합한 것

---

* 어떤 인민은 입법의 쇠퇴가 시작되고 나서야 비로소 널리 알려진다. 우리는 그리스의 다른 지역에서 스파르타인들이 화제가 되기 전에 얼마나 긴 시간 동안 리쿠르고스의 제도가 그들을 행복하게 해주었는지 모르고 있다.

과 동등하거나 우월하다면, 입법은 도달 가능한 최고의 완벽함에 이르렀다고 말할 수 있다.

국가에서 입법자는 모든 면에서 특수한 인간이다. 타고난 재능도 특수해야 하지만, 그 이상으로 일 자체가 특수하다. 그의 일은 행정관의 것도 아니고, 주권자의 것도 아니다. 입법자의 일을 통해 공화국이 구성되지만, 그것이 공화국의 구성에 포함되지는 않는다. 그것은 인간의 지배empire humain와는 어떤 공통점도 없는 특별하고 우월한 직무다. 왜냐하면 인간을 지휘하는 자가 법을 지휘해서는 안 되는 것처럼, 법을 지휘하는 자도 인간을 지휘해서는 안 되기 때문이다. 그렇지 않으면 법이 그의 정념의 집행자가 되어 그 자신의 불의를 끊임없이 반복하게 되는 일이 잦을 것이고, 특수한 목적이 개입하여 그가 만든 것의 신성함을 변질시키는 일을 결코 피할 수 없을 것이다.

자신의 조국에 법을 줄 때 리쿠르고스는 우선 왕위를 내려놓았다.[39] 외국인에게 법 제정을 맡기는 것은 대부분의 그리스 도시가 택한 관례였다. 근대 이탈리아 공화국들이 자주 이 관습을 모방했으며,[40] 제네바 공화국도 그렇게 하고서 그 덕을 봤다.* 로마는 최성기에 입법권과 주권을 동일인들에게 부여함으로써, 폭정으로 인한 모든 범죄가 내부에서 발생하는 것을 보았고, 자신의 멸망이 다가오고 있음을 알게 되었다.

---

* 칼뱅을 신학자로만 고려하는 사람들은 그의 재능의 폭을 잘못 알고 있는 것이다. 우리의 현명한 법령을 작성하는 데 그가 상당 부분 참여한 사실이 그가 남긴 제도insti-tution만큼이나 그의 영광이 되고 있다. 우리 종교가 시간 속에서 어떤 격변을 겪든지, 조국과 자유에 대한 사랑이 우리에게서 사그라지지 않는 한, 우리는 이 위대한 인간이 남긴 명성을 언제나 경외할 것이다.[41]

하지만 십인위원들décemvirs[42]도 단독 권한으로 법을 통과시킬 권리를 찬탈하는 일은 없었다. 그들은 인민에게 이렇게 말했다. "우리가 여러분에게 제안하는 것 가운데 어떤 것도 여러분의 동의 없이는 법으로 통과되지 못하오. 로마인들이여, 여러분에게 행복을 가져다줄 법이오, 여러분 자신이 그 법의 저자가 되시오."

그러므로 법을 작성하는 자는 어떤 입법권도 가지지 않거나 가져서는 안 되며, 인민은 그들이 원한다 하더라도 양도 불가능한 이 권리를 포기할 수 없다. 왜냐하면 기본계약에 따르자면 일반의지만이 개별자들을 강제할 수 있고, 어떤 개별의지가 일반의지에 부합하는지 아닌지는 그것을 인민의 자유로운 투표에 맡겨본 후에야 확인할 수 있기 때문이다. 이미 말한 바이지만 되풀이하는 것이 무익하진 않을 것이다.

따라서 우리는 입법 작업에서 양립 불가능해 보이는 두 요소를 동시에 발견한다. 기획은 인간의 힘을 초과하는데, 이 기획을 실행해야 할 권한은 너무나 미약한 것이다.

또 다른 어려움을 주목할 만하다. 현자들이 대중에게 대중의 언어가 아니라 그들 자신의 언어를 말하려고 하면, 대중은 알아듣지 못한다. 그런데 인민의 언어로 옮기는 것이 불가능한 수많은 관념들이 있다. 관점이 너무 일반적이거나 대상이 너무 멀리 떨어져 있으면 둘 중 무엇이 더하다고 할 것 없이 인민의 능력으로는 이해되지 않는다. 개인들 각자는 자신의 개별이익에 호응하는 통치계획이 아니면 높이 평가하지 않기에, 좋은 법이 부과하는 지속적인 규제에서 그가 얻을 이득을 쉽게 인지하지 못한다. 태동하는 인민이 건강한 정치규칙을 평가하고 국가이성raison d'État[43]의 기본원리를 따르게 만들려면, 결과가 원인이어야 한다. 즉 제도의 결과인 사회정신이 제도 자체를 앞장서 이끌어야 하며,

법에 의해 변화되어야 할 인간이 법이 있기 전에 그렇게 되어 있어야 한다. 따라서 입법자는 힘도 논증도 사용할 수 없기에, 폭력 없이 이끌고 입증 없이 설득하는[44] 다른 차원의 권위에 필연적으로 의지할 수밖에 없다.

이 때문에 예로부터 국민의 창시자들은 하늘의 개입에 의지하고 그들 자신의 지혜를 신의 영광으로 돌려, 인민이 자연의 법에 복종하듯이 국가의 법에 복종케 하고, 인간과 도시국가가 동일한 힘에 의해 발생된다고 인정하도록 만들었다. 이를 통해 인민은 자유로운 행위로 복종하게 되고, 온순하게 공적 행복félicité publique[45]의 굴레를 지게 되는 것이다.

입법자는 평범한 사람들의 능력을 넘어서는 이 최고 이성의 결정사항이 신들의 입에서 흘러나오도록 함으로써, 인간의 신중함으로는 자극할 수 없는 자들을 신의 권위를 통해 이끈다.* 하지만 신들을 말하게 하는 것도, 신의 대변인을 자임할 때 사람들이 그렇게 믿도록 하는 것도 모든 사람이 할 수 있는 일이 아니다. 입법자의 위대한 영혼은 진정한 기적으로서 그의 사명을 증명한다. 석판에 글을 새기거나, 신탁을 매수하거나, 신성과의 은밀한 교통을 꾸며내거나, 새를 조련하여 귀에 속삭이게 하거나, 인민에게 경외심을 일으키는 여러 조잡한 방법을 찾아내는 일은 아무나 할 수 있다. 이런 것만 아는 자가 제정신이 아닌 사

---

* 마키아벨리는 이렇게 말한다. "본성상 신의 중개라는 수단 없이는 수용될 수 없는 새로운 법을 이 수단에 의지하지 않고 수락케 한 입법자는 실제로 단 한 명도 없었다. 지혜로운 입법자가 그 중요성을 알고는 있지만, 다른 사람들의 정신을 사로잡게 해줄 명백한 증거를 결여하고 있는 유용한 원리들이 얼마나 많은가!"(『로마사 논고』 Discorsi sopra Tito Livio 1권 11장).[46]

람들 한 무리를 우연히 모을 수도 있을 것이다. 하지만 그는 결코 제국을 세우지는 못할 것이며, 그의 괴상한 사업은 그와 함께 곧 사라질 것이다. 근거 없는 마력이 일시적인 결합은 만들어 낸다. 오직 지혜만이 그것을 지속시킬 수 있다. 아직도 유지되고 있는 유대교의 율법과 천년 동안 세계의 절반을 지배해 온 이스마엘 자손의 율법은, 그 율법을 구술했던 위대한 사람들에 대해 오늘날에도 여전히 시사하는 바가 있다.[47] 오만한 철학이나 맹목적 당파심으로는 이 사람들이 단지 운이 따른 사기꾼으로 보이겠지만,[48] 진정한 정치가는 그들이 만든 제도를 보며 지속 가능한 입제établissements를 관장하는 그 위대하고 강력한 재능에 감탄한다.[49]

워버튼[50]처럼 이 모든 것으로부터 정치와 종교가 우리에게 공통의 목적을 가진다고 결론을 내서는 안 된다. 국민의 발생 과정에서 종교가 정치의 도구 역할을 할 뿐이다.[51]

8장
인민에 대해[52]

건축가가 큰 건물을 세우기 전에 지반을 관찰하고 조사하여 땅이 무게를 버틸 수 있는지 알아보듯이, 지혜로운 제정자는 우선 좋은 법을 그것만 생각해서 작성하지 않고 그가 인민에게 줄 법을 인민이 감당할 수 있는지 미리 검토한다. 이 점과 관련해 플라톤은, 아르카디아인들과 키레네인들이 부유해서 평등을 감당할 수 없다는 사실을 알고 두 인민에게 법을 주길 거부했다.[53] 반대로 이 점과 관련해 크레타에서는 좋은 법과 나쁜 사람들이 관찰되었다. 왜냐하면 미노스의 규율이 오직 악덕으로 가득 찬 인민만을 대상으로 삼았기 때문이다.[54]

수많은 국민이 지상에서 찬란하게 빛났으나 그들도 좋은 법을 감당하지 못했고, 심지어 감당할 수 있던 국민들조차 그들이 존속했던 전체 기간에서 아주 짧은 시간만 그럴 수 있었다. 사람과 마찬가지로 인민도 젊은 시절에만 온순하고, 늙을수록 바로잡기 어렵게 된다. 일단 관습이 확립되고 편견이 뿌리내리면, 그것을 개혁하려는 계획은 위험하고 헛되다. 인민은 심지어 그들의 병 mal을 없애려고 누가 그것을 건드리는 것조차 참지 못하니, 의사의 모습만 보고도 벌벌 떠는 어리석고 용기 없는 환자와 같다.

질병으로 인해 사람의 정신이 혼란스러워지고 과거의 기억이 사라지는 것처럼, 국가의 존속 기간에도 격렬한 시기가 더러 있다. 이때 개인이 고비crise 때 겪는 것을 인민은 격변révolutions을 통해 겪고,[55] 과거에 대한 공포가 망각의 역할을 하여, 내전으로 황폐화된 국가가 말하자면 재로부터 다시 태어나고 죽음의 품에서 나와 젊음의 활기를 되찾는다. 리쿠르고스 시대의 스파르타가 그러했고, 타르퀴니우스 왕들 이후의 로마가 그러했다.[56] 또한 우리 시대에는 네덜란드와 스위스가 폭군들을 추방하고 나서 그러했다.

하지만 이런 사건은 드물고 예외에 속한다. 그렇게 되는 이유가 언제나 예외적인 국가의 특수한 구성에 있기 때문이다. 이런 예외는 같은 인민에게 두 번 일어나기도 힘들다. 왜냐하면 인민은 야만상태에 있는 동안에는 자유로워질 수 있지만, 정치체의 태엽ressort civil이 마멸되면 더 이상 그럴 수 없기 때문이다. 그러면 인민이 격변을 통해 복구되는 것이 아니라, 소요로 인해 파괴되고 족쇄가 끊어져 그 즉시 인민은 흩어지고 더 이상 존재하지 않게 된다. 그 후로 그들에게 필요한 것은 해방자가 아니라 지배자다. 자유로운 인민이여, 이 규칙을 기억하라. 우리는 자유를 획득할 수 있을 뿐, 결코 그것을 되찾을 수는 없다.

인간에게도 그렇지만 국민에게도 성숙기가 있다. 국민을 법에 종속시키려면 먼저 이때를 기다려야 한다. 하지만 특정 인민의 성숙기를 알기란 언제나 쉽지 않고, 때도 되지 않았는데 서두르다간 일을 망친다. 어떤 인민은 태어나자마자 규율을 받아들일 수 있고, 어떤 인민은 천년이 지나도 그렇지 않다. 러시아인들은 너무 일찍 개화되었기 때문에 진정으로 개화되는 일은 영영 없을 것이다. 표트르는 모방하는 재능은 가졌지만, 무에서 모든 것을 만들어 창조하는 진정한 재능은 가지고 있지 않았다. 그가 한 일 가운데 몇몇은 괜찮았지만, 대부분은 부적절했다. 그는 자신의 인민이 야만상태에 있음은 보았지만, 통치질서police[57)를 받아들일 만큼 성숙한 것은 아니라는 사실은 보지 못했다. 그는 인민을 단련시켜야 할 때 개화시키길 원했다. 우선 러시아인을 만들어야 했는데, 독일인, 영국인을 먼저 만들려고 했다. 그는 신민들이 자신의 현재 상태를 오인하게 함으로써, 그들이 언젠가 될 수 있을 것조차 되지 못하게 막았다.[58) 프랑스 교사의 교육도 이와 같아서, 그 밑에서 학생은 유년기에 잠시 빛나고 나서 별 볼 일 없게 된다. 러시아 제국은 유럽을 굴복시키길 원하겠지만 굴복하는 것은 그 자신일 것이다. 러시아의 신민이자 이웃인 타타르인이 러시아와 우리의 지배자가 될 것이다. 내가 보기에 이 격변은 틀림없이 일어난다. 그것을 앞당기기 위해 유럽의 모든 왕들이 일치협력하여 일하고 있다.

9장
계속

자연이 건강한 체형을 지닌 사람의 키에 한계를 부여해 그것을 넘어서면 거인이나 난쟁이가 되는 것처럼, 최선의 구성이라는 측면에서 국가가 점할 수 있는 넓이에도 제한이 있다. 그래야 국가가 너무 커서 잘 통치되지 못하는 일도, 너무 작아서 혼자 힘으로 유지되지 못하는 일도 없을 것이다.[59] 모든 정치체는 능가할 수 없는 힘의 최댓값maximum이 있는데, 정치체가 커지면 이 최댓값에서 멀어지는 일이 흔히 일어난다. 사회결합은 확장될수록 더 느슨해지기에, 일반적으로 작은 국가가 큰 국가보다 비교적 더 강하다.

이 규칙은 수많은 근거로 증명된다. 우선, 지렛대가 길면 끝에 있는 것의 무게가 더 나가는 것처럼 행정도 거리가 늘어날수록 더 힘이 든다. 또한 행정은 단계가 늘어날수록 비용이 상승한다. 왜냐하면 인민은 우선 각 도시의 행정 비용을 부담해야 하고, 각 군의 행정 또한 부담해야 하며, 다음으로 각 주, 그리고 나서는 큰 정부, 태수령, 부왕령을 부담해야 하는데,[60] 이 비용은 위로 올라갈수록 언제나 더 커지고 언제나 불행한 인민을 희생시킨다. 결국 최상층 행정에 이르면 모든 것이 짓눌리고 만다. 그렇게 큰 과부하는 끊임없이 신민들의 진을 뺀다. 신민들은 이런 다양한 층위를 통해 더 잘 통치되기는커녕, 오히려 위에 단하나의 단계만 두고 있을 때보다 나쁘게 통치된다. 그러면서 유사시 사용할 재원은 거의 남지 않게 되므로, 그런 재원의 도움을 받아야 할 때가 오면 국가는 항상 몰락 직전에 있는 것이다.

이것이 다가 아니다. 정부의 강력함과 신속함이 감소하면, 이로 인해 법을 지키도록 만들고, 부당한 억압을 금하고, 폐단을 바로잡고, 먼 지역에서 일어날 수 있는 반란 음모를 방지하는 일이 어려워진다. 이뿐만 아니라 지도자, 조국, 동료시민에 대한 인민의 애정 또한 감소한다. 지도자는 보이지 않고, 조국은 세계와 다를 바 없어 보이며, 동료시민은 대부분 낯선 사람들이기 때문이다. 지방마다 풍속이 다르고 상반되는 풍토에 살며 같은 정부형태를 감당하지도 못하기에, 동일한 법이 여러 지방 모두에 적합할 수는 없다. 같은 지도자 밑에서 지속적으로 교류하고 살면서 서로 왕래하고 결혼하다가, 다른 관습에 속하게 되어 유산patrimoine이 정말 자신의 것인지 알 수 없게 된 인민에게는, 각기 다른 법이 혼란과 분란을 낳을 뿐이다. 최고행정 소재지로 인해 서로 알지도 못하는 수많은 사람들이 한곳에 모여 있으면, 그곳에서는 재능이 사장되고, 덕vertus이 무시되며, 악행은 처벌받지 않는다. 업무에 짓눌린 지도자는 혼자서는 아무것도 보지 못하므로, 일부 관리들이 국가를 통치한다. 결국 그렇게나 많은 관리들이 멀리서 일반권한[61]을 회피하고 속이려고 하기에, 일반권한을 유지하기 위한 조치들에 모든 공적 업무가 흡수되어 인민의 행복을 위한 업무는 더 이상 남아 있지 않게 되며, 필요한 경우 인민을 방어하기 위한 업무도 거의 유지되지 못한다. 몸이 자신의 구성에 비해 너무 크면 그 무게에 짓눌려 쇠약해지고 죽음에 이르는 것이 이와 같다.

다른 한편 국가는 충분한 기반을 마련해야 하는데, 그래야 견고함을 가질 수 있고, 반드시 겪을 수밖에 없는 동요와 그 와중에 자신을 지탱하기 위해 필요한 노력을 견뎌 낼 수 있기 때문이다. 왜냐하면 모든 인민은 일종의 원심력을 가지고 있어서, 이 때문에 데카르트의 소용돌이[62]처럼 지속적으로 서로 반발하고 주변에 피해를 입히면서까지 확장되려는 경향이 있기 때문이다. 따라서 약자들은 금방 집어삼켜질 위험에 처하므로, 모든 사람과의 관계가 압력이 사방에서 균등하게 가해지는 일종의 평형상태가 되지 않고서는 누구도 자신을 보존하기 어렵다.

이를 통해 우리는 확장의 이유와 축소의 이유가 있음을 알게된다. 두 이유들 사이에서 국가 보존에 가장 이로운 비율을 찾아내는 것은 정치가의 중요한 재능이다. 일반적으로 말하자면, 전자는 외부적이고 상대적인 이유일 뿐이므로 내적이고 절대적인 후자의 이유들에 종속되어야 한다. 우선적으로 추구해야 하는 것은 건강하고 강한 구성이며, 더 믿어야 할 것은 큰 영토가 제공하는 자원이 아니라 좋은 정부에서 생겨나는 활력이다.

그런데 우리는 국가의 구성 자체에 정복의 필연성이 포함되어 있고, 자신을 유지하기 위해서는 어쩔 수 없이 계속 확장하도록 구성된 국가들을 목격했다. 아마 그들은 이 필연성이 행운이라며 기뻐했겠지만, 그런 필연성이 일러주고 있던 것은 그 국가들의 크기가 한계에 이르면 몰락의 순간을 피할 수 없을 것이라는 사실이다.

10장
계속

　정치체를 측정할 수 있는 방식은 두 가지다. 영토의 넓이와 인민의 수가 그것이다. 이 두 측정치 사이에 국가의 진정한 크기를 알려 주는 비율이 존재한다. 국가를 만드는 것은 사람들이고, 사람들을 먹여 살리는 것은 토지다. 따라서 땅은 거주자를 충분히 부양하고 거주자는 땅이 먹여 살릴 수 있을 만큼 있는 것이 적절한 비율이다. 특정한 수의 인민이 가질 수 있는 힘의 최댓값maximum은 바로 이 비율을 통해 발견된다. 토지가 너무 크면 관리 비용이 증가하고, 경작은 부실해지며, 생산물은 남아돈다. 이것이 방어전쟁을 일으키는 직접적인 원인이다. 토지가 충분치 않으면, 그것을 보충하느라 국가가 주변 국가들의 처분에 의존하게 된다. 이것이 침략전쟁의 직접적인 원인이다. 오직 교역과 전쟁의 양자택일 입장에 놓인 인민은 그 자체로는 약하다. 이런 인민은 주변 인민에 의지하고 정세에 의존한다. 그들의 존속이라고 해봐야 불안정하고 짧다. 이들은 정복하여 상황을 바꾸지 않으면, 정복당하여 사라진다. 이런 인민은 축소나 확대를 통해서만 자유를 보존할 수 있다.

　땅의 넓이와 사람의 수가 상호 충족되는 고정비율을 계산할 수는 없다. 토질, 비옥도, 생산의 성격, 풍토의 영향이 갖는 차이만큼이나, 어떤 이들은 비옥한 지역에서 적게 소비하고 어떤 이들은 척박한 땅에서 많이 소비하는 등 거주자들의 기질에서 확인되는 차이도 문제가 된다. 또한 여성들의 최대 혹은 최소 출산력, 지역의 인구 증가 요인과 감소 요인, 입법자의 입법을 통한 인구 증가 기대치까지 고려해야 한다. 따라서 입법자는 보이는 것이 아니라 예견한 것에 근거해 판단하고, 인구의 현 상태보다는 인구가 자연적으로 도달하게 될 상태에 주의를 기울여야 한다. 마지막으로, 그 지역의 특수하고 우연한 요소들로 인해 필요해 보이는 것보다 더 큰 토지를 가져야 하거나 혹은 가질 수 있는 수많은 상황이 있다. 예를 들면, 산악 지대에서는 사람들이 넓은 땅에 퍼져서 산다. 이런 곳에서는 숲, 방목지와 같은 자연적 생산 덕분에 노동력이 덜 요구되고, 경험상 이곳의 여성들은 평야 지역에서보다 출산을 많이 하며, 경사지가 큰 반면 식물이 성장할 수 있는 유일한 땅인 수평 지대는 협소하기 때문이다. 반대로 바닷가에서는 거의 불모지나 다름없는 암석이나 모래에서도 사람들이 모여 산다. 왜냐하면 어업이 토지생산을 상당 부분 대신할 수 있고, 해적을 물리치기 위해 더 모여야 하며, 게다가 지역에 부담이 되는 거주자들을 외지로 더 쉽게 덜어 낼 수 있기 때문이다.

한 인민을 설립하려면 이런 조건들에 한 가지 조건을 추가해야 한다. 이 조건은 결코 다른 조건의 보완물이 아니며, 이 조건이 없으면 나머지 조건들은 쓸모없다. 그것은 사람들이 풍요와 평화를 누려야 한다는 것이다. 왜냐하면 국가가 질서를 갖추는 시기는 부대가 대오를 정비할 때처럼 단체의 저항력이 가장 약해서 가장 쉽게 파괴될 수 있는 때이기 때문이다. 각자 자기 대열만 신경 쓰느라 위험에는 관심을 두지 않는 분주한 때, 그러니까 어떤 발효fermentation[63]의 시기보다, 완전히 무질서한 상태의 저항력이 더 강할 것이다. 이런 위기의 순간에 전쟁, 기아, 반란이 덮치면 국가는 반드시 전복되고 만다.

이런 격동기에 세워지는 정부가 많지 않다는 것은 아니다. 하지만 격동기에 국가를 파괴하는 것은 바로 이런 정부다. 찬탈자들은 언제나 이런 혼란의 시기를 유발하거나 선택하여, 냉정한 상태의 인민이라면 결코 채택하지 않을 파괴적인 법을 공중의 공포를 이용해 통과시킨다. 입법자의 일과 폭군tyran[64]의 일을 구별할 수 있게 해주는 가장 분명한 특징 가운데 하나가 제정 시기의 선택이다.

그렇다면 입법 대상이 되기에 적합한 인민은 누구인가? 출신, 이익, 합의의 결합으로 이미 묶여 있으면서 아직 진정한 법의 족쇄에 속박된 적 없는 인민, 완전히 뿌리내린 관습도 미신도 갖고 있지 않은 인민, 갑작스러운 침입에 시달리는 것을 두려워하지 않으며 주변 인민들의 다툼에 휩쓸리지 않고 혼자서 그들 각각에 저항할 수 있거나 한 인민을 이용해 다른 인민을 물리칠 수 있는 인민, 모든 구성원이 서로 알고 있으며 누구에게도 한 사람이 감당하기 힘든 큰 짐을 지울 필요가 없는 인민, 존속을 위해 다른 인민을 필요로 하지 않고 다른 인민들에게도 필요치 않은 인민,* 부유하지도 가난하지도 않고 자립할 수 있는 인민, 끝으로 고대 인민의 확고함과 요즘 인민의 유순함을 겸비한 인민이 그들이다. 입법 작업이 어려운 것은, 수립해야 할 것이 아

---

* 인접한 두 인민 중 하나가 다른 하나 없이 살 수 없다면, 이것은 전자에게는 아주 가혹한 상황이고 후자에게는 아주 위험한 상황이다. 이런 경우 현명한 국민이라면 한시라도 빨리 조치를 취해 상대방이 의존에서 벗어나도록 할 것이다. 틀락스칼라 공화국République de Tlaxcala은 멕시코 제국에 둘러싸여 있었지만 멕시코인들에게서 소금을 사거나 심지어 공짜로 받느니 차라리 소금 없이 살고자 했다. 지혜로운 틀락스칼라인들은 무상 공여 뒤에 숨어 있는 덫을 보았던 것이다. 그들은 자신의 자유를 보존했으며, 큰 제국에 갇혀 있던 이 작은 국가는 결국 제국 파멸의 하수인이 되었다.[65]

니라 파괴해야 할 것 때문이다. 성공이 그렇게나 드문 것은, 사회의 욕구와 결합되어 있으면서도 단순한 본성을 찾기가 불가능하기 때문이다. 그렇다, 이 모든 조건이 모여 있기란 어렵다. 그렇기 때문에 국가가 잘 구성되는 경우를 쉽게 찾아볼 수 없는 것이다.

유럽에도 입법이 가능한 지역이 하나 있다. 코르시카섬이다. 이 선량한 인민이 용맹하고 의연하게 자유를 수복하고 수호한 것을 보면, 그들은 지혜로운 자에게서 자유를 보존하는 법을 배울 만한 자격이 있다. 나는 이 작은 섬이 언젠가 유럽을 놀라게 할 것이라고 예감한다.[66]

11장
여러 가지 입법체계에 대해

모든 입법체계의 목적은 모두의 최대선이다. 이 최대선이 정확히 어떤 것인지 생각해 본다면, 그것이 자유liberté와 평등égalité이라는 두 가지 주요 목적으로 수렴됨을 알게 될 것이다. 자유가 그런 까닭은 개별자 사이의 모든 의존이 그만큼의 힘을 국가단체로부터 빼앗기 때문이고, 평등이 그런 까닭은 평등 없이는 자유가 존속할 수 없기 때문이다.

시민의 자유가 무엇인지에 대해서는 이미 말했다.[67] 평등에 대해 생각해 보자면, 이 말은 권력과 부가 절대적으로 동일한 정도라는 것을 뜻하지 않는다. 평등은 권력의 측면에서는 어떤 권력도 폭력에 이르지 않고 권력 행사는 지위와 법에만 근거한다는 것을, 부의 측면에서는 어떤 시민도 다른 시민을 살 수 있을 만큼 부유하지 않고 누구도 자신을 팔아야 할 만큼 가난하지 않다는 것을 의미한다. 이를 위해서 강자들은 재산과 권세crédit에 대한 절제를, 약자들은 탐욕과 선망에 대한 절제를 보여야 한다.*

사람들은 이런 평등이 사변적인 공상이고 실제로는 존재할 수 없다고 말한다. 하지만 폐단을 피할 수 없다고 해서 그것을 규제해서는 안 된다고 결론 내려야 하는가? 사물의 힘은 언제나 평등을 파괴하는 경향을 띤다. 바로 이런 까닭에 입법의 힘은 언제나 평등을 유지하는 경향을 띠어야 한다.

하지만 모든 훌륭한 제도가 갖는 이런 일반적인 목적들은, 각 지역의 현지 상황과 거주자들의 특성에서 생기는 관계에 따라 수정되어야 한다. 이런 관계에 근거하여, 그 자체로는 최선이 아닐지라도 적용 대상이 되는 국가에 대해서는 최선인 특수한 제도체계를 각 인민에게 부여해야 한다. 예를 들어 보자. 땅이 척박하고 생산성이 낮거나, 거주자에 비해 지역이 너무 좁은가? 산업과 기술에 힘쓴 후 거기에서 나오는 생산물을 부족한 물자와 교환하라. 반대로 풍요로운 평야와 비옥한 비탈을 차지하고 있는가? 좋은 토양에 거주자가 부족한가? 인구를 증가시키는 농업에 모든

---

* 그렇다면 국가가 확고하길 원하는가? 가능한 한 양극단 사이를 좁혀라. 호사스러운 자도 거지도 용인하지 말라. 필연적으로 분리 불가능한 이 두 신분은 그만큼 필연적으로 공동선에 해롭다. 한편에서는 폭정의 옹호자들이, 다른 편에서는 폭군들이 나온다. 그리고 두 신분 사이에서는 언제나 공적 자유의 밀매가 일어난다. 한쪽이 사고, 다른 쪽이 판다.

정성을 쏟고, 인구 감소를 불러올 뿐인 기술을 배격하면서 몇 안 되는 거주자들을 영토 내 몇몇 지점에 불러 모아라.* 넓고 안락한 해안을 차지하고 있는가? 바다를 배로 덮고 교역과 항해를 육성하라. 그대의 존재는 찬란하고 짧을 것이다. 바다를 낀 연안이 넘기 힘든 바위산으로 둘러싸여 있는가? 어류를 먹는 야만인으로 남아 있으라. 더 평온하게, 어쩌면 더 선량하게, 확실히 더 행복하게 살게 될 것이다. 한마디로, 각 인민은 모든 인민에게 공통되는 규칙들 외에도 자체적으로 어떤 이유를 가지고 있어, 이 때문에 그런 규칙들이 인민에 따라 특수한 방식으로 조직되며 각 인민의 입법은 오직 그에게만 적합하다. 이렇게 해서 과거 히브리인들과 최근 아랍인들에게는 종교가, 아테네인들에게는 문예가, 카르타고와 티레에서는 교역이, 로도스에서는 바다가, 스파르타에서는 전쟁이, 그리고 로마에서는 덕이 주요 대상이 된 것이다.[68] 『법의 정신』의 저자는 입법자가 어떤 기술을 통해 제도를 이런 각각의 목적으로 이끌어 가는지 수많은 사례를 들어 보여주었다.[69]

자연적 관계들과 법이 항상 같은 지점에서 일치하고, 법이 말하자면 자연적 관계들을 보장하고 보조하며 교정할 정도로 적합성convenances이 잘 준수될 때, 국가의 구성은 진정으로 견고하고 지속 가능한 것이 된다. 하지만 입법자가 대상을 잘못 파악하여 사물의 본성에서 도출되는 원리와 다른 원리를 택하면, 즉 한 원리는 예속을 지향하는데 다른 원리는 자유를 지향하고, 한 원리

---

* d'A 후작의 말에 따르면, 대외 교역의 어떤 영역은 왕국 전체로 보면 거짓 이익만 가져다줄 뿐이어서, 몇몇 개별자와 몇몇 도시까지는 부유해질 수 있지만 국민 전체는 거기에서 아무것도 얻지 못하고 그것으로 인민의 상태가 더 나아지지도 않는다.

는 부를 지향하는데 다른 원리는 인구를 지향하고, 한 원리는 평화를 지향하는데 다른 원리는 정복을 지향하면, 법은 모르는 사이에 점차 약해지고, 국가구성은 변질될 것이다. 그러면 국가는 끊임없이 동요하여 결국 파괴되거나 다른 것으로 바뀌고 거역할 수 없는 자연의 지배가 회복될 것이다.

12장
법의 분류

전체의 질서를 세우거나 공적인 것chose publique[70]에 최선의 형태를 부여하기 위해서는 다양한 관계를 고려해야 한다. 첫째로, 단체 전체가 자신에게 가하는 작용, 다시 말해 전체의 전체에 대한 관계 혹은 주권자의 국가에 대한 관계가 있다. 이 관계는 매개 항들의 관계를 통해 구성되며, 이에 대해서는 잠시 후에 알게 될 것이다.[71]

이 관계를 규정하는 법의 이름은 정치법lois politiques이다. 이 법은 또한 기본법이라 부르기도 하는데, 법이 현명하다면 이렇게 부르는 것이 근거 없진 않겠다. 왜냐하면 만약 각 국가의 질서를 세우는 좋은 방식이 하나뿐이라면, 그 방식을 찾아낸 인민은 그것을 잘 지켜야 할 것이기 때문이다. 하지만 수립된 질서가 나쁘다면, 왜 좋은 질서를 가로막는 법을 기본적인 것으로 여기겠는가? 게다가, 여하튼 인민은 최선의 법까지도 언제든지 마음대로 바꿀 수 있다. 자신에게 해를 입히는 것이 인민이 원하는 바라면, 누가 인민을 막을 권리를 가지겠는가?

두 번째는 구성원들 사이의 관계 혹은 구성원들과 단체 전체와의 관계다. 이 비율rapport은 전자에 대해서는 가능한 한 작아야 하고, 후자에 대해서는 가능한 한 커야 한다.[72] 그래야 각 시민이 다른 모든 시민에 대해서는 완전히 독립적이고, 도시국가에 대해서는 극단적으로 의존적이게 된다. 이것은 언제나 동일한 수단을 통해 달성된다. 왜냐하면 오직 국가의 힘만이 구성원들의 자유를 만들어 내기 때문이다. 시민법lois civiles[73]은 이 두 번째 관계에서 나온다.[74]

인간과 법 사이의 세 번째 종류의 관계, 즉 불복종과 처벌의 관계를 생각해 볼 수 있다. 이 비율은 형법lois criminnelles의 설립을 야기한다. 형법은 본질적으로 법의 개별적인 한 종류라기보다, 다른 모든 법을 위한 제재 수단이다.

이상 세 가지 법에 모든 법 가운데 가장 중요한 네 번째가 추가된다. 이 법은 대리석이나 청동이 아니라 시민들의 가슴에 새겨져 있다. 바로 이 법이 국가의 진정한 구성을 만들어 낸다. 이법은 매일 새로운 힘으로 채워져, 낡아서 소멸되어 가는 법을 소생시키거나 보완하고, 인민이 인민설립의 정신을 보존하도록 하며, 알게 모르게 권한의 힘을 습관의 힘으로 교체한다. 나는 풍속, 관습, 특히 여론에 대해 말하고 있다. 이 부분에 대해 우리 정치가들은 아는 것이 없다. 하지만 다른 모든 법의 성공이 이 부분에 달려 있다. 따라서 위대한 입법자라면 겉으로는 개별 규칙을 다루는 것에 만족하는 것처럼 보여도, 은밀하게 이 부분을 살핀다. 개별 규칙이 궁륭천장의 아치일 뿐이라면, 풍속은 더 천천히 형성되어 결국 흔들리지 않는 종석이 된다.[75]

이런 여러 종류의 법 중에서 나의 주제와 관련된 유일한 것은

정부형태를 구성하는 정치법이다.[76]

2권 끝

3권

정부의 다양한 형태에 대해 말하기 전에, 아직 충분히 잘 설명된 바 없는 이 말의 정확한 의미를 확정해 보도록 하자.

1장
정부 일반에 대해

독자에게 알린다. 이 장은 침착하게 읽어야 하며, 나는 주의를 기울이지 않으려는 자를 분명하게 이해시키는 기술을 알지 못한다.[1]

모든 자유로운 행위에는 협력하여 그것을 생산하는 두 원인이 있다. 하나는 도덕적인 원인, 즉 행위를 결정하는 의지이고, 다른 하나는 물리적인 원인, 즉 행위를 실행하는 힘이다. 내가 어떤 대상을 향해 걸어갈 때, 첫째로는 내가 거기로 가길 원해야 하며, 둘째로는 내 발이 날 거기로 데리고 가야 한다. 뛰려고 하는 마비 환자나 뛰지 않으려 하는 민첩한 사람이나, 둘 다 제자리에 있을 것이다. 정치체도 같은 운동 원인들을 가진다. 마찬가지로 정치체의 힘과 의지가 구별된다. 의지는 입법권puissance législative이라는 이름으로, 힘은 행정권puissance exécutive이라는 이름으로 불린다. 정치체에서는 둘의 협력 없이 어떤 것도 일어나지 않으며 일어나서도 안 된다.

우리는 입법권이 인민에게 속하며 오직 인민에게만 속할 수 있음을 보았다. 앞에서[2] 확립한 원리들을 고려해 볼 때, 이와 반대로 행정권은 입법이나 주권과 같은 일반성을 가질 수 없다는 것을 쉽게 알 수 있다. 왜냐하면 행정권은 개별적인 행위들로 구성되는데, 개별적인 행위들은 법과 무관하고 따라서 모든 행위가 곧 법인 주권자와도 무관하기 때문이다.

그러므로 공적인 힘에는 적절한 대행인$_{agent}$이 있어야 한다. 이 대행인은 공적인 힘을 규합하여 일반의지의 지휘 아래 사용하고, 국가와 주권자 사이의 교통을 담당하여, 어떤 의미에서 영혼과 신체의 결합이 인간 안에서 하는 일을 공적 인격 안에서 한다. 바로 이것이 국가 안에서 정부의 존재이유다. 근거 없이 주권자와 혼동되긴 하지만, 정부는 주권자의 집행자일 뿐이다.[3]

그렇다면 정부$_{gouvernement}$란 무엇인가? 정부는 신민과 주권자의 상호 일치를 위해 둘 사이에 설치되어, 법을 집행하고 시민의 자유와 정치적 자유[4]를 유지하는 일을 담당하는 매개체다.

이 단체의 구성원들은 행정관, 왕$_{rois}$ 또는 총독$_{gouverneurs}$으로 불리며, 단체 전체는 군주$_{prince}$라는 이름을 가진다.* 따라서 어떤 인민이 지도자에게 종속되기로 결정한 행위는 결코 계약이 아니라는 주장은 참으로 옳다.[6] 이것이 위임일 뿐임은 절대적인 사실이며, 이 직무에서 지도자는 주권자의 단순 관료로서 주권자가 위탁한 권력을 주권자의 이름으로 행사한다. 주권자는 내킬 때 이 권력을 제한하고 변경하고 회수할 수 있으며, 이 권리

---

* 이런 까닭으로 베네치아에서는 원수$_{doge}$가 불참한 협의회까지 폐하$_{sérénissime\ prince}$라고 부른다.[5]

를 양도한다는 것은 사회체의 본성과 양립 불가능할뿐더러 회합의 목적에도 반한다.

따라서 나는 행정권의 정당한 행사를 통치gouvernement 혹은 최고행정이라 부르고, 이 행정을 맡은 사람 혹은 단체를 군주prince 혹은 행정관magistrat이라 부른다.

정부는 매개하는 힘들을 가지고 있고, 이 힘들의 관계가 전체와 전체의 관계 혹은 주권자와 국가의 관계를 구성한다. 주권자와 국가의 관계는 연비례의 외항 사이의 비율로 나타낼 수 있으며, 이 연비례의 비례중항이 정부다. 정부는 주권자로부터 명령을 받아 인민에게 전달한다. 국가가 좋은 평형상태에 있기 위해서는, 보정이 잘 이루어져서, 그 자체로 측정된 정부의 곱 혹은 거듭제곱과, 한편으로는 주권자이고 다른 한편으로는 신민인 시민들의 곱 혹은 거듭제곱 사이에 등식이 성립해야 한다.[7]

게다가 세 항 중 어떤 것이라도 바꾸면 그 즉시 비례식은 깨진다. 주권자가 통치하려고 하거나 행정관이 법을 제정하려고 하거나 신민이 복종하길 거부하면, 질서가 가고 혼란이 오며, 힘과 의지가 더 이상 협력하여 작용하지 않게 되고, 그렇게 국가는 분해되어 전제정이나 무정부상태에 이르게 된다. 마지막으로 모든 비율에는 단 하나의 비례중항이 있는 것과 같이, 국가에도 가능한 좋은 정부는 단 하나 존재한다. 하지만 특정 인민의 비율들은 수많은 사건에 의해 바뀔 수 있으므로, 서로 다른 인민에게 좋은 정부는 각기 다를 뿐만 아니라, 동일한 인민이라도 다른 시기에는 그에 맞는 좋은 정부가 다를 수 있다.

이렇게 두 외항 사이에서 가능한 여러 비율에 대한 이해를 돕기 위해, 더 쉽게 설명할 수 있는 비율의 예로 인민의 수를 생각해 보겠다.

1만 명으로 구성된 국가를 가정해 보자. 주권자는 집단, 단체로 간주되지만, 신민으로서 각 개별자는 개인으로 간주된다. 따라서 주권자 대 신민은 1만 대 1이다. 다시 말해 국가의 각 구성원은 그가 주권에 전적으로 복종하고 있다 하더라도 주권의 1만 분의 1만큼을 자기 몫으로 가진다. 인민이 10만 명으로 구성되어 있으면, 신민의 지위는 바뀌지 않고 각자는 여전히 법의 모든 지배를 받지만, 그의 투표는 10만 분의 1로 축소되어 법의 작성에서 10배 더 작은 영향력을 가진다. 이때 신민은 계속 1이라, 주권자의 비율은 시민의 수에 따라 증가한다. 이로부터 국가가 커질수록 자유는 감소한다는 결론이 나온다.

내가 비율이 증가한다고 말하는 것은, 비율이 등식에서 멀어진다는 것을 뜻한다. 그러므로 기하학자들의 말뜻에서 비율이 커진다는 것은, 일반적인 말뜻에서 관계가 느슨해진다는 것이다. 기하학에서 비율은 양을 통해 고찰되기에 몫[8]에 의해 측정되고, 일반적인 의미에서 관계는 동일성을 통해 고찰되기에 유사성에 의해 평가된다.

그런데 개별의지와 일반의지의 관계가 약해질수록, 즉 풍속과 법이 멀어질수록, 억제력이 증가해야 한다. 그러므로 좋은 정부는 인민의 수가 커질수록 상대적으로 더 강해야 한다.

한편, 국가가 확대되면 공적인 힘의 수탁자는 권력남용에 대한 유혹을 더 강하게 느끼고 그럴 수 있는 수단도 더 많이 갖게 되므로, 정부가 더 큰 힘으로 인민을 견제할수록, 주권자는 주권자 나름대로 정부를 견제하기 위한 힘을 더 가져야 한다. 여기에서 말하는 것은 절대적 힘이 아니라, 국가의 여러 부분들이 가지는 상대적 힘이다.

이 이중의 관계로부터, 주권자, 군주, 인민 사이의 연비례라는 발상은 결코 자의적이지 않으며 정치체의 본성으로부터 필연적으로 도출된다는 사실이 밝혀진다.[9] 또한 다음 사실이 밝혀진다. 외항 중 하나, 즉 신민으로서의 인민이 단위로 고정되어 표상되면, 복비가 증가하거나 감소할 때마다 단비도 비슷하게 증가하거나 감소하며 따라서 내항이 변한다.[10] 이를 통해 다음을 알 수 있다. 절대적이고 유일한 정부 구성은 존재하지 않으며, 다양한 크기의 국가가 있는 만큼 다양한 본성의 정부가 있을 수 있다.

누군가 이 체계를 비웃으며, 내 말대로라면 인민의 수의 제곱근만 구하면 비례중항을 찾아 정부단체를 만들 수 있겠다고 말할지 모른다. 나는 이렇게 답할 것이다. 나는 여기에서 인민의 수를 하나의 사례로 들었을 뿐이고, 내가 말하는 관계는 사람의 수만으로 측정되는 것이 아니라 수많은 원인의 조합으로 만들어지는 행위의 양을 통해 일반적으로 측정되며, 게다가 내가 더 적은 말로 설명하고자 기하학 용어를 잠시 빌려왔다 해도 사회적 양 quantités morales[11]에서는 기하학적 정밀함이 결코 가능하지 않다는 사실을 모르는 것은 아니라고.

정부는 정부를 포함하는 정치체의 축소판이다. 정부 또한 몇몇 능력을 가진 가상인격이며, 주권자처럼 능동적이기도 하고 국가처럼 수동적이기도 하다. 우리는 정부를 정치체의 경우와 유사한 관계들로 분해할 수 있다. 그 결과 새로운 비례가 생기고, 관청tribunal[12]의 지위에 따라 이 비례 안에 또 다른 비례가 생기며, 이것이 분할 불가능한 내항, 즉 유일한 지도자나 최고 행정관에 이르기까지 계속된다. 이 분할 불가능한 내항을 수열의 한가운데에서 분수 계열과 정수 계열 사이에 있는 1과 같은 것으로 표상할 수 있다.[13]

이렇게 늘어나는 항을 따지지 말고, 정부를 인민 및 주권자와 구별되어 둘을 매개하는 국가 내 새로운 단체로 규정하는 것으로 만족하자.

이 두 단체 사이에는 본질적인 차이가 있다. 국가는 혼자서 존재하지만, 정부는 오직 주권자를 통해서만 존재한다. 따라서 군주의 지배적인 의지는 일반의지 혹은 법일 뿐이고, 그래야만 한다. 군주의 힘은 그에게 집중된 공적인 힘 이상의 것이 아니다. 군주가 자신에게서 절대적이고 독립적인 어떤 행위를 끌어내려고 하면, 그 즉시 전체의 결합은 느슨해지기 시작한다. 마침내 군주가 주권자의 의지보다 더 능동적인 개별의지를 가지게 되고, 이 개별의지를 따르기 위해 그의 수중에 있는 공적인 힘을 사용함으로써 권리상의 주권자와 사실상의 주권자, 말하자면 두 주권자가 있게 되면, 그 즉시 사회결합은 사라지고 정치체는 분해될 것이다.

그렇지만 정부단체가 존재와 실질적인 생명을 가지고 국가단체와 구별되려면, 그리고 모든 정부 구성원이 협력하여 움직임으로써 정부의 설립 목적에 부합할 수 있으려면, 구성원들의 공통감각, 개별적 자아moi와 함께 자기보존을 지향하는 고유한 의지, 힘이 있어야 한다. 이 개별적인 존재는 여러 집회와 심의회, 심의하고 결의할 권력, 행정관의 조건이 힘든 만큼 그것을 더 명예롭게 하는 군주의 배타적 권리, 지위, 특권을 필요로 한다. 어려운 일은 전체의 질서 안에서 이 하위 전체를 규정하는 방식이다. 이를 통해 하위 전체가 자신의 구성을 공고히 하면서도 일반적 구성을 변형하지 않도록 해야 하고, 자기보존에 할당된 개별적인 힘과 국가의 보존에 할당된 공적인 힘을 언제나 구별하도록 해야 하며, 한마디로 정부를 위해 인민을 희생시키는 것이 아

니라 언제나 인민을 위해 정부를 희생시킬 각오를 하도록 만들어
야 한다.

그런데 정부라는 인공단체corps artificiel는 다른 인공단체의 제
작물이어서, 어떤 의미에서 정부의 생명은 빌려 온 생명이고 종
속된 생명이다. 하지만 그렇다고 해서 정부활동의 활기와 신속
함에 정도차가 없다는 것은 아니며, 정부의 건강상태는 말하자면
더 튼튼할 수도 있고 그렇지 않을 수도 있다. 요컨대 정부는 자
신의 설립 목적과 정반대 방향으로 멀어지지 않더라도, 그 구성
방식에 따라 설립 목적에서 더 빗나갈 수도 있고 덜 빗나갈 수도
있다.

이 모든 차이로부터, 국가를 변화시키는 우발적이고 개별적
인 관계에 따라 정부가 국가단체와 맺어야 하는 다양한 관계가
발생한다. 이 관계가 정부가 속한 정치체의 결점에 따라 변하지
않으면, 그 자체로는 최선의 정부도 최악의 정부가 되는 일이 흔
할 것이다.

2장
다양한 정부형태의 구성원리에 대해

이 차이들의 일반적인 원인을 설명하려면, 앞에서 국가와 주
권자를 구별한 것처럼 여기에서는 군주와 정부를 구별해야 한다.

행정관단체를 이루는 구성원의 수는 더 많을 수도 있고 더
적을 수도 있다. 우리는 주권자의 신민에 대한 비율이 인민의 수

가 늘어날수록 더 커진다고 말했다. 명백한 유비에 의해 행정관에 대한 정부의 관계도 마찬가지라고 말할 수 있다.

그런데 정부의 전체 힘은 어쨌든 국가의 힘이라서 변하지 않는다. 따라서 정부가 그 구성원들에게 힘을 더 많이 사용할수록, 인민 전체에 작용하기 위해 쓸 힘은 감소한다.

그러므로 행정관들의 수가 늘어날수록 정부는 약해진다. 이 규칙은 매우 중요하기 때문에 더 잘 해명해 보도록 하자.

행정관의 인격에서 본질적으로 상이한 세 의지를 구별할 수 있다. 첫 번째로, 개별적인 이득만을 지향하는 개인 고유의 의지가 있다. 두 번째로, 군주의 이득에만 관련되는, 행정관들의 공통의지가 있다. 단체의지volonté de corps라고 부를 수 있는 이 의지는 정부에 대해서는 일반적이고, 정부가 속해 있는 국가에 대해서는 개별적이다. 세 번째로, 인민의 의지 혹은 최고의지가 있다. 이 의지는 전체로 간주되는 국가에 대해서나 전체의 부분으로 간주되는 정부에 대해서나 일반적이다.

입법이 완벽하다면 개별적이거나 개인적인 의지는 아무 효력이 없어야 하고, 정부 고유의 단체의지는 엄격하게 종속되어 있어야 하며, 따라서 일반의지 혹은 최고의지가 언제나 지배적인 의지로서 다른 모든 의지의 유일한 원칙이어야 한다.

반대로 자연적 질서에 따르면, 이런 여러 의지들은 집중되어 있을수록 더 능동적이게 된다. 따라서 일반의지가 언제나 가장 약하고, 단체의지가 두 번째이며, 개별의지가 모든 의지 가운데 가장 우선시된다. 이로 인해 정부의 각 구성원은 일단 그 자신이며, 다음으로 행정관이고, 그다음으로 시민이다. 이것은 사회질서가 요구하는 것과 완전히 반대되는 순서다.

정부 전체가 단 한 사람의 수중에 있다고 가정해 보자. 그러면 개별의지와 단체의지가 완전히 결합하고, 따라서 단체의지의 강도가 도달 가능한 가장 높은 수준에 이르게 된다. 그런데 힘의 사용은 의지의 강도에 좌우되고, 정부의 절대적 힘은 결코 변하지 않기에, 가장 능동적인 정부는 단 한 사람의 정부라는 결론이 도출된다.

반대로, 정부를 입법권에 통합시켜 주권자를 군주로, 그리하여 모든 시민을 같은 수의 행정관으로 만들어 보자. 이때 단체의지는 일반의지와 뒤섞여 일반의지 이상의 능동성을 갖지 못할 것이고, 개별의지가 모든 힘을 발휘하도록 방치할 것이다. 이렇게 정부는 언제나 동일한 절대적 힘을 가지면서 상대적 힘이나 능동성은 최솟값minimum으로 갖게 될 것이다.

이런 관계는 이론의 여지가 없으며 다른 고찰을 통해서도 확인될 수 있다. 예를 들어 행정관단체 안에서 각 행정관은 각 시민이 시민단체 안에 있을 때보다 더 능동적이며,[14] 따라서 개별의지는 주권자의 행위보다 정부의 행위에 대해 훨씬 더 큰 영향력을 발휘한다. 왜냐하면 행정관은 거의 언제나 정부의 어떤 기능을 맡고 있는 반면, 시민은 독자적으로는 주권의 그 어떤 기능도 담당하지 않기 때문이다. 게다가 국가가 확장될수록, 그 크기에 비례하지는 않더라도 국가의 실질적 힘은 증가한다. 하지만 국가의 크기가 일정하다면, 행정관 수가 아무리 늘어도 소용없고, 그로 인해 정부가 실질적 힘을 더 많이 얻는 것은 아니다. 왜냐하면 정부의 힘은 국가의 힘이고, 여기에서 국가의 힘은 항상 일정하기 때문이다. 따라서 정부의 절대적 혹은 실질적 힘이 증가하지 않으면, 상대적 힘 혹은 능동성은 감소한다.

또한 분명한 사실은, 업무를 맡는 사람이 늘어날수록 업무 처리는 더 지연되고, 너무 신중해진 나머지 충분히 기회를 살리지 못하며, 심의하느라 그 심의의 결실을 잃어버리는 일이 자주 일어난다는 것이다.

나는 방금 행정관의 수가 늘어날수록 정부가 느슨해진다는 사실을 입증했다. 그리고 앞에서는 인민의 수가 많을수록 억제력이 더 증가해야 한다는 것을 증명했다. 이로부터 행정관의 정부에 대한 비율은 신민의 주권자에 대한 비율의 역이어야 한다는 사실이 도출된다. 다시 말해, 국가가 확대될수록 정부는 축소되어야 하며, 따라서 인민의 증가에 비례하여 지도자의 수는 감소해야 한다.

그런데 여기에서 나는 정부의 상대적 힘에 대해서만 말할 뿐, 정부의 올바름에 대해 얘기하는 것은 아니다. 행정관의 수가 늘어날수록 오히려 단체의지는 일반의지에 가까워진다. 반면 한 명의 행정관 아래에서 이 단체의지는 내가 말했듯이 단지 하나의 개별의지일 뿐이다. 따라서 우리는 한편에서 얻을 것을 다른 편에서 잃어버린다. 입법자의 기술은, 항상 반비례하는 정부의 힘과 의지가 국가에 가장 이로운 비율로 조합되는 지점을 결정할 줄 아는 데 있다.[15)]

3장
정부의 분류

앞 장에서 우리는 왜 여러 종류의 정부 혹은 정부형태가 구성원들의 수에 의해 구분되는지 살펴봤다. 이번 장에서는 이런 구분이 어떻게 이루어지는지 살펴볼 것이다.

우선, 주권자는 정부를 인민 전체 혹은 인민의 가장 큰 부분에 위탁할 수 있다. 그러면 개별적인 단순시민보다 행정관을 겸하는 시민이 더 많게 된다. 이런 정부형태를 민주정démocratie이라는 이름으로 부른다.

혹은, 주권자가 정부를 축소하여 소수의 수중에 둘 수 있다. 그러면 행정관보다 단순시민의 수가 더 많게 된다. 이런 형태는 귀족정aristocratie이라는 이름으로 부른다.

마지막으로, 주권자는 정부 전체를 단 한 명의 행정관 수중에 집중시킨 다음 다른 모든 행정관이 그에게서 권력을 받도록 할 수 있다. 이 세 번째 형태가 가장 보편적이며, 왕정monarchie 혹은 왕의 정부[16]라 부른다.

이 모든 정부형태 혹은 적어도 앞의 두 형태는 크기가 가변적이며, 심지어 상당히 큰 폭의 차이를 보인다. 민주정은 인민 전체를 포함할 수도 있고, 그 절반으로 축소될 수도 있다. 귀족정의 경우는 인민의 절반에서 임의의 소수까지 축소될 수 있다. 심지어 왕권을 분할하는 것도 가능하다. 스파르타의 정체는 계속해서 두 명의 왕을 두었다. 로마제국은 동시에 여덟 명의 황제를 두기까지 했는데, 그럼에도 제국이 분할되었다고 말할 수는 없다. 따라서 각 정부형태가 인접한 형태와 뒤섞이는 지점이 있고, 세 가지 명칭하에서도 실제로는 정부형태가 국가에 속한 시민의 수만큼 다양할 수 있다.

더구나 어떤 점에서 보면 하나의 정부가 여러 부분들로 재분할되어 각 부분이 저마다 다른 방식으로 운영될 수 있다. 그 결과 이 세 가지 형태가 조합되어 수많은 혼합 형태가 나올 수 있고, 각 혼합 형태에 모든 단순 형태를 곱하는 것도 가능하다.

최선의 정부형태에 대한 논쟁은 예로부터 차고 넘쳤다. 하지만 각 정부형태가 어떤 경우에는 최선의 것이 되기도 하고 다른 경우에는 최악의 것이 되기도 한다는 사실은 고려되지 않았다.

만약 어떤 국가에서든 최고 행정관의 수가 시민의 수에 반비례해야 한다면, 일반적으로 민주정은 작은 국가에, 귀족정은 중간 크기 국가에, 왕정은 큰 국가에 적합하다는 결론이 나온다. 이 규칙은 원리에서 직접 도출된다. 하지만 예외를 만들어 내는 무수히 많은 여건들은 어떻게 고려할 것인가?

4장
민주정에 대해[17]

법을 만드는 자는 법이 어떻게 집행되고 해석되어야 하는지 누구보다 잘 안다. 그러므로 행정권이 입법권에 결합된 정체보다 더 나은 정체는 없을 것이다. 하지만 이런 정부는 바로 이 때문에 몇 가지 측면에서 불충분하다. 구별되어야 하는 것들이 구별되지 않으며, 군주와 주권자가 동일인이 되어 말하자면 정부 없는 정부가 만들어지기 때문이다.

법을 만드는 자가 법을 집행하는 것도, 인민단체의 관심이 일반적인 목적에서 벗어나 개별적인 대상을 향하는 것도 좋지 않다. 사적 이익이 공무에 끼치는 영향보다 위험한 것은 없으며, 정부가 법을 남용해서 생기는 악은 개별적인 목적이 개입할 때 필연적으로 발생하는 입법자의 부패보다는 작은 악이다. 그러면 국가의 실체가 변질되어 모든 개혁이 불가능하게 된다. 어떤 경우에도 정부를 남용하지 않을 인민이라면 자치도 남용하지 않을 것이고, 언제나 잘 통치할 인민이라면 통치받을 필요도 없을 것이다.

단어의 엄격한 의미로 생각해 보자면, 진정한 민주정이란 존재해 본 적이 없으며 앞으로도 존재하지 않을 것이다. 다수가 통치하고 소수가 통치받는 것은 자연적 질서에 반한다. 인민이 끊임없이 모여서 공적 사안에 열중하는 것을 상상하긴 힘들고, 그렇다고 해서 위원회에 위임하다가는 행정 형태가 바뀌게 될 것이 자명하다.

실제로 나는 정부의 기능이 여러 관청에 분배되어 있으면 조만간 소수가 더 큰 권한을 획득하게 된다는 것을 원리로 제시할 수 있다고 생각한다. 업무 처리의 용이함 때문에라도 자연스럽게 소수가 권력에 접근하게 된다.

게다가 이런 정부에 필요한 것들을 겸비하기란 얼마나 어려운가? 첫째로 국가가 아주 작아서, 인민이 편하게 모이고 시민 각자가 다른 모든 시민을 쉽게 알 수 있어야 한다. 둘째로 풍속이 매우 단순해서, 업무가 늘어나고 논의가 까다로워지는 것을 방지해야 한다. 다음으로 신분과 재산에서 상당한 정도로 평등해야 한다. 그렇지 않으면 권리와 권한의 평등이 오래 지속될 수 없을 것이다. 마지막으로 사치luxe가 적거나 없어야 한다. 사치는 부의 결과이거나 부를 필요하게 만들어서, 부자와 빈자를 동시에 타락시킨다. 전자는 소유로, 후자는 선망으로 그렇게 되는 것이다. 사치는 조국을 나약함과 허영심에 팔아넘긴다. 또한 국가에서 모든 시민을 빼앗아서, 그들이 서로의 노예가 되도록 하고 그들 모두를 여론에 예속시킨다.[18]

이것이 한 저명한 작가가 덕을 공화국의 원리로 제시한 이유다. 왜냐하면 이 모든 조건은 덕 없이는 지속할 수 없기 때문이다. 하지만 이 뛰어난 정신은 필요한 구별에 소홀한 탓에 자주 정확하지 못했고 때로는 명료함이 부족했다. 그는 주권이란 어디서든 동일하기 때문에 정부형태에 따라 다소 차이가 있더라도 잘 구성된 모든 국가에는 동일한 원리가 적용되어야 한다는 사실을 보지 못했다.[19]

민주정 혹은 인민정부gouvernement populaire[20]만큼 내전과 내란에 취약한 정부도 없다는 것을 덧붙이자. 왜냐하면 민주정만큼 강력하고 지속적으로 형태 변화가 야기되는 정부도 없고, 현재 형태를 유지하기 위해 민주정보다 더 많은 주의와 용기를 필요로 하는 정부도 없기 때문이다. 시민은 특히 이 정체에서 힘과 의연함으로 무장해야 하고, 또한 덕성을 갖춘 한 주지사palatin*가 폴란드 의회에서 했다는 말을 일생 동안 매일 가슴 깊은 곳에서 되뇌어야 한다. "평온한 예속보다 위태한 자유를 택할 것이다" Malo perculosam libertatem quam quietum servitium.[22]

신들로 구성된 인민이 있다면, 이 인민은 민주정으로 스스로를 통치할 것이다. 그렇게 완전한 정부는 인간에게 맞지 않다.

---

* 로렌공이며 폴란드 왕인 자의 아버지인 포즈난 주지사.[21]

5장
귀족정에 대해[23)]

　이 정부형태에서는 두 가상인격, 즉 정부와 주권자가 분명하게 구별된다. 따라서 두 개의 일반의지가 있는데, 하나는 모든 시민에 대한 것이고 다른 하나는 오직 행정부의 구성원에만 해당된다. 그러므로 정부는 내치police intérieure를 마음대로 결정할 수 있음에도 불구하고, 인민에게 말할 땐 오직 주권자의 이름으로, 다시 말해 오직 인민의 이름으로 그렇게 할 수 있다. 이것을 항상 염두에 두어야 한다.

　초기사회는 귀족정에 의해 통치되었다. 가족의 우두머리들이 자기들끼리 공무를 심의했고, 젊은이들은 기꺼이 경험의 권위에 굴복했다. 이로부터 사제prêtres, 장로anciens, 원로원sénat, 원로gér-ontes 같은 이름이 나왔다.[24)] 북아메리카의 야만인들은 오늘날에도 여전히 이와 같은 통치를 택하고 있으며, 아주 잘 통치되고 있다.

　하지만 제도의 불평등이 자연적 불평등을 압도하게 됨에 따라, 부나 권력*이 나이보다 선호되고 귀족정은 선거를 채택하게 됐다. 결국 권력이 아버지의 재산과 함께 자식에게로 양도되어 귀족 가문이 형성되고 세습 정부를 만들어 냈다. 마침내 스무 살짜리 원로원 의원이 등장했다.

---

* 고대인들에게 옵티마테스optimates라는 말은 가장 좋은 사람들이 아니라 가장 강한 사람들을 의미한다.[25)]

그러므로 세 종류의 귀족정, 즉 자연 귀족정, 선거 귀족정, 세습 귀족정이 있다. 첫 번째 것은 단순한 인민에게만 적합하고, 세 번째 것은 모든 정부 중에서도 최악이다. 두 번째 것이 최선인데, 엄밀한 의미로는 이것이 귀족정이다.

귀족정은 두 가지 권력을 구별한다는 장점[26]에 정부 구성원들을 선택한다는 장점까지 겸비한다. 왜냐하면 인민정부에서 모든 시민은 행정관으로 태어나지만, 귀족정에서는 행정관이 소수에 한정되고 오직 선거를 통해서만 행정관이 되기 때문이다.[*] 이 수단을 통해 정직, 지식, 경험, 그리고 공적으로 존경받고 선호될 만한 다른 모든 이유들 하나하나가, 우리가 지혜로운 통치를 받을 것이라는 새로운 보증이 된다.

게다가 집회가 더 쉽게 소집되고, 일은 더 잘 논의되어 더 질서 있고 신속하게 처리되며, 무명이거나 무시당하는 대중이 아닌 훌륭한 원로원 의원들로 인해 외국에서 국가의 신용이 더 잘 유지된다.

한마디로, 가장 지혜로운 자들이 그들의 이익이 아니라 대중의 이익을 위해 통치할 것이 확실할 때에는 그들이 대중을 통치하는 것이 최선이고 자연스러운 질서에 부합한다. 쓸데없이 관할을 늘려서도 안 되고, 선발된 100명이 더 잘할 수 있는 일을

---

[*] 행정관 선거 절차를 법으로 규정하는 것이 매우 중요하다. 왜냐하면 그것을 군주의 의지에 맡겨 두었다가는 베네치아 공화국과 베른 공화국이 그렇게 된 것처럼 세습 귀족정으로 추락할 수밖에 없기 때문이다. 그래서 베네치아 공화국은 오래전부터 국가가 분해된 상태다. 그런데 베른 공화국은 원로원이 최후의 지혜를 발휘한 덕에 계속 유지되고 있다. 베른은 대단히 명예롭고, 동시에 대단히 위험한 예외적인 경우다.[27]

2만 명에게 맡겨서도 안 된다. 하지만 주의해야 할 것이 있다. 귀족정에서는 단체의 이익 때문에 공적인 힘의 운용이 일반의지의 규칙에서 멀어지기 시작하며, 또 다른 불가피한 경향으로 인해 일부 행정권이 법을 따르지 않게 된다.

귀족정의 특수한 여건에 대해 말해 보자면, 좋은 민주정과 같이 법 집행이 공적 의지를 직접적으로 따를 정도로 국가가 작아서도, 인민이 단순하고 곧아서도 안 된다. 또한 국민이 너무 거대해서도 안 된다. 그렇게 되면 통치를 위해 여기저기 파견된 지도자들이 각자 자기 관할에서 주권자 행세를 하고, 결국 지배자가 되려고 독립을 시도할 수 있기 때문이다.

인민정부에서 요구되는 덕 가운데 몇 가지가 귀족정에서는 필요치 않다. 하지만 귀족정은 부자들의 절제와 빈자들의 만족과 같이 귀족정에 고유한 다른 덕을 필요로 한다. 왜냐하면 엄격한 평등은 귀족정에 부적당한 것 같기 때문이다. 그런 평등은 심지어 스파르타에서도 지켜지지 않았다.[28]

그뿐만 아니라 이 정부형태가 부의 불평등을 어느 정도 용인하는 것은, 공무 행정에 모든 시간을 가장 잘 할애할 수 있는 사람들이 그 일을 맡게 하려는 것이지, 아리스토텔레스가 주장하는 것처럼[29] 언제나 부자들이 선호되도록 만들려는 것은 아니다. 반대로 중요한 것은, 인민이 때로 이와 상반되는 선택을 통해 사람의 자질 안에는 재산보다 더 중요한 선호의 이유들이 있다는 사실을 배우는 것이다.

6장
왕정[30)]에 대해

지금까지 우리는 군주를 집단적 가상인격으로서 고찰했다. 이 인격은 법의 힘에 의해 통일성을 부여받으며, 국가 안에서 행정권의 수탁자다. 이제 우리는 이 권력이 하나의 자연적 인격, 실재하는 인간 한 명의 수중에 놓여 있는 경우를 고찰해야 한다. 그는 법에 따라 행정권을 사용할 권리를 홀로 가진다. 바로 이 사람을 군왕monarque 혹은 왕roi이라 부른다.

집단적 존재가 한 개인을 대표하는 다른 행정방식과 반대로, 여기에서는 한 개인이 집단적 존재를 대표한다.[31)] 이에 따라 군주라는 가상의 통일체unité morale는 동시에 물리적 통일체가 되고, 다른 행정방식에서는 법이 그렇게 애를 써서 결합하는 모든 능력들이 여기에서는 자연적으로 결합된다.

따라서 인민의 의지로부터 군주의 의지와 국가의 공적인 힘을 거쳐 정부의 개별적인 힘에 이르기까지 모든 것이 동일한 동력에 반응하고, 기계의 모든 태엽을 동일한 손이 쥐고 있으며, 모든 것이 동일한 목적을 향해 작동하여, 반대되는 운동들이 서로를 파괴하는 일이 없다. 그래서 이보다 더 적은 노력으로 더 주목할 만한 행위가 생산되는 정체를 상상할 수 없는 것이다. 아르키메데스는 바닷가에 평온하게 앉아 힘도 들이지 않고 큰 배를 진수시켰다.[32)] 그를 생각하면, 집무실에서 드넓은 국가를 통치하며 자신은 가만히 있는 것처럼 보여도 모든 것을 움직이게 하는 능숙한 군왕이 연상된다.

그런데 이보다 더 활력 있는 정부도 없지만, 개별의지가 이보다 더 큰 영향력을 가지고 다른 의지들을 쉽게 지배하는 정부도 없다. 모든 것이 동일한 목적을 향해 작동하는 것은 사실이다. 하지만 이 목적은 결코 공적 행복이 아니고, 행정력은 끊임없이 국가에게 피해를 입히는 경향을 띤다.

왕들은 자신이 절대적이길 원한다. 사람들은 멀리에서 그들에게 외친다. 그렇게 되는 최선의 방법은 인민에게 사랑받는 것이라고. 이 원칙은 아름답고, 심지어 어떤 점에서는 진실이다. 불행히도 궁정에서는 언제까지나 그것을 조롱할 것이다. 인민의 사랑에서 나오는 권력은 분명히 가장 큰 권력이지만 불안정한 조건부의 권력이므로, 군주들은 결코 그것으로 만족하지 않을 것이다. 가장 선한 왕도 자신이 원하면 악해질 수 있기를 바라지, 지배자이길 관두지 않는다. 정치 훈수꾼이 나타나, 인민의 힘이 곧 왕의 힘이니 인민이 번영하고 그 수가 늘고 강력해지는 것이 왕의 이익에 가장 잘 부합한다고 말해 봐야 헛일이다. 왕은 그것이 사실이 아님을 너무나 잘 안다. 왕의 개인적인 이익에 부합하는 것은 우선 인민이 약하고 비참해서 왕에게 결코 저항하지 못하는 상황이다. 나도 다음은 인정한다. 신민이 언제나 완전히 종속되어 있다고 가정한다면, 그때에는 인민의 힘이 군주의 이익이 될 것이다. 그러면 이 힘이 왕의 힘이 되어 인근 왕들이 그를 두려워하게 될 테니까. 하지만 이것은 부차적인 이익이고 다른 조건에 종속된 이익이기 때문에, 그리고 그것의 두 전제[33]는 양립 불가능하기 때문에, 군주들은 당연히 자신에게 가장 직접적으로 이로운 원칙을 선호하게 된다. 사무엘이 히브리인들에게 강력하게 경고한 바가 이것이다.[34] 마키아벨리가 명백하게 보여 준 것이 바로 이것이다. 그는 왕들에게 교훈을 주는 척하면서 큰 교훈들을 인민에게 주었다. 마키아벨리의 『군주론』은 공화주의자

들의 책이다.[35]

우리는 일반적인 관계들을 검토함으로써[36] 왕정이 큰 국가에만 적합하다는 사실을 알게 됐다. 왕정을 그 자체로 검토함으로써 우리는 같은 사실을 다시 알게 된다. 공적 행정의 수가 늘어날수록, 군주의 신민에 대한 비율은 감소해 등식에 가까워진다. 그 결과 이 비율은 1 혹은 심지어 민주정의 등식이 된다. 이 비율은 정부가 축소될수록 증가하여, 정부가 단 한 명의 수중에 있을 때 최댓값maximum이 된다. 그러면 군주와 인민 사이의 거리가 너무 커서, 국가의 결합이 망가진다. 그러므로 결합을 형성하려면 매개하는 신분이 필요하다. 제후, 대귀족, 귀족 들로 이것을 채워야 한다. 그런데 이 모든 것 가운데 어떤 것도 작은 국가에는 적합하지 않다. 이런 신분들을 다 갖게 되면 작은 국가는 무너진다.

그런데 큰 국가를 잘 통치하는 일이 어렵다면, 그런 국가를 한 사람이 잘 통치하기란 훨씬 더 어려울 것이다. 그렇다고 해서 왕이 대리인들을 내세우면 어떤 일이 벌어지는지는 모두가 알고 있다.

왕정을 언제나 공화정 정부만 못한 것으로 만드는 본질적이고 불가피한 결함이 있다.[37] 후자에서는 대체로 공론을 통해 식견 있고 능력 있는 사람들만이 요직에 올라 명예롭게 임무를 수행한다. 반면 왕정에서 출세하는 자들은 대부분 못난 말썽꾼, 3류 사기꾼, 하찮은 모사꾼이다. 이들은 궁정에서 같잖은 재능을 이용해 요직에 오르지만, 공직에 오르는 즉시 그 모자란 재능으로 인해 자신의 어리석음을 만천하에 보여 주게 된다. 군주에 비하면 인민은 이런 선택에서 거의 실수하지 않는다. 진정한 자질을 지닌 사람이 왕정에서 입각하는 것은 바보가 공화정 정부의 수장이 되는 것만큼이나 드문 일이다. 그러므로 떼를 지어 다니는 한심한 재무관들 때문에 거의 파산 지경인 왕정에서 대단한 우연에 의해 통치의 자질을 타고난 사람 하나가 공무의 키를 쥐게 되면, 그는 모두가 깜짝 놀랄 만한 방편을 찾아내고 이로 인해 나라에 한 시대의 획을 긋는 일이 일어나는 것이다.[38]

왕정국가가 잘 통치되려면, 국가의 크기나 넓이가 통치자의 능력에 맞게 조정되어야 한다. 운영보다 정복이 더 쉬운 일이다. 적당한 지렛대가 있으면 손가락 하나로 지구를 흔들 수 있지만, 지구를 지고 있으려면 헤라클레스의 어깨가 필요하다. 국가가 조금만 커도 군주는 거의 언제나 너무 작아진다. 반대로 드문 일이긴 하지만 국가가 지도자에 비해 너무 작은 경우에도 통치는 잘못된다. 왜냐하면 지도자가 항상 자신의 원대한 계획을 따르느라 인민의 이익을 잊어버리기 때문이고, 또한 부족한 재능 탓으로 생각이 모자란 지도자 못지않게, 재능을 너무 많이 가진 지도자도 그것을 남용하다가 인민을 불행하게 만들기 때문이다. 말하자면 재위마다 군주의 역량에 따라 왕국이 확장되거나 축소되어야 한다. 반면 원로원의 인재들이 더 안정적인 대책을 가지고 있는 국가는 더 일정한 크기를 유지할 수 있고 행정도 그럭저럭 해낼 수 있다.

1인 정부의 가장 취약한 단점은 계승의 연속성이 없다는 점이다. 다른 두 정부에서는 계승이 연속적이어서 단절 없는 연계가 형성된다. 왕이 죽으면 다른 왕이 필요하다. 선거는 두 왕 사이의 위험한 간격을 만들어 내고, 정국은 혼란에 빠진다. 시민들이 사심 없이 공정하지 않으면 음모와 부패가 선거에 끼어든다. 하지만 사심 없는 공정함을 왕정에서 찾아보긴 좀처럼 쉽지 않다. 국가가 돈에 팔리면 국가를 매수한 자가 그것을 되팔지 않기란 어려운 일이다. 권력자들이 국가의 돈을 강탈하면 국가가 그것을 약자들에게서 벌충하지 않기도 어려운 일이다. 이런 행정 하에서는 조만간 모든 것을 돈으로 살 수 있게 된다. 그런 경우에는 왕의 치하에서 누리는 평화가 공위 기간의 혼란보다 더 나쁘다.

이런 해악을 예방하고자 사람들은 무엇을 했는가? 특정 가문이 왕위를 세습하도록 하거나, 왕이 죽었을 때 모든 다툼을 방지하고자 계승 순서를 정해 놓기도 했다. 다시 말해, 선거의 약점을 섭정의 약점으로 대체함으로써 현명한 행정보다는 표면상의 평온을 선택했고, 좋은 왕을 뽑기 위한 논쟁의 위험보다는 어린애, 괴물, 얼간이를 지도자로 삼는 위험을 기꺼이 감수했다. 그들은 이런 양자택일에 따르는 위험에 자신을 노출시킴으로써 거의 모든 기회를 망쳐 버리고 있다고는 생각하지 못했다. 아들 디오니시우스의 말은 참으로 이치에 맞다. 그의 아버지가 자식의 수치스러운 행동을 비난하며 "내가 너에게 그런 예를 보인 적 있느냐?"라고 묻자 그는 이렇게 대답했던 것이다. "그렇죠, 당신의 아버지는 왕이 아니었으니까요!"[39]

타인에게 명령하기 위해 교육되는 사람은 어떻게든 정의로움과 이성을 상실한다. 들리는 얘기로는 어린 군주에게 통치하는 기술을 교육하기 위해 굉장한 공을 들인다고 한다. 이런 교육이 그에게 유익할 것 같지는 않다. 우선 복종하는 기술을 가르치는 것이 더 나을 것이다. 역사가 찬양한 가장 위대한 왕들은 결코 통치를 위한 교육을 받지 않았다. 이런 지식은 많이 배운다고 더 가지게 되는 것이 아니고, 명령할 때보다 복종할 때 더 잘 배우게 된다. "선과 악을 구별하는 가장 쉽고 빠른 방법은, 다른 사람이 왕이었다면 네가 무엇을 원하고 무엇을 원하지 않앉을지 자신에게 묻는 것이다"Nam utilissimus idem ac brevissimus bonarum malarumque rerum delectus, cogitare quid aut nolueris sub alio Principe aut volueris.*

이렇게 일관성이 결여된 결과 왕정의 불안정이 야기된다. 왕정은 통치하는 군주나 군주 대신 통치하는 자들의 성격에 따라 이런저런 계획에 의해 운영되므로 고정된 목적을 오랫동안 유지할 수도 없고 일관성 있게 운영될 수도 없다. 변화의 폭으로 인해 국가는 항상 이 원칙에서 저 원칙으로, 이 계획에서 저 계획으로 부유한다. 하지만 이런 변동은 군주가 항상 동일한 다른 정부들에서는 발생하지 않는다. 따라서 다음을 알게 된다. 일반적으로 술책이 더 횡행하는 곳은 궁정이고 지혜는 원로원이 더 많이 갖는다. 또한 공화국은 더 굳건하고 더 끈질긴 지향을 통해 목적에 접근하는 반면, 왕의 내각에서 일어나는 모든 급변은 하나하나가 국가의 급변을 일으킨다. 모든 내각과 거의 모든 왕들이 공유하는 원칙이란 모든 점에서 전임자와 반대로 하는 것이기 때문이다.

왕정의 정치가들에게 아주 친숙한 궤변이 있는데, 이에 대한 답변도 바로 이 비일관성에서 찾을 수 있다. 그 궤변이란, 이미 논박된 오류로서[41] 국가의 통치gouvernement civil를 가정의 통치와 비교하고 군주를 가부장과 비교하는 것만이 아니라, 군주라는 행정관에게 그에게 필요한 모든 덕을 관대하게 부여해 언제나 그를 모범적인 존재로 가정하는 것이다. 이와 같은 가정의 도움으로 왕의 정부는 명백하게 다른 모든 정부보다 선호할 만한 것이

---

* 타키투스, 『역사』Hist., 1권.[40]

된다. 왜냐하면 그것은 이론의 여지없이 가장 강한 정부이고, 단체의지가 일반의지에 더 부합하기만 하면 최선의 정부마저 될 수 있기 때문이다.

그런데 플라톤이 말한 대로* 타고난 왕이 그토록 드물다면, 자연과 운fortune이 얼마나 많은 협력을 해야 그런 드문 사람에게 왕관을 씌울 수 있을 것인가? 또한 왕위교육이 그 교육을 받는 학생을 필연적으로 타락시킨다면, 통치를 위해 길러진 일련의 인간들에게서 무엇을 기대해야 할까? 그러므로 왕정 일반과 좋은 왕의 정부를 혼동하는 것은 알아서 오류에 빠지는 것이다. 왕정이 그 자체로 어떤 것인지 알기 위해서는, 모자라고 악한 군주들하의 정부를 고찰해야 한다. 왜냐하면 그런 자들이 왕좌에 오르거나, 그것이 아니라면 왕좌가 그들을 그렇게 만들 것이기 때문이다.

우리의 저자들이 이런 어려움을 간과한 것은 아니지만 그것에 몰두한 적은 없다. 그들은 말한다. 치료법은 두말 말고 복종하는 것이다. 신이 분노해서 나쁜 왕을 보내는 것이므로, 하늘의 벌처럼 견뎌야 한다. 확실히 교훈적인 얘기지만, 정치학 책보다는 설교단에서 하는 것이 더 어울리는 것 같다. 기적을 약속하고, 의술이라고는 환자에게 참으라고 훈계하는 것이 전부인 의사에 대해 무슨 말을 해야 할까? 나쁜 정부가 통치할 땐 견디는 수밖에 없다는 사실을 사람들도 잘 알고 있다. 문제는 좋은 정부를 찾는 것이다.

---

* 『정치가』*Civili.*.

7장
혼합정부에 대해

엄밀히 말해 단순한 정부는 존재하지 않는다. 지도자가 단 한 명이라고 해도 하위 행정관들은 있어야 하고, 인민정부라도 지도자를 가져야 한다. 따라서 행정권은 언제나 여러 사람에서 소수의 사람에 이르기까지 각 단계에 분할되는데, 때로는 다수가 소수에 의존하고 때로는 소수가 다수에 의존한다는 차이가 있는 것이다.

어쩌다 분할이 동등할 때도 있다. 영국의 정부처럼 구성부분들이 상호 의존관계에 있어서 그럴 수도 있고, 폴란드처럼 각 부분이 독립적이지만 불완전한 권한을 갖고 있어서 그럴 수도 있다. 후자의 형태가 나쁜 까닭은, 정부가 통일성을 갖지 못하고 국가의 결합이 느슨해지기 때문이다.[42]

단순한 정부와 혼합정부 가운데 어떤 것이 더 나을까? 정치가들은 이 질문에 대해 열렬히 토론했지만,[43] 이 질문의 답은 내가 앞에서 모든 정부형태에 대해 준 답변과 같아야 한다.

단순한 정부는 그것이 단순하다는 이유만으로 그 자체로 최선의 정부다. 하지만 행정권이 입법권에 충분히 종속되어 있지 않을 때, 즉 군주의 주권자에 대한 비율이 인민의 군주에 대한 비율보다 크면,[44] 정부를 분할함으로써 비례의 결함을 개선해야 한다. 그래야 정부의 모든 부분이 신민에 대해 갖는 권한이 줄어들지 않으면서, 정부의 부분들이 주권자에 대해 갖는 힘은 분할을 통해 전부 감소되기 때문이다.

또한 여러 중간 행정관을 설치해서 동일한 어려움을 예방하기도 한다. 이런 행정관들은 정부는 전체적으로 그대로 두면서, 두 권력이 서로 균형을 맞추고 각자의 권리를 보존하도록 할 뿐이다. 이때 이 정부는 혼합정부가 아니고, 온건한tempéré[45) 정부다.

상반되는 어려움을 비슷한 수단으로 고칠 수 있다. 정부가 너무 느슨하면 관청을 설치하여 정부를 집중시킨다. 이것은 모든 민주정에서 실시된다. 앞선 경우에서는 정부를 약화하기 위해 분할하고, 후자의 경우에서는 정부를 강화하기 위해 그렇게 한다. 왜냐하면 힘과 약함의 최댓값maximum은 둘 다 단순한 정부에 있는 반면, 혼합 형태는 중간 정도의 힘을 산출하기 때문이다.

8장
모든 정부형태가 모든 나라에 적합한 것은 아니다[46)

자유는 어떤 풍토에서나 열리는 열매가 아니므로, 모든 인민이 그것을 얻을 수는 없다. 몽테스키외가 확립한[47) 이 원리는 생각하면 할수록 그 진실성이 더 잘 지각된다. 반론이 제기될수록 새로운 증거들로 이 원리를 확립할 기회가 그만큼 더 많아질 뿐이다.

세계의 모든 정부에서 공적 인격은 쓰기만 할 뿐 아무것도 생산하지 않는다. 그렇다면 정부가 쓰는 것은 어디에서 오는가? 구성원들의 노동에서 온다. 공적인 것이 필요로 하는 것은 개별자들이 쓰고 남은 잉여에 의해 생산된다. 이 때문에 노동이 사람들의 욕구를 채워 주고 남는 것이 없다면 정치상태는 존속할 수 없다.

그런데 이 초과분은 세계 모든 지역에서 동일하지 않다. 몇몇 곳에서는 상당하지만, 어떤 곳에서는 그럭저럭한 정도이며, 또 어떤 곳에서는 0이고, 어디에서는 마이너스다. 이 관계는 풍토의 생산력, 땅이 필요로 하는 노동의 종류, 생산의 성격, 거주자의 힘, 그들에게 필요한 소비의 많고 적음, 그리고 이런 관계를 구성하는 유사한 여러 다른 관계들에 관련되어 있다.

다른 한편, 모든 정부의 본성이 같은 것은 아니다. 더 게걸스러운 정부와 덜 게걸스러운 정부가 있다. 이런 차이는 또 다른 다음 원리에 근거를 둔다. 그 원리란, 공적 분담금은 그 원천에서 멀어질수록 더 큰 짐이 된다는 것이다. 이 부담을 측정하려면 세금의 양이 아니라 세금이 그것을 낸 사람의 수중으로 돌아가기 위한 여정을 고려해야 한다. 이런 순환이 신속하며 잘 확립되어 있을 때에는, 돈을 많이 내느냐 적게 내느냐는 중요하지 않다. 인민은 언제나 부유하고, 재정은 항상 양호할 것이다. 반대로 인민이 내는 양이 아무리 적어도 그것이 인민에게 돌아가지 않으면 인민은 내기만 하다가 곧 빈털터리가 된다. 국가는 전혀 부유하지 않고, 인민은 언제나 궁핍하다.

이로부터 다음 결론이 나온다. 인민과 정부의 거리가 늘어날수록 조세의 부담이 커진다. 따라서 인민은 민주정에서 가장 적은 부담을 지고, 귀족정에서는 부담이 늘어나며, 왕정에서 가장 큰 부담을 진다. 그러므로 왕정은 풍요로운 국민에게만 적합하고, 귀족정은 부나 크기에서 중간 수준의 국가에, 민주정은 작고 가난한 국가에 적합하다.

실제로 숙고하면 할수록 자유로운 국가와 왕정국가 사이의 차이가 이 점에 있음을 알게 된다. 자유로운 국가에서는 모든 것이 공동의 유용함을 위해 쓰인다. 왕정국가에서는 공적인 힘과 개별적인 힘이 반비례하여, 하나가 증가하면 다른 하나가 약화된다. 결국 전제정은 신민의 행복을 위해 통치하는 것이 아니고, 통치하기 위해 신민을 비참하게 만든다.

따라서 각 풍토마다 자연적 원인들이 있어서, 이 원인들에 따라 풍토의 힘이 지향하는 정부형태를 지정할 수도 있고, 그 정부 밑에 어떤 종류의 거주자들이 있어야 하는지 말할 수도 있다. 노동에 비해 생산물이 적은 메마르고 척박한 곳은 경작하지 않는 오지로 남겨 두거나 야만인만이 거주해야 한다. 인간의 노동이 딱 필요한 것만 제공해 주는 곳에는 미개한 인민이 거주해야 한다. 그곳에서는 어떤 정치체제politie도 불가능하다. 노동에 비해 생산물이 어느 정도 남는 곳은 자유로운 인민에게 적합하다. 비옥하고 풍요로운 토양으로 인해 약간의 노동으로도 많은 생산물을 얻는 곳은 왕정으로 통치되어야 한다. 그래야 신민의 잉여 초과분이 군주의 사치로 소비될 수 있다. 왜냐하면 개별자들이 이 초과분을 탕진하는 것보다 정부가 써버리는 것이 낫기 때문이다. 예외가 있다는 것은 나도 안다. 하지만 이런 예외들이 언젠가는 일으키게 되는 격변에 의해 사물들은 자연의 질서로 회귀하며, 이런 점에서 예외들마저 규칙을 지지한다.

일반적인 법칙과, 결과를 바꾸는 특수한 원인을 항상 구별하도록 하자. 남방 전체가 공화국으로 뒤덮이고 북방 전체가 전제국가로 뒤덮인다고 해도, 풍토의 효과로 더운 지역에는 전제정이 적합하고 추운 지역에는 미개상태가 적합하며 중간 지역에는 좋은 정치체제politie가 적합하다는 것은 여전히 사실이다. 이 원리를 인정하면서도 그 적용에 대해서는 논쟁할 수 있다는 것을 나도 안다. 추운데 아주 비옥한 지역과 남쪽에 있지만 아주 척박한 지역이 있을 수 있다. 하지만 이 문제는 사태를 그것이 속한 모든 관계를 통해 검토하지 않는 사람들에게만 어렵다. 이미 말했듯이 노동, 힘, 소비 등의 관계를 고려해야 한다.

같은 두 토지가 있는데, 하나는 5를 생산하고 다른 하나는 10을 생산한다고 가정해 보자. 첫 번째 땅의 거주자들이 4를 쓰고 두 번째 땅의 거주자들이 9를 쓴다면, 전자의 초과분은 1/5, 후자는 1/10이 될 것이다. 따라서 두 초과분의 관계는 생산량 관계의 역이 되고, 5를 생산하는 토지는 10을 생산하는 토지의 두 배의 잉여를 낳을 것이다.

하지만 생산이 두 배인 것은 문제가 아니다. 나는 추운 지역의 생산력과 더운 지역의 생산력이 일반적으로 같다고는 아무도 생각하지 않을 것이라 믿는다. 그래도 같다고 가정해 보자. 원한다면 영국과 시칠리아가, 폴란드와 이집트가 동등하다고 해보자. 더 남쪽으로는 아프리카와 인도가 있을 것이고, 더 북쪽으로는 아무것도 없을 것이다. 이런 곳들에서 같은 생산물이 나오기 위해서는 경작에서 어떤 차이가 있어야 하겠는가? 시칠리아에서는 땅을 긁기만 해도 되지만, 영국에서 땅을 경작하려면 얼마나 많은 노력을 해야 하는가! 그런데 동일한 생산물을 얻기 위해 더 많은 품이 들어가는 곳에서는 잉여가 더 적기 마련이다.

게다가 같은 수의 사람들이라도 더운 지역에서는 훨씬 덜 쓴다는 사실을 고려하라. 그곳에서는 풍토로 인해 검소해야 건강하게 지낼 수 있다. 더운 지역에서도 자신이 살던 곳에서처럼 지내길 원하는 유럽인들은 모조리 이질과 소화불량으로 죽는다. 샤르댕[48]은 말한다. "아시아인들에 비하면 우리는 육식동물이자 늑대다. 페르시아인들의 검소함은 그들 나라의 경작이 부족한 탓이라고 생각하는 사람들이 있다. 나는 반대로 그 나라에 먹을 것이 적은 까닭은 그곳의 거주자들이 그것을 덜 필요로 하기 때문이라고 생각한다." 그는 계속 말한다. "만약 그들이 지역적 궁핍 때문에 검소한 것이라면, 가난한 자들만 적게 먹어야 할 것이다. 그런데 모든 사람이 일반적으로 적게 먹는다. 궁핍함이 문제라면 지역의 비옥도에 따라 각 지방에서 먹는 양이 더 많거나 적을 것이다. 하지만 왕국 전체에서 같은 검소함이 발견된다. 그들은 자신의 삶의 방식에 대단히 만족하여, 페르시아인의 안색만 봐도 그들의 삶의 방식이 기독교인의 삶의 방식보다 얼마나 더 탁월한지 알 수 있다고 말한다. 실제로 페르시아인은 안색이 고르고, 피부는 아름답고 결이 좋으며 반들반들하다. 반면 페르시아인의 신민으로서 유럽적인 방식으로 사는 아르메니아인들은 안색이 거칠고 불그스레하며 몸은 뚱뚱하고 둔하다."

적도에 가까이 있는 인민일수록 조금만 먹고 산다. 그들은 고기를 거의 먹지 않으며, 쌀, 옥수수, 쿠스쿠스, 조, 카사바가 그들의 일상적인 먹거리다. 인도에는 수백만의 사람들이 하루 1솔[49]의 값어치도 안 되는 음식으로 산다. 유럽에서도 북방인민과 남방인민의 식욕은 현격한 차이가 있음이 목격된다. 스페인인은 독일인의 저녁 한 끼로 일주일을 살 것이다. 사람들이 대식을 하는 지역에서는 사치 또한 먹는 것과 관련된다. 영국에서는 사치가 고기로 가득한 식탁 위에서 과시되며, 이탈리아에서는 설탕과 꽃을 함께 대접한다.

의복의 사치도 비슷한 차이를 보여 준다. 계절의 변화가 빠르고 심한 풍토에서 사람들은 더 양질의 단순한 옷을 입는다. 꾸미기 위해서만 옷을 입는 풍토에서는 사람들이 실용성보다 화려함을 좇기에, 옷 자체가 사치품이다. 나폴리에 가면 소매가 없는 금 빛 저고리를 입고 포실리포 언덕을 산책하는 사람들을 매일 보게 될 것이다. 건축도 똑같다. 강풍 피해를 두려워할 일이 없으면 화려함을 위해 무엇이든 한다. 파리와 런던의 사람들은 건물에서 따뜻하고 편안하게 있기를 원한다. 마드리드의 응접실은 멋있긴 하지만 닫는 창문이 하나도 없으며, 잠은 쥐구멍 같은 곳에서 잔다.

　더운 나라 음식이 훨씬 더 영양 있고 맛있다. 이것이 세 번째 차이이고, 이 세 번째 차이는 두 번째 차이에 영향을 끼치지 않을 수 없다. 왜 이탈리아에서는 채소를 그렇게 많이 먹을까? 그곳의 채소가 질이 좋고, 영양이 풍부하고, 맛이 뛰어나기 때문이다. 프랑스에서 채소는 물만 먹고 자라므로 영양이 적고, 그래서 식탁에서 무시된다. 그렇다고 해서 채소가 땅을 적게 쓰는 것도 아니고, 경작에 들이는 품도 적지는 않다. 경험으로 확인된바, 바르바리아[50]의 밀은 프랑스 것보다 못하긴 해도 밀가루는 훨씬 많이 나오고, 프랑스 밀은 다시 북방의 밀보다 많은 밀가루를 내놓는다. 이를 통해 비슷한 차이가 적도에서 극지방으로 가면서 일반적으로 관찰되리라는 것을 추론할 수 있다. 그런데 같은 생산물에서 더 적은 음식을 얻는다는 것은 명백한 단점 아닌가?

　이 모든 이런저런 고찰에서 도출되어 그것들을 강화하는 고찰을 하나 덧붙일 수 있다. 더운 지역에는 추운 지역에 비해 거주자가 덜 필요한 데다가 더 많은 거주자를 부양할 수 있다. 이로 인해 이중의 잉여가 생산되는데, 이것이 언제나 전제정에 유리하게 작용한다. 같은 수의 거주자가 더 큰 면적을 차지할수록, 반란이 일어나기는 더 어렵다. 왜냐하면 신속하고 은밀한 공모가 어렵고, 정부가 언제든 쉽게 계획을 감지하고 연락을 차단할 수 있기'때문이다. 하지만 많은 수의 인민이 모여 살수록, 정부가 주권자의 권리를 침탈하기는 더 어렵다. 군주가 자신의 심의회에서 심의하는 것만큼 반란의 지도자들도 자기들 방에서 안전하게 의논하고, 군대가 병영에 집결하는 것만큼 군중도 신속하게 광장에 모인다. 이런 점에서 아주 멀리서 작용하는 것이 폭정정부에 유리하다. 이런 정부는 받침점을 이용해 마치 지레의 힘처럼 먼 곳에서 큰 힘을 발휘한다.* 반대로 인민의 힘은 오직 집중되어서만 작용하고, 펼쳐지면 증발하고 소멸한다. 이것은 바닥에 흩뿌려진 화약이 호독호독 불티만 튀기는 것과 같다. 따라서 가장 한산한 지역이 폭정에는 가장 적합하다. 흉포한 짐승은 사막에서만 군림한다.

* 이것은 내가 전에 2권 9장에서 큰 국가의 단점에 대해 말한 것과 충돌하지 않는다. 왜냐하면 그때 문제가 된 것은 정부 구성원에 대한 정부의 권한이었고, 여기에서는 신민에 대한 정부의 힘이 문제이기 때문이다. 정부 구성원이 흩어져 있으면 정부가 멀리서 인민에게 작용하기 위한 받침점 역할을 하지만, 정작 정부는 자신의 구성원에게 직접 작용하기 위한 받침점을 갖지 못한다. 따라서 후자의 경우에는 지렛대가 길면 힘이 약해지고, 전자의 경우에는 힘이 강해진다.[51]

9장
좋은 정부의 증후에 대해

따라서 절대적으로 무엇이 최선의 정부인지 묻는다면, 그것은 막연할 뿐만 아니라 풀 수 없는 질문을 던지는 것이다. 그렇지 않으면 이렇게 말해도 좋겠다. 이 질문에 대해서는 인민의 절대적인 상황과 상대적인 상황으로 만들 수 있는 조합의 수만큼 좋은 해답들이 있다고.

하지만 특정 인민이 잘 통치되고 있는지 혹은 잘못 통치되고 있는지 알게 해주는 증후가 무엇이냐고 묻는다면, 그것은 위의 물음과 다르다. 이것은 사실의 문제이며 해결이 가능하다.[52]

그럼에도 불구하고 사람들은 이 문제를 도무지 해결하지 못한다. 왜냐하면 각자가 자신의 방식대로 해결하길 원하기 때문이다. 신민들은 공적인 평온을 찬양하고, 시민들은 개별자의 자유를 찬양한다. 한쪽은 소유권의 보장을 우선시하고, 다른 쪽은 인격의 보장을 우선시한다. 한쪽은 최선의 정부가 가장 엄격한 정부이길 원하고, 다른 쪽은 가장 온화한 정부가 최선의 정부라고 주장한다. 한쪽은 범죄가 처벌되길 원하고, 다른 쪽은 범죄 예방을 바란다. 한쪽은 이웃들이 서로 두려워하는 것이 좋다 여기고, 다른 쪽은 서로 모르고 지내는 것을 더 좋아한다. 한쪽은 돈이 돌면 만족하는데, 다른 쪽은 인민에게 빵이 주어지길 요구한다. 이런 문제에 대해, 그리고 이와 비슷한 다른 문제에 대해 합의를 본다고 해서 사정이 나아질까? 사회적 양quantités morales을 측정할 정확한 척도가 없는데, 어떤 증후를 볼 것이냐에 대해 합의한다 하더라도, 그것을 평가하는 방법에 대해서는 어떻게 합의할 것인가?

　나로서는 그토록 단순한 증후를 사람들이 몰라보는 것과 거기에 동의하지 않는 그들의 기만이 항상 놀라울 따름이다. 정치적 회합의 목적은 무엇인가? 그것은 구성원들의 보호와 번영이다. 그렇다면 구성원들이 보호되고 번영하고 있음을 알려 주는 가장 확실한 증후는 무엇인가? 그것은 구성원들의 수와 인구다. 그러므로 그토록 논란거리인 좋은 정부의 증후를 다른 데서 찾으려고 하지 말라. 다른 모든 조건이 같다면, 외국에서 들어오는 부, 귀화, 식민지 없이 시민들이 더 붐비고 증가하는 정부가 틀림없이 더 좋은 정부이며, 인민이 감소하고 쇠약해지는 정부가 더 나쁜 정부다.[53] 계산하는 자들이여, 나머지는 당신의 일이다. 세고, 재고, 비교하라.*

---

* 인류의 번영을 고려할 때 더 선호할 만한 시대를 판단하고자 한다면 동일한 원리를 기준으로 삼아야 한다. 우리는 문필과 예술을 꽃피웠던 시대를 너무 우러러보았다. 그러면서 그런 시대 문화의 은밀한 목적을 통찰하지도 않았고, 그런 문화의 치명적인 결과를 고려하지도 않았다. "어리석은 자들은 예속의 시작이었던 것을 인간성이라 불렀다"Idque apud imperitos humanitas vocabatur, cum pars servitutis esset. 책이 제시하는 판단 기준들 안에 비속한 이해관계가 있고 저자들은 바로 그 때문에 그렇게 말하고 있다는 사실을 영영 보지 못하고 말 것인가? 아니, 그들이 무슨 말을 하든지, 찬란한 국가라 하더라도 인구가 줄어든다면, 모든 것이 잘되고 있다는 것은 사실이 아니다. 어떤 시인이 10만 리브르의 연금을 얻는다고 해서 그의 시대가 가장 좋은 시대가 되는 것은 아니다. 허울 좋은 안정과 지도자들의 평온보다는 국민 전체, 특히 다수 신분의 안녕에 신경 써야 한다. 우박은 몇몇 지방에 피해를 주지만 그렇다고 흉작이 일어나는 일은 드물다. 폭동과 내란은 지도자들을 경악하게 만들지만 인민이 정말로 불행한 것은 그런 것들 때문이 아니다. 심지어 누가 인민에게 폭정을 펼칠 것인지 다투는 동안에 인민의 불행이 완화될 수도 있다. 인민의 실제 번영과 재앙은 인민의 지속적인 상태에서 발생한다. 모든 것이 멍에를 지고 억눌려 있으면, 바로 그때 모든 것이 몰락한다. 그리고 바로 그때 지도자들은 편하게 인민을 파괴한다. "그들

10장
정부의 권력남용과 타락 경향에 대해[55]

개별의지가 끊임없이 일반의지에 반하여 작용하듯이, 정부는 주권에 반하는 힘effort[56]을 지속적으로 가한다. 이 힘이 증가할수록 국가구성은 변질된다. 이때 군주의 의지에 저항하여 그것과 평형을 이룰 또 다른 단체의지가 없기 때문에, 시기의 차이일 뿐 결국 군주는 주권자를 억압하고 사회계약을 깨뜨리게 된다. 정치체에 내재해 있으며 불가피한 이 악은, 마치 노화와 죽음이 인간의 신체를 파괴하듯 정치체가 탄생하는 순간부터 지속적으로 정치체를 파괴하려는 경향을 띤다.

정부가 변질되는 두 가지 일반적 경로가 있다. 즉 정부가 축소되는 경우와 국가가 분해되는 경우가 그것이다.

정부는 다수에서 소수로 갈 때, 즉 민주정에서 귀족정으로, 그리고 귀족정에서 왕정으로 갈 때 축소된다. 이것은 정부의 자

은 고독하게 만들어 놓고 그것을 평화라 부른다"Ubi solitudinem faciunt, pacem appellant. 대귀족들의 트집으로 프랑스 왕국이 동요되고 파리의 보좌 사제가 주머니에 단도를 숨기고 의회에 나가더라도, 이런 것들로 인해 프랑스 인민이 행복하게 사는 것이 어려워지거나, 정직하고 자유로운 넉넉함 속에서 인구가 늘어나는 것이 방해받는 것은 아니다. 옛날 그리스는 잔혹한 전쟁 한가운데에서 번창했다. 피는 철철 흘렸지만 온 나라가 사람들로 뒤덮였다. 마키아벨리는 말한다. 살해, 추방, 내전 한가운데에서 우리 공화국은 그로 인해 더 강력해진 것 같다고. 이 모든 반목들로 인해 공화국이 약화된 것보다, 시민들의 덕, 풍속, 독립성이 더 큰 효과를 발휘해 공화국을 강화했다고. 어느 정도의 동요는 영혼의 동력이 된다. 인류의 진정한 번영을 마련하는 것은 평화가 아니라 자유다.[54]

연적 경향이다.* 정부가 소수에서 다수로 역행한다면, 정부가 느

* 베네치아 공화국이 석호에 천천히 형성되고 발전한 것은 이런 진행의 주목할 만한 사
례다. 무척 놀랍게도 무려 1200년 이상의 역사를 가진 베네치아인들은 1198년 심의
회 참금Serrar di consiglio에서 시작된 이 진행의 두 번째 항에 여전히 머물러 있는 것처
럼 보인다. 베네치아인들이 비난받는 이유인 옛 공작들은,『베네토의 자유에 대한 시
론』Squittinio della libertà veneta이 뭐라고 말하든지 결코 베네치아의 주권자가 아니었음
이 입증되어 있다.

나에 대한 반론으로 틀림없이 로마 공화국이 제시될 것이다. 사람들은 말할 것이다.
로마 공화국은 정반대의 진행을 따라, 왕정에서 귀족정으로 그리고 귀족정에서 민주정
으로 가지 않았냐고. 내가 로마 공화국에 대해 생각하는 방식은 그와 많이 다르다.

로물루스가 처음 세운 것은 혼합정부였고, 이것이 전제정으로 빠르게 변질되었다.
갓난아이가 성년기에 닿지 못하고 죽는 것처럼, 국가도 특수한 원인으로 인해 때 이
르게 파멸한다. 타르퀴니우스 부자의 추방이 공화국이 진정으로 탄생한 때였다. 하지
만 처음에 공화국은 일정한 형태를 가지지 못했다. 왜냐하면 귀족계층patriciat을 폐지
하지 못해 일의 절반만 이뤘기 때문이다. 즉 합법적 행정 형태 가운데 최악인 세습 귀
족정이 이런 식으로 존속해 민주정과 갈등했고, 정부형태는 내내 불확실하고 유동적
이다가 호민관을 설치하고서야 고정되었다. 이는 마키아벨리가 입증한 바 있다. 오직
이때에만 진짜 정부와 진정한 민주정이 있었다. 실제로 그때 인민은 단지 주권자였을
뿐만 아니라 행정관이자 판사여서, 원로원은 정부를 진정시키거나 억제하기 위한 하
위 관청이었을 따름이다. 그리고 집정관들은 귀족patriciens이기도 하고 고위 행정관이
기도 하고 전쟁에서 절대적 권한을 행사하는 장군이기도 했으나, 로마에서는 단지 인
민의 의장이었을 뿐이다.

그런데 그러자마자 정부는 자연적 경향에 따라 귀족정으로 강하게 이끌렸다. 귀
족계층이 마치 자의로 폐지되듯 사라지자, 귀족정은 베네치아와 제노바처럼 더 이상
귀족의 단체가 아니라, 귀족과 평민plébeiens으로 구성된 원로원단체 안에 있게 되었
다. 심지어 호민관들이 실권을 찬탈하기 시작하자 호민관단체 안에 있기도 했다. 말이
무엇이든 현실은 현실이기에, 인민의 지도자가 인민을 대신해 통치하고 있을 때에는
이 지도자가 무슨 이름을 가지고 있든 어쨌든 그것은 일종의 귀족정이다.

내전과 삼두정치는 귀족정의 권력남용에서 생겨났다. 술라, 율리우스 카이사르,
아우구스투스는 실제로 사실상의 군왕이 되었고, 국가는 결국 티베리우스의 전제정
하에서 분해되었다. 그러므로 로마의 역사는 나의 원리와 모순되지 않는다. 그것은
나의 원리를 확증한다.[57]

슨해진다고 말할 수 있을 것이다. 하지만 이런 역행은 가능하지 않다.

실제로 정부는 태엽이 닳아 힘이 너무 약화되어 형태를 유지할 수 없을 때만 형태가 바뀐다. 그런데 정부가 확대되어 더 느슨해진다면, 정부의 힘은 완전히 0이 될 것이고 정부의 존속 기간은 훨씬 단축될 것이다. 그러므로 태엽이 느슨해지면 감고 조여야 한다. 그렇지 않으면 태엽에 의해 지탱되던 국가는 망가지고 말 것이다.

국가의 분해는 다음 두 가지 방식으로 일어날 수 있다.

첫째는 군주가 더 이상 법에 따라 국가를 운영하지 않고 주권을 침탈할 때다. 그때 주목할 만한 변화가 발생한다. 정부가 아니라 국가가 축소되는 것이다. 내가 말하고 싶은 것은, 큰 국가가 분해되고 이 국가 안에 다른 국가가 형성된다는 것이다. 새로 생긴 국가는 정부 구성원들로만 구성되며, 나머지 인민에게는 단지 지배자이자 폭군일 뿐이다. 그 결과 정부가 주권을 침탈하는 즉시 사회계약은 깨지고, 모든 단순시민이 권리에 따라 자연적 자유를 회복하면서 복종은 의무가 아니라 강제가 된다.

또한 정부 구성원들이 단체로 행사해야 하는 권력을 따로따로 침탈할 때 같은 일이 일어난다. 이것은 경미한 범법행위가 아니며, 더 큰 무질서까지 일으킨다. 이때 말하자면 군주가 행정관의 수만큼 있게 되고, 국가는 최소한 정부만큼 분열되어 소멸하거나 형태가 바뀐다.

국가가 분해되면 정부의 권력남용은 그것이 무엇이든 무정부상태anarchie라는 공통의 이름을 가진다. 구별하자면, 민주정은 변질되어 중우정ochlocratie이 되고, 귀족정은 과두정oligarchie이 된다. 왕정은 폭정tyrannie으로 타락하는데, 이 마지막 단어는 뜻이

애매하므로 설명이 필요하다.

일반적인 뜻으로 폭군은 정의와 법을 존중하지 않고 폭력으로 통치하는 왕이다. 엄밀한 뜻에서 폭군은 그럴 권리 없이 왕권을 찬탈한 개별자다. 이것이 그리스인들이 폭군이라는 말을 이해한 방식이다. 그들은 정당하지 않은 권한을 가진 군주라면 좋은 군주와 나쁜 군주를 가리지 않고 이 말로 불렀다.* 따라서 폭군tyran과 찬탈자usurpateur는 완전히 같은 뜻을 가진 두 말이다.[59]

각기 다른 것에는 다른 이름을 붙여야 한다면, 나는 왕권의 찬탈자를 폭군tyran으로, 주권의 찬탈자를 전제군주despote로 부른다. 폭군은 법을 어기며 끼어들어 법에 따라 통치하는 자이고, 전제군주는 법 위에 군림하는 자다. 그러므로 폭군은 전제군주가 아니지만, 전제군주는 언제나 폭군이다.

---

* "자유에 익숙한 국가에서 영속적인 권력을 행사하는 모든 사람은 폭군으로 불리며 그렇게 간주된다"Omnes enim et habentur et dicuntur Tyranni, qui potestate utuntur perpetua, in ea Civitate eus libertate usa est. 코르넬리우스 네포스, 『밀티아데스』Miltiad.. 아리스토텔레스가 『니코마코스 윤리학』Mor. Nicom. 8권 10장에서 폭군과 왕을 다음과 같이 구별하는 것은 사실이다. 폭군은 자기 자신의 이익을 위해 통치하고, 왕은 오직 신민의 이익을 위해 통치한다는 것이다. 하지만 특히 크세노폰의 『히에론』Hieron에서 볼 수 있는 것과 같이 일반적으로 모든 그리스 작가들은 폭군이라는 말을 다른 뜻으로 이해했을 뿐만 아니라, 아리스토텔레스의 구분대로라면 태초 이래로 단 한 명의 왕도 존재해 본 적 없다는 결론이 나온다.[58]

11장
정치체의 죽음에 대해[60]

이것은 가장 잘 구성된 정부도 피할 수 없는 자연적인 경향이다. 스파르타와 로마가 멸망했는데, 어떤 국가가 영원한 지속을 희망할 수 있겠는가? 그러므로 설립한 것이 오래가도록 하고 싶다면, 그것을 영원히 지속되도록 만들 생각은 하지 말자. 성공하려면 불가능한 것을 시도해서도 안 되고, 인간이 만든 것에 인간적인 것이 허용하지 않는 견고함을 부여하겠다는 기대를 품어서도 안 된다.

정치체는 인간의 신체와 마찬가지로 태어난 순간부터 죽기 시작하며, 자신을 파괴할 원인들을 자기 자신 안에 가지고 있다. 하지만 정치체와 신체는 둘 다 구성에 따라 더 튼튼할 수도 덜 튼튼할 수도 있고, 더 오래 자신을 보존할 수도 더 짧은 시간 보존할 수도 있다. 인간의 구성은 자연이 만드는 것이고, 국가의 구성은 기술이 만드는 것이다. 인간의 생명을 연장하는 것은 인간이 어찌할 수 있는 일이 아니지만, 국가에 가능한 최선의 구성을 부여함으로써 그 생명을 최대한 연장하는 것은 인간에게 달려 있다. 가장 잘 구성된 국가도 끝나긴 하겠지만, 예기치 못한 사건으로 때 이른 몰락이 일어나지 않는다면 다른 국가보다 더 나중에 끝날 것이다.

정치체의 생명의 원리는 주권이다. 입법권은 국가의 심장이고, 행정권은 모든 부분의 운동을 일으키는 두뇌다. 두뇌가 정지되어도 개인은 계속 살 수 있다. 사람은 지능이 떨어져도 산다. 하지만 심장이 기능을 멈추면 그 즉시 동물은 죽는다.

국가는 법이 아니라 입법권에 의해 존속한다. 어제의 법이 오늘의 의무가 되는 것은 아니지만, 침묵은 암묵적 동의로 추정되며, 법을 폐지할 수 있는데도 그렇게 하지 않는다는 사실에 의해 주권자는 법을 끊임없이 비준하는 것으로 가정된다. 무엇이든 주권자가 원하는 것이 일단 선언되면, 주권자가 그것을 철회하지 않는 한 그는 그것을 계속 원하는 것이다.[61]

그렇다면 옛anciennes[62] 법률들은 왜 그토록 존중되고 있을까? 바로 옛것이기 때문이다. 사람들은 옛 법이 이렇게 오랫동안 보존된 것은 오직 옛 의지들이 탁월했기 때문이라고 생각하며, 또한 주권자가 그 법들의 이로움을 일관되게 인정하지 않았다면 그는 1000번이고 그것을 철회했을 것이라고 생각한다. 이런 까닭으로 법은 잘 구성된 모든 국가에서라면 약화되지 않고 오히려 끊임없이 새로운 힘을 획득하며, 옛것에 대한 선입견이 법을 매일 더 존엄한 것으로 만든다. 이와 반대로 법이 오래될수록 약화되는 곳에서는, 이런 사실로부터 더 이상 입법권이 존재하지 않으며 국가도 더 이상 생명을 갖지 않는다는 사실이 입증된다.

12장
주권은 어떻게 유지되는가

주권자는 입법권 외에 다른 힘이 없으므로 오직 법을 통해서만 행동한다. 그리고 법은 일반의지의 공인된 증서actes authen-tiques[63]일 뿐이므로 주권자는 오직 인민이 모일 때만 행동할 수 있을 것이다. 사람들은 말할 것이다. 인민이 모인다고! 무슨 공상인가! 오늘날 그것은 공상이지만, 2000년 전에는 그렇지 않았다. 인간의 본성이 바뀌기라도 한 것일까?

정신적인 것choses morales에서 가능성의 한계는 우리가 생각하는 것보다 좁지 않다. 우리의 약함, 악, 편견이 이 한계를 축소시킨다. 저속한 영혼은 위대한 인간이 있다는 것을 믿지 않고, 비천한 노예는 자유라는 말을 조롱조로 비웃는다.

과거에 행해진 것을 통해 할 수 있는 것을 고찰해 보자. 나는 고대 그리스의 공화국들에 대해 말하지 않을 것이다. 하지만 내가 보기에 로마 공화국은 큰 국가였고 로마시는 큰 도시였다. 마지막 인구조사에 따르면 로마에서는 40만의 시민이 무기를 들었고,[64] 제국에 대한 마지막 인구조사에 따르면 신민들, 외국인들, 여자들, 아이들, 노예들을 제외하고 400만 이상의 시민이 있었다.

거대한 인민을 수도와 그 인근에 자주 모이게 하는 일이 얼마나 어려운지 상상할 수 없겠는가? 하지만 로마 인민은 최소한 몇 주에 한 번은 모였고, 심지어 그 기간에 여러 번 모이기도 했다. 그들은 주권자의 권리를 행사했을 뿐만 아니라, 정부의 일부 권리까지 행사했다. 그들은 상당한 일들을 처리했고, 상당한 안건들에 판결을 내렸다. 공공 광장에 모인 모든 인민은 시민이었고, 또한 대개 행정관이었다.

국민들의 초창기로 거슬러 올라가 보면 대부분의 고대 정부는, 심지어 마케도니아와 프랑크족의 정부와 같은 왕정정부까지도 이와 비슷한 심의회를 가지고 있었다. 아무튼 이론의 여지가 없는 이 사실 하나가 모든 어려움에 답한다. 존재했기 때문에 가능하다는 이 귀결이 나에게는 합당해 보인다.[65]

13장
계속[66]

인민이 모여 법 일체를 승인함으로써 국가의 구성을 한 번 결정하는 것만으로는 충분치 않다. 인민이 영속적인 정부를 세우거나 최종적으로 단 한 번 행정관 선거를 치르는 것으로도 충분치 않다. 예기치 못한 경우에 요구되는 특별 집회는 물론이고, 어떤 것도 폐지하거나 연기시킬 수 없는 고정되고 정기적인 집회가 있어야 한다. 그리하여 인민이 정해진 날에 법에 의해 합법적으로 소집되고, 이를 위해 어떤 다른 형식적인 소집 절차도 요구되지 않아야 한다.

이런 집회는 오직 개최 날짜만으로 합법적인 것이 된다. 이 경우 외에는, 이 일을 위해 임명된 행정관들이 규정된 형식에 따라 소집하지 않은 모든 인민집회는 비합법적인 것으로 간주되어야 하며, 거기에서 일어난 모든 일은 무효로 간주되어야 한다. 왜냐하면 집회의 소집 명령 자체가 법에서 유래해야 하기 때문이다.[67]

법으로 규정된 집회가 얼마나 자주 돌아와야 하는가는 많은 고려사항에 따라 달라질 수 있어서 그에 대해 정확한 원칙을 제시하기는 어려울 것 같다. 단지 일반적으로 이렇게 말할 수 있다. 정부의 힘이 강할수록 주권자가 더 자주 출두해야 한다는 것이다.

사람들은 말할 것이다. "한 도시뿐이라면 괜찮다. 하지만 국가가 여러 도시로 이루어져 있다면 어떻게 해야 하나? 주권을 분할할 것인가, 아니면 주권을 한 도시에 집중시키고 나머지 도시들을 종속시킬 것인가?"

나는 둘 중 어느 것도 해서는 안 된다고 답한다. 첫째로 주권은 단순하고 하나이므로, 우리가 그것을 분할하면 그 즉시 파괴된다. 둘째로 한 도시가 다른 도시에 종속되는 것은 한 국민이 그러는 것과 마찬가지로 정당할 수 없다. 왜냐하면 정치체의 본질은 복종과 자유의 일치에 있기 때문이고, 또한 신민sujet이라는 말과 추권자souverain라는 말은 동일한 상관항들로서 그 개념이 시민이라는 단 하나의 말로 통합되기 때문이다.

나는 또 답한다. 여러 도시들을 하나의 도시국가로 통합하는 것은 언제나 해악이 된다. 이런 통합을 원하면서 그것에 자연적으로 뒤따르는 곤란한 문제들을 회피할 수 있다고 자만해선 안 된다. 작은 국가만을 원하는 사람에게 큰 국가의 폐해를 가지고 반박해서는 안 된다. 하지만 어떻게 작은 국가들이 충분한 힘을 가지고 큰 국가들에 저항할 수 있을까? 옛날 그리스 도시들이 대왕에게 저항한 것처럼, 그리고 더 최근에는 네덜란드와 스위스가 오스트리아 왕가에 저항했던 것처럼 말이다.[68]

그럼에도 불구하고 국가를 적절한 크기로 축소할 수 없다면, 아직 하나의 방편이 남아 있다. 그것은 수도를 두지 않고, 각 도시를 번갈아 가며 정부의 근거지로 삼으며, 또한 의회états du pays[69]를 여러 도시에서 돌아가며 소집하는 것이다.

영토에 인구를 균등하게 분산하고, 동일한 권리들을 도처로 확대하고, 풍요와 생명을 사방으로 퍼뜨려라. 그러면 국가는 가능한 한계 안에서 가장 강한 동시에 가장 잘 통치될 것이다. 도시의 성벽은 농가의 잔해로 만들어진다는 사실을 기억하라. 나는 수도에 솟는 왕궁을 볼 때마다 나라 전체가 오막살이 신세로 내몰리는 것을 보는 것 같다.

14장
계속

　인민이 주권단체로서 합법적으로 집회를 열면, 그 즉시 정부의 모든 결정권은 중단되고 행정권은 정지된다. 그리고 최하 시민의 인격이 최고 행정관의 인격만큼 신성불가침한 것이 된다. 왜냐하면 대표되는 자가 있는 곳에서는 대표하는 자가 더 이상 있지 않기 때문이다.[70] 로마의 민회에서 일어난 대부분의 소동은 이 규칙을 잊거나 무시했기 때문에 일어났다. 민회에서 집정관들은 인민의 의장일 뿐이었고, 호민관들은 단순한 대변자orateur*였으며, 원로원은 아무것도 아니었다.[72]

　권한 정지 기간에 군주는 실제로 상관을 인정하거나 인정해야 하므로 그는 언제나 이런 상황을 꺼려했다. 또한 인민의 집회는 정치체의 방패이자 정부의 재갈이어서 항상 지도자들에게 공포를 일으켰다. 따라서 그들은 집회에 대한 시민들의 반감을 조장하기 위해서라면 어떤 수고도, 어떤 반박도, 어떤 어려움도, 어떤 약속도 아끼지 않았다. 시민들이 탐욕스럽고, 비열하고, 심약하고, 자유보다는 안정을 사랑할 때, 그들은 정부의 가중되는 힘에 오래 버텨 내지 못한다. 이런 식으로 저항력이 계속 증가하고, 결국 주권은 소멸되니, 대부분의 도시국가는 때 이르게 몰락해 사라진다.

---

* 영국 의회에서 이 단어가 가지는 의미와 흡사하다. 모든 결정권이 정지되어 있을 때조차 집정관과 호민관은 유사한 직무로 인해 갈등을 빚었다.[71]

하지만 때때로 주권과 독단적인 정부 사이에 중간권력pouvoir moyen이 개입한다. 이 중간권력에 대해 말해야 한다.

15장
대의원 혹은 대표자에 대해

시민들이 공적 업무를 그들의 주된 사안으로 여기지 않고, 직접 하기보다 지갑으로 복무하길 선호하면, 그 즉시 국가는 이미 파멸에 가까워진다. 전쟁터로 가야만 하는가? 그들은 군대를 사고 자신은 집에 머문다. 심의회에 나가야 하는가? 그들은 대의원députés[73]을 임명하고 자신은 집에 머문다. 그들은 게으름과 돈의 힘으로 결국 군인을 통해 조국을 예속시키고, 대표자를 통해 조국을 팔아먹는다.

상업과 기술에 대한 근심, 이윤에 대한 탐욕스러운 관심, 안락함에 대한 사랑과 나태함, 이런 것들로 인해 직접 해야 할 의무를 돈으로 대신한다. 사람들은 마음껏 수익을 증가시키기 위해 수익 일부를 양도하는 것이다. 돈을 내라, 그러면 곧 족쇄를 받게 될 것이다. 재정finance이라는 말은 노예의 말이다. 도시국가에서는 아무도 그 말을 몰랐다. 진정으로 자유로운 국가에서 시민들은 모든 것을 자기 손으로 하며 돈으로는 아무것도 하지 않는다. 그들은 의무에서 면제되고자 돈을 지불하지 않고, 오히려 직접 의무를 수행하려고 돈을 낸다. 내 얘기는 보통의 생각과는 거리가 아주 멀다. 하지만 나는 세금보다 부역이 자유와 덜 모순된다고 생각한다.

국가가 더 잘 구성될수록, 시민의 정신에서 공적인 일이 사적인 일보다 더 우세해진다. 그런 정신에는 사적인 일이 훨씬 적다. 왜냐하면 공동행복bonheur commun의 총합이 각 개인의 행복에서 더욱 많은 부분을 차지하므로, 개별적인 노력으로 채워야 할 부분이 더 작기 때문이다. 잘 운영되는 도시국가에서는 모든 사람이 집회에 달려간다. 나쁜 정체하에서는 사람들이 집회 참석을 위해 한 발짝도 떼지 않는다. 왜냐하면 누구도 집회에서 일어나는 일에 이해관계가 없고, 집회에서 일반의지가 우세하지 않을 것이 예상되어, 결국 집안 관리가 모든 일을 집어삼키기 때문이다. 좋은 법은 더 좋은 법을 만들게 하고, 나쁜 법은 더 나쁜 법을 가져온다. 어떤 사람이 국가의 일에 대해 "그게 나한테 뭐가 중요한데?"라고 말한다면, 그 국가는 망했다고 간주해야 한다.

조국애의 약화, 사적 이익의 능동성, 국가의 거대함, 정복, 정부의 권력남용 때문에 사람들은 국민집회에서 인민의 대의원이나 대표자를 쓰는 방법을 생각하게 된다. 이것을 몇몇 나라에서는 감히 제3신분이라 부른다. 이렇게 두 신분의 개별이익은 1순위와 2순위에 놓이고, 공적 이익은 3순위일 뿐이다.

주권은 양도될 수 없는 것과 같은 이유로 대표될 수 없다. 주권은 본질적으로 일반의지에 있으며, 의지는 결코 대표되지 않는다. 의지는 그 자체거나, 아니면 다른 것이다. 중간은 없다. 그러므로 인민의 대의원은 인민의 대표자가 아니며, 그럴 수도 없다. 그는 인민의 간사commissaires일 뿐이다. 대의원은 어떤 것도 최종적으로 결정할 수 없다. 모든 법은 인민이 직접 재가하지 않으면 무효이며, 그런 것은 절대로 법이 아니다. 영국 인민은 자신이 자유롭다고 생각한다. 크게 착각하는 것이다. 그들은 오직 의회 구성원을 선출하는 동안만 자유롭다. 선출이 끝나면 그 즉시 인민은 노예이고, 없는 것이나 마찬가지다. 자유를 가지는 짧은 기간에 그것을 사용하는 것을 보면, 그들이 자유를 상실하는 것은 당연하다.[74]

대표자라는 발상은 근대의 것이며, 그 기원은 봉건 정체에 있다. 불공정하고 불합리해 인류의 가치를 떨어뜨리고 인간이라는 이름의 명예를 더럽히는 바로 그 정체 말이다. 고대에는 공화국들 그리고 심지어 왕정에서도 인민은 결코 대표자를 갖지 않았으며, 그런 말조차 알지 못했다. 로마 호민관들의 지위는 대단히 신성했다. 그런데 신기하게도, 사람들은 그런 호민관들이 인민의 직무를 찬탈하리라고 상상조차 하지 못했고, 호민관들은 그렇게 많은 대중에 둘러싸여서도 단 하나의 평민회의결plébiscite[75]조차 자기 권한으로 통과시키려고 시도하지 않았다. 그렇지만 그라쿠스 형제 시대에 일어난 일을 통해 군중이 이따금 야기했던 곤란함에 대해 생각해 봐야 한다. 그때에는 일부 시민들이 지붕 위에서 표를 던지는 일도 있었다.[76]

권리와 자유가 전부인 곳에서 어려움들은 아무것도 아니다. 이 지혜로운 인민 안에서는 모든 것이 이치에 맞았다. 그들은 호민관이 감히 하지 않았던 일을 호위관licteurs에게 맡겼고, 호위관이 인민을 대표하려 할지 모른다는 두려움은 갖지 않았다.[77]

그럼에도 불구하고 호민관이 어떻게 때때로 인민을 대표할 수 있었는지 이해하려면, 정부가 주권자를 어떻게 대표하곤 하는지 생각해 보는 것으로 족하다. 법은 일반의지의 선언일 뿐이므로 입법권에서 인민이 대표될 수 없는 것은 분명하다. 하지만 법에 적용된 힘일 뿐인 행정권에서 인민은 대표될 수 있고 대표되어야 한다. 이것은 다음을 알게 해준다. 사태를 잘 검토해 보면

극히 소수의 국민만이 법을 가지고 있음을 발견하게 될 것이다. 어찌 되었든 호민관은 행정권의 어떤 부분도 가지고 있지 않아서 직무의 권리로는 결코 로마 인민을 대표할 수 없었고, 오직 원로원의 권리를 침해함으로써만 그럴 수 있었다.[78]

그리스에서는 인민이 해야 하는 모든 것을 인민이 자기 힘으로 했다. 그들은 쉬지 않고 광장에 모였다. 그들은 온화한 풍토에 거주했기에 탐욕스럽지 않았다. 노예가 그들의 노동을 대신했으므로, 그들의 가장 큰 관심사는 자신의 자유였다. 더 이상 이와 같은 이점을 가지고 있지 않은데, 어떻게 같은 권리를 보존하겠는가? 여러분이 사는 풍토는 더 혹독한 만큼 더 많은 필요를 만들어 낸다.* 여러분은 1년 중 여섯 달은 공공 광장을 쓸 수 없다. 여러분의 둔탁한 언어는 야외에서 잘 들리지 않는다.[79] 여러분은 자유보다 이윤에 더 신경 쓴다. 여러분은 노예상태보다 가난을 훨씬 더 두려워한다.

뭐라고! 예속에 기대지 않고서는 자유를 유지할 수 없다고? 어쩌면. 양 극단은 서로 만난다. 자연에 있지 않은 모든 것은 곤란한 문제를 가지고 있으며, 시민사회[80]는 다른 모든 것보다 더 그렇다. 타인의 자유를 희생시키지 않고서 자신의 자유를 보존할 수 없고, 노예가 극도로 예속되어 있지 않으면 시민이 완전히 자유로울 수 없는 불행한 상황들이 존재한다. 스파르타의 상황이 그러했다. 현대의 인민인 여러분은 노예를 두고 있지 않지만 여러분 자신이 노예다. 여러분은 자신의 자유를 대가로 노예들에게

---

* 추운 나라에서 동양의 사치와 나태를 받아들인다면, 그것은 동양의 사슬을 스스로 차려고 하는 것이며, 따라서 그들보다 훨씬 더 필연적으로 거기에 복종하는 것이다.

자유를 주는 것이다. 여러분이 이 선택을 아무리 찬양해 봐야 소용없다. 나는 거기에서 인간성보다는 비겁함을 발견한다.

이런다고 해서 내가 노예를 가져야 한다고 말하는 것도 아니고, 노예법이 정당하다고 말하는 것도 아니다. 나는 이미 그 반대를 증명했다. 나는 다만 현대의 인민들이 자신은 자유롭다고 믿으면서 대표자를 갖고 있는 이유, 그리고 고대 인민들이 대표자를 두지 않았던 이유를 말할 뿐이다.[81] 어찌 되었든 인민에게 대표자가 있다면, 그 즉시 인민은 더 이상 자유롭지 않다. 따라서 인민은 더 이상 존재하지 않는다.[82]

모든 것을 잘 검토한 결과, 나는 아주 작은 도시국가가 아니라면 우리가 주권자로서 자신의 권리를 지속적으로 행사하는 것이 이제는 가능하지 않다고 생각한다. 하지만 아주 작으면 정복되고 말까? 아니다. 나는 차후에* 어떻게 작은 국가의 용이한 내치po-lice와 훌륭한 질서에 큰 인민의 대외적 힘을 결합할 수 있는지 보여 줄 것이다.

---

* 이것은 내가 이 저작 다음에 쓰려고 계획했던 것이다. 그랬다면 나는 대외관계를 다루면서 연합confédération에 대해 논했을 것이다. 이것은 매우 새로운 주제이고, 그 원리는 여전히 확립되어 있지 않다.[83]

16장
정부설립은 결코 계약이 아니다

입법권이 일단 수립되었다면 이제 마찬가지로 행정권을 수립해야 한다. 왜냐하면 개별적인 행위를 통해서만 작용하는 행정권은 입법권과 다른 본질을 갖기에 당연히 입법권과 분리되기 때문이다. 만약 주권자가 주권자인 채로 행정권을 가지는 것이 가능하다면, 권리와 사실이 뒤섞여 무엇이 법이고 무엇이 법이 아닌지 더 이상 알 수 없을 것이며, 폭력에 맞서 설립된 정치체는 이런 식으로 변질되어 조만간 폭력의 먹잇감이 될 것이다.

시민 모두는 사회계약에 의해 평등하기에 모두가 해야 할 일을 모두가 규정할 수 있지만, 그 자신이 하지 않는 것을 타인이 하도록 요구할 권리는 누구도 갖지 않는다. 그런데 이 권리는 정치체가 살아가고 움직이기 위해 필수불가결한 것이며, 주권자가 정부설립을 통해 군주에게 부여하는 것이 바로 이 권리다.

여러 사람들이 정부설립 행위가 인민과 인민이 임명한 지도자 사이의 계약이라고 주장했다. 이 계약을 통해 한쪽은 명령할 의무를 지고 다른 쪽은 복종할 의무를 지는 조건이 양 당사자 사이에 규정된다는 것이다.[84] 나는 확신한다, 사람들은 이것이 이상한 방식의 계약이라고 인정할 것이다! 이 의견을 지지하는 것이 가능한지 살펴보기로 하자.

첫째로, 최고권한은 양도될 수 없는 것과 같이 수정될 수도 없어서, 최고권한을 제한하면 그것은 파괴된다. 주권자가 상급자를 둔다는 것은 부조리이며 모순이다. 스스로 주인에게 복종하는 의무를 진다는 것은 완전한 자유 속에서 자신을 내주는 것이다.

게다가 인민이 이런저런 인격과 맺는 이 계약은 개별적인 행위임이 명백하다. 그러므로 이 계약은 법일 수도 없고 주권행위일 수도 없으며, 따라서 부당한 계약이 될 것이다.

또한 우리는 계약 당사자들이 자연법loi de nature에만 구속되고 상호 약속 엄수에 대한 어떤 보증도 갖지 못할 것임을 안다. 이것은 어쨌든 정치상태에 반하는 것이다. 권력을 쥐고 있어서 언제든지 마음대로 집행할 수 있는 자라면, 이렇게 말하는 사람의 행위에 계약이라는 이름을 부여하는 것이 유리할 것이다. "나는 당신에게 내 모든 재산을 주는데, 조건은 당신은 나에게 당신이 원하는 만큼 준다는 것이다."

국가에는 단 하나의 계약이 존재한다. 그것은 회합의 계약이다. 이 계약 하나만으로 다른 모든 계약은 배제된다. 어떤 공적인 계약을 상상하든 그것은 이 첫 번째 계약에 대한 위반이 될 것이다.

17장
정부설립에 대해

그렇다면 정부를 설립하는 행위를 어떤 개념으로 이해해야 할까? 나는 우선 이 행위가 복합적이며 두 가지 다른 행위, 즉 법의 제정과 법의 집행으로 구성된다는 사실을 지적하고자 한다.

첫 번째 행위를 통해 주권자는 정부단체가 이런저런 형태로 설립될 것임을 규정한다. 이 행위가 하나의 법이라는 것은 명백하다.

두 번째 행위를 통해 인민은 설립된 정부를 담당할 지도자들을 임명한다. 그런데 이 임명은 개별적인 행위이므로 첫 번째에 뒤따르는 법이 아니라 단지 첫 번째 법의 후속 조치이고 정부의 한 가지 직무일 뿐이다.

어려운 것은, 어떻게 정부가 존재하기도 전에 정부의 행위가 있을 수 있는지, 그리고 어떻게 주권자나 신민일 뿐인 인민이 어떤 상황에서는 군주나 행정관이 될 수 있는지 이해하는 일이다.

또한 여기에서 겉보기에 모순적인 활동들을 조정하게 해주는 정치체의 놀라운 속성 하나가 드러난다. 이 속성은 주권에서 민주정으로의 갑작스러운 전환을 통해 발생한다. 그 결과 어떤 지각 가능한 변화 없이 오직 모두의 모두에 대한 새로운 관계를 통해, 행정관이 된 시민들은 일반적인 행위에서 개별적인 행위로, 법에서 집행으로 이행한다.

이 관계변화는 현실에서 사례를 찾을 수 없는 교묘한 사변이 아니다. 영국의 의회에서는 날마다 이런 일이 일어난다. 거기에서는 어떤 경우에 사안을 더 잘 논의하기 위해 하원이 대위원회로 전환됨으로써, 스스로가 방금 최고의회[85]였던 자신의 단순한 위원회가 된다. 그런 다음 하원은 자신이 대위원회로서 결정한 것을 하원으로서의 자신에게 보고하고, 하나의 자격으로 이미 결정한 것을 다른 자격으로서 새로 심의한다.

일반의지의 단순한 행위를 통해 실제로 설립될 수 있다는 것이 민주정의 고유한 장점이다. 그런 다음 이 임시적인 정부는 채택된 형태가 민주정이라면 그대로 도입되거나, 주권자의 이름으로 법이 규정하는 정부를 설립한다. 이렇게 모든 것이 원칙 안에 있게 된다. 앞에서 확립한 원리를 포기하지 않는다면 이와 다른

방식으로 정당하게 정부를 설립하는 것은 가능하지 않다.[86]

18장
정부의 월권을 방지하는 수단

이런 해명으로부터, 16장을 확인해 주는 다음 결론이 도출된다. 정부를 설립하는 행위는 결코 계약이 아니라 법이며, 행정권의 수탁자들은 인민의 주인이 아니라 인민의 관료이고, 인민은 자신이 원할 때 이 관료들을 임명하고 해임할 수 있으며, 관료들에게 중요한 문제는 계약하는 것이 아니라 복종하는 것이고, 그들은 국가가 부과하는 직무를 맡음으로써 시민의 의무를 수행할 뿐이니 그 조건을 따질 권리는 조금도 가지고 있지 않다.

따라서 한 가문을 가지고 왕정을 세우든 일부 시민들의 신분을 가지고 귀족정을 세우든 인민이 세습 정부를 설립하는 일이 일어날 때, 그것은 결코 인민이 맺은 약속이 아니다. 그것은 인민이 다른 형태를 명하고 싶을 때까지 행정에 부여한 임시적인 형태다.

이런 변화가 언제나 위험하다는 것도 사실이고, 정부가 더 이상 공공선과 양립할 수 없는 경우가 아니라면 수립되어 있는 정부에 손을 대지 말아야 하는 것도 사실이다. 하지만 이런 신중함은 정치적 원칙이지 법적인 규칙이 아니며, 국가가 군사권력을 장군들에게 맡기면 안 되는 것과 같이 정치권력autorité civile[87]을 지도자들에게 맡겨서도 안 된다.

또한 그런 경우에 최대한 주의를 기울여 요구되는 모든 절차를 준수함으로써 불온한 소요와 적법하고 정당한 행위, 당파의 아우성과 인민 전체의 의지를 구별해야 한다는 것도 사실이다. 특히 이 사안에서 원칙이 악용되는 경우에는, 법을 가장 엄격하게 적용했을 때에도 인정하지 않을 수 없는 것만 허용해야 한다. 그런데 이런 의무는 또한 군주가 권력을 찬탈했다는 비난을 듣지 않으면서 인민의 뜻에 반해 권력을 보존하려고 할 때 많이 활용하는 것이기도 하다. 왜냐하면 군주는 겉으로는 자신에게 부여된 권리만 사용하는 척하면서, 너무나 쉽게 그 권리를 확대할 수 있고, 좋은 질서를 세우려는 집회를 공적 안정을 구실로 너무나 쉽게 방해할 수 있기 때문이다. 이를 통해 군주는 침묵을 깨는 것을 방해하고 나서 그 침묵을 이용하고, 부정행위들을 조장하고 나서 그 부정행위들을 활용하여, 두려움으로 침묵하고 있는 사람들이 그에게 유리한 쪽으로 동의하고 있다고 전제하고, 감히 말하려고 하는 사람들을 처벌한다. 이런 방식으로 십인위원들은 우선 1년을 기한으로 선출되고 나서 계속해서 임기를 1년씩 연장하다가, 민회 소집을 더 이상 허용하지 않음으로써 권력을 영구히 간직하려고 시도했다. 이 손쉬운 수단을 통해 세계의 모든 정부는 일단 공적인 힘을 갖게 되면 때가 문제이지 결국 주권을 찬탈한다.

내가 앞에서[88] 말한 정기 집회는 특히 그것이 형식적인 소집 절차를 요구하지 않는 경우에 이런 불행을 방지하거나 지연시키는 데 적합하다. 그러면 군주가 자신이 범법자이며 국가의 적이라는 사실을 공공연하게 선언하지 않고서는 정기 집회를 막을 수 없을 것이기 때문이다.

오직 사회계약을 유지하는 것만을 목적으로 갖는 이런 집회는 언제나 다음 두 의안을 통해 개최되어야 한다. 이 두 의안은 결코 철회될 수 없으며, 각각 따로 투표에 회부된다.

첫째. 주권자는 현재 정부형태를 보존하길 원하는가.

둘째. 인민은 현재 행정을 담당하는 자들에게 그것을 계속 맡기길 원하는가.[89]

여기에서 나는 내가 증명했다고 생각하는 것, 즉 국가에는 폐기될 수 없는 기본법이란 존재하지 않으며 심지어 사회계약조차 그렇다는 사실을 전제하고 있다. 왜냐하면 만약 모든 시민이 모여 만장일치로 이 계약을 파기한다면, 그것이 매우 정당하게 파기되었음을 의심할 수 없기 때문이다. 심지어 흐로티위스는[90] 모든 사람이 자신이 구성원으로 있는 국가를 버리고, 그 나라에서 나와 자연적 자유와 재산을 회복할 수 있다고 생각한다.* 그런데 시민 각자가 따로 할 수 있는 일을 모든 시민들이 모여서 하지 못한다는 것은 불합리하다.

3권 끝

--

* 물론 우리는 조국이 우리를 필요로 하는 순간에 의무를 회피하고 복무에서 면제되고자 떠나지 않는다. 그런 경우 도주는 범죄이고 처벌받을 수 있다. 그것은 후퇴가 아니라 탈영이다.[91]

4권

1장
일반의지는 파괴될 수 없다[1)]

여러 사람이 모여 스스로를 단 하나의 단체로 간주하는 한, 그들은 공동의 보존과 일반의 안녕에 연관된 단 하나의 의지만을 가진다. 이때 국가의 모든 동력은 강력하고 단순하며, 그 원칙들은 명확하고 자명하기에, 이해관계가 얽히고 모순되는 일이 없으며, 공동선은 어디에서나 분명하게 모습을 드러내므로 상식bon sens만 있으면 그것을 알아볼 수 있다. 평화, 단결, 평등이 있다면 영악한 정치는 발을 붙이기 어렵다. 바르고 단순한 사람들은 그들이 단순하기 때문에 속이기 어렵고, 속임수와 교묘한 핑계에도 현혹되지 않는다. 그들은 속아 넘어갈 만큼 영리하지 않다. 세상에서 가장 행복한 인민이 사는 곳에서[2)] 농민들이 떡갈나무 아래 모여 국가의 일을 결정하고 항상 지혜롭게 자신을 인도하는 것을 보면, 그토록 많은 기술과 비법을 통해 자신을 저명하고도 비참하게 만드는 다른 국민들의 교묘함을 경멸하지 않을 수 있겠는가?

이런 식으로 통치되는 국가에는 법이 아주 조금만 있어도 된다. 새로운 법을 공포할 필요가 생기면 모두가 그 필요성을 볼 수 있다. 새 법을 제안하는 첫 번째 사람은 모두가 이미 느꼈던 것을 말할 뿐이다. 다른 사람들도 자기처럼 할 것이라는 확신이 모두에게 있기만 하면, 각자 그렇게 하기로 이미 결심한 것을 법으로 통과시키는 데에는 술책도 달변도 필요치 않다.

사변가들은 잘못 판단하여, 시초부터 잘못 구성된 국가만을 보고 그곳에서는 이와 같은 통치질서police를 유지하는 것이 불가능하다는 생각에 사로잡힌다. 그들은 파리나 런던의 인민이 교활한 위선자나 간사한 재담가의 설득에 넘어가 저지를 온갖 어리석은 짓을 상상하며 비웃는다. 그들은 베른 인민이라면 크롬웰을 노동형무소에 집어넣었을 것이고, 제네바인들이라면 보포르 공을 교정원에 집어넣었을 것임을 알지 못한다.[3]

하지만 사회의 결속이 느슨해지고 국가가 약화되기 시작하면, 개별이익이 의식되기 시작하고 작은 사회가 큰 사회에 영향을 주기 시작하면, 공동이익은 변질되고 반대자들이 나타나며, 의견들이 더 이상 만장일치에 의해 지배되지 않고, 일반의지는 더 이상 모두의 의지가 아니게 되며, 항변과 논쟁이 일어나 최선의 견해조차 다툼 없이 통과되지 않는다.

결국 몰락을 앞둔 국가가 오직 기만적이고 헛된 형태로만 존속하면, 모든 마음 안에서 사회적 결합이 끊어지고 가장 저열한 이익이 뻔뻔하게 공공선이라는 신성한 이름으로 자신을 치장한다. 이때 일반의지의 말문은 막히고, 모든 사람은 은밀한 동기에 이끌려 마치 국가가 존재한 적 없었던 것처럼 시민으로서 소신을 밝히지 않으며, 개별이익만을 목적으로 갖는 편파적인 명령을 법이라는 이름으로 꾸며서 통과시킨다.

이로부터 일반의지가 소멸되거나 부패한다는 결론이 나오는가? 아니다. 일반의지는 언제나 견고하고 변질 불가능하며 순수하다. 다만 그것은 보다 우세한 다른 의지들에 종속되어 있다. 각자는 자신의 이익을 공동이익에서 떼어 내면서도 완전한 분리는 가능하지 않다는 것을 잘 알고 있다. 다만 그에게는 자신만의 것으로 가로채려고 하는 이득에 비해, 공적 해악에서 자신이 떠맡아야 할 몫이 아무것도 아닌 것으로 보이는 것이다. 이 개별 이득을 제외한다면, 그는 다른 어떤 사람에 견주어도 될 만큼 강하게 자기 자신의 이익을 위해 일반선을 원한다. 심지어 돈을 받고 자신의 표를 팔 때에도, 그는 자기 안의 일반의지를 소멸시키는 것이 아니라 그것을 회피하는 것이다. 그가 저지르는 과오란, 질문의 상황을 바꿔서 사람들이 그에게 묻는 것과 다른 것을 답하는 것이다. 그리하여 그는 투표를 하면서 "이것이 국가에 이롭다"고 말하지 않고, "이런저런 견해가 통과되는 것이 이런 사람 혹은 저런 당파에 이롭다"고 말한다. 따라서 집회의 공적 질서를 위한 규칙은, 집회에서 일반의지를 단언하는 것보다, 언제나 일반의지에 묻고 언제나 일반의지가 답하게 하는 것이다.

여기에서 어떤 이유로도 시민에게서 빼앗을 수 없는, 모든 주권행위에 포함된 투표권이라는 단순한 권리에 대해 많은 것을 숙고해 볼 만하다. 또한 정부가 온갖 노력을 통해 정부 구성원들의 전유물로 남겨 두려는, 의견을 내고 회부하고 구분하고 심의할 권리에 대해서도 그렇다.[4] 하지만 이 중요한 주제에 대해서는 독립된 논설 한 편이 필요할 테니, 이 책에서 모든 것을 말할 수 없다.

2장
투표에 대해

앞 장을 통해 우리는 다음을 알게 된다. 일반적인 사안이 처리되는 방식을 보면 풍속의 현재 상태와 정치체의 건강에 대한 꽤나 확실한 증후를 얻을 수 있다. 집회에서 일치가 더 잘 이루어질수록, 다시 말해 의견들이 만장일치에 가까워질수록, 일반의지의 지배 또한 더 공고해진다. 하지만 긴 토론, 대립, 소란은 개별이익이 위세를 부리고 국가가 쇠락하고 있음을 보여 준다.

이것은 국가의 구성이 둘 혹은 여러 신분을 포함하는 경우에는 그리 명확하지 않은 것처럼 보인다. 로마에서는 귀족과 평민plébeiens의 다툼으로 인해[5] 민회가 잦은 소동을 겪었는데, 심지어 공화국의 최전성기에도 그랬다. 하지만 이 예외는 겉보기로만 예외일 뿐 실제로 그런 것은 아니다. 왜냐하면 이 경우 정치체에 내재한 악으로 인해 말하자면 하나의 국가 안에 두 개의 국가가 있어서, 둘을 묶어서 보자면 참이 아닌 것이 따로 각각에는 참이기 때문이다. 실제로 가장 소란스러운 시절에도 인민의 평민회의결은 원로원만 개입하지 않으면 언제나 평온하게, 대다수의 찬성표로 산출되었다. 시민들에게는 단 하나의 이익만이 있었고, 인민에게는 단 하나의 의지만이 있었다.

원의 반대쪽 끝으로 가도 만장일치에 이른다. 시민들이 예속에 빠져 더 이상 자유도 의지도 갖지 않을 때가 그런 경우다. 이때 투표는 두려움과 아첨에 의해 환호성을 지르는 일로 바뀌고, 사람들은 더 이상 심의하지 않고 숭배하거나 저주한다. 황제 통치 시기 원로원이 의견을 내는 방식이 이처럼 저열했다. 때로는 우스꽝스러운 신중함 때문에 이런 일이 벌어지기도 한다. 타키투스가 관찰한 대로, 오토 치하에서 원로원 의원들은 비텔리우스에게 저주를 쏟아부으면서도, 동시에 가증스러운 소문을 퍼뜨리려고 애썼다. 혹시나 그가 주인이 되더라도 의원 각자가 무엇을 말했는지는 알 수 없게 하려고 그랬던 것이다.[6)]

표를 집계하고 의견을 비교하는 방식은 일반의지를 얼마나 쉽게 인식할 수 있느냐에 따라 그리고 국가가 얼마나 쇠퇴했느냐에 따라 결정해야 하는데, 이 결정의 기준이 되는 원칙들이 바로 이런 고찰들로부터 도출된다.

그 본성상 만장일치의 동의를 필요로 하는 법은 단 하나다. 그것은 사회계약이다. 왜냐하면 정치체 회합association civile은 세상에서 가장 자발적인 행위이기 때문이다. 모든 인간은 자유롭게 태어나며 자기 자신의 주인이므로, 어떤 구실을 가지고서라도 동의 없이 그를 예속시킬 수는 없다. 노예의 아들은 날 때부터 노예라고 판정하는 것은, 그가 인간으로 태어나지 않는다고 판정하는 것이다.

따라서 사회계약을 체결할 때 반대자들이 있다고 해도, 그들의 반대로 계약이 무효가 되는 것은 아니다. 반대는 단지 반대자들이 계약에 포함되지 못하게 할 뿐이다. 그들은 시민들 사이에 있는 외국인이다. 국가가 설립되면 거주 사실이 동의를 뜻한다. 영토 안에 살고 있다는 것은 주권에 종속되어 있음을 말한다.

이 최초의 계약을 제외하면, 언제나 다수의 의견이 다른 모든 의견을 구속한다. 이것은 계약 자체의 결과다. 하지만 자유로운 한 인간이 자신의 것이 아닌 의지에 강제로 복종하는 것이 어떻게 가능한지 질문할 수 있다. 반대자들은 어떻게 자유로운 상태에서 그들이 동의한 적 없는 법에 종속되는가?

나는 문제가 잘못 제기되었다고 답하겠다. 시민은 모든 법에 동의한다. 심지어 그의 의사에 반하여 통과된 법, 그리고 그런 법 하나를 위반할 때 그를 처벌하는 법에도 동의한다. 모든 국가 구성원의 일관된 의지가 일반의지이고, 그들이 시민이고 자유로운 것은 바로 이 의지를 통해서다.* 인민집회에서 어떤 법이 제안될 때, 시민들에게 묻는 것은 정확하게는 그들이 법을 승인할지 혹은 거부할지 여부가 아니라, 그들 자신의 의지이기도 한 일반의지에 법이 부합하는지 혹은 그렇지 않은지 여부다. 각자가 투표를 통해 그에 대한 자신의 의견을 말하면, 표를 계산해서 그로부터 일반의지의 선언이 도출된다. 따라서 나와 반대되는 의견이 우세하다면, 그것은 내가 잘못 생각했다는 사실, 내가 일반의지로 여겼던 것이 일반의지가 아니었다는 사실을 입증할 뿐이다. 만약 이때 내 개별적인 의견이 채택됐다면, 나는 내가 원했던 것과 다른 것을 하게 되었을 것이고, 그러면 나는 자유롭지 않았을 것이다.[7]

그렇다, 이것은 일반의지의 모든 특징이 어쨌든 다수성에 있음을 상정한다. 그것이 더 이상 그렇지 않다면, 어떻게 결정되든 자유는 없다.

앞에서 나는 어떻게 공적 심의에서 개별의지가 일반의지의 자리를 차지하는지 보여 주면서,[8] 이런 권력남용을 방지하게 해 주는 실행 가능한 수단들을 충분히 알려 주었다. 뒤에서 다시 이

---

* 제노바에서는 감옥 앞에, 그리고 갤리선 죄수들의 사슬 위에 자유libertas라는 말이 쓰여 있다. 이 신조를 붙여 두는 것은 훌륭하고 정당하다. 실제로 시민의 자유를 방해하는 것은 오로지 온갖 신분의 범죄자들뿐이다. 이런 자들을 전부 갤리선에 보낸 나라에서는 가장 완벽한 자유를 누리게 될 것이다.

에 대해 말할 것이다. 일반의지의 선언을 위해 필요한 찬성표 비율에 대해서, 마찬가지로 나는 그것을 결정하게 해주는 원리들을 제시했다. 단 한 표의 차이로 등식[9]이 무너지고, 단 한 명의 반대자로 만장일치가 깨진다. 하지만 만장일치와 등식 사이에 여러 가지 불균등한 분할이 있고, 정치체의 상태와 필요에 따라 각 분할을 일반의지 선언에 필요한 득표율로 지정할 수 있다.

이 비율을 결정하는 데 두 가지 일반 원칙을 사용할 수 있다. 하나는, 더 중요하고 중대한 심의일수록 우세한 의견이 만장일치에 가까워야 한다는 것이다. 다른 하나는, 갑론을박되는 사안이 신속함을 요구할수록 의견 분할에서 차이를 더 작게 규정해야 한다는 것이다. 당장 끝내야 하는 심의에서는 단 한 표의 초과만으로 충분해야 한다. 이 원칙 가운데 첫 번째는 법을 정할 때 더 적합하고, 두 번째는 업무를 처리할 때 더 적합하다. 아무튼 결론을 내기 위해 다수에 설정할 수 있는 최선의 비율은 이 원칙들의 조합을 통해 확정된다.[10]

3장
선출에 대해

내가 말했듯이[11] 복합적인 행위인 군주나 행정관 선출에는 두 가지 실행 방식이 있다. 그것은 선택과 추첨이다. 두 방식 모두 여러 공화국에서 활용되었으며, 지금도 여전히 베네치아의 원수 선출에서는 두 방식을 아주 복잡하게 혼용하고 있음을 볼 수

있다.[12]

몽테스키외는 말한다. "추첨을 통한 선거가 민주정의 본성에 부합한다." 동의한다. 하지만 어째서 그런가? 그는 이어서 말한다. "추첨은 누구도 상심시키지 않는 선출 방식이다. 추첨은 각 시민이 조국에 봉사할 수 있다는 온당한 희망을 품도록 한다."[13] 이런 것들은 이유가 아니다.

지도자 선출이 주권자의 일이 아니라 정부의 일이라는 사실에 주의한다면, 왜 추첨이라는 방식이 민주정의 본성에 더 부합하는지 알게 될 것이다. 민주정에서는 행정행위의 수가 늘어나지 않는 만큼 행정이 좋아지기 때문이다.

모든 진정한 민주정에서 행정관직은 특혜가 아니라 짐이 되는 책무이므로, 다른 개별자가 아니라 이 개별자에게 책무를 부과하는 것은 정당할 수 없다. 법만이 추첨에 의해 뽑힌 사람에게 이런 책무를 부과할 수 있다. 왜냐하면 그래야 모두에게 조건이 같고, 선택이 어떤 인간의 의지에도 의존하지 않아서, 법의 보편성을 손상시키는 특수한 적용이 발생하지 않기 때문이다.[14]

귀족정에서는 군주가 군주를 선택하고 정부는 스스로 자신을 유지하기에, 투표를 실시하는 것이 알맞다.[15]

베네치아 원수의 선출 사례는 이런 구별을 파기하지 않고 오히려 지지한다. 즉 그런 혼합방식은 혼합정부에 적합하다. 실제로 베네치아 정부를 진정한 귀족정으로 간주하는 것은 오류다. 베네치아에서는 인민이 정부에 조금도 참여하지 않으나, 그곳에서는 귀족이 바로 인민이다. 수많은 가난한 무산귀족들barnabotes은 어떤 행정관직에도 접근하지 못했고, 귀족 신분으로부터 단지 경Excellence이라는 공허한 호칭과 대심의회에 참석할 권리만을 얻었다.[16] 이 대심의회에는 우리 제네바의 총심의회만큼 많은 사람이 참여하기에, 그 저명한 구성원들이 우리의 단순시민들보다 더 많은 특권을 가지는 것도 아니다. 두 공화국의 극단적인 차이를 제외하면 제네바의 부르주아지는 정확하게 베네치아의 귀족계층을 연상시키고, 우리의 출생민과 거주민은 베네치아의 도시민과 인민을 연상시키며, 우리의 농민은 베네치아 본토[17]의 신민을 연상시킨다.[18] 결국 이 공화국을 어떤 방식으로 고찰하든, 크기를 제외하면 그들의 정부는 우리 정부만큼이나 귀족정이 아니다. 우리에게는 어떤 지도자도 종신직이 아니어서 베네치아만큼 추첨을 필요로 하지 않는다는 것이 차이라면 차이다.[19]

진정한 민주정에서는 추첨을 통한 선출의 단점이 별로 없을 것이다. 거기에서는 원칙과 재산만큼이나 풍속과 재능에서도 모두가 평등하기에 어떤 선택이라도 별 상관이 없을 것이기 때문이다. 하지만 나는 진정한 민주정이란 존재하지 않는다고 이미 말했다.[20]

선택과 추첨이 혼용된다면, 군사 업무처럼 고유한 재능을 요구하는 자리는 선택으로 채워야 하고, 재판관의 직책처럼 상식, 정의, 청렴만으로 충분한 자리는 추첨이 적합하다. 왜냐하면 잘 구성된 국가에서는 모든 시민이 이런 자질들을 공유하기 때문이다.

왕정정부에서는 추첨도 투표도 시행하지 않는다. 군왕이 법적으로 유일한 군주이자 단 하나의 행정관이므로, 대리관[21]의 선택은 전적으로 그의 일이다. 생-피에르 신부가 프랑스 왕의 심의회 수를 늘리고 그 구성원은 투표로 뽑자고 제안했을 때, 그는 자신이 정부형태의 변경을 제안하고 있다는 사실을 알지 못했다.[22]

이제 인민집회에서 투표하고 집계하는 방식에 대해 말해야 할 것이다. 하지만 어쩌면 내가 세울 만한 모든 원칙들은, 이와 관련된 로마 통치질서police의 역사적 사실을 통해 설명하면 더 와 닿을 것 같다. 20만 명이 모인 심의회에서 공적인 사안과 특수한 사안이 어떻게 처리되었는지 꽤 상세하게 살펴보는 일이 분별 있는 독자에게는 부적합하지 않다.

4장
로마 민회에 대해[23)]

우리는 초기 로마에 대한 어떤 확실한 자료도 가지고 있지 않다. 심지어 사람들이 말하는 대부분의 것들이 꾸며낸 이야기인 것처럼 보인다.* 일반적으로 인민의 역사에서 가장 많은 정보를 담고 있는 부분이 인민설립의 역사지만, 바로 그것이 우리에게 가장 부족하다. 우리는 매일의 경험을 통해 어떤 이유로 권력의 격변이 발생하는지 알고 있다. 하지만 인민의 형성은 더 이상 일어나지 않기에, 그 과정에 대해서는 거의 추측으로 설명할 수 있을 뿐이다.

---

* 로물루스Romulus에서 유래했다고 일컫는 로마Roma라는 이름은 그리스어로 힘force을 의미한다. 또한 누마Numa라는 이름은 그리스어로 법loi을 의미한다. 이 도시의 첫 두 왕이 그들이 한 것에 잘 부합하는 이름을 미리 지니고 있었다는 것은 대단한 우연의 일치다.[24)]

관례가 확립되어 있다는 사실은 적어도 그 관례의 기원이 존재함을 증명한다. 이 기원으로 거슬러 올라가는 역사적 사실들 중 가장 큰 권위에 의해 지지되고 가장 강력한 근거에 의해 확인되는 것들을 가장 확실한 것으로 간주해야 한다. 바로 이것이 지상에서 가장 자유롭고 강력한 인민이 어떻게 주권을 행사했는지 조사하면서 내가 따르려고 애쓴 원칙이다.

로마 건국 이후, 태동기의 공화국, 즉 건국자의 군대는 알바인, 사비니인, 외국인으로 구성되어 있었고 이에 따라 세 계층으로 분할되었다. 이렇게 분할된 각 계층은 트리부스tribus라는 이름을 얻었다. 트리부스 각각은 다시 열 개의 쿠리아로 나뉘고, 각 쿠리아는 데쿠리아로 나뉜다. 쿠리아와 데쿠리아의 머리에 쿠리오curions와 데쿠리오décurions라고 불리는 지도자들을 두었다.[25]

이 외에 각 트리부스에서 100명의 기병 혹은 기사로 구성된 단체를 조직했는데, 이를 켄투리아라 불렀다.[26] 이로부터 도시에서는 별 필요가 없는 이런 편제들이 우선 군사적인 것이었음을 알 수 있다. 작은 도시 로마는 거대함에 대한 본능을 통해 세계 수도에 어울리는 통치질서police를 미리 마련한 것 같다.

이 최초의 분할 때문에 곧 한 가지 약점이 나타났다. 알바인 트리부스*와 사비니인 트리부스**가 같은 상태에 머물렀던 것과 달리, 외국인 트리부스***는 계속해서 몰려드는 외국인들로 인해 끊임없이 성장하여 금방 나머지 두 트리부스를 넘어서게 되었

* 람넨세스Ramnenses.
** 타티엔세스Tatienses.
*** 루케레스Luceres.

다.[27] 세르비우스[28]가 이 위험한 오류에 적용한 치유책은 편제를 변경하여, 계통races에 의한 편제를 폐지하고 대신 각 트리부스가 도시에서 차지하는 장소를 기준으로 새롭게 편성하는 것이었다. 그는 세 트리부스 대신 네 개의 트리부스를 만들었다. 그들 각각은 로마의 언덕 하나를 차지하고 있었고, 그 언덕의 이름을 취하게 됐다. 이런 식으로 세르비우스는 현재의 불평등을 치유하면서 미래의 불평등까지 방지했다. 그리고 그는 거주민들이 한 구역에서 다른 구역으로 옮겨 가는 것을 금지함으로써, 이 편제가 단지 지리적 편제에 그치지 않고 인적 편제가 되도록 했다. 이 때문에 계통들은 서로 뒤섞이지 않았다.

또한 그는 이전의 세 기병 켄투리아를 두 배로 늘린 다음, 거기에 다시 열두 켄투리아를 더했다. 하지만 이름은 이전 것을 바꾸지 않았다. 이 단순하고 적절한 방법으로 그는 인민의 불평을 억제하면서 기사단체와 인민단체를 구분해 냈다.

세르비우스는 이런 도시 트리부스 넷에 농촌 트리부스라 불리는 또 다른 트리부스 열다섯을 더했다. 이 트리부스들은 시골 거주민들로 구성되어 있었기 때문에 그렇게 불렸다. 시골 거주민들은 농촌 트리부스와 같은 수의 지방으로 분할된다. 그 후에 그만큼의 트리부스가 새로 만들어져서, 결국 로마 인민은 서른다섯 개의 트리부스로 편성되었다. 트리부스는 공화국이 끝날 때까지 이 수를 유지했다.

이렇게 도시 트리부스와 농촌 트리부스를 구분하는 것에서 주목할 만한 결과가 도출되었다. 주목할 만하다고 말한 것은, 다른 사례가 존재하지 않기 때문이며, 그로 인해 로마가 풍속을 보존하면서도 동시에 세력을 확장할 수 있었기 때문이다. 도시 트리부스가 곧 권력과 명예를 가로채, 얼마 지나지 않아 농촌 트리부스를 전락시켰을 것이라 생각하기 쉽다. 사실은 이와 정반대였다. 전원생활에 대한 초기 로마인들의 취향은 잘 알려져 있다. 이 취향은 지혜로운 제정자에게서 연유했다. 그는 농촌과 군대의 일을 자유와 결합했으며, 예술, 전문직, 간계, 부, 노예제는 말하자면 도시로 추방해 두었던 것이다.

따라서 로마의 모든 저명한 자들은 전원에서 살며 땅을 경작했으니, 공화국의 버팀대를 찾기 위해서는 농촌을 살펴보는 것이 당연한 일이었다. 가장 훌륭한 귀족이 그런 방식으로 살았고, 모든 사람이 그것을 우러러보았다. 시골사람의 단순하고 고된 삶이 로마 도시민의 한가하고 느슨한 삶보다 선호되었으며, 도시에서는 불행한 무산자일 뿐인 자도 시골에서 농사를 지으면 존경받는 시민이 되었다. 바로가 말하길,[29] 고결한 조상들이 농촌에 튼튼하고 용맹한 남자들을 양성하는 기관을 세워, 전쟁 때에는 이들에게 방어를 맡기고 평화로울 때에는 부양을 담당토록 한 것은 근거가 없지 않다. 플리니우스가 확실히 말한 바에 따르면,[30] 농촌 트리부스들에 대한 존경이 그 구성원들에 기인한 것이라면, 비겁한 자를 전락시키고자 할 때 사람들은 치욕[31]을 통해 그를 도시 트리부스로 이전시켰다. 아피우스 클라우디우스 사비누스는 로마에 정착하러 와서 큰 명예를 얻자 농촌 트리부스에 편입되었고, 이후 이 트리부스는 그의 가문 이름으로 불리게 되었다.[32] 마지막으로, 해방된 노예는 전부 도시 트리부스에 들어갔으며 농촌 트리부스에 들어가는 일은 없었는데, 공화국 전 시기를 통틀어서 해방된 노예가 시민이 된 경우는 있어도 행정관직에 오른 사례는 단 하나도 찾을 수 없다.

이 원칙은 탁월했지만 지나치게 추진된 탓에 결국 통치질서 police의 변화를 일으켰다. 그리고 이 변화는 분명히 폐단이었다.

첫째로, 감찰관들은 시민을 한 트리부스에서 다른 트리부스로 자의적으로 이전시키는 권리를 오랫동안 독점하고 나서는, 대다수 시민이 마음에 드는 트리부스에 등록하는 것을 허용했다. 이런 조치는 확실히 어떤 것에도 이롭지 않았으며, 감찰관 제도의 중요한 동력 가운데 하나를 제거해 버렸다. 게다가 대귀족과 권력자들은 모두 농촌 트리부스에 등록하고 해방된 노예들은 시민이 되어도 하층민과 함께 도시 트리부스에 남게 되었으니, 일반적으로 트리부스는 더 이상 근거지도 토지도 갖지 못했다. 모든 트리부스가 심하게 뒤섞여 오직 명부를 통해서만 각 트리부스의 구성원을 분간할 수 있었다. 그 결과 트리부스tribu라는 말의 개념은 이렇게 대물 관계에서 대인 관계로 변했다. 보다 정확히 말하자면 그것은 거의 공상이 됐다.

또한 도시 트리부스들은 더 좋은 접근성을 이용해 민회에서 가장 강한 트리부스가 되었고, 민회에 들어가는 천한 자들의 표를 매수하는 자가 있다면 그들에게 국가를 팔아넘기게 되었다.

쿠리아에 대해 살펴보자면, 제정자는 트리부스마다 열 개의 쿠리아를 만들었으므로 그때 도시 성벽 안에 있던 로마 인민 전체는 서른 개의 쿠리아로 구성되었다. 각 쿠리아는 자신의 신전, 신, 관료, 사제, 축제들을 가졌다. 이 축제들은 콤피탈리아Compitalia라 불렸고, 농촌 트리부스가 후에 열게 되는 파가날리아Paganalia와 비슷했다.[33]

세르비우스의 새로운 분할에서는 30이라는 수가 네 트리부스에 똑같이 분배될 수 없는데도 그는 그것을 조정하려 하지 않았다. 그래서 쿠리아는 트리부스와 독립적인 로마 거주민의 또 다른 편제가 되었다. 하지만 농촌 트리부스에서도 그리고 농촌 트리부스에 속한 인민에게서도 쿠리아는 논의 대상이 아니었다.

왜냐하면 트리부스는 온전히 민간을 대상으로 하는purement civil 제도가 되고 또 다른 통치질서police가 부대 소집을 위해 도입되어, 로물루스의 군사편제는 불필요한 것이 됐기 때문이다. 따라서 모든 시민은 각자 트리부스에 등록됐지만 그들 모두가 쿠리아에 등록된 것은 아니었다.

또한 세르비우스는 이전의 두 편제와 상관없는 세 번째 편제를 만들었다. 이 편제는 그 결과로 인해 가장 중요한 편제가 되었다. 그는 로마 인민 전체를 여섯 계층으로 나누었는데, 이 구분은 지역이나 사람이 아니라 재산을 기준으로 삼았다. 따라서 상위 계층들은 부자로 채워지고, 하위 계층들은 빈자로, 중간 계층들은 중간 정도의 부를 가진 자들로 채워졌다. 이 여섯 계층은 켄투리아라 불리는 193개의 또 다른 단체들로 재분할되며, 이 단체들은 첫 번째 계층이 홀로 절반 이상을 가지고, 마지막 계층은 한 단체만을 가지도록 분배되었다. 따라서 인원수가 가장 적은 계층이 가장 많은 켄투리아를 갖게 되었고, 마지막 계층은 홀로 로마 거주민의 절반 이상을 가지고 있음에도 단지 하나의 하위 편제로 간주되었다.

세르비우스는 인민이 이 마지막 분할 방식의 결과를 잘 간파하지 못하게 하기 위해, 그것에 군대의 모양새를 부여하려고 애썼다. 그는 제2계층에 갑옷공 켄투리아 둘을, 제4계층에는 전쟁 무기공 켄투리아 둘을 집어넣었다. 그리고 마지막 계층을 제외한 모든 계층을 청년과 고령자, 즉 무기를 들 의무가 있는 자와 그런 의무에서 법적으로 면제된 자들로 구분했다. 이 구분으로 인해 재산에 따른 구분 이상으로 켄수스[34] 혹은 인구조사를 다시 해야 할 필요성이 자주 생겨났다. 마지막으로, 그는 집회가 마르스 광장에서 열리길 원했으며, 군에 복무할 나이라면 모두가 자신의 무기를 지니고 광장에 오길 원했다.

그가 마지막 계층에서 청년과 고령자를 구분하지 않은 이유는, 마지막 계층의 구성원인 하층민에게는 조국을 위해 무기를 드는 명예가 허락되지 않았기 때문이다. 집이 있어야 조국을 지킬 권리를 얻을 수 있었다.[35] 오늘날 왕의 군대를 빛내는 수많은 가난뱅이 무리들은 로마 보병대에서라면 모조리 경멸받으며 쫓겨났을 것이다. 당시에 군인이란 자유의 수호자였다.

하지만 마지막 계층에서도 무산자prolétaires와 카피테 켄시cap-ite censi라 불린 자들은 구분되었다.[36] 무산자는 완전히 쓸모없지는 않아서 적어도 국가에 시민들을 제공하며, 때로는 긴급한 경우에 군인을 내놓기도 한다. 가진 것이 아무것도 없어서 머릿수로만 세야 하는 자들은 완전히 없는 사람처럼 간주되었으니, 그들을 처음으로 병적에 등록시켜 준 사람이 마리우스였다.[37]

여기에서 나는 이런 세 번째 편제 방식이 그 자체로 좋은지 나쁜지 판단하지 않는다. 다만 다음은 확언할 수 있다고 생각한다. 초기 로마인들의 단순한 풍속, 그들의 무사무욕, 농업에 대한 취향과 상업과 이윤 추구에 대한 경멸이 아니었다면 이 편제 방식의 실행은 가능하지 않았을 것이다. 게걸스러운 탐욕, 불안한 정신, 혼란, 끊임없는 이동, 계속해서 급변하는 처지에도 국가 전체를 전복하는 일 없이 20년간 이와 비슷한 제도를 존속시킬 수 있는 현대의 인민이 어디 있겠는가? 다음 사실도 짚고 넘어가야 한다. 로마에서는 풍속과 감찰이 이 제도보다 더 강력했기에 거기에서 나오는 폐해를 교정했으며, 자신의 부를 과도하게 과시한 부자는 빈자계층으로 추방되었다.

우리는 이 모든 것을 통해 실제로는 여섯 계층이 있었음에도 왜 거의 다섯 계층만이 언급되고 있는지 쉽게 이해할 수 있다. 여섯 번째 계층은 군대에 군인도 제공하지 않고 마르스 광장*에 투표자도 제공하지 않아 공화국에서 거의 쓸모가 없었으므로, 중요하게 간주되는 일이 드물었다.

로마 인민의 다양한 편제가 이러했다. 이제 그것이 집회에 가져온 결과를 살펴보도록 하자. 합법적으로 소집된 집회를 민회 comices라 불렀다. 민회는 보통 로마 광장[39] 혹은 마르스 광장에서 열렸다. 민회는 세 편제 형식 중 어떤 것에 의해 조직되느냐에 따라, 쿠리아 민회, 켄투리아 민회, 트리부스 민회로 구별되었다. 쿠리아 민회는 로물루스가 설립했고, 켄투리아 민회는 세르비우스가, 트리부스 민회는 인민의 호민관들이 설립했다. 민회 밖에서는 어떤 법도 승인되지 않았고, 어떤 행정관도 선출되지 않았다. 모든 시민은 쿠리아건, 켄투리아건, 트리부스건 어딘가에는 등록되어 있었기 때문에, 따라서 어떤 시민도 투표권에서 배제되지 않았으며, 로마 인민은 권리상으로나 사실상으로나 진정한 주권자였다.

민회가 합법적으로 열리고 거기에서 만들어진 것이 법의 힘을 가지기 위해서는, 세 가지 조건이 요구되었다. 첫째, 민회를 소집한 단체나 행정관은 민회 소집에 필요한 권한을 보유해야 한다. 둘째, 집회는 법이 허용하는 날 중 하나에 열려야 한다. 셋째, 점복관들[40]의 괘가 민회 소집에 호의적이어야 한다.

첫 번째 규칙의 근거는 설명할 필요가 없다. 두 번째 규칙은 내치police의 문제였다. 따라서 민회를 축제일이나 장날에 여는 것

---

* 나는 마르스 광장Champ de Mars이라고 말했다. 왜냐하면 그곳에서 켄투리아 민회가 열렸기 때문이다. 다른 두 민회에서는 인민이 포룸Forum이나 다른 곳에 모였고, 이때에는 카피테 켄시capite censi의 영향력과 권한이 상위 시민들과 비슷했다.[38]

은 허용되지 않았는데, 이런 날에는 일을 보러 로마에 온 농촌 사람들이 공공 광장에서 온종일 시간을 보낼 수 없었기 때문이다. 세 번째 규칙을 통해 원로원은 오만하고 법석거리는 인민을 억제하고, 불온한 호민관들의 격정을 적당히 진정시켰다. 하지만 호민관들은 이런 제약에서 벗어날 수단들을 여럿 찾아냈다.

법과 지도자 선출만이 민회의 판단에 맡겨진 유일한 사안은 아니었다. 로마 인민은 정부의 가장 중요한 직무들을 가로챘으니, 유럽의 운명이 로마 인민의 집회에서 결정되었다고 말할 수 있겠다. 다루는 대상이 이렇게 다양했던 까닭으로, 인민이 판단해야 하는 안건에 따라 집회는 여러 형태를 갖게 되었다.

이런 여러 형태들은 비교해 보기만 해도 충분히 평가할 수 있다. 로물루스는 쿠리아를 설립하면서, 인민을 통해 원로원을 견제하고 원로원을 통해 인민을 견제함으로써 그들 모두를 똑같이 지배하려는 의도를 가지고 있었다. 그래서 그는 이 형태를 통해 인민에게 수적인 힘을 부여했으니, 이것은 그가 귀족들에게 허락한 권력이나 부의 영향력과 균형을 맞추기 위해서였다. 하지만 왕정의 정신에 따라 그는 귀족이 데리고 있는 피호민의 영향력을 통해 귀족이 투표에서 다수를 형성할 수 있는 유리한 조건을 마련해 주었다. 보호자와 피호민이라는 경탄할 만한 제도는 정치와 인간성의 걸작이었다.[41] 이 제도가 없었다면, 귀족계층은 공화국의 정신과 너무나 상반되어 존속할 수 없었을 것이다. 명예롭게 오직 로마만이 이런 훌륭한 사례를 세상에 제공했다. 이 제도에서는 어떤 폐단도 생기지 않았으나, 그럼에도 불구하고 로마의 예를 따르는 다른 사례는 나타나지 않았다.

이와 같은 쿠리아 형태는 세르비우스에 이르기까지 왕정에서 존속했다. 마지막 타르퀴니우스의 통치는 합법적인 것으로 간주되지 않으므로, 이로 인해 일반적으로 왕의 법lois royales을 쿠리아의 법leges curiatae이라는 이름으로 구별하게 되었다.[42]

공화국 시대에 쿠리아는 계속해서 네 도시 트리부스에 한정되어서 로마의 하층민만을 포함하고 있었으므로, 귀족들의 우두머리인 원로원에게도, 평민이긴 해도 유복한 시민들의 우두머리인 호민관들에게도 그것은 마음에 들지 않았다. 이로 인해 쿠리아는 신임을 잃고, 쿠리아 민회가 했어야 할 일을 서른 명의 호위관이 모여 처리할 정도로 전락했다.

켄투리아 편제는 귀족정에 매우 유리했다. 그런데도 켄투리아라는 이름을 달고 집정관과 감찰관 그리고 다른 고위 행정관을 선출하는 민회에서, 어떻게 원로원이 항상 우세하지 않았는지 우선 이해되지 않는다. 실제로 전체 로마 인민의 여섯 계층을 구성하는 193개의 켄투리아에서 98개가 첫 번째 계층에 속했고, 표는 오로지 켄투리아 단위로 셈했으니, 첫 번째 계층만으로 다른 모든 계층을 투표수에서 누를 수 있었다. 첫 번째 계층의 모든 켄투리아가 합의하면 표를 집계하는 일조차 그만두었다. 가장 적은 인원이 결정한 것이 다수의 결정으로 인정되었으니, 켄투리아 민회에서 사안은 표의 많음보다는 돈의 많음에 따라 결판났다고 말할 수 있겠다.

하지만 이 극단적 권력은 두 가시 수단을 통해 완화되었다. 첫째로, 보통 호민관들이, 그리고 부자계층에 속하는 수많은 평민들이 첫 번째 계층의 귀족과 힘의 균형을 이루었다.

두 번째 수단은 다음과 같다. 우선 켄투리아들이 순서대로 투표하여 매번 첫 번째 계층부터 시작하도록 두지 않고, 추첨으로 켄투리아 하나를 골라 이 켄투리아*만 먼저 선출을 실시하도록 한다. 그런 다음 다른 날에 모든 켄투리아가 서열에 따라 소집되어 같은 선출을 반복하여 일반적으로 그것을 확정했다. 이런 식으로 서열에서 모범의 권위를 빼앗고 민주정의 원리에 따라 추첨에 그런 권위를 부여했다.[44]

이런 관례는 또 다른 이점을 낳았다. 농촌 시민들이 두 선거 사이의 시간을 통해 잠정적으로 지명된 후보의 자격을 검토해 볼 수 있었던 것이다. 이로써 사정도 모르고 표를 주는 일은 하지 않게 되었다. 하지만 신속한 진행을 구실로 이 관행은 끝내 폐지되고 말았으며, 두 선거는 같은 날 실시되었다.

트리부스 민회는 엄밀히 말해 로마 인민의 심의회였다. 호민관만이 트리부스 민회를 소집했고, 호민관이 선출되는 곳도 호민관이 평민회의결을 회부하는 곳도 그곳이었다. 여기에서 원로원은 어떤 지위도 없을 뿐만 아니라, 참석할 권리조차 갖지 못했다. 원로원 의원들은 그들이 투표하지 못하는 법에 강제로 복종해야 했으므로, 이 점에서 하층 시민보다도 자유롭지 못했다.[45] 이 부당함은 지금까지 전혀 인식되지 않았는데, 이 부당함만으로 모든 구성원의 참석이 허락되지 않은 단체의 명령은 무효화되기에 충분했다. 모든 귀족이 그들이 시민으로서 갖는 권리에 근거해 이 민회에 참석한다 해도, 이때 그들은 단순 개별자가 되어 머릿수로 집계되기에, 하급의 무산자가 원로원 제1인자[46]만큼의 힘을 가지는 투표 형태에서는 거의 영향력을 행사하지 못했을 것이다.

따라서 다음을 알게 된다. 그렇게 큰 인민의 표를 집계하기 위한 이런 다양한 편제들은, 편제들이 만들어 내는 질서를 고려

---

* 이렇게 추첨으로 뽑힌 켄투리아를 프라이 로가티바prae rogativa라고 불렀다. 왜냐하면 이 켄투리아의 표를 가장 먼저 요청했기 때문이다. 특권prérogative이라는 말이 여기에서 유래했다.[43]

하지 않더라도, 그 자체로도 별 의미 없는 형식이 아니다. 이 편제들 각각은 그것을 선택하도록 한 목적과 연관되어 특정한 효력을 갖는다.

이에 대해 더 길게 세부를 살펴보지 않아도 앞선 설명에서 다음 결론을 얻는다. 트리부스 민회는 인민정부에 가장 유리하며, 켄투리아 민회는 귀족정에 가장 유리하다. 로마의 하층민이 다수를 이루는 쿠리아 민회는 그것이 오직 폭정과 사악한 계략에만 이롭기 때문에 신망을 잃었고, 모반자들조차 계획을 뻔히 노출시키는 이런 수단을 쓰지 않았다. 로마 인민의 존엄 전체가 오직 켄투리아 민회에 있었다는 것은 분명하다. 켄투리아 민회만이 완전했으니, 쿠리아 민회에는 농촌 트리부스가 없고 트리부스 민회에는 원로원과 귀족이 없었다.

초기 로마인들의 표 집계 방식은 그들의 풍속만큼이나 단순했다. 그래도 스파르타만큼 단순하진 않았다. 각자 큰 목소리로 외쳐 투표하면, 서기가 그때그때 기록했다. 각 트리부스의 다수표에 의해 그 트리부스의 투표가 결정되었으며, 트리부스들의 다수표에 의해 인민의 투표가 결정되었다. 쿠리아와 켄투리아에서도 이런 식이었다. 시민들이 정직해서 부당한 의견이나 부적합한 인물에게 공개적으로 투표하는 것을 부끄럽게 여긴 동안에는 이런 관례가 훌륭했다. 하지만 인민이 타락하여 표가 매수되자 비밀투표가 바람직한 것이 되었다. 그래야 불확실성으로 매수자를 견제할 수 있고, 매수된 자에게 반역자가 되지 않는 수단을 마련해 줄 수 있기 때문이었다.

나는 키케로가 이 변화를 비난하고 거기에서 공화국 폐망의 부분적인 원인을 찾는다는 것을 알고 있다.[47) 이런 문제에서 키케로의 권위가 가지는 무게를 알고 있음에도 나의 의견이 그의 것과 같을 수는 없다. 반대로 나는 이런 종류의 변화들을 충분히 실행하지 않았기 때문에 국가의 폐망이 앞당겨졌다고 생각한다. 건강한 사람의 수칙이 병자에게 적합하지 않은 것처럼, 훌륭한 인민에게나 적합한 법으로 타락한 인민을 통치하려 해선 안 된다. 베네치아 공화국의 장수만큼 이 원칙을 더 잘 입증하는 것은 없다. 이 공화국의 잔영이 아직도 존재하는 유일한 이유는, 그곳의 법이 악한 사람들에게만 적합하기 때문이다.[48]

따라서 시민들은 서판을 나누어 받아, 이를 통해 다른 사람 모르게 자신의 의견을 투표할 수 있었다. 또한 서판을 수거하고, 표를 셈하고, 수를 비교하는 일 등을 위한 새로운 절차들을 수립했다. 그럼에도 불구하고 이런 직무를 담당하는 관료들*의 정직함은 자주 의심의 대상이 되었다. 결국 작당하거나 표를 거래하는 것을 막기 위해 여러 명령édits[50]을 만들었지만, 명령이 그렇게 많았다는 사실에서 그것이 별 소용이 없었다는 것을 알 수 있다.

말기에 이르러서는 충분치 못한 법을 보완하기 위해 특수한 방편에 의존해야 하는 일이 잦았다. 때로는 점술을 끌어들였는데, 이 수단으로 인민을 통제하는 것은 가능해도 인민을 통치하는 자들을 통제할 수는 없었다. 때로는 후보들이 작당할 시간을 갖기 전에 급박하게 집회를 소집하기도 했다. 때로는 인민이 매수되어 나쁜 결정을 내리려고 하는 것이 보이면 회기 전부를 발언으로 소모하기도 했다. 하지만 결국 야욕은 이 모든 것을 피해간다. 믿기 어려운 것은, 그토록 많은 폐단 속에서 그래도 이 거

---

* 감시원custodes, 개표원diribitores, 참관인rogatores suffragiorum.[49]

대한 인민이 과거의 규칙들을 이용해 행정관을 선출하고, 법을 통과시키고, 사안을 판단하고, 사적이고 공적인 업무를 신속하게 처리했다는 사실이다. 그것도 거의 원로원에서나 가능했을 만큼 능란하게 해냈다.

5장
호민관 제도에 대해

국가의 구성부분들 사이의 정확한 비율을 설정할 수 없다면, 혹은 제거 불가능한 원인에 의해 그것들 사이의 관계가 변질된다면, 그런 때에 설치하는 특수한 행정관 제도가 있다. 이 행정관 제도는 결코 다른 행정관 제도들과 함께 단체를 이루지 않고, 각 항을 참된 비율 안에 다시 가져다 놓으며, 군주와 인민 사이에 혹은 군주와 주권자 사이에 혹은 필요하다면 동시에 두 측면에서 어떤 연관 혹은 중간항moyen terme을 형성한다.

이 단체를 나는 호민관직tribunat이라고 부를 것이다. 그것은 법과 입법권의 수호자다. 이 단체는 어떤 경우에는 로마에서 인민의 호민관이 그랬던 것과 같이 정부로부터 주권자를 보호하는 역할을 하고, 어떤 경우에는 현재 베네치아에서 십인심의회[51]가 하는 것처럼 인민에 맞서 정부를 지지하는 역할을 하며, 어떤 경우에는 스파르타의 민선장관éphores[52]이 그랬던 것과 같이 양쪽의 균형을 유지하는 역할을 한다.[53]

호민관 제도는 결코 도시국가를 구성하는 부분이 아니기에,

입법권과 행정권 어디에도 몫이 없다. 그런데 바로 이 점 때문에 호민관 제도는 더 큰 힘을 가진다. 그가 할 수 있는 것은 아무것도 없지만, 무엇이라도 하지 못하게는 할 수 있기 때문이다. 그는 법의 수호자로서, 법을 시행하는 군주와 법을 만드는 주권자보다 더 신성하며 더한 공경을 받는다. 언제나 인민을 싸잡아 경멸했던 오만한 로마 귀족들이 점도 치지 않고 재판권도 갖지 않는 인민의 단순 관료 앞에서 어쩔 수 없이 고개를 숙여야 했던 것에서, 이 사실을 아주 분명하게 알 수 있다.[54]

현명하게 지킬 것은 지키는 호민관 제도는 훌륭한 국가구성을 떠받치는 가장 단단한 지지대다. 하지만 그가 가지는 힘이 조금이라도 넘치면 모든 것이 뒤집히고 만다. 약한 경우에 대해 말하자면, 호민관 제도는 본성상 약할 수가 없다. 그것이 힘을 발휘하기만 하면, 필요한 것보다 힘이 부족한 경우는 없다.

행정권의 조정자일 뿐인 그가 행정권을 침탈할 때, 그리고 법을 수호해야 하는 그가 법을 운용하려 할 때, 호민관 제도는 타락하여 폭정이 된다. 민선장관의 거대한 권력은 스파르타의 풍속이 유지된 동안에는 별 위험이 없었으나, 풍속의 부패가 시작되자 그것을 가속화시켰다. 이 폭군들이 교살한 아기스의 피는 그의 후임자가 되갚아 주었다.[55] 하지만 민선장관의 범죄와 단죄는 똑같이 공화국의 몰락을 앞당겼으며, 클레오메네스 이후로 스파르타는 없는 것이나 마찬가지였다.[56] 로마 또한 같은 길을 따라 사멸했다. 호민관들은 점진적인 침탈을 통해 과도한 권력을 얻었고, 결국 이 권력은 자유를 위해 만들어졌던 법의 도움을 받으며, 자유를 파괴하는 황제들을 비호했다. 베네치아의 십인심의회에 대해 말해 보자. 그것은 귀족과 인민에게 똑같이 끔찍한 피의 법정이며, 법이 전락한 후로는 과감히 법을 보호하기는커녕 사람들 모르게 어둠 속에서 음모를 획책하는 데에만 활용되고 있다.

정부처럼 호민관 제도도 구성원 수가 늘어나면 약화된다. 로마 인민의 호민관들은 두 명으로 시작해서 후에 다섯이 되고는 그 수를 곱절로 늘리려고 했다. 이때 원로원은 호민관들을 서로 견제시킬 수 있을 것으로 확신하고 그들을 내버려 두었다. 그리고 결국 그렇게 되었다.

지금껏 어떤 정부도 생각해 내지 못했지만, 그토록 가공할 단체의 권력 침탈을 방지하는 최선의 수단은 이 단체를 상설화하지 않고 휴지 기간을 규정하는 것이다. 휴지 기간이 길어 정치체의 폐단이 굳어져 버릴 여유를 줘선 안 되기에, 필요에 따라 특별위원회가 그 기간을 쉽게 단축할 수 있도록 법으로 그것을 정할 수 있어야 한다.

내가 보기에 이 수단은 부작용이 없다. 왜냐하면 내가 말했듯이 호민관 제도는 결코 국가구성의 일부가 아니므로, 국가구성을 해치지 않고도 없앨 수 있기 때문이다. 그리고 내가 보기에 이 수단은 효과적이다. 왜냐하면 새로 뽑힌 행정관은 선임자의 권력을 이어받는 게 아니라 법이 부여하는 권력에서 시작하기 때문이다.

6장
독재관 제도에 대해

법의 경직성은 법이 사태에 유연하게 대처하지 못하게 하기에, 그로 인해 어떤 경우에는 법이 해로운 것이 될 수 있고, 위기 상황에는 국가의 폐망을 야기할 수 있다. 절차의 순서와 지연은 때로 정세가 허락하지 않는 어느 정도의 시간을 요구한다. 입법자가 채 대비하지 못한 수많은 경우가 나타날 수 있으니, 모든 것을 예견하기란 불가능하다는 사실을 인지하는 것 자체가 매우 긴요한 예견이다.

따라서 정치제도를 너무 완고하게 만들어 그 효력을 정지시킬 힘마저 없애서는 안 된다. 심지어 스파르타도 법을 잠재운 적이 있다.

하지만 공적 질서를 변경하는 위험과 맞먹을 수 있는 것은 가장 중대한 위험뿐이므로, 조국의 안녕이 문제될 때만 신성한 힘을 정지시켜야 한다. 이런 경우란 명백하고 드물다. 이때 공적 안전을 지키기 위해 특수한 행위를 통해 가장 적합한 자에게 그 책임을 넘긴다. 이 권한은 위험의 종류에 따라 두 가지 방식으로 부여될 수 있다.

만약 정부의 능동성을 증대하는 것으로 충분히 위험에 대처할 수 있다면, 정부 구성원 가운데 한 명이나 두 명에게 정부를 집중시킨다. 따라서 이것은 법의 힘을 변경하는 것이 아니라, 단지 법의 운용 형태만을 바꾸는 것이다. 그리고 만약 위험을 모면하려고 할 때 법제가 장애물이 된다면, 그때에는 최고 지도자를 임명해 그가 모든 법을 침묵시키고 일정 기간 주권을 정지시키도록 한다. 이 경우 일반의지는 분명하다. 국가가 폐망하지 않는 것이 인민의 최우선적인 의도임이 명백한 것이다. 이런 방식으로 입법권이 정지되어도 그것이 폐지되는 것은 아니다. 행정관은 입법권을 침묵시키는 것이지, 입법권이 말하게 할 수는 없다. 그는 입법권을 억누르고 있는 것이지, 그것을 대표할 수는 없다. 그는 모든 것을 만들 수 있지만, 법은 예외다.

첫 번째 방법은 로마 원로원이 활용하곤 했는데, 이때 원로원은 공인된 문구[57]를 통해 집정관들에게 공화국의 안녕을 지키는 책임을 맡겼다. 두 번째 방법은 두 집정관 가운데 하나가 독재관*을 임명하는 것이다. 로마에 이 관례의 모범을 제공한 것은 알바[58]였다.

공화국 초기에는 독재관 제도에 의지하는 일이 매우 잦았다. 왜냐하면 국가의 기반이 아직 충분히 확고하지 않아서, 국가가 구성의 힘만으로 서있을 수 없기 때문이다. 이 시기의 풍속 덕분으로 다른 시대라면 필요했을 많은 예방 조치들이 불필요했기에, 사람들은 독재관이 권한을 남용할 것에 대해서도, 임기가 끝나고 난 뒤 그가 권력을 유지하려고 시도할 것에 대해서도 두려워하지 않았다. 반대로 그렇게 큰 권력을 가진 사람은 그것을 부담스럽게 여겨, 서둘러 권력을 내려놓으려 한 것처럼 보인다. 마치 법의 자리를 차지하는 것이 너무 힘들고 위험한 직책이라는 듯이!

따라서 초기에 이 최고 행정관직의 무분별한 사용이 비난받

---

* 이 임명은 마치 한 인간을 법 위에 두는 것이 수치스러운 일이라는 듯이 밤중에 비밀리에 이루어졌다.

은 것은 권력남용의 위험 때문이 아니라 권위 실추의 위험 때문이다. 왜냐하면 선출, 봉헌, 순전히 형식적인 문제들에서 최고 행정관직을 남발하면서, 필요할 때 사람들이 그 관직의 위엄을 가볍게 대하지 않을까, 그리고 공허한 행사에서만 사용되는 그 직위를 공허한 직위로 간주하는 것에 익숙해지지 않을까 하고 걱정해야 했기 때문이다.

공화국 말기에 이르러 더 조심스러워진 로마인들은, 그들이 이전에 독재관 제도를 남용했던 것만큼이나 별 이유 없이 독재관 활용에 인색했다. 그들의 두려움은 별 근거가 없었다는 것, 그때에는 수도가 약한 덕에 오히려 도시 내부 행정관들의 위협에 대해서는 안전을 지킬 수 있었다는 것, 어떤 경우에는 독재관이 공적인 자유를 해치지 않고도 그것을 수호할 수 있었다는 것, 로마를 옭아맨 쇠사슬은 로마가 아니라 로마의 군대에서 단련되었다는 것 등은 쉽게 알 수 있는 사실이었다. 마리우스가 술라에 대해 그리고 폼페이우스가 카이사르에 대해 별 저항을 하지 못했다는 사실을 보면,[59] 외부의 힘에 대항할 때 내부 권력에게 무엇을 기대할 수 있는지 충분히 알 만하다.

이 오류 때문에 그들은 중대한 과오들을 범했다. 예를 들어 카틸리나 사건에서 독재관을 임명하지 않은 과오가 있다. 도시나 기껏해야 이탈리아의 몇몇 속주만이 문제가 되었기 때문에, 독재관이라면 법이 부여한 무제한의 권한으로 손쉽게 음모를 분쇄했을 것이다. 하지만 이 음모는 인간의 신중함으로는 결코 기대할 수 없었던 다행스러운 우연들이 모여서야 진압되었다.

원로원은 독재관을 임명하지 않고 그들의 모든 권력을 집정관에게 넘기는 것에서 그쳤다. 그러자 키케로는 효과적으로 대처하기 위해 중대한 사안에서 이 권력의 한도를 넘어서게 되었다.

처음에는 희열에 찬 열광 덕분에 그의 행동이 승인되었지만, 그 후 불법적으로 뿌려진 시민들의 피에 대한 책임이 그에게 정당하게 제기되었다. 그것은 독재관에게는 가할 수 없는 비난이었다. 그런데 집정관의 웅변이 모두를 사로잡았다. 그리고 집정관 자신은 로마인이긴 했어도 조국보다 자신의 영광을 더 사랑했기에, 그가 찾으려 한 것은 국가를 구할 가장 정당하고 확실한 수단이 아니라 이 사태의 모든 명예를 차지할 수단이었다.* 따라서 그는 로마의 해방자로서 정당한 명예를 얻었고, 법의 침탈자로서 정당한 처벌을 받았다. 그의 복귀가 얼마나 찬란했든지 상관없이, 그것은 분명히 일종의 사면이었다.[60]

그런데 이 중요한 권한이 어떤 식으로 위임되든지, 중요한 것은 위임 기간을 아주 짧은 기한으로 고정하고 결코 연장할 수 없게 하는 것이다. 이런 권한을 설치해야 하는 위기에서 국가는 조만간 파괴되든지 아니면 구제된다. 그래서 긴급한 필요가 사라지면 독재관 제도는 폭정이 되거나 무의미해진다. 로마에서 독재관은 6개월 동안만 유지되었고, 대부분은 이 기한 전에 사임했다. 만약 기한이 더 길었다면, 십인위원들이 기한을 1년 연장했던 것처럼 독재관들도 기한을 더 연장하려는 유혹에 빠졌을 것이다. 독재관에게는 그를 선출하게 만든 필요에 대처할 시간만이 주어졌으며, 다른 계획을 구상할 시간은 없었다.

---

* 그는 독재관의 임명을 제안해서는 이런 영광을 스스로에게 보장할 수 없었다. 감히 자기 자신을 임명하지도 못하고 그의 동료가 그를 임명하리라 확신할 수도 없었기 때문이다.

7장
감찰관 제도에 대해[61]

일반의지가 법을 통해 진술되는 것과 같이, 공적 판단은 감찰관 제도를 통해 진술된다. 공적 여론은 일종의 법이며, 감찰관은 그 집행자다. 그는 군주와 비슷하게 이 법을 개별적인 경우들에 적용할 뿐이다.

따라서 감찰법정은 인민의 여론을 좌지우지하지 않는다. 오히려 감찰법정은 여론의 진술자일 뿐이어서, 감찰법정이 여론에서 멀어지면 그 즉시 그곳의 결정들은 무의미하고 효과가 없다.

어떤 국민의 풍속과 그들이 높이 평가하는 대상들을 구별하는 것은 쓸데없는 일이다. 왜냐하면 그것들 모두는 동일한 원리에 기인하므로 필연적으로 뒤섞이기 때문이다. 세계의 모든 인민들에게서 쾌락의 종류를 결정하는 것은 여론이지 결코 본성이 아니다. 사람들의 여론을 교정하라. 풍속은 저절로 순화될 것이다. 사람들은 언제나 아름다운 것 혹은 그렇다고 여겨지는 것을 좋아한다. 하지만 그들은 그에 대해 잘못 판단한다. 그러므로 바로 이 판단을 조정해야 한다. 풍속에 대해 판단하는 자는 명예에 대해 판단하는 것이고, 명예에 대해 판단하는 자는 여론을 자신의 법으로 삼는다.

한 인민의 여론은 그들의 국가구성[62]으로부터 발생한다. 법이 풍속을 결정하는 것은 아니지만, 풍속을 발생시키는 것은 입법이다. 그리고 입법이 약화될 때 풍속은 퇴화한다. 하지만 이때 법의 힘이 하지 못할 것을 감찰관의 판단이 할 수는 없을 것이다.

따라서 감찰관 제도의 쓰임은 풍속을 보존하는 것이지, 풍속을 바로잡는 것이 아니다. 법이 활발하게 작동하는 동안 감찰관을 설치하라. 법이 활력을 잃으면 그 즉시 모든 것이 절망적이다. 법의 힘이 더 이상 실재하지 않으면, 어떤 정당한 것도 더 이상 힘을 갖지 못한다.

감찰관 제도가 풍속을 유지하는 방식은 여론이 타락하는 것을 막고, 지혜로운 적용을 통해 바른 여론을 보존하는 것이다. 때로 여론이 아직 망설이고 있을 땐 여론을 고정시키기도 한다. 프랑스 왕국에서는 결투에 입회인을 들이는 관례[63]가 극도로 유행했지만, 왕의 칙령에 나오는 "비겁하게 입회인을 부르는 자들에 대하여"라는 몇 마디 말만으로 폐지되었다. 이 판단은 공중의 판단을 선취하고 단번에 결정지었다. 하지만 왕들이 이와 유사한 칙령들로 결투를 비겁한 행위로 규정하려 하자, 공중은 이 결정을 비웃었다. 그것이 매우 맞는 말이긴 해도 일반의 여론과는 상반된 것이었으니, 공중은 이미 그에 대한 판단을 내리고 있었던 것이다.

나는 다른 곳에서,* 공적 여론은 결코 강압에 굴복하지 않으니 여론을 대표하기 위해 만든 법정에서는 어떤 강압의 흔적도 있어선 안 된다고 말했다. 로마인들도 활용했고 스파르타인들은 더 잘 이용한 이 심판 제도를 현대인들은 완전히 상실했으니, 우리는 그것을 운용했던 자들의 기교에 경탄하지 않을 수 없다.

스파르타의 심의회에서는 나쁜 풍속에 물든 사람이 좋은 의

---

* 이 장에서 나는 『달랑베르에게 보내는 편지』*Lettre à M. d'Alembert*에서 더 상세히 다룬 것을 언급하고 있을 뿐이다.

견을 개진하면, 민선장관이 그를 무시하고 덕성 있는 시민으로 하여금 같은 의견을 제안토록 했다. 둘 중 누구도 찬양되지 않고 비난받지도 않았지만, 한쪽에겐 얼마나 큰 명예이며 다른 쪽에 겐 얼마나 큰 수치인지! 사모스의 몇몇 술주정뱅이들이 민선장 관의 법정을 더럽혔다. 다음 날 사모스인들에게 상스러운 짓을 해도 좋다는 공적 명령이 내려졌다. 실제로 벌을 받는 것이 이런 식으로 벌을 면제받은 것보다 덜 가혹했을 것이다.[64] 무엇이 올 바른지 혹은 무엇이 올바르지 않은지 스파르타가 판정하면, 그리 스는 이 판단에 대해 이의를 제기하지 않았다.

8장
정치종교[65]에 대해

원래 사람들은 오직 신만을 왕으로 삼았으며, 정부는 오직 신 정정부뿐이었다. 그들은 칼리굴라처럼 추론했고,[66] 그땐 그렇게 추론하는 것이 맞았다. 동류를 주인으로 삼기로 결심하고 그 덕 을 볼 것이란 헛된 기대를 품으려면, 감정과 관념이 오랫동안 변 질되어야 한다.

모든 정치사회의 꼭대기에 신을 두었다는 사실만으로, 인민 의 수만큼 신이 있었다는 결론이 나온다. 서로에게 외국이고 거 의 항상 적으로 마주하는 두 인민이 오랫동안 같은 주인을 받들 수는 없었다. 서로 전투를 벌이는 두 군대가 같은 지도자 말을 따 를 수는 없을 것이다. 따라서 다신교는 국민의 분열에서 나왔고,

그로부터 신학적 불관용과 사회적 불관용이 나온 것이다. 이 두 불관용은 본래 같은 것인데, 이에 대해서는 아래에서 말하겠다.

그리스인들은 그들의 신을 야만적인 인민들에게서도 발견할 수 있다고 믿었다. 이런 상상은 그들이 품고 있던 또 다른 상상에서 나온 것인데, 그들은 당연히 자신들이 야만적인 인민의 주권자라고 생각한 것이다. 하지만 여러 국민의 신들이 동일하다고 전제하는 최근의 지식은 터무니없다.[67] 마치 몰렉, 사투르누스, 크로노스가 같은 신일 수 있다는 듯이, 페니키아인의 바알, 그리스인들의 제우스, 라틴 국민의 유피테르가 같은 신이라는 듯이, 다른 이름을 지닌 공상의 존재들이 어떤 것을 공유할 수 있다는 듯이![68]

국가마다 종교의식과 신이 따로 있는 이교 문명에서 어떻게 종교전쟁이 일어나지 않을 수 있었는지 묻는다면? 나는 각 국가가 자신의 정체와 함께 고유한 종교의식cute을 가지고 있어서 신과 법을 결코 구별하지 않았기 때문이라고 답하겠다. 정치적 전쟁은 또한 신학적 전쟁이기도 했다. 신들의 관할지는 말하자면 국민들의 경계로 결정되었다. 한 인민의 신은 다른 인민에 대한 어떤 권리도 갖지 않았다. 이교도들의 신은 결코 질투하는 신이 아니었다. 신들은 세계의 지배권을 서로 나누어 가졌다. 이스라엘의 신에 대해 말한 것을 보면 히브리인들과 모세도 때로는 이런 생각에 동의했다. 그들이 가나안 사람들의 신을 하찮게 여긴 것은 사실이다. 이 인민은 추방되어 파멸할 운명이었고, 히브리인들이 그 자리를 차지해야 했기 때문이다. 하지만 공격이 금지되어 있던 인근 인민들의 신에 대해 그들이 어떻게 얘기했는지 보라. 예프테는 암몬인들에게 이렇게 말했다. "여러분의 신 카모스에 속하는 것은 정당하게 여러분의 소유가 되지 않는가?

같은 명목으로 우리는 우리의 승리자 신이 획득한 땅을 소유한다."* 내가 보기에 카모스의 권리와 이스라엘 신의 권리는 동등한 것으로 인정되었던 것 같다.[70]

하지만 바빌론 왕들에게, 그리고 그 후에는 시리아 왕들에게 종속된 유대인들이 자신들의 신 이외에는 어떤 다른 신도 인정하지 않고 버티자, 이 거부는 정복자에 대한 반란으로 간주되어 박해를 불러왔다. 유대인들의 역사가 알려 주는 이런 일은 기독교 이전에는 어떤 다른 사례도 찾을 수 없다.**

따라서 각 종교는 오직 그 종교를 규정하는 국가의 법에 결합되어 있었으므로, 한 인민을 개종시키려면 그들을 예속시키는 것 외에는 다른 방법이 없었고, 정복자 외에는 선교사가 없었다. 종교의식을 바꾸는 것이 패자들이 따라야 할 법이어서, 정복부터 하고 나서야 개종에 대해 말할 수 있었다. 사람들이 신을 위해 싸우는 것이 아니라, 호메로스가 보여 주듯 신들이 사람들을 위해 싸웠다. 모든 사람이 자신의 신에게 승리를 요청했고, 승리의 대가로 새 제단을 쌓았다. 로마인들은 어떤 장소를 점하기 전에 그곳의 신들에게 그 장소를 떠날 것을 명했다. 또한 로

---

* "Nonne ea quœ possidet Chamos deus tuus tibi jure debentur?" 불가타 성경의 텍스트가 이와 같다. 드 카리에르 신부는 이렇게 번역했다. "여러분은 여러분의 신 카모스에게 속하는 것을 소유할 권리를 가지고 있다고 믿지 않는가?" 나는 히브리 텍스트의 힘을 알지 못한다. 하지만 불가타에서 예프테가 카모스 신의 권리를 긍정적으로 인정했다는 것과, 프랑스어 번역자가 라틴어에는 없는 "너희 생각에는"selon vous과 비슷한 표현을 통해 이런 인정을 약화했다는 것은 알겠다.[69]

** 포키스인들의 전쟁은 성전으로 일컬어지긴 해도 종교전쟁이 아니었음이 명백하다. 이 전쟁의 목적은 신성모독자를 처벌하는 것이었지, 불신자를 굴복시키는 것은 아니었다.[71]

마인들은 타란토인들로 하여금 그들의 성난 신을 섬기게 내버려 두었다. 이때 그들은 타란토인의 신이 로마인의 신에게 종속되고 경의를 표할 수밖에 없는 것으로 간주했던 것이다.[72] 로마인들은 패자들이 그들의 법을 보존토록 한 것과 같이 패자들로 하여금 그들의 신을 섬기게 두었다. 카피톨리움의 유피테르 신전에 바치는 월계관이 로마인들이 흔히 부과한 유일한 조공이었다.[73]

마침내 로마인들이 지배권을 확장하면서 그들의 종교의식과 신을 보급하게 되고, 이런저런 패자에게 시민권을 부여하면서 그들 자신도 패자의 종교와 신을 수용하는 일이 자주 일어남에 따라, 이 광대한 제국의 인민들은 모르는 사이에 다수의 신과 종교의식을 가지게 되었으며 어디에서나 거의 같은 신과 종교의식을 갖게 되었다. 이것이 어떻게 이교 문명이 모든 곳에서 결국 하나의 동일한 종교였는지를 알려 준다.

바로 이런 상황에서 예수가 지상에 영적인 왕국을 세우러 온 것이다. 이로 인해 신학체계와 정치체계가 분리되면서, 국가는 더 이상 하나가 아니게 되었으며, 내부 분열이 유발되어 기독교도 인민들을 끊임없이 동요시켰다. 그런데 내세의 왕국이라는 이 새로운 관념은 이교도들의 머리로는 결코 이해할 수 없는 것이었으므로, 그들은 언제나 기독교인들을 실제 반역자로 간주했다. 그들이 보기에 기독교인들은 겉으로만 복종하면서 독립하여 지배자가 될 때만을, 그리하여 그들이 약자일 때 존중하는 척했던 권력을 교활하게 탈취할 때만을 기다리고 있었다. 이것이 박해의 이유였다.

이교도들이 두려워한 일이 일어났다. 그러자 모든 것의 얼굴이 달라지고, 겸손한 기독교인들은 말투를 바꾸었다. 곧 소위 이 내세의 왕국은 보이는 지도자chef visible[74] 밑에서 현세의 가장 폭력적인 전제정이 되었다.

하지만 군주와 시민법lois civiles이 계속 존재했기 때문에, 이 이중 권력의 결과로 벌어진 끝없는 관할권 분쟁이 기독교 국가에서 모든 좋은 정치체제politie를 불가능한 것으로 만들었다. 지배자와 사제 중 누구에게 복종해야 하는지에 대해서 결코 끝내 알 수 없었던 것이다.

그럼에도 불구하고 유럽 인근에서 혹은 유럽 안에서도 몇몇 인민들이 고대의 체계를 보존하거나 회복하려고 했다. 하지만 성공하진 못했다. 기독교 정신이 모든 곳에서 승리했다. 신성 숭배는 계속해서 주권자와 독립적인 것, 국가단체와 필연적 연관이 없는 것으로 남거나 그런 것으로 되돌아갔다. 마호메트는 매우 건강한 안목을 가졌고, 자신의 정치체계를 잘 동여맸다. 그래서 정부형태가 그의 계승자인 칼리파들하에 존속하는 동안, 이 정부는 완전히 하나였고 그 점에서 좋은 정부였다. 하지만 아랍인들은 번영하고 학식을 쌓고 개화되어 나태하고 무기력해지자 야만인들에게 정복되었다. 이때 두 권력의 분리가 다시 시작되었다. 회교도들에게서 이런 분리는 기독교인들에게서보다 뚜렷하진 않았지만, 그래도 있긴 있었고, 특히 알리의 종파에서 그러했다. 또한 페르시아처럼 이 분리가 계속해서 관찰되는 국가들도 있다.[75]

우리 쪽에서 영국의 왕들은 교회의 수장으로 자임했고, 차르들도 마찬가지였다. 그들은 이 지위를 통해 교회의 주인이라기보다는 교회의 집행자가 되었다. 그들은 교회를 바꿀 권리보다는 교회를 유지할 힘을 얻은 것이다. 그들은 교회의 입법자가 아니라, 단지 군주일 뿐이다. 성직자들이 단체*를 만드는 곳이라면 어디에서든, 그들이 그 영역의 주인이자 입법자다. 따라서 영국과 러시아에는 두 개의 권력, 두 개의 주권자가 있으며, 이것은 다른 곳도 마찬가지다.

모든 기독교 작가 중에서 철학자 홉스만이 유일하게 악과 치유책을 잘 보았고, 독수리의 두 머리를 결합해 모든 것을 정치적 통일성으로 귀착시키자고 과감하게 제안했다.[77] 그렇지 않으면 국가도 정부도 결코 잘 구성될 수 없을 것이기 때문이다. 하지만 홉스는 기독교의 지배적 정신이 그의 체계와 양립 불가능하며, 사제의 이해관계는 언제나 국가의 이해관계보다 강하다는 사실을 알았어야만 했다. 홉스의 정치학이 혐오스러운 것은 그 안의 끔찍하고 거짓된 것 때문이 아니라 정확하고 참된 것 때문이다.**

나는 역사적 사실들을 이 관점으로 해명함으로써 벨과 워버튼의 대립하는 의견들을 쉽게 논박할 수 있으리라 생각한다.[79] 전자는 어떤 종교도 정치체에 이롭지 않다고 주장하고, 반대로 후자는 기독교가 정치체의 가장 굳건한 지지대라고 주장한다. 우

* 이것이 프랑스의 경우처럼 성직자들을 하나의 단체로 묶는 형식적인 집회assemblées 가 아니라, 교회들이 모인 교단communion이라는 점을 지적해야 한다. 교단의 구성과 파문은 성직자들의 사회계약이며, 이 계약을 통해 성직자들은 언제나 인민과 왕의 지배자가 될 것이다. 함께 교단을 구성하는 모든 사제들은 그들이 세계의 양쪽 끝에서 왔다 할지라도 동료시민이다. 이런 고안은 정치학의 걸작이다. 이교의 사제들에게는 이와 비슷한 것이 전혀 없다. 그러므로 그들은 어떤 성직자단체도 만든 적 없다.[76]

** 특히 흐로티위스가 1643년 4월 11일 그의 동생에게 보낸 편지에서, 이 학식 있는 자가 『시민론』De cive에서 무엇을 인정하고 무엇을 비난하는지 보라. 그는 관대한 성향 때문인지 저자의 악을 위해 저자의 선을 용인하는 것처럼 보이는 것이 사실이다. 하지만 모든 사람이 그렇게 너그럽지는 않다.[78]

리는 벨에게 국가는 종교라는 토대 없이 세워진 적 없다는 것을, 워버튼에게 본질적으로 기독교의 법은 강력한 국가구성에 이롭다기보다 해롭다는 것을 입증할 수 있을 것이다. 이 주제와 관련해서 종교에 대한 너무 모호한 관념들을 좀 더 정확하게 부연하는 것만으로 내 말을 완전히 이해시킬 수 있다.

사회는 일반적이거나 개별적이므로,[80] 사회와 연관해 고찰해 보면 종교 또한 두 종류로 구분될 수 있다. 즉 인간의 종교religion de l'homme와 시민의 종교religion du citoyen가 있다. 신전도 제단도 제례도 없으며, 최고신에 대한 순수하게 내적인 숭배와 도덕의 영원한 의무에 국한되어 있는 인간의 종교는 순수하고 단순한 복음의 종교이고 참된 유신론이다.[81] 우리는 이것을 자연신법droit divin naturel이라 부를 수 있다. 시민의 종교는 오직 한 나라에 수용되어 그 나라에 알맞고 그 나라를 후견하는 신과 수호자들을 제공한다. 이 종교는 자신의 교리, 제례, 법으로 규정된 외적 예식을 갖는다. 그것을 따르는 단 하나의 국민을 벗어나면, 시민의 종교에서 볼 때 모든 것이 이교도, 외국인, 야만인의 것이다. 이 종교는 제단이 세워진 곳까지만 인간의 의무와 법을 전파한다. 초기 인민들의 모든 종교가 그러했으며, 이 종교들에는 국가신법 혹은 실정신법droit divin civil ou positif이라는 이름을 붙일 수 있다.[82]

더 이상한 세 번째 종류의 종교가 있는데, 이 종교는 두 입법, 두 지도자, 두 조국을 부여함으로써 사람들을 모순적인 의무에 종속시켜, 그들이 독신자인 동시에 시민이 될 수 없도록 막는다. 라마의 종교가 그러하고, 일본인들의 종교가 그러하며, 로마 기독교가 그렇다. 이런 종교를 사제의 종교religion du prêtre라고 부를 수 있다. 여기에서 비롯되는 것은 일종의 비사회적인 혼합법droit mixte et insociable으로, 이 법은 이름을 가지지 않는다.

정치적인 관점에서 고찰해 보면 세 가지 종교는 모두 결함을 가지고 있다. 세 번째 종교가 나쁜 것은 너무나 명백해서, 그것을 논증하느라 꾸물대는 것은 시간 낭비다. 사회의 통일성을 깨뜨리는 모든 것은 아무런 가치가 없으며, 인간을 그 자신과 모순되게 하는 모든 제도는 어떤 가치도 갖지 않는다.[83]

두 번째 종교는 신에 대한 숭배와 법에 대한 사랑을 결합한다는 점에서, 그리하여 조국을 시민들의 경외의 대상으로 만들어 국가에 봉사하는 것이 국가의 수호신을 섬기는 것임을 시민들에게 가르친다는 점에서 좋다. 이것은 일종의 신정정치여서, 군주 외에는 다른 신관이 없으며 사제라고는 오로지 행정관들뿐이다. 이 경우 자기 나라를 위해 죽는 것은 순교의 길을 가는 것이고, 법을 위반하는 것은 불경한 것이며, 죄인을 공적 혐오의 대상으로 만드는 것은 그를 신의 분노에 바치는 것, 즉 사케르 에스토 드sacer estod[84]다.

하지만 두 번째 종교는 오류와 거짓말 위에 세워졌기에 사람들을 속이고, 사람들이 쉽게 믿음에 빠져 맹신토록 하며, 신성에 대한 참된 숭배를 공허한 예식에 파묻히게 한다는 점에서 나쁘다. 또한 그것은 배타적이고 폭정을 행하는 종교가 됨으로써 유혈을 즐기는 불관용적인 인민을 만든다는 점에서도 나쁘다. 그 결과 인민은 살인과 학살만을 열망하고, 누구라도 그들의 신을 인정하지 않으면 죽이면서 그 자신은 성스러운 행위를 하고 있다고 믿는다. 이 때문에 인민은 다른 모든 인민과의 자연적 전쟁상태에 놓이게 되며, 이런 상태는 그들 자신의 안전에 매우 해롭다.

따라서 인간의 종교 혹은 기독교가 남는다. 이 기독교는 오늘날의 기독교가 아니라, 오늘날의 것과는 완전히 다른 복음의 기독교다. 이 성스럽고 숭고하며 진정한 종교 안에서, 동일한 신의 아이들인 인간은 모두가 서로를 형제로 인정하며, 그들을 결합하는 사회는 심지어 죽음을 만나서도 해체되지 않는다.

하지만 이 종교는 정치체와 어떤 개별적인 관계도 맺지 않아서 법에 그 자체에서 나오는 힘만 남겨 둘 뿐 거기에 다른 어떤 힘도 덧붙이지 않는다. 그래서 개별사회의 큰 결합력 중 하나가 아무런 효력도 갖지 못한다. 게다가 이 종교는 시민들의 마음을 국가에 부착시키기는커녕, 국가로부터 그리고 지상의 모든 것으로부터 떼어 낸다. 나는 이보다 더 사회정신과 반대되는 것을 알지 못한다.[85]

사람들은 참된 기독교인들이 모인 인민이라면 상상 가능한 가장 완전한 사회를 만들 것이라고 말한다. 나는 이 가정에서 다음과 같은 큰 어려움만을 본다. 참된 기독교인으로 이루어진 사회는 더 이상 인간의 사회가 아닐 것이라는 점 말이다.

나는 심지어 이렇게 가정된 사회는 그것이 완전한 경우에도 가장 강하지도, 가장 지속적이지도 않을 것이라 말한다. 그 사회는 완전한 나머지 결합이 부재할 것이다. 그 사회를 파괴하는 악은 그것의 완전함 자체에 있을 것이다.[86]

각자는 자신의 의무를 다할 것이고, 인민은 법에 종속될 것이며, 지도자들은 정의롭고 온건할 것이고, 행정관들은 청렴하고 부패를 모를 것이며, 병사들은 죽음을 대수롭지 않게 여길 것이고, 그곳에는 허영도 사치도 없을 것이다. 이 모든 것들은 아주 좋지만, 더 멀리 바라보자.

기독교는 지극히 영적인 종교이고, 오직 하늘의 일에만 관심을 둔다. 기독교인의 조국은 이 세상에 있지 않다. 그가 자신의 의무를 다한다는 것은 사실이다. 하지만 그는 자신의 책무가 좋은 결과를 가져올지 나쁜 결과를 가져올지에 대해서는 전적으로 무관심한 채 그렇게 한다. 자책할 일만 없다면 이승의 모든 것이 잘되든 잘못되든 그에게는 별로 중요치 않다. 그는 국가가 번영해도 공적 행복을 거의 누리려 하지 않고, 자기 나라의 영광으로 으스대길 두려워한다. 국가가 몰락해도 자기 인민을 짓누르는 신의 손길을 찬양한다.

사회가 평화롭고 조화가 유지되려면 모든 시민이 예외 없이 같은 정도로 좋은 기독교인이어야 할 것이다. 하지만 불행히도 야심가나 위선자가 단 한 명이라도 있다면, 예를 들어 카틸리나나 크롬웰 같은 사람이 하나라도 있다면, 그런 자는 틀림없이 독실한 동료시민들을 이용해 먹을 것이다. 기독교의 자비는 이웃에 대해 나쁘게 생각하는 것을 쉽게 허락하지 않는다. 그가 어떤 술수를 통해 사람들을 기만하여 공적인 권한 일부를 탈취하는 기술을 찾아내면, 그 즉시 그는 고위직에 임명된다. 신은 사람들이 그를 존경하길 원한다. 바로 권력이 생긴다. 신은 사람들이 그에게 복종하길 원한다. 이런 권력의 수탁자가 권력을 남용한다면? 그것은 신이 자신의 아이들을 벌주려고 든 회초리다. 사람들은 권력남용을 저지른 자를 몰아내며 양심의 가책을 느낄 것이다. 공적 안정을 해치고, 폭력을 사용하고, 피를 쏟아야 할지도 모른다. 이 모든 것은 기독교인의 온화함과 어울리지 않는다. 결국 이 비참의 골짜기에서 자유롭든 예속되어 있든 무엇이 중요하겠는가? 핵심은 천국에 가는 것이며, 체념은 그것을 위한 또 하나의 방법일 뿐이다.[87]

외국과의 전쟁이 일어난다면? 시민들은 기꺼이 싸우러 간다. 그들 가운데 누구도 도망갈 생각은 하지 않는다. 그들은 자신의 의무를 수행한다. 하지만 승리에 대한 열정 없이 그렇게 한다. 그들이 아는 것은 이기는 법보다는 차라리 죽는 법이다. 승자가 되든 패자가 되든 무엇이 중요한가? 섭리는 그들에게 필요한 것을 그들보다 더 잘 알고 있지 않은가? 용감하고 맹렬하고 열정적인 적이 그들의 스토아주의를 어떻게 이용할지 상상해 보라! 영광과 조국에 대한 열렬한 사랑에 심취한 인민을 그들 앞에 세워 보라. 당신의 기독교 공화국이 스파르타나 로마와 마주한다고 가정해 보라. 경건한 기독교인들은 정신 차릴 겨를도 없이 두드려 맞고, 짓눌리고, 파괴될 것이다. 그렇지 않으면 적이 그들에게 품은 경멸 덕분에 겨우 목숨을 부지할 것이다. 파비우스 병사들의 맹세는 내 마음에 드는 훌륭한 맹세다. 그들은 죽을 것이라든지 승리하겠다든지 하는 맹세는 하지 않았다. 그들은 승자로 돌아오겠다고 맹세했고, 맹세를 지켰다.[88] 기독교인들은 결코 이와 비슷한 맹세를 한 적이 없다. 그들은 이것이 신을 시험해 보는 것이라고 생각했을 것이다.

기독교 공화국을 말함으로써 나는 오류에 빠진다. 이 두 단어는 서로 모순된다. 기독교는 예속과 의존만을 설교한다. 기독교 정신은 폭정에 너무 유리해서, 폭정은 항상 그것을 이용한다. 참된 기독교인은 노예가 되도록 만들어진 존재다. 그들은 이 사실을 알고도 거의 동요하지 않는다. 그들이 보기에 이승의 짧은 삶은 별 가치가 없다.

사람들은 기독교인 군대가 뛰어나다고 우리에게 말한다. 나는 부정한다. 그런 군대를 내게 보여 달라. 나로서는 기독교인 군대에 대해 전혀 아는 바 없다. 누군가는 십자군을 예로 들 것이다. 나는 십자군 병사들의 용맹함에 대해 따지지 않고, 그들이 기독교인이라기보다는 사제의 병사들이고 교회의 시민들이었음을 지적할 것이다. 그들은 교회의 영적인 나라를 위해 싸웠다. 어떻게 했는지 모르겠지만 교회는 그 나라를 지상의 것으로 만든 것이다. 잘 생각해 보면 이것은 이교적인 것이다. 복음은 국민종교religion nationale를 확립한 바 없으므로, 기독교인에게 성전은 어떤 것이든 불가능하다.

　이교도 황제들 치하에서 기독교인 병사들은 용감했다. 모든 기독교 저자들이 이 사실을 단언하며, 나도 그렇게 생각한다. 그런데 그것은 이교도 군대와 명예를 두고 경쟁한 것이었다. 기독교도 황제들이 들어서자 그 즉시 경쟁은 더 이상 계속되지 않았고, 십자가가 독수리를 몰아내자 로마의 용맹함은 모조리 사라졌다.

　정치적 고려를 제쳐 두고 권리의 문제로 돌아가서 이 중요한 사안에 대한 원리를 확정해 보자. 사회계약을 통해 주권자가 갖게 되는 신민에 대한 권리는, 내가 말했듯이[89) 공익의 한계를 넘어설 수 없다.* 따라서 신민들은 자신의 의견이 공동체에 중요한 경우에 한해서만 그것을 주권자에게 보고할 의무를 갖는다. 그런데 각 시민이 종교를 가지고 그것을 통해 자신의 의무를 사랑하게 되는 것은 국가에 아주 중요하다. 하지만 이 종교의 교의는 오직 그것이 도덕에 연관되어 있는 한에서만, 그리고 그런 도덕을 표방하는 자가 타인에 대해 완수해야 하는 의무들에 연관되어 있는 한에서만 국가나 국가 구성원들과 관련된다. 그

---

* d'A 후작은 말한다. "공화국에서 모든 사람은 타인에게 해가 되지 않는 것에 대해 완전히 자유롭다." 바로 이것이 확고부동한 한계이며, 이 한계를 더 정확하게 제시할 수는 없다. 나는 저명하고 훌륭한 한 인간의 유덕을 기리기 위해, 대중에겐 알려져 있지 않은 것이긴 해도 이따금 이 원고를 인용하는 즐거움을 거부할 수 없었다. 그는 내각 안에서도 참된 시민의 마음과, 조국의 정부에 대한 올곧고 건강한 관점을 유지했다.[90)

렇지만 모든 사람은 자기 마음에 드는 의견을 가질 수 있으며, 주권자는 그것을 알 자격이 없다. 주권자는 저승에서 어떤 권한도 가지지 않으므로, 신민들이 내세의 삶에서 어떤 운명을 맞이하든 현세에서 좋은 시민이기만 하다면 그것은 주권자의 소관이 아니기 때문이다.

따라서 순수하게 정치적인purement civile 신앙고백이 있다. 이 신앙고백의 조항들을 결정하는 것은 주권자의 일이며, 이때 이 조항들은 단순히 종교의 교의가 아니라 좋은 시민이나 충직한 신민이 되기 위해 불가결한 사회성의 신조sentiments de sociabilité다.*주권자는 누구에게도 그것을 믿도록 강제할 수 없으나, 그것을 믿지 않는 자라면 누구든지 국가에서 추방할 수 있다. 주권자는 이런 자가 불신앙자라고 하여 추방할 수는 없고, 비사회적인 자라고 하여, 진심으로 법과 정의를 사랑하지 못하고 필요한 경우 의무를 위해 생명을 희생하지 못하는 자라고 하여 추방한다. 만약 어떤 자가 이와 같은 교의를 공적으로 인정하고 나서 그것을 믿지 않는 사람처럼 행동한다면, 그는 죽음으로 처벌받아야 한다. 그는 가장 큰 범죄를 저지른 것이고, 법 앞에서 거짓말을 한 것이다.

정치종교의 교의들은 단순해야 하고, 수가 적어야 하며, 설명이나 주석 없이 분명하게 진술되어야 한다. 막강하며, 현명하고,

---

* 카이사르는 카틸리나를 변호하며 영혼 필멸성의 교의를 확인하려고 애썼다. 카토와 키케로는 카이사르를 논박하려고 철학으로 시간을 허비하지 않았다. 그들은 카이사르가 나쁜 시민으로서 말하고 있으며 국가에 해로운 학설을 주장하고 있음을 보여주는 것으로 만족했다. 실제로 로마 원로원은 신학적 문제가 아니라 바로 이 점에 대해 판단해야 했던 것이다.[91]

자비로우며, 예견하고 예비하는 신성의 존재, 내세의 삶, 정의로운 자의 행복, 악인의 징벌, 사회계약과 법의 신성함, 이런 것들이 긍정적 교의들이다. 부정적 교의를 나는 단 하나로 한정하니, 그것은 불관용이다. 불관용은 우리가 배제한 신앙에 속한다.[92]

내가 보기에 사회적civile 불관용과 신학적théologique 불관용을 구별하는 사람들은 잘못 생각하고 있다. 이 두 가지 불관용은 분리될 수 없다. 지옥에 갈 것 같은 사람들과 평화롭게 살기란 불가능하다. 그들을 사랑하는 것은, 그들을 벌하는 신을 미워하는 것과 같다. 그들을 회심시키든지 학대하든지 반드시 둘 중 하나여야 한다. 신학적 불관용이 허락된 모든 곳에서는 그것이 어떤 사회적civil 효과를 갖지 않기가 불가능하다.* 그리고 그런 효과가 발생하는 즉시, 주권자는 심지어 지상의 문제에 있어서도 더

* 예를 들어 보자. 결혼은 사회적civil 계약이며 사회적civils 효과를 갖는다. 사회가 이 효과 없이 존속하기란 불가능하다. 그런데 한 성직자가 이 행위를 체결할 권리를 독점하는 데 성공했다고 가정해 보자. 모든 불관용적인 종교에서는 필연적으로 성직자가 이 권리를 탈취한다. 그러면 그가 교회의 권한을 적절히 활용함으로써 군주의 권한을 무용지물로 만들 것이 확실하지 않은가? 군주는 성직자가 그에게 내주는 사람들만을 신민으로 갖게 될 것이기 때문이다. 성직자는 사람들이 이런저런 교리를 가지는지 여부에 따라, 이런저런 교리문답을 인정하느냐 거부하느냐에 따라, 신중하게 처신하고 유혹에 저항함으로써 교리문답에 더 충실한가 그렇지 않은가에 따라, 그들의 결혼 여부를 마음대로 결정할 수 있다. 그러면 그가 유산, 세금, 시민들, 심지어 국가까지 마음대로 주무를 것이 분명하지 않은가? 국가가 사생아들로만 구성되어 존속할 수는 없을 테니 말이다. 하지만 누군가는 말할 것이다. 사람들이 그와 같은 권력 남용에 불복할 것이고, 소환하고 영장을 발부하여 성직자의 수입을 압류할 것이라고. 가엾어라! 성직자는 용기까진 아니더라도 조금의 상식만 있다면 그러거나 말거나 하던 일을 계속할 것이다. 그는 차분하게 사람들이 불복하고 소환하고 영장을 발부하고 압류하도록 내버려 두고서, 결국 지배자가 될 것이다. 내가 보기에는 전체를 취할 것이 확실할 때 일부를 포기하는 것은 큰 희생이 아니다.[93]

이상 주권자가 아니다. 그 즉시 사제가 진짜 주인이 되며, 왕은 사제의 관료일 뿐이다.[94]

이제 배타적 국민종교란 있지도 않고 있을 수도 없기에, 어떤 교의도 시민의 의무와 대립하지 않는다는 조건으로, 다른 종교를 관용하는 모든 종교를 관용해야 한다. 하지만 국가가 교회이고 군주가 신관인 경우가 아니라면, 감히 "교회 밖에는 구원이 없다"고 말하는 자는 누가 되었든 국가에서 추방되어야 한다. 그런 교의는 오직 신정정부에만 좋고, 다른 모든 정부에는 해롭다. 앙리 4세가 로마의 종교를 받아들인 이유에 대해 얘기하곤 하지만, 그런 이유라면 모든 정직한 자들 그리고 특히 이치를 따질 줄 아는 모든 군주들은 그 종교를 저버릴 것이다.[95]

9장
결론

    정치법의 참된 원리를 제시하여 국가를 기반 위에 세우기 위해 노력했으니, 이제 대외관계를 통해 국가를 지지해야 할 것이다. 이 일에는 만민법, 교역, 전쟁법, 정복, 공법, 동맹, 협상, 협약 등이 포함될 것이다. 하지만 이것들 모두는 내 좁은 시야에는 너무 거대한 새로운 대상이다. 나는 시야를 언제나 내 주변에 더 가까이 고정시켜야만 했다.[96]

끝

옮긴이 주

표제 및 일러두기

1) '사회'société는 계몽주의 사유의 핵심 문제다. 18세기의 지식을 망라하는 디드로와 달랑베르의 『백과사전』에서 긴 "사회" 항목을 시작하는 첫 문장은 다음과 같다. "인간은 사회에서 살도록 만들어졌다." 하지만 왜? 무슨 명목으로? 그리고 어떻게? 계몽주의는 사회적인 존재방식의 목적, 근거, 방법을 지식의 모든 분야에서 탐구한다. 이것은 단지 문화나 교역의 작동을 밝히는 것에 그치지 않는다. 18세기에 철학, 특히 형이상학의 성과가 미흡해 보인다면, 그것은 18세기의 철학이 모든 전통적 문제들과 개념들을 사회라는 근본 개념을 통해 재정립하고, 비판하고, 갱신하기 때문이다. 물론 이것은 본질적으로 실천적인 사유를 지향하나, 여기에서 경험과 실천은 이론과 배타적인 관계에 놓이지 않는다. 오히려 18세기에 실천은 하나의 이론적 지평으로서, 사회는 모든 이론의 전제이자 실험실이다.

하지만 우리는 루소가 인간의 보편적 사회성을 부정하고, 사회의 진보에 쉽게 지워지지 않는 회의의 낙인을 찍었다는 것을 알고 있다. 하지만 그가 사회를 부정하고 자연으로 돌아가라고 설교했다는 소문은 어디에서도 근거를 찾을 수 없다. 물론 그는 인간본성의 사회성을 부정하고, 사회의 진보가 가져올 위험에 대해 경고한다. 그런데 그가 그렇게 하는 것은, 사회를 구성주의적으로 바라보기 위해서이고, 이를 통해 현 사회의 문제들을 근본적으로 비판할 수 있는 관점을 얻기 위해서다. 사회는 당연한 것도 아니고, 저절로 진보하지도 않는다. 인간이 사회를 통해 많은 것을 얻었다면, 우리가 겪고 있는 모든 불행 또한 거기에서 온다. 루소는 우리가 진정으로 사회적인 인간이 되기 위해서는 이 사실을 인식해야 한다고 주장할 뿐이다.

따라서 사회에 대한 가장 치열한 비판서인 『불평등기원론』*Discours sur l'origine et les fondements de l'inégalité parmi les hommes*에서 새로운 사회의 구성방식을 탐구하는 『사회계약론』으로의 전진은 전혀 이상하지 않다. 하지만 주의해야 할 것이 있다. 두 책에서 말하는 '사회'는 다른 지위를 갖는다. 전자에서 사회는 홀로 살고 자기 자신만 알고 느끼는 존재방식과 대비되는, 함께 살고 외부의 대상과 의식적 관계를 유지하는 존재방식 일반을 지칭한다. 그리고 『불평등기원론』 2부 한가운데서 이런 사회적 존재방식은 정치적으로 변환된다. 이와 달리 『사회계약론』에서 '사회'라는 말은 엄격하게 정치적인 차원에 국한된다. 『불평등기원론』이 사회적 존재방식 일반에서 불행한 정치사회의 탄생과 심화로 나아갔다면, 『사회계약론』은 정치체에 대한 사유를 통해 『불평등기원론』 결말의 묵시록적 파국을 모면할 길을 모색한다. 『사회계약론』은 정치철학서가 아니라면 아무것도 아니다. 즉 루소는 이 책에서 인간사회의 불행을 비판하고 해결할 방법으로 오로지 정치만을 고려한다(그런데 루소에게 정치는 유일한 해결책이 아니다).

따라서 '사회계약'contrat social은 정치체를 구성하는 어떤 계약을 지시한다. 물론 그런 계약을 가정하고, 그 조건을 따지고, 정당한 원리를 묻는 작업은 루소만의 것이 아니다. 오히려 루소는 17세기에 흐로티위스와 홉스로부터 시작된 정치학 전통의 가장 끝에 위치하는 철학자다. 개인들의 어떤 집합인 정치체의 형성과 정당성은 '신'의 뜻이 아니라 '자연'이 주는 권리와 이성적 원리에서 오며, 우리는 추상적이고 분석적인 방법을 통해 정치체의 구성과 원리를 규명할 수 있다. 우리는 이 책 전체에서 루소가 자신이 속한 근대 자연법 전통을 어떻게 이해하고 전복하려 하는지 보게 될 것이므로, 이에 대해서는 말을 아낄 것이다.

다만 우리는 일종의 정치체 발생론인 사회계약론 일반이 계몽주의의 사유 전체에서 가지는 함의를 언급하고자 한다. 그리고 이것은 에른스트 카시러Ernst Cassirer의 『계몽주의의 철학』Die Philosophie der Aufklärung 두 쪽을 정리한 것이다. Ernst Cassirer, La philosophie des lumières, tr. P. Quillet, Paris, Fayard, 1966, pp. 255, 256. 계몽주의 철학의 혁신은 논리학에 토대를 둔다. 사유 일반의 방법으로서 기존의 정의définition는 복합적 현실의 구조를 총체적으로 분석하는 데 한계를 드러냈다. 이에 대해 계몽주의의 사유는 발생적 정의 혹은 인과적 정의를 통해, 현실의 구조가 지닌 복잡성을 규명하려 한다. 이 때문에 국가의 발생을 다루는 사회계약론은 일종의 전체의 발생론으로서 계몽주의 철학 안에서 핵심적인 지위를 얻는다. 국가의 구조를 분석하는 일은 국가라는 전체의 발생을 가능하게 하는 요소들을 선별하고 그 결합방식을 추론하는 일로 환원되며, 이것은 계몽주의 철학의 특징적인 논리학을 그대로 구현한다. 카시러의 이 탁월한 관찰을 통해, 우리는 이 주석을 시작하며 말했던 계몽주의 특유의 이론과 실천의 관계를 사회계약론의 사유에서 분명하게 확인한다.

루소는 '사회계약'을 지칭하기 위해 'contrat', 'pacte', 'traité'를 혼용한다. 이 단어들 사이의 의미론적 구별을 감지할 수 없기에, 우리는 세 단어를 모두 '계약'으로 옮긴다. 다만 'convention'만은 '사회의'라는 형용사와 결합하여 쓰이는 경우가 없다. 이 단어는 '합의'로 옮겼다.

2) 여러 번역서들이 'droit politique'를 '정치적 권리'로 옮기고 있다. 우리는 그것이 충분하지 않다고 생각하며 '정치법'을 번역어로 채택한다. 이에 대해서는 1권 첫 문단에 대한 주석에서 자세히 밝힐 것이다. 일단 루소에게 '정치법'이 무엇을 뜻하는지 짚어 보자.

2권 12장 「법의 분류」에서 루소는 정치체에서 작동하는 법을 크게 넷으로 나눈다. 첫째는 "전체의 전체에 대한 관계 혹은 주권자의 국가에 대한 관계"를 규정하는 정치법lois politiques이고, 둘째는 "구성원들 사이의 관계 혹은 구성원들과 단체 전체와의 관계"를 규정하는 시민법lois civiles이며, 셋째는 형법lois criminelles, 넷째는 법 외부의 법이라 할 수 있는 관습 혹은 여론이다. 즉 '정치법'은 주권자와 국가를 규정하고 둘 사이의 관계를 탐구하며, 주권자와 국가의 관계에서 중요한 역할을 하는 정부형태와 제도에 대한 논의를 포함한다. 그런데 앞으로 보게 되겠지만 "전체의 전체에 대한 관계 혹은 주권자의 국가에 대한 관계"는 루소에게 사회계약을 통한 국가의 구성과 다른 것이 아니다. 즉 '정치법'이란 국가구성과 그 구성 요소를 규정하는 원리를 뜻한다. 이 때문에 '정치법의 원리'는 『사회계약론』의 부제가 된다.

그런데 루소는 '정치법'이라고만 말하지 않고 '정치법의 원리'principes du droit politique라고 말했다. 『에밀 혹은 교육에 대하여』*Émile ou de l'éduca-tion*(이하 『에밀』로 약칭) 5권에서 『사회계약론』을 요약하며 루소는 이렇게 단언한다. "정치법은 아직 태어나지 않았고, 영영 태어나지 않을 것이라 생각해야 할지 모른다. …… 이 방대하고 공허한 학문을 만들어 낼 수 있었던 유일한 근대인은 저 저명한 몽테스키외였다. 하지만 그는 정치법의 원리를 다루는 데 별로 유의하지 않았다. 그는 현실 정부들의 실정법을 다루는 데 만족했다. 그런데 이 두 연구의 차이는 매우 크다"(OC IV, p. 836). 정치법의 연구가 "공허한" 것은 아마도 그 원리가 규명되지 않은 상태로 연구가 진행되었기 때문일 것이다. 그러므로 '정치법의 원리'에서 루소는 이미 존재하는 국가구성 원리가 아니라, 이런 실정법 이전의, 주권과 국가의 일반적인 구성원리를 살펴려 하며, 이에 대한 연구를 『사회계약론』의 엄밀한 주제로 정의하고 있다. 왜냐하면 루소가 생각하기에 국가가 정당하고 단단하게 건설되는 방법은 단 하나뿐이기 때문이다. 그것은 기만적이지 않고 진정으로 자유로우며, 어떤 외부의 간섭이나 강요 없이도 정당하고 지속적인 합의다.

3) 루소는 첫 주요 저작인 『학문예술론』*Discours sur les sciences et les arts*부터 자신의 신분을 "제네바 시민"Citoyen de Genève으로 명기했고, 이것은 곧 유럽에서 그의 별칭이 되었다. 여기에서 '시민'citoyen은 칼뱅의 엄격한 법률로 통치되는 도시 공화국이었던 제네바의 구성원 일반을 지시하지 않는다. 18세기 제네바에서 '시민'은 공화국에서 주요한 정치적 권리를 향유하는 특수한 계층을 가리켰다. 시민 외에 제네바에 거주하는 세 신분이 있다. '부르주아'bourgeois는 부르주아 증서를 구입하고 경제활동의 권리를 얻어 제네바에 정착한 자들로서 투표권을 갖지만 공직에 나갈 권리는 제한되어 있었다. '거주민'habitant은 단순히 거주의 자격을 산 자들로서, 정치적이고 경제적인 권리에서 소외되어 있었다. '출생민'natif은 제네바 안에서 태어난 거주민의 자손이다. 앞의 두 신분이 정치적·경제적 특권을 가지는 반면, 뒤의 두 신분의 처지는 열악했다. 1781년을 기준으로 앞 두 신분은 전체 인구의 27퍼센트를 차지했다. http://ge.ch/archives/7-troubles-politiques-geneve-au-xviiie-siecle.

원래 공화국의 중요 안건은, 모든 시민과 부르주아가 모이는 총심의회Conseil général의 재가를 받았다. 하지만 특권화한 특정 시민 가문들이 법의 제안과 몇몇 행정을 담당하고 있던 소심의회Petit conseil와 200인심의회Conseil des deux-cents의 권력을 강화해 총심의회를 무력화시켰다. 그리하여 특권층은 다시 귀족된 시민들, 그리고 그렇지 못한 시민과 부르주아(통칭하여 '부르주아지'bourgeoisie로 구별되었고, 이들 사이의 정치적 긴장이 점차 증대된다. 18세기는 이런 긴장이 물리적으로 폭발한 정치투쟁의 시기였다. 역사가들은 대문자로 시작하는 1789년 프랑스의 '혁명'Révolution과 비교해, 18세기에 제네바를 뒤흔든 일련의 정치투쟁을 소문자의, 하지만 복수형의 '혁명들'révolutions로 지칭한다. 루소의 가문은 부르주아지에 속했고, 루소는 어린 시절부터 제네바의 정치적 긴장을 생생하게 목격했다. 한편 국내 정치투쟁과 함께, 18세기의 제네바는 프랑스 세력과의 국제적 긴장 관계에 놓여 있었다. 정치(거대한 왕정 대 도시 공화정), 종교(가톨릭 대 개신교), 산업(상업, 사치 산업 대 농업, 수공업, 금융업), 문화(학문, 예술 등 도시 중심 엘리트 문화 대 덕vertu과 평등을 강조하는 일종의 정치적 공동체주의) 등 거의 모든 면에서 제네바와 프랑스는 대립적이었다. 이 긴장은 군사적 긴장이기도 했다. 프랑스는 사부아 공국Duché de Savoie 등의 친프랑스 세력을 이용해 스위스 도시국가들에 대한 위협을 지속적으로 전개했다. 그럼에도 불구하고, 제네바와 프랑스 사이에는 경제적·인적·문화적으로 풍부한 교류가 있었다.

그러므로 '제네바 시민'은 제네바의 정치 상황에서 루소의 객관적 위치를 설명하기도 하지만, 또한 파리로 상징되는 어떤 사회, 권력에 도전하는 제네바 출신 비판 철학자의 상징적 인장으로 기능한다. 실제로 16세의 나이에 제네바에서 도망쳐 시민권을 회복할 때까지의 기간인 1728년에서 1754년까지 루소는 공식적으로 제네바의 시민이 아니었음에도 이 지위를 계속해서 자신의 이름 아래 두면서 파리의 문명과 타락을 비판한다. 하지만 1762년 자신의 조국에서, 정확히 말해 소심의회가 통제하는 조국에서 파문당한 루소는 시민권을 포기하고, 더 이상 이 명칭을 자랑스럽게 말하지 않는다. 제네바 정치 상황에 대한 신랄한 논평인 1764년의 『산에서 쓴 편지』*Lettres écrites de la montagne*의 표지에서 루소의 이름 아래에는 더 이상 '제네바 시민'이 기입되어 있지 않다.

루소가 예민한 정치적 감수성을 형성하게 된 것은 이 같은 가족적·사회적 환경 덕분이었으며, 루소의 정치적·철학적 행보는 제네바 정치 상황이나 인사들과의 교류를 검토하지 않으면 충분히 설명되지 않는다. 따라서 '제네바 시민'의 이름으로 발표된 모든 저작에서 제네바, 즉 "개신교의 로마"*Rome protestante*는 텍스트 이해에 필수적이라고 말할 수 있다. 하지만 역사적인 개별 정체의 구성과 구체적 원리보다는 정체 일반의 토대와 추상적 원리를 다루는 『사회계약론』을 읽을 때, 제네바의 문제를 어디까지 개입시켜야 하는지에 대해서는 의견이 분분하다. 한편으로 이 책의 대상은 정치체 일반과 그 원리로 한정되기에 제네바의 의미를 과대평가해서도 안 되지만, 다른 한편으로 루소가 『사회계약론』에서 추상화의 재료로서 제네바를 비롯한 여러 현실 정치체를 구체적으로 논하고 있다는 점을 과소평가할 수도 없다. 루소의 자연종교에서 가톨릭과 개신교의 대립에 대한 고찰을 간과할 수 없는 것처럼, 『사회계약론』이 아무리 추상적인 정치 이론을 다룬다 해도 그가 평생 제네바 공화국에 대해 깊은 관심을 가지고, 제네바 사회와 정치적이고 개인적인 관계를 긴밀하게 유지해 온 사실을 무시할 수는 없을 것이다.

4) "공평한 협정의 조항을 말해 봅시다." 이 문장은 베르길리우스의 『아이네이스』*Aeneis* 11장에 나온다. 라티움의 왕 라티누스는 아이네이아스와 협정을 체결해 트로이인들과 라티움의 전쟁을 종식시킬 것을 의회에 제안한다. 하지만 제안은 수용되지 못하고, 결국 라티움은 전쟁에서 패배한다. 그러므로 이 제사는 "공평한 협정"이라는 『사회계약론』의 핵심 문제를 소개하는 동시에, 이 협정을 통해 중단될 수 있었으나 결국 어느 한편의 몰락으로

이어진 긴박한 전시 상황을 암시한다. 나아가, "공평한 협정"의 제안이 현실에서는 결국 수용되지 못할 것이라는 루소의 비관적 전망을 함축하고 있는 것 같다.

5) "방대한 어떤 저작"이란『정치학 강요』*Institutions politiques*를 가리킨다. 우선 이 제목의 번역에 대해 언급할 것이 있다. 종종 '정치제도론'이라는 번역어를 보게 되지만, 그렇다면 루소의 화학 저작인『화학 강요』*Institutions chimiques* 또한 '화학제도론'이라고 번역해야 할 것이다. 루소는 두 저작에서 정치와 화학 전 영역을 망라하는 원리와 사실을 정리하는 기획을 세우고 있다. 루소가 사용하는 'institutions'의 이런 용법은 라틴어 'institutio'와 연관된다. 후자는 '질서'나 '제도'를 뜻하기도 하지만 '원리'나 '원칙', 더 나아가 '교훈'이나 '교육'을 뜻하기도 한다. 이런 용법을 확인할 수 있는 대표적인 예로는 초기 교부인 락탄티우스Lucius Caecilius Firmianus Lactantius의『신학 강요』*Divinae institutiones*, 그리고 루소가 잘 알고 있던 칼뱅의『기독교 강요』*Institutio christianae religionis* 등이 있다.

　　『고백』*Les Confessions* 9권과 10권의 정보에 따르면, 루소는 베네치아 주재 프랑스 대사 비서로 일하던 1743년경 이 정치학 저술을 처음 구상했으며, 1749년부터는 본격적인 작업에 착수한 것 같다. 하지만 그는 1758년 힘이 부친다는 이유로 이 책의 완성을 포기하고 그 일부를『사회계약론』으로 추려 내기로 결정한다.『정치학 강요』의 구상과 작업 과정은 루소 정치저작들의 전개 과정을 포괄한다. 하지만 실제 루소의 원고는 남아 있지 않으며, 우리는 그의 여러 정치 저작들과 단편들을 통해 그 대강의 내용을 추측할 수 있을 뿐이다. 심지어 역사가들은 루소의 "방대한 어떤 저작"이 실제로 존재했는지에 대해 의심하기도 한다. 진실이 무엇이든 루소는 '정치법의 원리'를 포함한 "방대한" 구상을 품었던 것으로 보이며, '정치법의 원리'에 필연적으로 첨부되어야 하는 국제 관계 등의 주제들을 예상하는『사회계약론』의 짧은 결론을 이 체계에 대한 하나의 암시로 읽을 수 있다.

1권

1)『사회계약론』의 첫 문단은 책 전체의 이념과 방법을 정교하게 제시하기에, 모든 단어를 주의 깊게 음미할 필요가 있다.

　　우선 루소는 연구의 상수와 변수를 규정한다. 상수는 인간의 현재 상태이며, 루소는 당대 인간의 현실을 인정하겠다고 말한다. 즉『사회계약론』

은 『쥘리 혹은 신 엘로이즈』*Julie ou la Nouvelle Héloïse*(이하 『신 엘로이즈』로 약칭)나 『에밀』과 달리 인간성을 보존 혹은 조작하는 일에 관심을 두지 않으며, 그러므로 이기심과 같은 악한 요소를 제거하려 하지 않는다. 이 점에서 『사회계약론』의 인간학적 토대는 무엇보다 인류가 어떻게 현재 상태가 되었는지를 고찰하는 『불평등기원론』이다. 하지만 "현재 상태"라는 표현을 매우 주의 깊게 읽어야 한다. 2권 후반부의 인민에 대한 검토나 3권 후반부와 4권에서 정부와 풍속의 타락 등에 대한 검토에서 밝혀지겠지만 특정 인민의 "현재 상태"는 정당한 정치체의 설립을 거의 허락하지 않을 것이기 때문이다. 정치상태의 파탄을 묘사하는 『불평등기원론』의 묵시록적 결론으로부터 『사회계약론』의 건설을 도출하기란 쉽지 않다. 정치체의 실패가 그토록 절대적이고 확정적인데, 어떻게 새로운 사회가 가능하단 말인가? 따라서 『사회계약론』이 『불평등기원론』의 결말에 이어져야 하는 기획이 아니라면, 『사회계약론』이 요구하는 인간의 "현재 상태"란 정확히 무엇을 말하는가? 이것이 『사회계약론』 해석의 중요한 관건 중 하나이다.

반면 바꿀 수 있고, 바꿔야 하는 것은 법이다. 이것은 몇몇 실정법을 개혁하는 것을 넘어서, 법의 개념 자체를 혁신하는 것까지 함축한다. 『사회계약론』은 인간들 사이의 관계, 나아가 인간이 자기 자신과 맺는 관계를 규정하는 것으로 이해되는 법 개념을 통해 인간과 사회가 어떤 질서를 획득할 수 있는지 탐구한다. 따라서 『사회계약론』은 무엇보다 법에 대한 연구이며, 루소는 그 자신의 독창적인 법 개념을 통해 자연법 전통을 안으로부터 무너뜨린다.

우리는 연구의 상수와 변수를 묘사하는 원래 표현인 "les hommes tels qu'ils sont"과 "lois telles qu'elles peuvent être"를 이런 취지에 맞게 대조적으로 의역했다.

2) 고심 끝에 '정치질서'라고 옮긴 'ordre civil'은 'civil'의 모든 의미론적 복잡성과 함께 고려되어야 한다. 우선 형용사 'civil'은 '시민'과의 연관성을 지시한다. 그런데 'ordre civil'을 비롯한 다수의 표현에서 '시민질서'와 같은 번역어는 자연스럽게 읽히지 않는다. 우리는 '시민'이 본래 도시국가의 정치적 주체를 뜻하며, 어원적으로 라틴어 'civilis'가 '시민'뿐만 아니라 '도시국가'나 '정치'의 형용사형이기도 하다는 것을 염두에 두어야 한다. 이런 까닭으로 법 이론에서 '시민법'droit civil은 시민 개개인의 활동을 규정하는 법인 동시에, '만민법'droit des gens과 대비되어 특정 정치체 혹은 한 정치체에 속한 시민 전체의 고유한 법을 지시하는 것이다. 또한 『백과사전』이 설명하는바, '시민사회'société civile는 현재 의미와 달리 "어떤 일정한 종

180

족, 국가, 도시 등의 장소에서 사람들이 함께 만든 정치체를, 또는 그들을 서로 연결하는 정치적 결합을 뜻한다." 게다가 'civil'은 군사나 종교의 영역과 대비되어 쓰일 때에는 '민간' 혹은 시민들의 삶의 영역으로서 '사회'의 형용사형으로 활용되기도 한다. 따라서 'civil'은 이 말을 포함하는 각 표현의 의미에 따라 유연하게 번역되어야 한다. 우리가 읽고 있는 'ordre civil'의 경우 모호한 '시민질서'보다는 '시민들의 질서'가 더 적당하겠으나, 우리는 '시민'의 정치적 함축과 'civil'의 '정치', '정치체'와의 관련을 강조하여 '정치질서'로 옮긴다. 앞으로 이 책에 등장하는 다양한 표현들에서도 의미와 자연스러운 어감을 고려하여 '시민(들)(의)-', '정치(적)-', '정치체(의)-', '국가(의)-', '사회적-' 등을 사용하고, 정확한 독서를 돕기 위해 원문을 병기할 것이다.

3) '행정원칙'으로 옮길 수도 있는 "운영원칙"règle d'administration이라는 표현도 부연을 필요로 한다. 왜냐하면 우리가 앞으로 종종 참고할 『사회계약론』의 초고, 일명 『제네바원고』Manuscrit de Genève에서 루소는 앞으로의 작업을 다음과 같이 규정하기 때문이다. "따라서 여기에서 중요한 것은 정치체의 구성constitution이지, 운영administration이 아니다. 나는 정치체에 생명을 주려는 것이지 활동하게 하는 것은 아니다. 나는 정치체의 태엽과 부품을 기술하고, 그것들을 제자리에 배치한다. 나는 기계를 작동 가능한 상태로 만든다. 기계의 운동은 더 지혜로운 다른 이들이 해결할 것이다"(OC III, p. 281). 따라서 『제네바원고』와 『사회계약론』 사이에 루소의 기본방향이 변경되지 않았다고 전제한다면, 이 단락에서 정치체의 "운영원칙"을 행정의 구체적 지침으로 생각해선 안 된다. 그것은 행정의 조건과 전제를 구성하는 원리를 지시할 것이다.

4) '권리'라고 옮긴 'droit'는 영어의 'right'처럼 다양한 의미와 용법을 가지고 있다. 우선 단순히 정의의 문제로 살펴보자. 『백과사전』은 'droit'를 기본적으로 "이성, 정의, 공평에 부합하는 모든 것"이라고 정의하고, "사실"fait과 대조한다. 『아카데미 프랑세즈 사전』 또한 이와 비슷한 의미를 소개하고 나서, 여러 용법을 나열한다. 이에 따르면 'droit'는 "정당한 것"이며 "정의"와 같은 뜻으로 쓰이기도 한다. 이 단어는 "(정당한) 권리"라는 정의를 포함하며, "특권"이라는 뜻으로도 쓰인다. 또한 이 말은 정당한 것과 권리들이 기술되거나 공인된 형태, 즉 '법'을 뜻하기도 한다. 이렇게 'droit'는 "성문법 혹은 관습법"을 뜻하게 되고, 나아가 이런 법들을 연구하는 "법학"을 지시한다. 사전적 정의에서 드러나는바, 'droit'는 한편으로는 부당한 사실과 대립되는 정당한 것이고, 다른 한편으로는 사실로서의 법이 된 정당한

것이다.

루소는 'droit'와 '현실' 사이의 이런 이중적 관계를 통해 정치를 사유한다. 비판 이론으로서『사회계약론』의 이론적 지위와 방법이 이 관계에 함축되어 있으며, 'droit'를 정확하게 번역하는 어려움 또한 일차적으로 그로부터 발생한다. 루소는 현실의 어떤 법이 정당한 권리에 근거하지 않는다는 것을, 그럼에도 불구하고 그 법이 '법'이라 불림으로써 정당한 권리를 참칭하고 있는 현실을 비판한다. 즉 그 법은 '법'이라 불려선 안 되는 법이다. 남은 과제는 그런 법이 진정한 법, 정당한 것이 될 가능성을 탐색하여, 그 가능성이 발견될 때에는 이성적으로 추론된 정당한 권리에 근거한 법을 구상하고, 그렇지 않을 때에는 그 법을 '법'의 영역에서 완전히 부정하는 것이다. 전자의 경우는 '정치법'droit politique을, 후자의 경우는 '노예법'droit d'esclavage(1권 4장)을 예로 들 수 있겠다. 루소는 지금껏 아무도 정당한 것으로 만들지 못한 '정치법', 그러니까 정치체 구성의 원리를『사회계약론』을 통해 발견하려고 한다. 하지만 그에게 '노예법'은 '노예상태'와 '정당한 권리' 혹은 '법적 상태' 사이의 근본적이고 논리적인 불일치로 인해 결코 '법'의 지위를 얻을 수 없다. 루소에게 'droit'는 이런 비판 과정을 함축하는 개념이다.

그런데 이 개념의 이해와 번역은 다만 언어적 중의성과 루소 사유의 복합성에만 기인하지 않는다. 더 근본적인 이유는 이 모든 복잡성을 만들어낸 근대 자연법 학자들의 다양한 이론에서 찾아야 한다. 사회와 권력의 토대를 중세의 신법droit divin에서 인간의 이성으로 이전시키고, 인간의 원리와 사물의 원리를 하나의 토대, 즉 '자연'으로 통합하려 하는 자연법 이론은, 그 근대적 전통의 시작이라고 할 흐로티위스부터, 자연법에 대한 절대주의적 해석을 시도한 홉스, 신성로마제국의 현실 속에서 자연법을 개신교적 관점에서 체계화하는 푸펜도르프, 자연법에 대한 최초의 자유주의적 해석을 보여 주는 로크, 그리고 프랑스의 몽테스키외까지 다양한 현실과 사유를 반영한 전통을 구축했다. 그리고 이들 모두는 (권리와 법 사이를 오가는) 'droit', (사회와 복합적인 관계를 맺는) '자연'의 이중적 지위에 대한 추론으로부터 자신의 체계를 구축한다. 우리는『사회계약론』내내 루소가 이들의 이론을 어떤 식으로 해석하고 갱신하는지 보게 될 것이다. 따라서 'droit'와 이 단어를 포함한 표현을 번역하는 어려움은 루소가 자연법 전통과 맺는 복잡한 관계를 드러낸다.

하지만 결국 가장 큰 어려움은 'droit'와 'loi'의 구별을 바로 적용할 수 있는 한국어 어휘가 부재하며, 어떤 방식을 택하든 어느 정도 오해와 비일관성의 위험을 감수할 수밖에 없다는 사실에 있을 것이다. 이 책의 부제인 'droit politique'를 예로 들어 보자. 이 말이 '정치적 권리' 혹은 '정치권'으로서 'lois politiques'와 엄격하게 구별되는지, 아니면 상대적인 구별 기준이 무엇인지에 대해서 판단을 보류하자. 또한 우리가 앞에서 밝혔던 것처럼 루소에게 'droit politique'는 특정 주체가 정치에 참여할 개별 권리들이 아니라 정치체 구성의 원리이기 때문에, '정치적 권리' 혹은 '정치권'이라는 번역어가 오해를 불러올 수 있다는 염려도 잠시 미뤄 두자. 우리가 묻고 싶은 것은 다음과 같다. 만약 'droit politique'가 '정치법'으로 불릴 수 없다면, 각각 '시민법'과 '만민법'으로 번역되고 그럴 수밖에 없는 'droit civil'과 'droit des gens'은 어떻게 해야 하는가? (번역어 '시민법'에 대해서는 1권 옮긴이 주 45를 참고하라.) 세 범주, 즉 'droit politique', 'droit civil', 'droit des gens'은 차례대로 정치체 구성의 정당한 원리/법 혹은 그에 대한 연구, 특정 정치체 구성원들의 정당한 행동 원리/법 혹은 그에 대한 연구, 정치체 바깥에서 사람들의 정당한 행동 원리/법 혹은 그에 대한 연구를 뜻하며, 따라서 이 표현들에서 'droit'는 모두 같은 의미와 지위를 갖는다.

우리는 'droit' 번역에 대해 다음 원칙을 따름으로써 이런 어려움들을 잠정적으로 회피하는 동시에, 독자들의 자율적인 해석이 가능하도록 배려할 것이다. 첫째로, 이 단어가 '사실'fait, 혹은 현실의 '법'loi과 대조적으로 어떤 정당성 혹은 권리를 지시할 때에는 '권리'로 옮긴다. 보통 이 경우에 'droit'는 형용사(구) 없이 단독으로 쓰이며, '강자의 권리'droit du plus fort (1권 3장)나 '생살권'droit de vie et de mort(1권 4장, 2권 5장) 정도가 예외적으로 포함된다. 둘째, 'droit'에 수식어가 붙어 굳어진 표현이고, 어떤 영역이나 사태 안에서 정당성에 따르는 제반 규칙들이나 실정법, 그리고 이에 대한 학문을 함께 의미하게 되는 경우는 일관되게 '-법'이라고 옮길 것이다. 이 경우에 해당하는 표현들을 출현 순서대로 미리 열거해 둔다. '정치법' droit politique, '노예법'droit d'esclavage, '정복법'droit de conquête, '전쟁법'droit de la guerre, '시민법'droit civil, '사회법'droit social, '자연신법'droit divin naturel, '국가신법'droit divin civil, '실정신법'droit divin positif, '만민법' droit des gens, '공법'droit public 등.

이 원칙은 잠정적이고 불완전하다. 예를 들어, 2권 2장에서 주권의 한 부분으로 묘사되고 있으므로 '전쟁권'이라는 말로 옮길 수밖에 없었던 'droit de guerre'라든지, 2권 12장에서 마찬가지로 '정치법', '시민법'으로 옮긴 'lois politiques', 'lois civiles' 등은, 'droit'의 다양한 쓰임 때문에 끝내 모면할 수 없는 비일관성을 일으키고 만다. 특히 텍스트 전체에서 두 번 등장할 뿐인 'droit naturel'은 더욱 곤란한 문제를 제기한다. 1권 4장에서는 원칙대로 '자연법'이라고 옮겼지만, 2권 4장에서는 문맥상 '자연권'이라고 옮길 수밖에 없었다. 게다가 이 문제적 개념은 자연법 전통의 다양한 논의들, 그리고 루소 사유 안에서의 복잡한 논의를 포함하고 있기도 하다. 한편 『사회계약론』에서 'loi naturelle'이라는 표현은 등장하지 않고, 같은 뜻으로 'loi de nature'(2권 4장, 3권 16장)와 'loi de la nature'(2권 6장)가 사용되고 있다. 우리는 이 표현들을 문장에 따라 '자연의 법' 혹은 '자연법'으로 옮기고 원어를 병기한다. '자연법' 혹은 '자연권'과 관련한 논의를 완전히 정리하는 것은 우리의 능력을 벗어나는 일이나, 잠정적인 참고를 위해 2권 6장과 12장의 옮긴이 주 30, 76 등을 참고하라. 이런 예외적이고 주의를 요해야 하는 경우들에 대해서는 원어를 병기하거나 주석을 통해 문제를 분명히 드러낼 것이다. 이것이 마지막 원칙이다.

5) '이익'intérêt과 다음 구절에 나오는 '유용성'utilité은 계약이론의 핵심 요소이고, 계몽주의와 루소 사유의 핵심어이기도 하다. 계약이론의 측면에서 이익 혹은 유용성은 개인들이 주권자 혹은 국가에 자신의 특정 권리를 양도하는 동기로 기능한다. 또한 이 개념들은 계몽주의 일반의 중요한 요소이기도 하다. '행복'bonheur을 하나의 이념으로 취급하는 계몽주의는 개인들 사이에, 혹은 개인과 사회 사이에, 어떤 이익의 교환과 증가가 가능하고 추구되어야 하는지 진지하게 묻는다. 순진한 신학적·도덕적 세계관이 무너지자 인간의 행동 원리와 사회의 존재이유를 대체할 것이 필요해지고, 유물론자들은 결국 모든 유용성을 육체적 '쾌락'plaisir으로 환원할 것이다.

루소에게도 이익과 유용성은 중요한 개념이다. 특히 정치철학에서, 이 개념들은 다른 사상가들의 경우처럼 사회계약의 필요성을 입증하고 그 동력을 제공할 유일한 장치다. 하지만 그는 일반적으로 실용주의적이고 공리주의적으로 이해되는 이 개념들을 그렇게만 파악하지 않는다. 예를 들어, '안전'이 시민의 최고의 이익이라고 생각하는 홉스와 달리, 『사회계약론』 곳곳에서 루소는 안전보다 '자유'를 강조하는 웅변을 펼친다. 자유는 어떤 이익이며, 다른 이익과 자유를 어떻게 비교할 수 있는가? 이것은 루소의 모든 사유를 떠나지 않는 질문이다. 물론 여기에서 우리는 고대에 대한 루소의 숭배, 기존 정치철학에 대한 그의 반감, 제네바 시민의 사회적 경험과 기질을 떠올릴 수 있다. 하지만 이론적으로, 정치에서 자유라는 이익의 강조는 부상하는 상업 사회와 유물론의 세계에 맞서기 위해 그가 '이익'이라는, 시대의 가장 첨예한 개념을 수정하는 작업과 연결된다.

이익과 유용성이 루소의 인간이론 일반에서 어떻게 규정되는지 잠시 언급하겠다. 이익은 개념적으로 자아의 자기 보호 본능과 연관되어 있다. 그런데 여기에서 '자아'는 단순한 존재가 아니다. 루소는 자신의 인간 이론을 요약하는 『보몽에게 보내는 편지』*Lettre à Christophe de Beaumont*에서 이 본능에 대해 이렇게 설명한다. 인간의 본성은 "두 가지 원리, 즉 지성적 존재와 감각적 존재를 가지고 있으며, 두 원리의 안녕bien-être이 같은 것이 아니다. 감각의 욕구는 신체의 안녕을 향하고, 질서에 대한 사랑은 영혼의 안녕을 향한다. 질서에 대한 사랑이 전개되고 능동적이 되면 양심conscience이라는 이름을 갖지만, 양심은 오직 인간의 앎lumières과 함께 전개되고 움직인다. 인간은 앎을 통해서만 질서를 인식하게 되며, 질서를 인식할 때라야 양심을 통해 질서를 사랑하게 된다. 따라서 아무것도 비교해 보지 않아서 자신이 속한 관계들을 본 적 없는 인간에게 양심은 아무것도 아니다. 이 상태의 인간은 오직 자신만을 인식하며, 자신의 안녕이 다른 누구의 안녕과 대립하거나 호응하는 것을 보지 못하고, 어떤 것도 증오하지 않고 어떤 것도 사랑하지 않는다"(OC IV, p. 936). 즉 인간에게 유용성은 물질적인 것과 정신적인 것으로 구성된다. 하지만 정신적인 유용성의 강조가 단지 고루한 도덕주의로 빠지지 않는다는 데 루소의 개성이 있다. 그는 단순하게 "영혼"의 유용성이 있다는 것을 강변하지 않는다. 인식과 사회가 없다면 "영혼의 안녕"은 작동하지 않는다. 루소에게 중요한 것은, "영혼의 안녕"이 사회화의 한 효과라는 사실이다. 따라서 사회가 아무리 물질적 유용성을 중시한다 해도, 아니 오히려 그러면 그럴수록, 다른 차원의 유용성이 생성되고 작동한다. 루소에게 이익이나 유용성이라는 말은 이 복잡한 과정을 함축하고 있다.

덧붙여 강조할 것은, 비록 루소가 감각적 유용성과 정신적 유용성을 구별하고 둘을 대립시키는 것처럼 보이지만 그에게 두 원리는 개인의 형성에서나 사회의 형성에서나 상호 보완적이라는 사실이다. 에밀의 도덕교육은 언제나 자연이 이끄는 신체적이고 감각적인 운동에 의지할 것이고, 사회계약은 자유의 보존을 목적으로 삼는 만큼이나 사회적 결합을 발생시키고 단단하게 만드는 물질적 이익의 문제에 대해 깊이 고민할 것이다. 따라서 감각적 유용성과 정신적 유용성의 대립은 잘못 형성된 의식과 잘못 구성된 사회에 기인한다. 『에밀』의 아이와 『사회계약론』의 공화국에서는 그런 대립이 지속되지 않는다.

6) 『사회계약론』의 첫 문단에서 "권리가 허용하는 것"은 '정의'justice에, "이익이 명령하는 것"은 '유용성'에 호응하고 있음에 주의하자. 루소는 정치학

의 성공이 정당성과 이익을 결합하는 기술에 있다고 본다. 정당하지 않은 이익은 폭력이며, 이롭지 않은 정당성으로는 정치체가 구성되지도, 유지되지도 않는다. 루소의 사회계약은 그가 보기에 지금껏 어떤 정치 이론도 달성하지 못했던 이 결합을 가능하게 할 유일한 정치학적 '기술'art이다. 그런데 이 결합에서 두 요소의 양태는 같지 않다. '허용'과 '명령'의 대조는 정당성의 조건이 이익의 조건보다 더 유연함을 말하는 것처럼 보인다. 이것은 문단의 첫 문장에 의해 뒷받침되는데, 이익이 상수로 규정된 현실의 인간에 근거한다면 정당성은 이성적 고안의 가능성을 가지고 있기 때문이다.

7) 제네바 공화국을 가리킨다. 표제 및 일러두기의 옮긴이 주 3을 참고하라.

8) 우리는 'gouvernement'을 맥락에 따라 '정부', '통치' 혹은 '정체'로 옮긴다. 루소 정치철학에 대한 고전적인 해석을 제공하는 드라테와 함께 이 말의 맥락을 고려할 필요가 있다. Robert Derathé, *Jean-Jacques Rousseau et la science politique de son temps*, Paris, Vrin, 1995, pp. 385, 386. 이 용어는 크게 세 가지 뜻을 가지고 있다. 18세기에 그것은 때로는 국가의 정체(민주정, 귀족정, 왕정 등)를 가리켰고, 때로는 공적 권력이나 주권을 지시했다. 루소는 『사회계약론』 3권 1장에서 이 단어를 새롭게 정의한다. 그에게 정부란 입법권과 구별되는 엄격한 의미의 행정부를 뜻한다. 왕정이나 귀족정에서 입법권과 행정권, 사법권 등 모든 국가권력이 주권이라는 이름하에 하나 혹은 소수의 주체에 귀속되어 있었던 반면, 루소가 유일하게 정당한 정체라고 보았던 공화정에서, 주권은 입법권과 동일시되어 인민에게 귀속되고 정부는 법을 적용하고 집행하는 주체로 한정된다. 기존에 주권의 분배 방식을 지시했던 민주정, 귀족정, 왕정은 이제 행정부의 여러 형식을 가리킬 뿐이다. 여기에서 볼 수 있듯이, 또한 1권 6장 마지막 부분에서 분명하게 드러나듯이, 『사회계약론』은 기존 정치학의 개념들과 용어들을 인민주권과 입법권 중심의 원리에 따라 그 의미와 쓰임을 갱신하는 작업이기도 하다. 단어 'gouvernement'의 경우처럼, 우리의 정치적 개념들과 용어들은 여전히 이 갱신 작업의 영향력을 보존하고 있다. 그런데 루소는 이런 갱신 작업이 진행되는 책 몇몇 곳에서 정치 용어를 일관되게 사용한다기보다, 문맥에 따라 때로는 갱신되기 전의 의미에 가깝게, 때로는 갱신된 후의 의미에 가깝게 쓴다. 여기에 번역 작업의 일차적인 어려움이 있으며, 우리는 몇 가지 번역어를 적당히 골라 쓸 수밖에 없었다. 하지만 3권에서 이 말의 명확한 의미가 밝혀지고 난 후에는 대체로 '정부'를 채택할 것이다. 우리가 읽고 있는 문장의 경우에서는, "정부"가 단지 제네바의 행정부를 가리키는

것이 아니라, 제네바 공화국의 통치체제 전체를 가리킨다고 봐야 할 것이다. 루소는 여러 나라의 통치 형태들을 살펴보고 결국 제네바의 정치를 선택한다.

9) 이 문단에서 "모르겠다"je l'ignore는 미묘한 대답이다. 자유롭게 태어난 인간이 의견과 속박의 쇠사슬을 차게 된 역사를 진술하는 것이『불평등기원론』의 주제였기 때문이다. 그런데 이 인류 불행의 보편사에서, 역사는 연속적인 계기에 의해 재구성되지 못한 채 이해할 수 없는 비약과 외부의 우발적인 사건을 도입함으로써만 "추측"될 수 있었다. 따라서 "모르겠다"를 '불완전하게만 설명할 수 있었다'로 이해할 수 있다. 다른 한편으로는 프랑스어 동사 'ignorer'의 또 다른 의미('무시하다')를 생각할 때, "모르겠다"는『사회계약론』의 목적이 더 이상 불행의 역사를 재구성하는 데 있지 않다는 것을 강조하는 것일 수도 있다.

"어떻게 하면 이 변화를 정당한 것으로 만들 수 있을까?"라는 문장을 오해해선 안 된다. 루소가 예속의 정당화를『사회계약론』의 임무로 설정한다고 생각하는 것은 당찮다. 루소의 기획은 예속의 정당화가 아니라 정당한 예속의 발견이다. 사회계약의 기능은 자연상태의 자유를 있는 그대로 복구하는 것이 아니라, 특수한 형식의 종속을 고안함으로써 새로운 형태의 자유인 정치적 자유를 만들어 내는 것이다. 물론 정치적 자유는 자연적 자유의 상실을 보상하기 위해 그것을 모델로 삼는다. 하지만 정치적 자유는 이성적 기교와 사회적 효과에 의해 자연적 자유와 분명하게 구별된다. 루소는 결코 자연으로 돌아가라고 권하지 않는다. 우리는 이 문장의 모호함을 남겨 두기 위해 무리하게 의역하지 않았다.

이 짧은 문단은 루소 사유의 역사성의 구조를 엿볼 수 있게 한다. 자연적 자유는 사회에 의해 부정된다. 하지만 사회는 자연적 자유를 파괴한 사회성과 이성을 이용해 그 빈자리를 채울 새로운 자유를 만들어 낸다. 루소 연구의 권위자 장 스타로뱅스키Jean Starobinski는『불평등기원론』에 붙인 한 주석에서 루소가 헤겔적 의미의 '지양'Aufhebung을 통한 역사의 변증법적 전개를 포착했다고 말한다(OC III, p. 1299).

10) "사회질서"ordre social는 그 자체로 하나의 권리, 즉 법적 상태다. 왜냐하면 그것은 계약에 의해 발생하기 때문이다. 하지만 이 권리는 다른 모든 권리의 토대가 되는 특수한 권리다. 루소는 어떤 자연적 권리도 인정하지 않으며, 모든 권리는 사회의 설립 이후에 가능하다. 따라서 "사회질서"는 다른 모든 권리와 구별되는, 다른 모든 권리에 대해 초월적인 "신성한" 권리다.

11) 자연법 이론을 전제하는 『사회계약론』의 첫 번째 특징은, 자연상태와 자연권에 대한 어떤 상세한 논의도 제시하지 않는다는 사실이다. 우리는 대표적으로 홉스와 로크가 자연상태를 규정하는 각자의 방식에 따라 정치체와 국가의 지위나 역할에 대한 상반된 결론에 이르게 되는 것을 안다. 홉스가 보편적 전쟁상태라는 자연상태에서 출발하여 오로지 안전을 위해 주권의 절대성을 요구한다면, 로크는 자연상태를 자연적 자유와 권리가 실현되는 공간으로 정의함에도 몇몇 일탈적 인물 혹은 행위가 그것을 위협할 수 있는 가능성을 인정하기에 개인의 자연적 권리를 보호하는 국가의 역할을 요청한다. 반면 루소가 1권 2장에서 말하는 "초기사회"는 결코 엄밀한 의미의 자연상태가 아니다. 다만 1권 2장에서 4장까지에서 루소는 다만 정치체의 정당한 토대가 자연적 불평등이나 힘에서 발견될 수 없다는 사실만을 지적한다. 이 때문에 『사회계약론』은 자연상태에 대한 논의가 제거된 자연법 정치 이론처럼 보이기도 한다. 하지만 이런 사실은 이 책을 이해하기 위해, 자연상태에 대한 엄밀한 규정과 기존 자연법 이론에 대한 비판을 담고 있는 『불평등기원론』의 독서가 얼마나 필요한지 말해 줄 뿐이다. 우리는 독자들에게 『불평등기원론』에 대한 정밀한 독서를 권하면서, 루소가 『보몽에게 보내는 편지』에서 묘사한 『불평등기원론』, 『사회계약론』, 『에밀』의 연관성을, 다소 긴 인용이고 앞의 주석과 일부 겹치기도 하지만, 그대로 옮겨 둘까 한다.

"나의 모든 글에서 내가 추론의 근거로 삼았으며, 지난 글에서 할 수 있는 한 최대로 명확하게 전개했던 모든 도덕의 기본원리가 있다. 그것은 인간은 자연적으로 선한naturellement bon 존재여서 정의와 질서를 사랑한다는 것, 인간의 마음에는 본래적인 도착성perversité originelle이 결코 있지 않다는 것, 그리고 자연의 첫 운동들은 항상 곧다는droits 것이다. 나는 인간과 함께 태어나는 유일한 정념인 자기애amour de soi는 그 자체로는 선, 악과 무관한 정념이며, 우연한 사고에 의해 그리고 그것이 전개되는 상황들에 의하지 않고서는 좋거나 나쁘게 되지 않는다는 것을 보여 주었다. 나는 우리가 인간 마음의 탓으로 돌리는 모든 악함vices이 결코 자연적이지 않다는 것을 증명하였고, 그것이 어떤 방식으로 생겨나는지에 대해 말했다. 나는 말하자면 악함의 계보를 추적하였으며, 본래적 선함bonté originelle의 연속적인 변질에 의해 어떻게 인간이 결국 지금의 자기 자신이 되는가를 보여 주었다.

또한 나는 이 본래적 선함이라는 것이 무엇을 뜻하는지 설명했다. 선이나 악과 무관하다고 해서 선하다고 결론 내릴 수 없는 것처럼 보이고, 또한 자기애라는 것을 고려하면 본래적 선함이 자연스럽다고 말할 수도 없기 때문이다. 인간은 단순한 존재가 아니고, 두 개의 실체로 구성된다. 모든 사람이 이것을 인정하지 않는다 해도, 당신과 나 우리 두 사람은 그것을 인정하고 있다. 나는 그것을 다른 사람들에게 증명하려고 노력했다. 이것이 증명되면, 자기애는 더 이상 단순한 정념이 아니다. 그것은 두 가지 원리, 즉 지성적 존재와 감각적 존재를 가지고 있으며, 두 원리의 안녕bien-être이 같은 것이 아니다. 감각의 욕구는 신체의 안녕을 향하고, 질서에 대한 사랑은 영혼의 안녕을 향한다. 질서에 대한 사랑이 전개되고 능동적이 되면 양심conscience이라는 이름을 갖지만, 양심은 오직 인간의 앎lumières과 함께 전개되고 움직인다. 인간은 앎을 통해서만 질서를 인식하게 되며, 질서를 인식할 때라야 양심을 통해 질서를 사랑하게 된다. 따라서 아무것도 비교해 보지 않아서 자신이 속한 관계들을 본 적도 없는 인간에게 양심은 아무것도 아니다. 이 상태의 인간은 오직 자신만을 인식하며, 자신의 안녕이 다른 누구의 안녕과 대립하거나 호응하는 것을 보지 못하고, 어떤 것도 증오하지 않고 어떤 것도 사랑하지 않는다. 오로지 신체적 본능에만 한정되어 있기에, 그는 아무것도 아닌 존재, 짐승이다. 이것이 내가 『불평등기원론』에서 보여 주었던 것이다.

나는 인간들이 동류semblables에게 눈을 돌리도록 한 어떤 전개의 진행progrès을 보여 주었다. 그런데 이것이 시작되자, 인간들은 또한 인간들 사이의 관계와 사물들 사이의 관계를 보기 시작하고, 적합convenance, 정의, 질서의 관념들을 가지기 시작한다. 도덕적 미가 감지되기 시작하여, 양심이 움직인다. 이때 인간은 덕vertus을 갖는다. 그런데 인간이 악함vices 또한 갖게 되는 것은, 앎이 확장됨에 따라 이익intérêts이 교차하고 야심이 깨어나기 때문이다. 하지만 이익의 대립이 앎의 협력보다 덜한 동안에는, 인간은 본질적으로 선하다essentiellement bon. 이것이 두 번째 상태다.

마침내 모든 개별이익intérêts particuliers이 움직여 서로 충돌한다. 자기애는 발효fermentation를 거쳐 자기편애amour propre로 변한다. 의견opinion으로 인해 모든 사람에게 전 우주가 필요하게 되면, 인간들은 모두 서로에 대한 타고난 적이 되어 오로지 타인의 나쁜 것mal에서만 자신의 좋은 것bon을 발견한다. 그러면 흥분한 정념들보다 약한 양심은 그 정념들에 의해 질식하고, 인간의 입에는 서로를 속이기 위해 만들어진 말만

이 남는다. 이제 한 사람, 한 사람은 공적 이익을 위해 자신의 이익을 희생하려는 척하고, 모두가 거짓말을 한다. 공공선bien public이 자신의 선과 일치하지 않으면 누구도 그것을 원치 않는다. 따라서 이 일치가, 인민을 행복하고 선하게 만들려고 애쓰는 진정한 정치학의 목적이다. 하지만 바로 여기에서 나는 당신과 마찬가지로 독자들도 잘 알지 못하는 낯선 언어를 말하기 시작한다.

여기가 세 번째이자 마지막 항으로, 그 너머로는 해야 할 일이 아무것도 없다. 이것이 선한 인간이 악하게 되는 과정이다. 나는 인간이 그리 되는 것을 막으려면 어떻게 해야 하는지 알아보는 연구에 내 책을 바쳤다. 나는 그것이 현 질서에서 절대적으로 가능하다고 단언하지 않았다. 하지만 내가 제안한 것 외에는 그 일을 완수할 다른 방법이 없다는 것을 나는 분명히 단언하였고, 다시 한번 단언한다"(OC IV, pp. 935~937).

그 자체로 세심한 독서를 요구하는 루소의 요약에 대해 우리는 별다른 해설을 붙이지 않고, 다만 몇 가지 사항만 지적하겠다. 첫째, 루소는 자연상태에서의 자연적 선함에 대해 말하지만 그것은 자연상태에서 사회적 악함의 불가능성일 뿐이다. 루소에게 도덕성과 세계인식은 사회상태의 결과이기에 엄격한 자연상태에서는 발견될 수 없다. 둘째, 사회상태의 발생과 함께 인간은 비로소 도덕성과 욕망을 갖게 되며, 이로 인해 인간적인 행복 혹은 불행의 차원으로 진입한다. 행복과 불행의 동시성으로부터 시작하여 인류는 당분간 전자가 우세한 시기를 거치게 되는데, 루소는 이 시기를 자연상태의 선함과 구별하여 "본질적으로 선한" 상태로 규정한다. 셋째, 하지만 이 상태는 불평등의 심화와 그 안에서 자신의 이익을 보존하고 확대하기 위한 계략들에 의해 정치적으로 변질되며, 정치학이 개입해야 하는 곳이 바로 여기다. 즉 "진정한 정치학"의 조건은 사회적 욕망의 분화와 그에 따른 이성의 진보다. 정치학은 욕망과 이성의 발달이 이루어질 정도로 변질된 사회를 기다려야 하지만, 그것이 최악으로 치닫는 순간까지 지체되어서도 안 된다. 넷째, 사적인 이익과 공적인 이익의 일치 가능성을 사유하는 정치학은 사회의 타락에 의해 훼손된 말들 속에서 "낯선 언어"처럼 들린다. 이미 『학문예술론』의 유명한 제사에서부터 루소는 진정한 철학자의 언어가 이해되지 못하는 상황에 대해 고민했다. 『사회계약론』의 핵심적인 논리들이 "궤변"으로 치부될 것임을 루소는 잘 알고 있다. 다섯째, 루소가 마지막에 말하는 "책"은 『에밀』인 듯하지만, 이 책에 대한 루소의 규정은 『에밀』이나 『사회계약론』 모두에 적용될 수 있다. 그것은 루소가 제시한 해결책이 "현 질서에서 절대적으로 가능"하지 않다는 사실이다. 그렇다면 『사회계약론』과 『에밀』의 정확한 지위는 무엇인가? 이 질문은 루소 사유의 체계 문제를 제기하며, 우리의 독서를 인도할 것이다.

12) 루소는 가족을 정치체의 "첫 번째 모델"로 설정하고 나서, 곧장 이 모델의 한계를 지적한다. 이 추론은 루소의 두 저작과 연관되어 있다. 1755년 『백과사전』 5권에 수록된 "정치경제"Économie politique 항목에서, 루소는 가정의 통치와 국가의 통치가 완전히 다른 원리임을 주장한다. 국가통치에 대한 모든 그릇된 생각은 국가와 가정의 유비에서 온다. "국가와 가족은 지도자가 그들을 행복하게 해줄 의무를 갖는다는 점 말고는 어떤 공통점도 없어서, 두 사회 모두에 적합한 동일한 운영원칙은 존재하지 않는다"(OC III, p. 244). 하지만 『사회계약론』에서 루소가 가족과 정치체를 접근시키는 것은 "운영원칙"의 상이함에도 불구하고 그 구성 혹은 해산의 인위적이고 자발적 성격을 강조하기 위해서다. 이런 측면에서 가족에 대한 논의는 『불평등기원론』 1부의 추론과 일맥상통한다. "수컷과 암컷은 뜻밖에, 기회가 되어, 욕망에 따라 우연히 결합했다. …… 마찬가지로 그들은 쉽게 헤어졌다. …… 아이들은 자신이 먹을 것을 찾을 수 있는 힘을 갖게 되자, 즉시 어미를 남겨 두고 떠났다. 시야에서 벗어나지 않는 것 말고는 다시 만날 어떤 수단도 없었으므로, 그들은 곧 서로를 알아보지도 못하게 되었다"(OC III, p. 147). 그러므로 정치체는 자연상태의 가족과 같이 오로지 구성원들의 합의와 의지에 의해서만 구성되고 유지된다.

13) 휘호 흐로티위스(1583~1645)는 네덜란드의 자연법 전통 법학자이자 외교관이며, 특히 『전쟁과 평화의 법』De jure belli ac pacis, 『바다의 자유』Mare liberum 등을 통해 국제법에 기여했다. 18세기에 흐로티위스와 사무엘 폰 푸펜도르프Samuel von Pufendorf(1632~94)의 작업은 자연법과 정치철학의 고전으로 널리 알려져 있었다. 루소 또한 18세기 정치철학의 전제가 되는 자연법 전통을 이들의 작업을 통해 학습했다. 하지만 앞으로 보게 되듯이 『사회계약론』은 이들의 이론이 가진 모순과 정치적 의도에 대해 루소가 반발한 결과다. 그럼에도 불구하고 강조해야 할 것은 자연법 전통이 루소의 사유와 정치철학의 토대라는 사실이다.

14) 약어로 표기된 저자는 루이 15세 치하 정치가, 문필가인 다르장송 후작(1694~1757)이다. 루소가 언급하는 글은 1764년 『프랑스 정부의 과거와 현재에 대한 고찰』Considérations sur le gouvernement ancien et présent de la France로 출판된다. 루소는 2권 3장과 2권 11장, 4권 8장에서 다르장송 후작을 다시

인용한다.

15) 토머스 홉스(1588~1679)는 영국의 정치철학자로, 루소의 철학과 정치사 상에서 『리바이어던』*Leviathan*의 저자가 가지는 중요성은 절대 간과될 수 없다. 자연적 선함 대 자연적 이기심, 자유의 추구 대 안전의 보장, 민주주 의적 이념 대 전제정의 이념은 루소와 홉스의 대립을 간편하게 표현하는 대립항들이나, 그들의 깊은 관계를 드러내기엔 부족하다. 이미 『불평등기 원론』에서 그의 철학적 전제가 될 자연상태를 추론할 때부터, 루소는 홉스 에 대한 비판적 독해를 거치지 않고서는 자신의 독창적 주장을 형성할 수 없었다. 이어 루소의 정치철학은 홉스의 이기심에 대한 심리학과 세속적 이고 절대적인 주권이론을 계승했고, 그의 사회계약 이론은 홉스식의 사회 계약을 형식적으로 극단화함으로써 도출된다.

16) 필론(BCE20?~CE45?)은 1세기 전후의 유대 철학자다. 루소가 암시하는 것은 필론의 『칼리굴라 곁의 사절』*Legatio ad Caium*인데, 이 글에서 필론은 칼리굴라 황제에게 사절로 파견되었을 때의 경험과 역사적 현실을 기록하 고 있다. 칼리굴라(12~41)는 고대 로마의 3대 황제다. 즉위 초에는 여러 민심 수습책으로 인기를 얻었으나 재정 낭비와 자신을 유피테르의 화신으 로 여기는 망상 끝에 암살당했다.

17) 루소는 아리스토텔레스의 『정치학』*Politika*, 『니코마코스 윤리학』*Ethika Nikomacheia*, 『에우데모스 윤리학』*Ethika Eudemeia*을 종종 인용한다. 『사회계 약론』 1권 2장과 1권 4장의 노예에 대한 논의는 『정치학』과 함께 읽을 때 그 함의를 더 분명하게 알 수 있다. 루소의 아리스토텔레스에 대한 태도는 『불평등기원론』의 제사에서 잘 드러난다. "자연적인 것은 자연에 따라 사는 사람들에게서 찾아야지 타락한 자들에게서 찾아서는 안 된다"라는 『정치 학』의 문장을 인용할 때, 루소는 겉으로는 아리스토텔레스의 지침을 『불평 등기원론』의 방법으로 수용하는 척하면서, 원문에서 노예제를 정당화하는 이 문장을 비꼬고 자신의 방식으로 재해석한다. 아리스토텔레스가 목적론 적 관점을 통해 현재의 불평등을 정당화한다면, 루소는 기원에 대한 탐구 를 통해 모든 불평등의 부당함을 입증하려 한다.

18) 루소는 플루타르코스(46?~120?)와 그의 『영웅전』*Bioi Paralleloi*을 평생 애 독하고, 여러 텍스트에서 인용했다. 플루타르코스는 『짐승도 이성을 사용한 다』*Peri tou ta aloga logo chresthai*에서 『오디세이아』*Odusseia*의 마녀 키르케와 오디세우스의 대화를 재해석한다. 키르케에 의해 짐승이 된 동료들을 인간 으로 되돌려 달라는 오디세우스의 요청에, 키르케는 그들이 정말 인간으 로 돌아가길 원한다면 그렇게 해주겠다고 약속한다. 오디세우스는 동물이

된 그릴루스와 대화를 나누는데, 그릴루스는 동물로 사는 것의 덕과 행복을 설명하며 오디세우스의 말을 들으려 하지 않는다.

19) 기독교 전통에서 대홍수 후 노아의 세 아들 셈, 함, 야벳은 다양한 민족의 시조가 된다. 사투르누스는 로마신화에서 농경의 신이며, 그리스신화의 크로노스에 해당한다. 사투르누스의 세 아들은 하늘의 신 유피테르, 바다의 신 넵투누스, 지하 세계의 신 플루톤이다.

20) 대니얼 디포Daniel Defoe(1659?~1731)의 『로빈슨 크루소』The Life and Strange Surprizing Adventures of Robinson Crusoe of York, Mariner는 1719년 출판되었고, 이듬해 프랑스어로 번역되었다. 루소는 청소년기부터 이 책을 애독한 것으로 보이는데, 세상에서 그의 고립이 심화될수록 자신을 섬에 홀로 있는 로빈슨에 비유하곤 했다. 이 소설이 가장 적극적으로 활용된 곳은 그의 교육이론이다. 『에밀』 3권에서 장-자크는 에밀에게 단 한 권의 책만을 허락하는데, 그것이 『로빈슨 크루소』다. 에밀은 이 책을 읽으며, 세상과 떨어져 홀로 있는 자의 감각과 행복, 그가 자신의 환경 속에서 살아가기 위해 사물들과 맺는 관계, 노동 등을 즐겁게 상상하고 고찰할 것이다.

21) "강자의 권리"droit du plus fort는 영어의 'might makes right'라는 표현을 떠올리면 이해하기 쉽다. 즉 힘의 관계에서 정당성이 도출될 수 있다는 주장이다. 루소는 힘이 결국 정의라는 주장을 결코 받아들이지 않는다. 물론 강자의 권리는 현실적으로 인정되고 있다. 하지만 이 현실을 부정하고 권리를 힘에서 분리하여 사유하는 것이 정당한 정치적 권리를 확립하기 위한 첫 번째 조건이다.

22) 우리는 'semblable'를 더 자연스럽게 옮기지 않고 개념화하여 '동류'라고 옮긴다. 『불평등기원론』이나 『에밀』 등에서 이 명사는 명확한 사회적 관념이 아직 개입하지 않은 상태의 감각적이고 덜 제도화된 타자 관계를 지시할 때 자주 사용된다. 예를 들어, 자연상태의 연민은 감각적인 수준에서 자신과 비슷한 타자, 즉 '동류'의 고통에 대한 혐오이며, 에밀은 정의의 관념에 이르기 위해 먼저 자신과 비슷한 고통과 쾌를 공유하는 '동류'와의 기초적인 관계를 거쳐야 한다.

23) 프랑수아 라블레(1483 혹은 1494~1553)는 프랑스의 작가이자 의사다. 미셸 드 몽테뉴Michel de Montaigne(1533~92)와 함께 16세기 프랑스 문학을 대표한다. 그는 『팡타그뤼엘』Pantagruel과 『가르강튀아』Gargantua의 현실 풍자와 인문주의 철학, 문학적 상상력을 통해 프랑스 르네상스 문학을 상징하게 된다. 이 소설들에서 팡타그뤼엘과 가르강튀아는 거인국의 왕으로, 라블레는 이들이 소비하는 엄청난 양의 음식과 재화를 풍자적으로 묘사

한다.

24) 우리는 'personne'를 일관되게 '인격'으로 번역한다. 하지만 이 단어는 생명, 신체의 자유, 주체의 도덕적이고 법적인 권리 등을 포괄한다는 점을 언급해 둔다.

25) 루소가 여기에서 비판하는 "국가의 평온"tranquillité civile은 현대 어휘로는 '치안'으로 이해해도 좋겠다. 루소는 공화국의 시민이라면 자유 없는 치안에 안주하느니 기꺼이 치안 없는 자유를 택할 것이라 생각한다. 『폴란드 정부론』Considérations sur le gouvernement de la Pologne에서 그는 심지어 이렇게 말하게 될 것이다. "안식repos과 자유는 양립 불가능한 것처럼 보인다. 선택해야만 한다"(OC III, p. 955). 평화보다 자유를 우선시하는 이 선택에 의해, 루소는 홉스의 전통과 결별한다.

26) 『오디세이아』 9권에서 오디세우스 일행은 외눈박이 거인 키클롭스의 동굴에 들어갔다 감금당한다. 거인은 그들을 가두어 두고 하루에 두 명씩 잡아먹었다. 결국 오디세우스는 부하들과 키클롭스의 눈을 찌르고 탈출한다.

27) 흐로티위스는 『전쟁과 평화의 법』 1권 3장에서 '사적 전쟁'guerre privée을 정치권력에 의해 수행되지 않는 전쟁으로 규정한다. 그는 사적 전쟁이 부당한 폭력에 저항하는 목적을 가지는 경우 등에서 자연법에 의해 정당화될 수 있다고 생각한다. 하지만 루소에게 전쟁상태는 어떤 권리를 전제하며, 개인적 다툼이 아니라 국가권력 사이의 문제다. 따라서 전쟁상태는 권리가 부재하는 자연상태에서도, 그리고 법적 상태가 확립되어 있는 개별 정치체 안에서도 존재할 수 없다. 한 가지 더 지적할 점은, 여기에서 루소가 "사회상태"état social라는 표현으로 단순히 사실로서 존재하는 사회가 아닌, 정당한 정치체가 구성된 상태를 지시하고 있다는 것이다. 루소 철학에서 이 표현의 다양한 맥락을 고려해야 한다.

28) 루이 9세(1226~70)는 중세 프랑스의 전성기를 이끈 왕으로, '성왕 루이' Saint Louis라 불린다. 기독교의 이상을 따라 여러 개혁을 실시했으나, 십자군 전쟁 중에 사망했다. 루이 9세가 사적 전쟁을 "허용"했다고 하는 것은 오해의 소지가 있다. 실제 루이 9세가 한 일은 분쟁이 일어났을 때 두 당사자가 40일 동안 폭력을 행사하지 못하도록 한 것이다. 그는 이 유예기간을 통해 사적 폭력을 제어하려고 했다.

29) '신의 평화'Paix de Dieu는 10세기 말에서 12세기까지, 영주 등에 의한 봉건사회의 폭력을 제어하기 위해 가톨릭교회가 주도하고 왕권이 지지한 정신적이고 사회적인 운동을 일컫는다. 종교 지도자들이 여러 지역에서 집회를 열어 일종의 평화의 의무를 선언했는데, 이는 989년 샤루Charroux 종

교회의를 통해 한층 강력한 영향력을 행사하게 된다.

30) 우리는 'politie'를 일관되게 '정치체제'로 번역한다. 18세기에 이 단어는 잘 쓰지 않는 말이 되어 있었다. 루소는 이 단어를 3권 8장과 4권 10장에서 다시 사용한다. 우리는 원어를 병기할 것이다.

31) 이에 대해서는 아래 1권 9장에서 설명될 것이다.

32) 전쟁이 끝났을 때 승자가 패자에 대해 가지는 것으로 인정되는 권리, 혹은 그에 수반되는 규칙들. 계몽주의 사상가들은 생살권droit de vie et de mort을 비롯하여 현실에서 승자가 갖는 무제한적 권리를 법적 상태로 인정하지 않고 그것을 합리적으로 제한하려고 애썼다. 이런 맥락에서 루이 드 조쿠르 Louis de Jaucourt(1704~79)는 『백과사전』의 "정복"conquête 항목에서 정복법의 정확한 원리와 한계를 설정하길 요구하며 이렇게 말한다. "우리는 정복법을 필연적이고 정당하며 불행한 어떤 권리로 규정할 수 있다. 그것은 언제나 인간본성에 갚아야 할 엄청난 빚을 남긴다."

33) 혹은 '권리', '정당성' 등으로 읽을 수 있다.

34) 노예제를 비판하는 루소의 논거는 새로울 것이 없다. 새로운 것은 노예제를 전면적으로 부정하는 결론이다. 18세기 정치철학에 큰 영향을 끼친 존 로크John Locke(1632~1704)의 『통치론』Two Treatises of Government 중 두 번째 권 4장과 역시 계몽주의와 루소에 대한 영향력이 작다고 할 수 없는 몽테스키외(1689~1755)의 『법의 정신』De l'esprit des lois 15권 2장은, 이미 루소의 논증을 예고한다. 하지만 로크는 식민지 노예에 대해서는 양가적 판단을 내렸고, 몽테스키외는 기후와 민족성이 불가피하게 노예제의 필요성을 도출하는 경우가 있다고 본다. 이들과 달리 루소에게 노예제는 어떤 경우에도 법적 상태가 될 수 없다.

루소의 노예제 비판을 이해하려면, 정치철학 전통에서 노예제 논의가 차지하는 위상을 고려해야 한다. 루소가 흐로티위스를 인용하며 설명하듯이, 노예제는 단순히 인간을 노예로 삼는 도덕적이고 법적인 문제가 아니라 인민의 자유를 양도하는 정치적 문제와 연결된다(자연법 사상가들은 이런 전통을 통해 노예제를 관찰하기에 노예제에 대한 경제학적 고찰에는 이르지 못한다. 이것은 루소도 마찬가지다. 예를 들어 식민지에서 노예제를 유지하는 것과 노예들을 자유인으로 풀어 주고 고용하는 것 가운데 어느 것이 더 경제적인가 하는 문제 등은 루소에게 전혀 제기되지 않는다).

아리스토텔레스의 『정치학』, 특히 1권 1, 2, 5장을 중심으로 시작해 보자. 정치체는 자연적인 토대를 가진다. 정치체의 자연적 요소는 가정이며, 가정의 자연적 요소는 가장과 여타 가족, 노예다. 이런 자연적 요소들의 결합은 존재론적 원리를 가진다. 모든 공동체는 이성적으로 명령하는 부분과 힘을 써서 명령을 수행하는 부분의 자연스러운 결합을 통해 발생한다. 그런데 이 두 부분은 우연이나 경험이 아니라, 그들의 본성에 따라 결정된다. 이성적인 능력이 뛰어난 자가 있고, 몸을 쓰기 적합한 자가 있다. 본성에 따라 구성원 각자를 정확한 위치에 배치하는 것이 공동체와 구성원 모두에 이롭다(이런 관점을 취하기에 아리스토텔레스는 전쟁이 만들어 낸 노예에 대해 비판적 태도를 취한다. 그것은 본성에 의한 판단이 아니기 때문이다). 주인과 노예의 관계는 이 같은 공동체 구성의 원리를 가장 잘 보여 주는 사례다. 공동체의 본질상 지배와 예속 자체를 폐지하는 것은 가능하지도 않고 바람직하지도 않다. 문제는 지배와 예속의 주체를 정확하게 할당하는 것이다.

근대 자연법 학자들 또한 지배와 예속이 정치체 구성의 핵심 요소임을 인정한다. 하지만 이들은 지배하는 자와 지배되는 자를 본성으로 판단하지 않는다. 자연법 학자들은 정치체의 구속이 개인의 자유로운 합의라는 사회적 행위에서 정당성을 얻는다고 생각한다. 따라서 원초적 자유와 사회적 예속을 연결하는 논리를 개발하는 것이 자연법 학자들의 공통 과제가 된다. 그리고 노예제는 이 과제의 가장 핵심적이고 까다로운 문제로 등장한다. 예를 들어 푸펜도르프는『자연법과 만민법』*De jure naturae et gentium* 4권 3장에서 노예제의 발생을 이렇게 추론한다. 애초에 자유로운 임금노동을 하던 빈자들이 불평등이 심화되자 더 확실한 고용을 보장받기 위해 자발적으로 고용주에게 종속되었다는 것이다. 푸펜도르프는 전쟁 포로에 의한 노예화에 큰 의미를 두지 않는다. 전쟁은 노예의 처지와 계약조건을 더 가혹하게 만든 계기로서 제시될 뿐이다. 이렇게 노예에서 시작해서 왕까지, 정치체를 구성하는 모든 예속 관계에 자발적이고 정당한 계약의 계기가 개입한다.

따라서 루소가 말하는 노예법의 원리적 불가능성은, 노예제를 정당화함으로써 정치체 구성을 설명하려 했던 모든 정치철학에 대한 도전이다. 정치체는 어떻게든 인민의 자유를 다른 개별자에게 양도하는 식으로는 구성될 수 없다. 루소 주권이론의 기본명제는 주권자란 오직 인민뿐이고 주권은 다른 누구에게도 어떤 형식으로도 위임될 수 없다는 것이다. 노예의 불가능성을 말하는 루소는 모든 속박으로부터 벗어난 인민의 모델을 상정하는가? 그렇지 않다. 정치철학의 오랜 전통을 따르며, 루소 또한 종속관계 없이 정치체가 구성될 수 없음을 인정한다. 그렇다면 인민은 어떻게 자유를 포기하지 않으면서도 종속관계에 들어가 정치체를 구성할 수 있는가?

앞으로 개진될 사회계약 이론이 이 문제에 답할 것이다.

이 주석은 다음 논문에서 발췌·수정한 것임을 밝힌다. 김영욱, 「"노예 에밀이라! 아니, 어떤 의미에서?": 루소의 노예형상이 가진 내적 긴장과 증후적 표현」, 『불어문화권연구』, 26, 2016, 17~21쪽.

35) 본격적인 사회계약 이론을 예고하면서, 루소는 상반되는 결합원리를 표현하는 용어로 '응집'agrégation과 '회합'association을 도입한다. 이 단락의 맥락에서, 응집이란 개별적 관계만을 통해 연결되어 개별적 이익만을 추구하며 사적인 차원에만 머무르는 결합을 지시한다. 이와 반대로 회합은 공적인 관계를 맺고 공적인 이익을 좇으며 정치적 정당성을 정초하고 확인하는 결합을 지시한다. 그런데 'agrégation'과 'association'은 또한 화학 용어로 쓰인다는 사실에 주목해야 한다. 루소 사상에서 화학 이론의 영감을 강조하는 베르나르디에 따르면, 두 결합원리를 지시하는 명사는 루소가 당대 화학의 성과를 정치철학에 응용했다는 증거이기도 하다. 더 나아가 베르나르디는 '정치체'corps politique나 '일반의지'volonté générale와 같은 루소 정치철학의 주요 개념이 화학 연구에서 얻은 발상을 통해 형성되었음을 밝힌다. Bruno Bernardi, *La fabrique des concepts. Recherches sur l'invention conceptuelle chez Rousseau*, Paris, Honoré Champion, 2014. 특히 응집과 회합에 대해서는 pp. 49~76을 보라. 실제로 루소는 1743년 당대의 유명 화학자였던 기욤-프랑수아 루엘Guillaume-François Rouelle(1703~70)의 강의를 들으며 화학 연구의 성과들을 접했고, 1747년까지 연구를 계속하여 1206쪽에 달하는 『화학 강요』 원고를 남겼다. 조금 실험적으로 보일지라도, 우리는 베르나르디의 분석을 수용하기 위해 '응집'과 '회합'을 번역어로 선택했다. 왜냐하면 이 단어들은 일반적인 결합을 지시할 때나 화학 용어로서 기능할 때나 프랑스어 'agrégation', 'association'과 잘 호응하기 때문이다. 국립국어원의 『표준국어대사전』에서 "응집" 항목의 첫 번째 의미는 "한군데에 엉겨서 뭉침"이고, 세 번째 의미는 "『화학』 안정성을 잃은 콜로이드 따위의 입자가 모여서 덩어리가 되어 가라앉는 현상. 또는 분자나 원자가 모이는 현상"이다. 같은 사전에서 "회합"의 첫 번째 뜻은 "토론이나 상담을 위하여 여럿이 모이는 일. 또는 그런 모임"이며, 세 번째 뜻은 "『화학』 분자나 이온이 홀로 존재하지 아니하고, 둘 또는 여러 개가 모여 하나의 개체처럼 행동하는 현상"이다. 특히 '회합'은 『사회계약론』 전체에서 시민들의 정당한 정치적 결합을 지시하기 위해 빈번하게 사용될 것이다.

36) 우리는 'corps'를 기본적으로 '단체'로 옮긴다. 예외적으로 형용사와 결합해 합성어처럼 쓰일 때는 '-체'로 옮기고, 명백하게 인간의 물리적 부분을

지칭할 때는 '몸'이나 '신체'로 옮긴다. 예를 들어 'corps politique'는 '정치체', 'corps social'은 '사회체'로 번역하고, 'corps du peuple'과 같은 경우에는 '인민단체'로 번역한다.

『아카데미 프랑세즈 사전』을 보면, 이 단어의 기본적인 의미는 "연장이 있고 통과 불가능한 실체"이며, 이어서 인간에게 적용되는 경우 '신체'와 관련된 뜻으로 사용된다고 소개되어 있다. 그리고 이 단어가 인간이 아니라 어떤 집단에 적용될 때에는 "같은 법, 같은 관습, 같은 규칙에 따라 사는 사람들의 결합과 사회"를 뜻한다. 즉 'corps'는 가장 일반적으로는 다른 실체와 구별 가능하고 섞이지 않는 것을 뜻하며, 여기에서 적용 대상에 따라 '신체'와 '단체'의 두 가지 방향으로 분화되는 것 같다. 우리가 '신체'와 '단체'를 구별하고 후자를 강조하는 것은, 루소의 정치학에서 일종의 유기체론을 추출하는 것이 과도한 해석일 수 있음을 암시하기 위해서다. 『사회계약론』에서 국가나 정치체가 인간의 신체와 유비적으로 묘사되는 경우가 없지 않으나, 이 유비에 국가에 대한 유기체론이 전제되어 있는지는 의심스럽다. 앞의 주석에서 밝혔듯이 어떤 측면에서 루소의 'corps'는 화학적 결합의 속성을 가지고 있기도 하며, 어떤 측면에서는 원자론적 속성을 가진다.

37) 정치적 권리는 자연에서도(1권 2장), 폭력에서도(1권 3장) 도출되지 않는다. 그런데 이전의 정치철학자들은 정당성의 유일한 토대인 합의를 잘못 이해해 왔다(1권 4장). 이제 완전히 정당한 합의의 형식을 발견해야 한다. 이 짧은 장에서 루소는 사회계약 이론을 본격적으로 설명하기 전에 그 기본 조건을 진술하며, 각 조건은 중요한 질문을 제기한다. 첫째, 형식적 규정이 부정적인 방식으로 제시된다. 정당한 사회계약은 개별자 사이의 약속을 무한히 반복하는 것으로는 달성될 수 없다. 그렇다면 어떤 계약 형식이 가능한가? 둘째, 사회계약의 목적이자 동인으로 '이익'intérêt이 등장한다. 그런데 정당한 정치적 결합은 사적이고 개별적인 이익이 아니라, 공적인 이익 혹은 1권 7장에서 처음 등장하는 표현을 따르자면 "공동이익"intérêt commun을 다룬다. 그렇다면 공적인 이익이란 무엇인가? 셋째, 사회계약의 지위는, 공화국의 단 하나의 주체인 인민을 구성함으로써 모든 정치 활동을 정초하는 행위로 규정된다. 그것은 "인민이 인민이 되는 행위"로 정의된다. 그렇다면 이 토대 자체를 어떻게 정초해야 하는가? 이후 논의를 통해 이 조건들과 질문들은 사실 하나의 문제임이 밝혀진다.

38) 이 장은 『사회계약론』의 첫 번째 핵심적인 이론, 즉 사회계약의 목적과 형식을 기술한다. 우리는 다소 번잡해 보일지라도 이 장의 각 부분에 대한

기초적인 안내를 덧붙일 것이다.

이 단락은 사회계약의 조건을 추상적이고 역학적인 언어로 진술한다. 구체적인 설명이 전혀 주어져 있지 않음에도, 여러 비평가가 이 단락을 읽으며 『불평등기원론』 결말의 일반화된, 최악의 자연상태라고 할 수 있는, 극심한 전쟁상태를 떠올렸다. 이 선입견은 『사회계약론』 해석에 있어 결코 사소하지 않다. 만약 그런 전쟁상태가 사회계약의 조건이라면, 『사회계약론』은 『불평등기원론』이 묘사한 마지막 상태에 대해 실현 가능한 해결책으로 주어진 것이다. 그리고 『사회계약론』은 모든 타락한 정치체의 치유제가 될 것이다. 하지만 이것은 루소의 의도와 일치하지 않는다. 오히려 루소는 자신의 정치 이론이 특정한 조건하에서만 가능한 것이라고 계속 강조한다. 우리는 앞으로 이 사실을 여러 번 강조할 것인데 일단 여기에서는 정치체 설립의 정확한 시점에 대해 생각해 보자.

『제네바원고』에서 이 단락을 부연하며 루소는 이렇게 말한다. "인간의 욕구가 능력을 넘어서고, 욕망의 대상이 늘어나고 증가하면, 인간은 영원히 불행한 채로 있든지, 아니면 새로운 상태를 마련해서 자기 자신에게서는 찾을 수 없는 수단을 그 상태로부터 얻어 내기 위해 애써야 한다"(OC III, p. 289). 이 문장은 결코 심화된 전쟁상태를 묘사하고 있지 않다. 실제로 『불평등기원론』 2부에서 루소는 두 가지 전쟁상태를 구분한다. 첫 번째 전쟁상태는 초기사회의 삶을 통해 인간의 능력과 욕망이 발전하면서 이해와 명예의 충돌이 심화된 끝에 발생한다. "이런 식으로 가장 강한 자들과 가장 비참한 자들이 그들의 힘과 필요를 타인의 재산에 대한 일종의 권리, 그들에 따르면 소유권과 등가인 권리로 만들었다. 이로 인해 평등이 깨지고 가장 끔찍한 무질서가 뒤따랐다. 이런 식으로 부자들의 횡령, 빈자들의 강도질, 모두의 과도한 정념이 자연적 연민과 아직 미약한 정의의 목소리를 질식시키고, 인간들을 인색함과 야심과 악함에 물들게 했다. 강자의 권리와 최초 점유자의 권리 사이에 오직 싸움과 살인으로만 종결되는 영속적 갈등이 발생했다. 사회는 태어나자마자 가장 무서운 전쟁상태로 대체되었다"(OC III, p. 176). 두 번째 전쟁상태는 첫 번째 전쟁상태의 위험을 모면한다는 구실로 실제로는 정당하지 않고 강자들에게만 이익이 되는 원리로 정치체가 설립되고, 이런 정부들이 더욱 타락하여 그로 인해 모든 사회적 권리와 풍속이 파괴되고 폭력이 난무하게 된 이후 나타난다. "이 무질서와 격변 한가운데에서 전제정이 조금씩 추악한 머리를 들어 국가 전 부분에서 선하고 건강한 것이라고 파악한 모든 것을 집어삼키고 마침내 법과 인민을 짓밟고 공화국의 폐허 위에 자리 잡는다. …… 전제정이 정부 계약을 완전히 파기함에 따라, 전제군주는 오직 그가 최강자일 동안에만 지배자이고, 사람들이 그를 쫓아낼 수 있게 되면 그는 폭력에 어떤 항의도 할 수 없다. 술탄을 교살하거나 왕좌에서 내리는 폭동은 그가 전날에 신민들의 생명과 재산을 취한 행위들만큼이나 법적인 행위다"(OC III, pp. 190, 191).

즉 첫 번째 전쟁상태가 정치체 이전의, 정치체의 설립을 불러오는 무질서라면, 두 번째 전쟁상태는 정치체 이후의, 정치체에 의해 심화되는 무질서다. 루소의 문장들은 사회계약의 실행 시기를 정확하게 전자에 위치시킨다. 이 사실은 다음 논리로도 확인된다. 사회계약의 조건은 협력의 필요성, 이기심, 계약을 고안하고 이해하기 위한 이성의 발전, 각자의 재산과 불평등, 그리고 무엇보다 이 모든 것을 적절한 수준으로 제한하고 있는 풍속의 단순함이다. 특히 루소가 2권 뒷부분과 3, 4권 곳곳에서 계속 설명할 풍속의 문제는 핵심적이다. 그런데 이런 조건이 충족될 수 있는 유일한 시기는, 『불평등기원론』 2부에서 "세계의 진정한 젊음"부터, 즉 "인간의 인내력이 감소하고 자연적 연민이 이미 몇몇 변질을 겪었지만, 원시상태의 무감각 indolence과 자기편애의 격정적인 활동 사이에서 균형을 유지하며 인간능력의 발전을 불러온 시기"(OC III, p. 171)부터 첫 번째 전쟁상태에 이르는 시기다.

루소는 『사회계약론』 어디에서도, 그리고 자신의 정치철학을 설명하는 글 어디에서도 폭정의 수준에 이른 큰 왕국, 예를 들어 프랑스와 같은 국가가 사회계약을 통해 다시 태어날 수 있다고 말하지 않는다. 심지어 그것은 제네바와 같은 작은 공화국에서도 실천 불가능하다. 사회계약의 조건이 이렇게 루소 인류사에서 특정한 시기에만 충족될 수 있다면, 『사회계약론』은 『불평등기원론』 이후의 가능한 해결책이 아니라, 유일하게 정당한 정치 형식임에도 이제는 그 실현 조건이 이미 지나가 버린 이론적 모델로서 주어진 것이다. 그것은 『불평등기원론』 2부 중간에 이어질 수 있었던 상황에 대한 이성적 회고다. 인간은 정치체를 정당하게 설립할 수 있었던 유일한 시기에 다른 길을 가고 말았다.

39) 루소는 매우 간명하게 사회계약의 "근본 문제"를 기술한다. 하지만 이 진술 안에 이미 복잡한 해결책이 넌지시 주어지고 있다. 사회계약의 목적은 개인의 안전과 재산을 보존하는 것이다. 이를 위해서 개별자들은 어떤 "결합"을 통해 정치체를 형성해야 한다. 이 결합이 "복종"의 원리를 함축하고 있음에도 불구하고, 구성원들의 "자유"는 상실되지 않는다. 어떻게 종속과 자유의 양립이 가능한가? 루소는 논리적인 언어로 대답한다. 사회계약에서 개별자는 "모두와 결합함에도 오직 자기 자신에게만 복종"하기 때문이다.

앞 장에서 암시된 것처럼, 사회계약은 한 개별자와 다른 개별자 사이의 계약이 아니다. 하지만 이런 방식의 계약은, 특히 그것이 정치적 종속의 계약이라면, 개별자의 자유를 억압한다. 그렇다면 루소의 사회계약에서 개별자는 누구와 약속하는가? 루소의 첫 번째 대답은 개별자는 자기 자신과 종속 계약을 맺는다는 것이다. 복종의 상대가 자기 자신이라면 자유는 상실되지 않을 것이다. 그런데 어떻게 자신과의 약속을 통해 개별자가 전체와 결합한단 말인가? 루소는 해결될 수 없을 것 같은 문제를 지극히 논리적인 방식으로 푸는 것처럼 보인다. 가능한 결론은 하나뿐이다. 개별자의 약속 상대인 자기 자신과 공동체의 동일성이다. 계약 상대가 자신이면서 동시에 전체라면, 자유와 종속은 동시에 보장된다. 궤변처럼 보이는 이 논리가 지시하는 사태는 무엇인가?

40) 이 사태를 설명하기 위해, 루소는 사회계약 이론을 두 번 환원한다. 우선 첫 번째 환원을 살펴보자(두 번째 환원에 대해서는 옮긴이 주 44를 참고하라). 사회계약은 개별자가 자신의 모든 것을 공동체에 완전히 양도하는 행위다. 주의해야 할 것은, 앞에서 "자기 자신"으로 지시되었던 계약 상대가 여기에서는 "공동체"로 치환되어 있다는 사실이다. 다음으로 주의해야 할 것은, 타인에게 모든 것을 양도하는 행위는 1권 4장에서 이미 부당한 것으로 고발되었다는 점이다. 루소는 이 두 요소의 종합, 다시 말해 어떤 자기관계 안에서 가능해진 전적인 양도를 내용으로 갖는 계약의 힘을 검토한다. 이 계약은 모든 것을 준다는 순수한 형식적 조건만을 가지기에 형식적으로 "공평"하다. 이 공평함이 사회계약의 정당성을 도출한다. 또한 이 계약은 어떤 "권리"도 남겨 두지 않으므로 "완전"하다. 완전하지 않다면, 사회계약은 다른 모든 권리의 유일한 토대로 규정될 수 없을 것이다. 마지막으로, 이 계약에서 개별자는 "공동체", 즉 "모두"를 상대하기에 사실상 구체적인 계약 상대를 갖지 않으며, 따라서 모든 것을 양도하는 행위는 사실의 차원에서는 일어나지 않는다. 사회계약은 다만 "현재 가지고 있는 것을 더 큰 힘으로 보호"할 뿐이다. 이에 대한 자세한 설명은 1권의 나머지 장에서 볼 것이다. 일단 다음을 관찰하는 것으로 그치자. 여기에는 계약 상대로서 "자기 자신" 대신에 등장한 "공동체"가 완전한 양도라는 순수한 형식적 조건을 통해 결국 "자기 자신"으로 복귀하는 논리가 있으며, 사회계약의 정당성과 지위는 이 논리에서 도출된다.

41) 이 책에서 'assemblée'는 어떤 단체의 구성원들이 특수한 정치적·행정적 목적을 위해 모이는 행위 혹은 그런 모임을 포괄적으로 지시한다. 우리는 경우에 따라 더 자연스럽거나 구체적인 번역어를 고르지 않고 일관되게

'집회'를 사용할 것이다.

42) '집단적 가상단체'corps moral et collectif는 법이론에서 '법인'personne morale
으로 발전할 개념이다. 루소는 『사회계약론』에서 "인공단체"corps artificiel
(3권 1장), "관념적 존재"être de raison(1권 7장), "가상인격"personne morale(2
권 4장 등) 등을 같은 맥락에서 사용한다. 이들은 모두 인공적으로 만들어
진, 물리적으로 존재하지 않는 가상의 법적 주체를 가리킨다. 이것들을 모
두 '법인'으로 옮길 수도 있으나, 우리는 표현의 다양성을 보존하기로 했
다. 왜냐하면 이 용어들을 지나치게 현대적인 '법인'으로 옮기면 그 정치
철학적 함의가 잘 드러나지 않기 때문이다. 드라테는 홉스와 푸펜도르프가
발전시킨 중세철학의 개념 'persona ficta'가 루소에게서 어떤 변형을 겪는
지 효율적으로 정리한다. Robert Derathé, op. cit., pp. 397~410. 이 정치철
학자들에게 특히 중요한 것은 복수의 자유로운 주체들이 모여 형성하는 '복
합가상인격'personne morale composée이었다. 이 개념이 적용되는 대표적인
사례가 국가이기 때문이다. 『리바이어던』의 유명한 표지 그림을 떠올려 보
는 것이 좋겠다. 이들이 보기에 국가가 단일한 인격이 되기 위해서는 의지
의 통일성이 요구된다. 이것은 루소도 인정하는 바다. 그런데 홉스와 푸펜
도르프는 여러 의지를 하나의 의지로 만드는 방법으로, 오직 한 사람의 의
지에 다른 모든 사람의 의지를 종속시키는 것만을 생각한다. 하지만 루소
는 이런 방식에 의문을 제기한다. 『사회계약론』의 대표 개념인 일반의지는
다른 모든 사람의 의지를 종속시킨 어떤 사람의 의지가 아니라, 모든 사람
의 의지를 억압하지 않고 통합함으로써 누구의 의지도 우월하거나 예외가
되지 않도록 하는 '가상의'moral 의지다.

　　이 경우 'moral'의 번역 문제는 단순하지 않다. 물론 이 단어가 국가 등
의 법적 인격이 단일한 의지를 가진다는 뜻에서 여전히 '도덕'과 개념적으
로 연결되긴 하지만, 더 중요한 사실은 'personne morale'이 라틴어 'perso-
na ficta'의 번역어이며, 그리하여 이 표현에서 'moral'은 '신체적인', '실재
하는' 등과 반대되는 뜻을 함축한다는 점이다. 만약 'moral'이 순전히 어떤
도덕성을 의미한다면, 'personne'에 이 수식어를 붙일 필요도 없을 것이다.
모든 '인격'은 의지를 가지며 따라서 '도덕적인' 것이기 때문이다. 우리는
'moral'의 번역어로 '가상의'를 쓸 것이다. 이것이 실제 구체적으로 존재하
지 않는 본질을 표현하기도 하면서, 라틴어 어원에도 부합한다고 생각하
기 때문이다. 물론 책의 다른 곳에서 이 형용사가 정치체나 사회적 집단에
대해 쓰이지 않고, 인간의 능력이나 의지의 문제와 연관될 때에는 '도덕의'
라는 말로 번역해야 할 것이다. 이렇게 정리해도 'moral'의 번역 문제가 깔

끔하게 정리된 것은 아니다. 왜냐하면 『아카데미 프랑세즈 사전』의 "mo-ral"에 대한 정의대로 당시 이 형용사는 기본적으로 "풍속"mœurs에 관련된 것을 폭넓게 지칭하는 것으로 이해되었기 때문이다. 그리고 같은 사전의 "풍속" 항목이 보여 주는 대로, 이 시대 언어에서 'mœurs'는 우리에게 주는 인상과 달리 좁은 의미의 도덕의 영역부터 법과 제도의 영역까지 포함한다. '도덕'과 '풍속'의 이런 넓은 의미를 고려하면서, 우리는 몇몇 경우 문맥에 따라 'moral'을 '사회적' 혹은 '정신적'이라는 말로 옮기고 원어를 병기할 것이다.

43) 루소의 주석은 근대 주권론과 화폐론 등에 결정적 영향을 끼친 16세기 정치철학자 장 보댕(1530~96)의 『국가에 관한 여섯 권의 책』*Les six livres de la république*을 암시한다. 이 책 1권 6장에서 보댕은 자신의 주권이론하에서 정치적 주체들을 지시하는 용어를 명확하게 규정하려고 한다. 루소는 보댕의 논의를 재검토하고 수정하는 것처럼 보인다. 특히 "여러 사람들이 썼듯이, 집이 있다고 가정이 생기지 않듯, 도시가 있다고 도시국가가 나오는 것은 아니다"와 같은 보댕의 문장은 루소와의 긴밀한 관련성을 입증한다. 루소는 또한 보댕의 실수를 지적하고 있는데, 이 또한 1권 6장을 지시한다. 보댕은 부르주아와 시민의 관계를 설명하며 "부르주아는 시민으로 인정되는데, 스위스와 독일의 모든 도시에서 그렇다"고 말한다. 프랑스의 수학자, 과학자, 철학자인 달랑베르(1717~83)에 대한 언급은, 달랑베르가 1757년 출간된 『백과사전』 7권에 기고한 "제네바"Genève 항목을 참조한다. 이 주석에서의 우호적인 태도와 달리, 루소는 달랑베르가 "제네바" 항목에서 제네바 공화국에 극장 설치를 제안한 것에 반발해 이듬해 『달랑베르에게 보내는 편지』*Lettre à d'Alembert*를 발표한다. 루소는 제네바 공화국의 정체와 사회를 타락시킬 이 제안을, 볼테르를 비롯한 프랑스 철학자들의 위험한 오류 혹은 음모로 간주했다.

44) 사회계약의 두 번째 환원은 지금까지 암시되었던 부분과 전체의 관계, 그리고 전체와 전체의 관계 문제를 묘사한다. 사회계약은 개별자들이 모여 공적인 전체를 구성하는 행위다. 전체가 전체로서 하나의 실체가 되기 위해서는, 개별의지들의 단순한 합이 아닌 전체의 공적인 의지, 즉 일반의지를 가져야 한다. 그런데 일반의지가 공적이기 위해서는 단 하나의 가능성만이 있다. 일반의지는 모든 개별의지와 "분리 불가능한" 것이어야 한다. 그것이 일부와만 관계를 맺는다면 그 의지는 부분적인 것이 될 것이며, 그것이 개별의지와 분리되어 독립적으로 존재할 수 있다면 또 다른 개별의지 이상이 되지 않을 것이다. 그러므로 사회계약을 통해 구성되는 전체는

바깥을 가지지 않으며 모든 부분과 완전히 결합되어 어떤 부분과도 특별한 관계를 맺지 않아야 한다. 지금까지 다양한 정치적 주체를 가리키던 용어들은 이제 이런 부분과 전체의 관계를 통해 재규정된다. 따라서 사회계약을 통해 구성된 정치체에는 오직 하나의 주체만이 있다. 그것은 공적인 것으로 정의된 전체다. 하지만 이것은 최소한 원리적으로는, 현대적 의미의 전체주의가 되지 않는다. 왜냐하면 전체는 각 시민과 "분리 불가능한" 것으로 규정되기 때문이다. 전체는 모든 시민과 다른 것을 지시하지 않는다. 시민은 단지 개별자로 행동하지 않을 때 전체의 "분리 불가능한 부분"이 된다. 여기에는 '나'와 '우리' 사이의 미묘한 존재론적 관계가 있다.

이렇게, 사회계약의 첫 번째 환원이 개별자와 공동체 사이의 전적인 양도라는 계약 형식이었다면, 두 번째 환원은 사회계약을 통해 구성되는 전체와 개별자의 관계다. 이 두 환원 사이에는 논리적 긴장이 있다. 첫 번째 환원이 계약 상대로서의 전체를 말하는데, 두 번째 환원은 계약의 결과로서 전체를 말하고 있기 때문이다. 어떻게 계약의 결과 생겨날 주체와 계약을 맺는단 말인가? (물론 루소는 전체란 결국 개별자 자신이기 때문이라고 답할 것이다.) 우리는 여기에서 루소 사회계약의 철학적 함축을 가장 형식적으로 해설하는 알튀세르를 참조하지 않을 수 없다. 1967년 『분석을 위한 노트』 *Cahiers pour l'analyse* 8집에서 처음 출판된 이 강의는 현재 단행본으로 볼 수 있다. Louis Althusser, *Sur le Contrat social*, Paris, Manucius, 2009. 알튀세르는 『사회계약론』이 일련의 이론적 "괴리"décalage로 조직되어 있다고 말한다. 첫 번째 괴리가 바로 사회계약은 계약 당사자를 생산하는 역설적 계약이며, 이 계약을 통해 개별자와 전체 사이의 미묘한 상호 규정이 발생한다. 알튀세르는 루소가 이 역설을 통해 홉스는 달성하지 못했던 계약이론의 완전한 내재성을 성취한다고 본다. 그런데 루소는 이 괴리를 작동시키는 동시에 숨기기 위해 두 번째 괴리를 도입한다. 두 번째 괴리는 사실 교환이 일어나고 있지 않은 곳에서 모두에게 이득인 교환이 일어나고 있다고 말하는 것이다(1권 8, 9장). 마찬가지 방식으로 두 번째 괴리는 일반의지와 개별의지의 역설적 관계라는 세 번째 괴리를 요청한다(2권 3장). 마지막 네 번째 괴리는 결국 이론적 역설에서 실천으로 탈출하는 것이다. 알튀세르는 루소가 시민의 덕성과 풍속의 교화, 경제적인 조건을 끌어들이며 사회계약의 모든 이론적 괴리를 더 이상 도망칠 수 없는 현실로 수렴시킨다고 말한다. 우리가 매우 거칠게, 게다가 아직 충분히 드러나지 않은 『사회계약론』의 전체 구도를 전제하고 요약할 수밖에 없었던 알튀세르의 분석은, 루소의 계약이론이 계약이론의 막다른 길을 어떤 논리적 기교 혹은 속임수를 통해 뛰어넘

으려 하는지, 이것이 어째서 19세기 독일관념론의 기본 구도를 예고할 정도의 철학사적 의미를 가지는지, 그리고 정치의 정당한 원리만을 탐구한다고 표방하는『사회계약론』이 현실과 어떤 식의 관계를 맺고 있는지를 흥미롭게 설명한다.

알튀세르가 관찰하는 이론에서 현실 혹은 실천으로의 지평의 이동은『사회계약론』의 전체 구조를 요약한다. 루소의 사유는 정당한 정치체의 구성 조건(1권)에서 입법의 문제(2권)로, 그리고 정치체의 의지로서의 법에서 다시 법의 실행력으로서 정부의 문제(3권)로, 결국 여론과 관습의 문제(4권)로 이동하는 것이다. 하지만 이런 이동을 알튀세르처럼 이론에서 현실로의 탈출 혹은 도피로만 이해해야 하는 것은 아니라는 점을 지적해 두어야 한다. 루소의 충실한 한 주석자는 이론을 구축한 다음 그것을 현실 속에 밀어넣는 이런 구조를 통해 루소의 정치철학을 모든 유토피아적 이론과 구별한다. Victor Goldschmidt, "Rousseau et le droit", *Tijdschrift voor Filosofie*, 4, 1978, p. 608.

45) 우리는 'droit civile'과 'lois civiles'을 일관되게 '시민법'이라고 옮길 것이다. 2권 12장에서 루소는 'lois civiles'이 "구성원들 사이의 관계 혹은 구성원들과 단체 전체와의 관계"를 규정하는 법이라고 정의한다. 이 정의에 따르면 루소의 'lois civiles'은 현대적 용법에서 '민사법'과 '공법' 일부를 포괄하게 된다. 맥락에 따라 민사법으로서의 '민법'과 공법으로서의 '시민법' 등을 구별하여 번역어로 택하는 방법이 있겠으나, 우리는 루소의 규정을 따라 한 번역어로 통일한다. 이 경우, "정치법의 원리"를 다루는 책의 논의 대상을 고려할 때 '민법'보다는 '시민법'을 택하는 것이 더 합당한 것처럼 보인다.

46) 즉 주권자는 이중의 관계에 놓여 있지 않다. 정치체에서 주권자는 절대적으로 능동적인 주체다.

47) "기본법"loi fondamentale은 '근본법'으로도 불리며, 주권의 구성과 유지의 규칙을 뜻한다.『백과사전』의 "기본법" 항목에는 이렇게 정의되고 있다. "가장 넓은 의미에서 어떤 국가의 기본법은 통치 형태와 왕위 계승 방식을 규정하기 위해 나라 전체가 가지고 있는 명령들일 뿐만 아니라, 인민에 의해 주권을 부여받은 자 혹은 집단과 인민 사이의 협약이다. 이 협약에 의해 통치 방식이 결정되고 주권의 한계가 설정된다. 이 규칙들은 '기본법'이라 불린다. 왜냐하면 국가의 기초이자 토대로서 바로 이 규칙 위에 통치 기구가 세워지기 때문이고, 또한 인민은 이 규칙이 인민의 모든 힘과 안전을 만들어 낸다고 간주하기 때문이다." 푸펜도르프에게 기본법은 자연법의 일부

였지만, 루소는 그것을 '정치법'으로 명명함으로써 자연법과 분리한다.

48) 개인은 사회계약을 통해 "대인 의존으로부터 보호"된다. 이 말을 이해하기 위해 『에밀』 2권의 한 단락을 참고해야 한다. "의존에는 두 가지가 있다. 자연에서 기인하는 사물에 대한 의존과 사회에서 기인하는 인간에 대한 의존. 사물에 대한 의존은 어떤 도덕성도 가지지 않기에 자유를 해치지 않으며 악을 낳지도 않는다. 인간에 대한 의존은 무질서한 경우 악을 모조리 낳으니, 바로 이 의존을 통해 주인과 노예가 서로 변질된다. 사회에서 이 악을 고칠 수 있는 어떤 수단이 있다면, 그것은 인간을 법으로 대체하고, 모든 개별의지의 작용보다 우월한 실재적 힘으로 일반의지를 무장시키는 것이다. 만약 국가의 법이 자연의 법처럼 인간이 어떤 힘으로도 굽힐 수 없는 엄정성을 가질 수 있다면, 그때 인간에 대한 의존은 다시 사물에 대한 의존이 될 것이며, 공화국은 사회상태의 이점에 자연상태의 모든 이점을 결합할 것이고, 인간은 자신을 악덕에서 보호하는 자유에다가 그를 덕으로 고양하는 도덕성을 겸비하게 될 것이다"(OC IV, p. 311). 이렇게 루소는 대인 의존과 대물 의존이 자유, 필연성과 맺는 관계를 고찰함으로써 사회적 대물 의존을 만들어 내는 법의 효과를 강조한다. 이 효과란, "사회상태의 이점에 자연상태의 모든 이점을 결합"하는 것이다. 법의 이런 특성은 법 개념을 다루는 2권 6장에서 분명하게 드러나지 않기에 지적해 둘 필요가 있다.

49) 이 장은 앞 장에서 설정한 개념을 통해 개별자와 주권자 양쪽의 권리와 의무를 고찰한다. 각 개별자는 동시에 능동적 존재(시민)이자 수동적 존재(신민)이다. 이 때문에 그는 법의 지배를 받을 수 있다. 하지만 앞 장에서 규정된 대로 순수한 능동적 전체인 주권자는 그 개념상 어떤 법의 지배도 받지 않는다. 다만 주권자는 자신의 존재근거를 부정하는 행위를 의무로 설정할 수는 없다. 개별자가 법의 지배를 받아야 하는 것은, 그가 전체와 다른 것을 원할 수 있기 때문이다. 반면 주권자가 어떤 기본법도 갖지 않는 것은, 개별자의 전체에 대한 관계에서와 달리 주권자는 개별자의 이익 외에 다른 것을 원할 수 없기 때문이다. 이렇게 순수하게 원리적으로 구성된 주권자의 정당성과 개별자의 경험적 불완전함 사이에 갈등 관계가 형성된다. 이 위험은 일단 "강제로 자유롭게" 하는 것으로 예방된다. 이 표현에서 전체주의적 발상을 보는 것은 어렵지 않다. 하지만 우리는 개별자의 이중의 관계를 잊으면 안 된다. 수동적 존재로서 그가 "강제로 자유롭게" 된다면, 이것은 그가 능동적 존재로서 자신의 자유를 법의 형태로 창조하기 때문이다. 분명 억압적이고 전체주의적 혐의가 가능하다. 하지만 이 혐의는

단지 "강제로 자유롭게" 만드는 행위에만 씌워져야 할 것이 아니고, 개별자의 이중적 관계가 가진 근본적인 모순을 통해서 입증되어야 한다. 한편 원리와 경험, 권리와 사실 사이의 이런 긴장으로 인해, 『사회계약론』의 이론적 지위를 고정시키고 해석의 일관성을 마련하려는 독서는 계속해서 난관에 맞닥뜨리게 될 것이다. 그러므로 이 논의를 입법자, 인민, 풍속, 정치종교religion civile(이 용어의 번역에 대해서는 4권 옮긴이 주 65를 참고하라)와 같은 일련의 주제 맨 앞에 위치시켜야 한다.

50) 우리는 이미 1권의 첫 문단을 해설하며 이 번역어의 선택을 예고했다. 이 책에 종종 등장하는 'état civil'은 '야만'과 대비해서는 '문명상태'로, '자연'과 대비해서는 '사회상태'로 옮길 수 있다. 물론 '시민상태'라는 번역어는 안전하다. 하지만 우리는 정치체의 정당한 원리를 연구대상으로 삼으며 정치체 구성의 효과와 한계를 검토하는 『사회계약론』의 목적을 고려하여 '정치상태'를 번역어로 택한다. 즉 정치상태는 법의 정당한 원리로 통치되며, 그 구성원은 정치적 주체로서 시민으로 규정되는 사회를 말한다. 이런 문제 설정으로 인해 이 책에서는 "정치상태"état civil를 비롯하여 1권 첫 문장의 "정치질서"ordre civil, 1권 4장의 "사회상태"état social, 2권 1장의 "사회"société 등이 동일한 사태를 지시하게 된다. 반면 『불평등기원론』 1부에서 '사회상태'는 정치체와 관련 없이 엄밀한 의미의 '자연상태'와 대조되었으며, 2부에서는 '정치상태'가 등장하긴 하나 그것은 『사회계약론』과 달리 부조리하고 부당한 정치사회의 전개를 지시했다.

51) 이 문단에서 루소는 정당한 정치체를 통해 사회화됨으로써 획득되는 도덕성을 묘사하고 있다. 하지만 루소의 인간 이론 전체에서 볼 때 이런 도덕성의 획득이 반드시 사회계약과 정치를 통해서만 가능한 것은 아니다. 『에밀』은 개인이 건강한 성장과 엄밀한 교육을 통해 어떻게 이런 도덕성을 얻게 되는지 설명한다. 『사회계약론』이 정치와 법을 통한 도덕화의 계기를 포함한다면, 『에밀』은 교육을 통한 개인적이고 철학적인 자유의 형성을 기획한다. 이 장 끝에서 루소가 사회계약의 대차대조표를 작성한 후 이런 도덕성의 획득을 계산에서 제외하는 것은, 그것이 사회계약의 고유한 효과가 아니기 때문이다. 이런 관점은 다시 한번 『사회계약론』의 지위를 따져 보게 한다. 『사회계약론』이 『에밀』 5권에서 요약된 형태로 교육되고 있음에도, 에밀에게 『사회계약론』은 필수적인 책이 아니다. 에밀이 현실에서 입법자가 되거나 정당한 정치체에서 살게 될 가능성은 거의 없기 때문이다. 물론 그가 대단한 행운으로 완전한 정치체에 소속되게 된다면 장-자크의 교육은 그가 훌륭한 시민이 되도록 도울 것이다. 하지만 『에밀』의 가장 시급하

고 중요한 임무는 오히려 개인이 사회의 불의에도 불구하고 그 안에서도 행복을 찾으며 살 수 있도록 교육하는 것이다. 즉 "정치법의 원리"가 실현의 어려움과 상관없이 정당성의 차원에서 규명된 이론이라면, 『에밀』은 정치체의 실패를 예상하는 개인의 책이다. 두 책은 어떤 체계를 구성하지만, 하나가 다른 하나를 온전히 요소로 포함하는 방식으로 체계를 구성하는 것은 아니다.

52) 우리는 'liberté civile'을 '시민의 자유'로 옮긴다. 루소는 이 표현으로 정치체 구성으로 형성된 사회상태를 통해 각 시민이 누리는 자유를 뜻하는 것 같다. 18세기에 이 말은 흔히 '정치적 자유'liberté politique와 함께 쓰이는데, 우리는 두 표현이 동시에 등장하는 3권 1장 옮긴이 주 4에서 그 뜻을 더 자세히 살펴볼 것이다.

53) 루소는 『에밀』, 특히 4권에 삽입된 『사부아 보좌신부의 신앙고백』*Profession de foi du vicaire savoyard*에서 철학적 의미의 자유를 논한다. 『사부아 보좌신부의 신앙고백』은 『에밀』의 일부분이긴 하나, 루소가 이 부분을 따로 출판할 생각을 품었을 정도로 중요하고 독립적인 지위를 가지고 있고 분량도 상당하여 프랑스에서는 보통 단행본처럼 표기한다. 우리도 이런 관례를 따를 것이다.

54) '대물소유권'은 'domaine réel'을 옮긴 말이다. 『백과사전』의 "domaine" 항목은 이 단어를 이렇게 정의한다. "라틴어 'dominium'으로서, 보통 '어떤 사물에 대한 소유권'을 뜻한다. 때로는 부동산 일체를 의미하기도 한다."

55) 『불평등기원론』에서 말하듯 루소에게 "소유권은 인간의 합의이고 제도일 뿐이다"(OC III, p. 184). 정치체와 주권이 창설되고 사회계약이 모든 권리의 토대를 마련한 후에야 점유의 사실을 소유의 권리로 변화시킬 수 있다. 따라서 루소에게 소유권은 자연적 권리로서 자연법에 의해 보장되는 것이 아니라 정치법의 실행 이후에만 가능하다. 이 점에서 루소는 홉스의 『리바이어던』 1권 15장에 동조한다. 반면 로크는 『통치론』 두 번째 권 5장에서 노동을 소유권의 기원으로 보며, 따라서 그에게 소유권은 자연상태에서도 정당화될 수 있다. 신은 세상을 인간 전체가 공동으로 사용할 수 있게 주었다. 하지만 각자의 인격과 노동만은 그 자신에게 온전히 속한다. 소유권은 어떤 사람이 자연이라는 공동의 것에 자신의 고유한 것, 즉 노동을 투여하고 뒤섞는 행위를 통해 발생된다.

루소는 노동이 최초 점유자의 권리를 정당화할 수 있다 해도, 그것만으로 법적인 소유권의 근거가 마련되지 않는다고 생각한다. 아래에서 루소가 최초 점유자의 권리를 제한할 필요성을 강조하기 위해 식민주의의 예를 드는 것이 흥미롭다. 루소는 소유권을 부당한 방식으로 도입한 것이 문명사회의 모든 악의 기원이라고 보는데, 이것은 『불평등기원론』 2부의 유명한 첫 문장들에서(OC III, p. 164) 분명하게 표현된다. 이 문장들이 흥미로운 것은 여기에서 루소가 특별한 근거 없이 소유권을 주장한 "사기꾼"imposteur을 "시민사회의 진정한 설립자"vrai fondateur de la société civile로 지칭하기 때문이다. "땅에 울타리를 치면서 '여기가 내 땅이다'라고 말할 생각을 한 첫 번째 사람, 그러면서 사람들이 그의 말을 믿을 정도로 단순하다고 생각한 첫 번째 사람이 시민사회의 진정한 설립자였다." 그런데 『사회계약론』에서 루소는 "시민사회의 진정한 설립"은 오직 사회계약을 통해서만 가능하다고 말하지 않는가? 따라서 두 가지의 "설립"이 가능하다. 부당한 소유권의 난립을 통한 부당한 정치체의 탄생과 정당한 정치체의 탄생을 통한 정당한 소유권의 설립. 그렇다면 식민주의는 식민지 사회의 정치를 불가능하게 하는 "사기꾼"일 뿐이다.

56) 바스코 누녜스 데 발보아(1475~1519)는 유럽인으로서 최초로 태평양을 발견한 정복자다. 지금의 파나마를 통해 아메리카 대륙에 들어가, 1513년 태평양에 닿아 카스티야 왕국의 이름으로 대양의 점령을 선포하고, 그 바다를 '남방해'Mar del Sur/Mer du Sud라 명명했다.

57) "가톨릭의 왕"Roi catholique은 아라곤, 카스티야, 나폴리, 시칠리아의 국왕이었던 페르난도 2세Fernando II(1475~1504)를 지칭한다.

58) 권리의 형식적인 평등을 최대한도로 규명한 후에, 루소는 실질적인 경제적 평등의 중요성을 강조한다. 앞서 말한 대로 알튀세르는 여기에서 루소가 권리의 이론에서 경제의 현실로 후퇴한다고 생각할 것이다. 원리상의 전진과 경험으로의 후퇴가 『사회계약론』의 역설적 원리 가운데 하나임을 다시 한번 강조해야겠다. 혹은 조금 다른 뉘앙스로, 『사회계약론』은 정치법의 "원리"를 다루더라도 어디까지나 정치적 현실주의의 한계 안에 있다고 말할 수도 있다.

2권

1) 1권에서 루소는 정치적 정당성이 오직 최초의 합의를 통해서만 도출될 수 있음을 보인 후, 그런 합의의 형식을 6장에서 '사회계약'이라는 이름으로 발표했다. 사회계약을 통해 개별자들은 각자의 자연적 "힘과 자유"를 결합해 정치체를 형성한다. 힘의 결합원리가 전적인 양도라면, 자유의 결합원

리는 자기에 대한 복종이다. 7장에서는 이렇게 형성된 주권자와 개별자의 관계를 다루고, 8장에서는 정치체 구성의 득실을 계산했다. 그런데 왜 루소는 1권 마지막 장을 소유권에 대한 논의로 끝냈을까? 9장을 시작하며 루소는 "재산을 포함한 …… 모든 힘"이 공동체에 양도되어 강력한 "공적 소유"가 된다고 말한다. 즉 1권 9장은 소유권의 형성을 통해 어떻게 개별자의 힘이 공적인 힘으로 전환되는지 기술한다. 그리고 루소가 1권을 "힘과 자유" 가운데 힘의 결합을 묘사하는 것으로 끝낸 것은, 2권 전체를 자유의 결합 문제에 할애하기 위해서다. 2권은 주권을 공적 의지인 일반의지로 정의하고, 그 정치적 함축을 살펴보는 것으로 시작해, 개별의지와 일반의지의 관계를 살피고 일반의지의 권한과 한계를 검토한 후, 일반의지의 표현인 법의 문제를 다룬다. 특히 2권 3장의 난해한 서술은 힘과 재산의 결합을 설명하는 양도와 대비되는, 자유 결합의 어떤 계산을 다룰 것이다. 이런 구도를 통해 다음을 알 수 있다. 첫째, 루소에게 소유권은 정치체가 가지는 힘의 중요한 요소다. 둘째, 정치체 구성의 문제에서 힘의 결합보다 자유의 결합이 더욱 중요하고 어려운 일이다. 즉 루소는 전적인 양도에 비해 자기에 대한 복종이 더 복잡한 문제이고 그 효과 또한 정확히 따져 봐야 한다는 것을 알고 있다. 셋째, 루소에게 정치적 자유는 의지 개념에 대한 원리적 이해와 관련된다. 자유의 개념과 생산을 다룬다는 점에서 루소의 정치철학은 형이상학적인 의미와 언어를 갖게 된다.

2) 주권은 "공동이익"만을 대상으로 삼는 "일반의지의 행사"일 뿐이다. 이렇게 루소는 주권을 공동이익이라는 목적에 따라 국가의 힘을 사용하는 단일한 의지로 규정한다. 그리고 주권이 일종의 의지라는 명제에서 주권의 기본적인 본성이 도출된다. 주권이 양도되거나(2권 1장) 분할될 수 없다면(2권 2장), 그것은 주권이 하나의 의지이기 때문이다. 주권이 의지인 한, 그것은 대표되거나 분산될 수 없다. '주권'souveraineté, '일반의지'volonté générale, '공동이익'intérêt commun은 서로가 서로를 규정한다. 이와 달리 힘은 "이전"될 수 있는데, 이런 힘의 이전을 통해 정부가 구성된다. 정부에 대해서는 3권에서 논의한다.

3) 개별의지는 "편중"préférences하고, 일반의지는 "평등"égalité을 추구한다. 1권 6장에서도 간략하게 다루어진 사회계약의 공평함은 아래 2권 4장에서 더욱 자세히 논의될 것이다. 여기에서는 이런 '편중'과 '평등'의 대비가 루소의 인간 이론에서 갖는 함축을 언급하는 것으로 그치겠다. 『불평등기원론』에서 자연상태와 사회상태의 대조는 '자기애'amour de soi와 '자기편애'amour propre의 대조로 수렴된다. 자연인이 사회적 관계에서 벗어나 있다

는 것은 어떤 개별적인 대상과도 지속적인 관계를 맺지 않는다는 뜻이다. 그에게 유일한 대상은 자기 자신이며, 여기에서 자기 자신이란 사회 속에서 타자와의 관계를 통해 구성되는 개별적 자아와는 아무 상관이 없다. 반면 사회상태의 인간은 여러 특정한 대상과 지속적인 관계를 맺는다. 그리고 언제나 타인의 시선을 통해 자아를 구성하고 자아에 우선권을 부여한다. 루소에게는 특정한 대상과 관계를 맺고 자기 자신을 특정한 대상으로 만드는 모든 행위가 '편중'에 속한다. 따라서 만약 특정 대상을 편애하고 우선시하는 행위가 불평등의 일반 원리라면, 불평등의 기원은 사회적 존재양식 자체에 있는 것이다. 그리고 이런 사회적 원리가 부재한다는 점에서 자연 상태는 평등하다고 말할 수 있다. 자연상태의 평등은 개별적인 대상들 사이의 균형을 통한 평등이 아니라, 어떤 지속적 대상도 없는 상태가 가지는 불평등의 불가능성이라고 말해야 정확할 것이다. 이런 맥락에서 『사회계약론』은 루소의 인간 이론에서 절대적 원리처럼 제시되었던 공식, 즉 사회상태와 불평등의 동일성을 이성의 기교를 통해 깨뜨리고 평등한 사회화의 가능성을 제시하려 한다. 사회계약 이론을 통해 루소는 기존 사회의 불평등의 원리를 비판하고 고찰하기 위해 자연상태의 평등을 사유의 출발점으로 삼지만, 또한 이를 자연적 평등과 사회적 평등의 근본적인 차이를 통해 사유한다.

4) 이와 관련해, 루소는 일반의지의 현재성을, 미래는 물론 과거와도 대립시킨다. 원고에 남아 있는 이름 없는 단편 중 하나에서 그는 이렇게 말한다. "주권은 일반의지의 행사일 뿐이어서 의지처럼 자유로우며 어떤 종류의 약속에도 얽매이지 않는다. 주권의 각 행위와 주권이 지속되는 각 순간은 절대적이며, 앞선 행위에 의존하지 않는다. 주권자가 움직인다면 그것은 결코 그가 원했기 때문이 아니라, 그가 원하고 있기 때문이다"(OC III, p. 485). 주권자는 현재 그가 원한다면 과거의 결의나 약속에 얽매이지 않는다.

5) 『아카데미 프랑세즈 사전』에 따르면 'magistrature'는 'magistrat'의 직을 뜻하고, 후자는 "판결을 내리거나 통치질서를 유지하는 관리"로 정의된다. 즉 지금 관점에서는 사법부와 행정부 공무원들의 기능을 함께 지시하는 명칭이다. 하지만 루소에게 이 두 기능은 모두 '정부'gouvernement에 속하고, '정부'란 행정기관 이상의 것이 아니므로 우리는 이를 통칭하여 '행정직'이라고 옮길 것이다. 이에 대해서는 행정권을 본격적으로 다루는 3권에서 좀 더 명확하게 알게 된다.

6) "명령"décret이 "법"loi과 대비되고 있다. 이 단어는 법률 용어로 이해해야 한다. 『백과사전』에서 법학 범주에 포함되어 있는 "명령"décret 항목은 이

렇게 정의한다. "이 용어는 때로는 군주가 만든 법으로 간주된다. 이 말은 때로는 판사의 지시 사항, 특히 피고인에게 명령되는 어떤 구속, 혹은 실제로 압류된 부동산을 사법적 판단에 의해 매매하는 것을 의미한다. 마지막으로 이 용어는 또한 어떤 단체의 심의 결과로 간주된다." 사실 구체제 군주제 사회에서 '명령'이 가진 힘은 매우 강력했다. 이에 반해 루소는 일반의지의 표현인 '법'과 대비해 행정적 지침일 뿐인 '명령'의 지위를 격하한다.

7) 홉스를 비롯해 루소가 상대하는 정치철학자들은 주권의 분할 불가능성을 천명하면서도 실제로는 주권이 각기 다른 활동을 전담하는 "부분"을 가진 다고 주장한다. 예를 들어, 푸펜도르프는 『자연법과 만민법』 7권 4장 「일반적인 주권의 부분들과 그것들의 자연스러운 연결에 대해」Des parties de la souveraineté en général, et de leur liaison naturelle 서두에서 이렇게 쓴다. "주권은 그 자체로는 단순하고 분할 불가능한 것이지만, 그럼에도 불구하고 그것은 국가의 보존을 위해 꼭 사용해야 하는 여러 수단들을 기준으로 각기 다른 여러 행위를 통해 행사된다. 우리는 주권의 다양한 '부분들'을 파악하게 되는데, 이 부분들은 '역량의 부분'parties potentielles이라 불리는 것과 관련되어 있다." 푸펜도르프는 "역량의 부분"을 설명하기 위해 영혼의 활동을 상기시킨다. 영혼은 그 자체로는 단일하고 단순한 존재지만, 영혼이 작용하는 신체 기관이나 활동 대상에 따라 여러 "역량의 부분"을 가진 것으로 상정된다는 것이다. 18세기 초 제네바의 정치철학자인 장-자크 뷔를라마키 Jean-Jacques Burlamaqui(1694~1748) 또한 『정치법의 원리』Principes du droit politique 2권 1부 8장 「주권의 부분 혹은 주권이 가지는 본질적인 권리에 대해」Des parties de la souveraineté, ou des différents droits essentiels qu'elle renferme에서 거의 비슷한 이야기를 더 단순한 방식으로 진술한다. 하지만 주의해야 할 것은, 드라테가 지적하듯이 루소의 주권분할에 대한 비판을 몽테스키외의 삼권분립에 대한 비판으로 오인해선 안 된다는 점이다(Robert Derathé, op. cit., p. 281). 루소는 입법권으로 이해된 주권의 분할 불가능성을 말하는 것이지, 입법권과 행정권의 분리 자체를 거부하는 것이 아니다. 루소에게 주권이 분할되어선 안 된다면, 그것은 어느 시민도 주권에서 소외되어선 안되기 때문이며, 정치체 안에서 법의 절대적 일반성을 보장하기 위해서다. 한편으로 3권부터 분명하게 진술되듯, 그는 몽테스키외가 『법의 정신』 11권 6장에서 하는 것처럼 행정권과 입법권의 분리를 적극적으로 지지한다. 하지만 그 양상은 다르다. 몽테스키외는 행정권, 입법권, 사법권을 분리하고 상호 견제하도록 함으로써 권력 집중으로 인한 폐해를 막으려 한다. 루

소에게는 입법권이 다른 모든 국가의 힘을 통제하며, 모든 시민의 일반의 지로 규정되는 입법권의 일반성과 그것의 양도, 분할 불가능성이 입법권의 변질을 막는다. 그리고 이런 입법권의 본성 때문에 행정권이 분리될 수밖에 없다. 입법권은 전체의 자기관계만을 지시하기에, 입법권의 통제 아래 개별적인 대상을 상대하는 힘이 요청되기 때문이다. 루소에게 문제는 이렇게 분리된 행정권이 입법권에 잘 종속되어 있도록 제어하는 것이다.

8) 우리는 1권 첫 문단의 옮긴이 주 4에서 'droit'의 번역에 대해 길게 말했다. 이 문장에 나오는 'droit'는 '-권'이라고 옮기는 것이 자연스러워 그렇게 했다. 하지만 '-법'이라고 옮기는 것도 개념상 문제되지 않는다. 루소에게 주권, 즉 주권자의 권리는 오로지 법을 통해 표현되기 때문이다.

9) 루소는 주권의 "부분"parties과 "발출"émanations을 대비시킨다. 『백과사전』의 "émanation" 항목이 보여 주듯이, 이미 18세기 중반에 이 단어는 '발산'이라는 과학적 용어로 널리 쓰이고 있다. 하지만 『아카데미 프랑세즈 사전』에서 'émanation'의 동사형인 "émaner" 항목을 보면, '발산'의 예시와 함께 신학적 의미의 '발출'의 예시("말씀이 성부로부터 발출한다"), 그리고 정치적 정당성을 지시하는 예시("칙령은 왕권에 근거한다")가 여전히 '발산'보다 앞서 제시되고 있다. 루소가 여기에서 "émanations"을 정치적 의미로, 그러니까 '어떤 상위 권력에 근거하는 명령이나 행위' 등으로 사용하고 있음은 분명하나, 그런 정치적 용법이 신학적 의미에서 파생되었고 "émanations"을 옮길 만한 정치적 용어가 없기에 우리는 이 단어를 '발출'로 옮기기로 했다.

10) 2부 6장 「법에 대해」가 예고되고 있다. 앞질러 부언하자면, 루소에게 법은 본질상 특정한 대상을 고려하지 않는다('법 앞의 평등'). 이런 법을 제정하는 것이 주권의 고유한 활동이다. 즉 주권은 입법권과 동일하다. 그렇게 결정된 법을 특정 대상에 적용시키는 것은 주권의 행위가 아니라 행정권, 정부의 행위다. 주권은 특정 대상을 상대하는 순간 자신의 일반성을 상실한다. 전쟁 선포의 법을 제정하는 것은 주권행위이지만, 그것을 어떤 특정한 국가에 대해 선포함으로써 그 법의 적용 대상을 결정하는 일은 주권행위가 아니다.

11) 장 바르베락(1674~1744)은 낭트칙령 폐기 후 스위스로 도피한 프랑스 출신 법학자로서 푸펜도르프 저서의 번역과 공화주의 이론에 대한 기여로 유명하다. 그가 번역한 흐로티위스의 책은 『전쟁과 평화의 법』이다.

　　루소가 언급하는 『전쟁과 평화의 법』 1권 3장과 4장의 제목은 각각 「공적 전쟁과 사적 전쟁의 구별」Division de la guerre publique et guerre privée, 「권력에 대항하는 신민들의 전쟁에 대해」De la guerre des sujets contre les puissances

다. 여기에서 호로티위스는 한편으로는 왕에게 양도된 주권의 권위를 주장하면서도, 다른 한편으로는 불가피하고 위급한 상황에서 왕에 대한 인민의 전쟁이 가능하다는 것을 밝히려고 애쓴다. 루소에게는 모순처럼 보이는 이 논리를 통해, 호로티위스는 왕과 인민 각각에게 어떤 권리가 있는지 해명하려 한다.

12) 1618년 네덜란드의 칼뱅주의 급진파가 쿠데타를 일으키고, 호로티위스는 루버스테인 요새Slot Loevestein에 감금된다. 그는 1621년 요새를 탈출해 파리로 피신하여 루이 13세의 보호 아래 연금을 받으며 연구를 계속했고, 이때 쓴 『전쟁과 평화의 법』을 루이 13세에게 바친다. 이후 프랑스 왕은 호로티위스를 스웨덴의 프랑스 대사로 파견한다. 루소는 호로티위스의 행적과 사상을 비교하며 그에 대한 냉소적인 태도를 숨기지 않는다. 하지만 극심한 정치적 혼란과 종교전쟁의 시대에 안정적인 주권의 확립과 자연법의 규범을 통한 평화의 가능성을 모색했던 호로티위스의 의도도 무시해선 안 될 것이다.

13) 1688년 영국의 명예혁명을 지시하고 있다. 윌리엄 3세는 의회의 권리장전을 승인하고 왕위에 오른다. 가톨릭의 복권과 전제왕정의 강화를 꿈꾸던 제임스 2세는 폐위되어 프랑스로 망명한다. 조지 1세는 1714년부터 1727년까지 재위한 영국의 국왕이다. 바르베락은 『전쟁과 평화의 법』의 번역서를 조지 1세에게 헌정했다. 루소의 바르베락에 대한 평가는 부정확하고 가혹한 측면이 있다. 실제로 바르베락은 1729년 개정판의 조지 1세에 대한 헌사에서 전쟁과 평화에 대한 학문이 군왕에게 적합한 지식이라고 말하면서도, 이 학문이 허영에 차서 자신의 위치나 진정한 이해관계를 보지 못하는 왕들의 마음에는 들지 않을 것이라 경고한다. 게다가 바르베락의 사상은 호로티위스보다는 푸펜도르프와 더 가까우며, 여러 지점에서 로크의 자유주의와 유사하다고 평가된다.

14) 루소는 다르장송 후작의 『프랑스 정부의 과거와 현재에 대한 고찰』 2장을 인용하고 있다.

15) 루소는 이탈리아어를 그대로 인용했다. 루소는 피렌체의 정치학자 니콜로 마키아벨리(1469~1527)의 『피렌체사』Storie fiorentine, 『로마사 논고』Discorsi sopra la prima deca di Tito Livio, 『군주론』Il Principe에서 큰 영향을 받았다. 고대 공화정과 자유의 문제, 국가와 입법자, 종교의 관계 문제 등에서 루소는 마키아벨리의 영감을 부정하지 않는다. 『사회계약론』 곳곳에서 루소의 마키아벨리에 대한 참조를 확인하게 될 것이다.

16) 리쿠르고스는 스파르타의 전설적인 입법자로 생몰 연대가 불확실한 신화

적 인물이다. 스파르타와 리쿠르고스에 대한 열광은 루소의 거의 모든 정치 텍스트에서 관찰된다. 또한 그가 『학문예술론』 후에 쓴 것으로 추정되는 스파르타와 로마를 비교하는 단편, 그리고 미완성의 『스파르타의 역사』 *Histoire de Lacédémone*가 남아 있다. 루소는 리쿠르고스가 시민의 덕성과 애국심을 고취하고, 학문, 예술, 사치로 정치체의 타락이 가속화되는 것을 막은 위대한 입법자이며, 리쿠르고스의 입법을 통해 스파르타는 아테네 등 그리스의 다른 도시국가보다 더 완전한 "인간이라기보다 반신들의 공화국" (OC III, p. 12)이 되었다고 믿는다. 이렇게 그는 리쿠르고스에게서 입법자의 모범을, 스파르타와 스파르타의 시민들에게서 공화국의 이상을 보았다.

루소와 정확히 같은 이유에서는 아니더라도, 스파르타와 리쿠르고스에 대한 찬사는 18세기 프랑스에서 드문 일이 아니었다. 『백과사전』의 "스파르타"Sparte 항목은 이렇게 말하고 있다. "그 이름만으로 전 그리스의 모든 다른 도시들보다 더 위대한 것들, 특히 더 위대한 덕성들이 상기된다. ······ 우리는 리쿠르고스에게서 가장 심오하고 가장 일관된 정신을 봐야 한다. 유일무이한 이 정신이, 지금까지 알려진 것 가운데 가장 잘 구성되고 가장 짜임새 있는 법체계를 만들어 냈다."

17) 솔론(BCE640?~BCE558?)은 고대 아테네의 정치가였고, 누마 폼필리우스 (?~BCE673)와 세르비우스 툴리우스(?~BCE535)는 고대 로마의 왕이었다. 이들은 공통적으로 제도 개혁을 통해 정치체의 폐단을 예방하려고 했다. 특히 세르비우스의 개혁에 대해서는 『사회계약론』 4권 4장에서 자세히 검토된다. 첨언하자면, 루소가 존경하는 고대 입법자의 목록에 모세를 추가해야 할 것이다. 그는 『폴란드 정부론』에서 이렇게 말한다. "모세는 방랑하는 굴종적인 이 집단을 감히 정치체, 자유로운 인민으로 만들었다. 이 집단은 머리를 기댈 돌 하나 없이 사막을 떠돌고 있었지만, 모세가 그들에게 영구적인 제도를 마련해 주었다. 이 제도는 시간과 운명과 정복자들의 시련 속에서도 5000년이 지나도 파괴되거나 변질되지 않았으며, 그 국민단체가 더 이상 존속하고 있지 않은 오늘날에도 여전히 온전한 힘을 유지한 채 버티고 있다"(OC III, p. 956).

18) 단순한 개별의지의 합과 구별되는 일반의지, 그리고 "부분사회"société part-ielle에 대한 경계를 말하는 이 장은 일반의지 개념의 이해에서 핵심적인 위치를 차지한다. 하지만 일반의지와 "모두의 의지"volonté de tous의 구별, 일반의지의 심의 절차를 묘사하는 느슨한 수학적 언어는 구체적인 분석을 쉽게 허락하지 않는다. "개별의지들에서 서로 상쇄되는 더 큰 것들과 더 작은 것들을 빼면, 차이들의 합계로" 구해지는 일반의지의 계산법이나, "많은 수

의 작은 차이들"을 불가능하게 하는 부분사회의 문제는 정확히 어떤 사태를 지시하는 것일까? 여러 개별의지들의 대상을 무차별적으로 수용하는 것이 아니라, 그들의 공통 대상을 원하는 것이 일반의지라고 가정한다면, "상쇄"란 공통 대상을 제외한 나머지 대상들의 소거를 뜻할 것이다. 하지만 이런 모델을 적용하면 개별의지는 일반의지로의 통합 과정에서 자신의 의지 대부분이 선험적으로 규정된 공통 대상에 의해 억압되는 경험을 하게 될 것이다. 그러면 전체주의의 위험을 벗어나는 방법은 각 개별의지들에 칸트식의 반성 과정을 삽입하는 방법뿐이다. 시민들은 이성적 반성을 통해 자신의 의지를 각자 수정해야 한다. 따라서 이 장에 대한 해석은 일반의지의 이념적 지향을 언급하는 것에 그치거나, 일반의지의 전체주의적 위험을 경고하거나, 일반의지의 칸트적 해결책을 예감하는, 세 가지 길 가운데 하나를 택할 수밖에 없는 것처럼 보인다.

그런데 1984년 프랑스의 철학사가 필로넨코는 『장-자크 루소와 불행의 사유』 3권에서 이 모호한 장에 대한 획기적인 해석을 제시했다. Alexis Philonenko, *Jean- Jacques Rousseau et la pensée du malheur*, t. 3. *Apothéose du malheur*, Paris, Vrin, 1984, pp. 25~44. 필로넨코는 이 장에서 루소의 수학적 진술이 고트프리트 빌헬름 라이프니츠Gottfried Wilhelm Leibniz(1646~1716) 미적분을 암시한다고 본다. 그에 따르면 루소가 말하는 "상쇄"는 단순한 산술적 계산이 아니라, 18세기 수학자들이 라이프니츠 미적분을 해석하며 도입한 '오류보정'compensation des erreurs을 지시한다. 따라서 개별의지와 일반의지의 관계는 적분계산에서 미분소와 적분의 관계를 모델로 삼는다. 이를 통해 필로넨코는, 일반의지 개념에는 어떤 선험성도 개입하지 않으며 개별의지는 일종의 적분계산을 통해 일반의지에 온전히 통합된다고 말한다. 부분사회의 위험 또한 완전한 적분을 불가능하게 하는 부분합으로서 개념적으로 설명된다.

필로넨코는 적분이라는 통합 모델을 통해 여러 해석가들이 『사회계약론』 2권 3장을 정치체의 일상적인 투표 과정에서 요구되는 다수결 원리에 대한 해설로 간주하는 것에 반대하는 것처럼 보인다. 적분 모델로 이해되는 일반의지 구성 행위의 지위는 4권 1장의 시대구분을 통해서만 정확히 이해할 수 있다. 4권 1장에서 루소는 상상적인 역사 서술을 통해, 일반의지가 특별한 토론이나 분쟁 없이 자연스럽게 도출되는 이상 사회와 여러 경험적 조건과 어려움을 예방하고 분쇄해야 하는 역사적 사회를 구별한다. 필로넨코는 일반의지의 적분 모델이 이런 이상 사회에서 실현되는 일반의지의 순수한 원리를 제시한다고 주장한다. 따라서 여기에서 진술되는 개넘은 일상적인 투표 행위보다는 오히려 모든 다수결 원리를 가능하게 하는 최초의 만장일치 원리, 따라서 이념으로 요청되는 최초의 정치체 구성 행위에 대한 해명으로 봐야 할 것 같다. 이와 달리, 투표를 통한 결의 일반에 전제되는 다수결에 대한 해명은 4권 2~3장 등에서 구체적으로 제시될 것이다. 필로넨코가 보기에 2권 3장의 이상적인 일반의지 구성의 적분 모델과 4권 초반부에서 설명되는 역사적인 현실 정치체의 투표제도는 엄격하게 구별되어야 한다.

그러므로 필로넨코의 해석이 발굴한 이 텍스트의 가장 중요한 함의는 순수한 일반의지의 역사적 불가능성이다. 그리고 적분 모델은 이 불가능성을 개념적으로 설명한다. 만약 일반의지가 일종의 적분이라면, 일반의지가 잘 실현되기 위해서는 연속성과 같은 적분 가능 조건이 갖춰져야 한다. 적분을 위해 개별의지가 "엄청나게 많은 수의 작은 차이들"로 규정된다는 것은, 즉 의견들의 차이가 충분히 미분화되어 있다는 것은, 일반의지의 실현이 우리가 1권 6장의 옮긴이 주 38에서 설명한 것처럼 루소의 인간 이론에서 첫 번째 전쟁상태까지만 가능했다는 사실을 함축한다. 그러니까 적분으로서의 일반의지 개념에서, 그 실현의 때가 영영 지나가 버렸다는 사실이 논리적으로 도출된다. 필로넨코는 이렇게 일반의지 개념에서 루소의 정치적 비관주의를 추론하여 『사회계약론』 전체의 맥락을 재규정한다. 『사회계약론』이 정치적 정당성의 논리적 가능성을 해명함에도 불구하고, 그것은 어디까지나 정당한 정치체의 현실적 불가능성이라는 전망하에서 이루어진다는 것이다. 즉 2권 3장은 순수한 일반의지 개념의 수학적 모델을 해설하는 동시에, 루소가 전개할 현실적 비관주의의 개념적 토대를 함축한다.

이 주석은 다음 논문을 요약한 것이다. 김영욱, 「일반의지의 수학적 토대와 비관주의: 루소 『사회계약론』 2권 3장의 해석 문제」, 『한국정치연구』, 26(1), 2017, 27~51쪽.

19) 주권은 "절대적인"absolu 힘이다. 하지만 이 장의 제목이 암시하듯이, 이 힘은 어떤 "한계"bornes를 갖는다. 주권의 절대성은 1권 7장과 2권 1, 2장 등에서 설명되었다. 주권은 분할될 수 없고, 외부의 개별적인 권력에 양도될 수도 없다. 주권은 단일하고, 언제나 현재형으로 직접적으로 행사되며, 어떤 의무나 약속에도 종속되지 않는다. 루소는 단일한 의지로서의 주권으로부터 이런 속성을 도출한다. 이렇게 루소는 보댕에서 시작해 홉스까지 이어지는 절대적 주권 개념의 전통에 속한다. 하지만 일반의지의 일반성과 공동이익의 공공성이 주권에 어떤 제한을 가한다. 아래에서 보게 되듯

이, 주권의 한계는 이 의지의 주체가 시민과 단순한 "인간"이라는 이중의 정체성을 가지기 때문에 발생한다. 시민의 절대적 의지는 공적이고 정치적인 차원에 한정된다. 이렇게 절대성과 무제한성을 구별함으로써, 루소는 주권이론의 선배들과 갈라선다.

20) 이 표현이 "모순"처럼 보이는 것은, 루소 정치철학에서 '시민'과 '주권자'가 동일한 존재로 규정되었기 때문이다. 루소에게 주권자란 단지 복수형의 시민일 뿐이다.

21) "국민단체"는 'corps de la nation'을 옮긴 말이다. 우리는 간혹 부자연스럽다 해도 'nation'에 대한 번역어로 일관되게 '국민'을 사용한다. 또 다른 후보인 '민족'보다는 오해의 소지가 적을 것 같기 때문이다. 『아카데미 프랑세즈 사전』의 "nation" 항목에서 우리는 정치체와 연관성이 강조된 정의("동일한 법에 따라 살며, 동일한 언어를 말하는, 동일한 국가, 동일한 지역의 모든 거주자들")와 함께, 오로지 지역에만 관계된 정의("같은 법에 따라 살지 않고, 같은 군주의 신민이 아니더라도, 같은 지역에 사는 거주자들") 또한 볼 수 있다. 어느 경우든 '민족'이라는 말이 현재 우리에게 상기시키는 의미와는 다소 거리가 있다. 루소가 이 단어를 쓰는 용법이 정교하다고는 할 수 없지만, 굳이 따지자면 주로 첫 번째 정의에 호응하는 것 같다. 루소에게 'nation'은 일반적으로 한 국가 안에 사는 사람들, 혹은 한 국가를 구성하기 위해 모인 사람들을 지시한다.

22) "공적인 힘"이라고 옮긴 'force publique'를 기존의 몇몇 번역본처럼 '공권력'이라 옮길 수도 있다. 하지만 일반적으로 우리에게 '공권력'은 정부가 시민들에게 행사할 수 있는 강제적인 힘 등으로 협소하게 이해되므로, 한 국가 내에서 공적인 목적을 위해 동원될 수 있는 능력과 재산 모두를 포괄하는 루소의 용법과는 차이가 있다. 국가가 존재하고 활동하기 위해 국가의 의지와 힘이 필요하다면, 전자는 '일반의지'라 불리고 후자는 '공적인 힘'이라 불린다. 3권 1장에서 설명될 테지만, 일반의지는 주권자의 소관인 반면 공적인 힘의 사용은 정부의 소관이다.

23) 이 문장은 루소 정치철학의 억압적 성격을 표현하는 것처럼 보인다. 하지만 강조점을 그의 용어 사용에 두고 다시 생각해 볼 필요가 있다. 여기에서 "군주"prince가 처음으로 루소 정치철학 고유의 뜻으로 쓰인다. 지금까지 이 단어는 국가 운영의 전권을 지닌 개인으로서 왕이나 주권자를 의미했다. 루소가 재규정하는 '군주'는 주권자와 신민 사이에서 일반의지에 따라 법을 적용하고 시행하는 행정부의 구성원들을 집합적으로 가리키는 말이다. 그러므로 이 문장에서 시민에게 죽음을 명하는 군주는 그 자신의

의지가 아니라 일반의지에 근거해서만 판단한다. 어떤 의미에서 군주는 시민 자신의 뜻에 따라 그에게 죽음을 명한다. 우리는 『사회계약론』의 임무 가운데 하나가 기존 정치철학 개념들의 갱신이라고 말했다. '군주' 또한 이런 갱신 작업의 대상이고, 이에 대한 명확한 규정은 3권 1장에서 이뤄진다.

24) 18세기에 사형제의 정당성을 문제 삼는 일은 드물었다. 로크의 다음 글은 사형제가 자연법에 의해 지지되고 있었음을 보여 준다. "이것이 다음과 같은 위대한 자연법의 근거다. '인간의 피를 흘리게 한 자는 인간의 손으로 자신의 피를 쏟을 것이다.' 카인은 그런 죄인을 죽일 권리가 모두에게 있다는 것을 완전히 납득하고 있었기에, 형제를 죽인 후 이렇게 외쳤던 것이다. '누구든 나를 발견하는 자가 나를 죽여라!' 이것이 전 인류의 가슴에 분명하게 새겨졌다"(『통치론』, 두 번째 권 2장). 몽테스키외는 『법의 정신』에서 과도한 형벌의 남용을 비판했지만, 그도 사형제의 정당성은 의심하지 않았다. 특히 시민의 안전을 해치는 범죄를 논할 때, 몽테스키외의 태도는 단호하다. "일종의 동해복수법에 의해 사회는 다른 시민의 안전을 빼앗거나 빼앗으려 한 자의 안전을 거부한다. 이 처벌은 사물의 본성에서 도출되며, 이성과 선악의 근원을 통해 추론된다. 생명을 빼앗거나 그런 것을 기도할 정도로 안전을 침해한 시민은 죽임을 당해 마땅하다. 이런 사형제는 병든 사회의 치료법과 같다"(『법의 정신』, 12권 4장). 사형제에 대한 근본적인 의심을 처음 제기한 18세기 작가는 이탈리아 출신의 체사레 베카리아 Cesare Beccaria(1738~94)다. 1764년 출판된 『범죄와 형벌에 대해』Dei Delitti e elle pene에서 그는 다음과 같이 말함으로써 단호한 사형제 비판자인 빅토르 위고Victor Hugo의 존경을 선취한다. "법은 공적 의지의 표현이고, 공적 의지는 살인을 혐오하고 처벌한다. 그런데 이런 법이 살인을 범한다는 것, 그리고 시민들을 살인으로부터 보호하기 위해 공적인 살인을 명한다는 것이 내게는 부조리해 보인다"(『범죄와 형벌에 대해』, 28장).

25) 여기에서 루소가 말하는 "사회법"droit social을 19세기 이후 기본권의 하나로 인식된 '사회권'과 혼동해선 안 된다. 18세기에 이 말은 "인간다운 생활을 위하여 필요한 사회적 보장책을 국가에 요구할 수 있는 권리"(『표준국어대사전』)를 전혀 의미하지 않았다. 물론 루소의 표현을 '사회권'으로 옮기는 것도 가능하지만, 우리는 이 구별을 강조하고 루소에게 이 말이 뜻하는 것을 암시하기 위해 '사회법'으로 옮긴다. 사회법은 자연권 혹은 자연법과 대비되어, 사회상태의 토대를 구성하는 기본 규칙들을 뜻한다. 앞에서 우리는 『사회계약론』에서 사회가 국가 혹은 정치체와의 연관 속에서 이

해되고 있음을 강조했다. 따라서 이 문장의 '사회법'은 '정치법의 원리'를 포함한 사회계약의 조건 일반을 지시하고 있다고 봐야 할 것이다.

26) 1권 4장에서 루소는 전쟁법과 생살권을 분리하기 위해 다음과 같이 말했다. "모든 국가는 오직 다른 국가만을 적으로 가질 수 있을 뿐 인간을 적으로 삼을 수는 없다. 각기 다른 본성에 속한 사물들 사이에는 어떤 실제적인 관계도 설정될 수 없기 때문이다." 그런데 이 장에서 루소는 사형제를 정당화하며 가상인격이 아닌 개별자의 물리적 인격이 "공공의 적"으로 설정될 수 있음을 말한다. 적국의 구성원과 달리, 내부의 반역자는 "계약 위반자"로서 국가의 실제적인 적이 된다는 것이다. 적국의 구성원은 '우리'에 대해 어떤 약속도 하지 않았으므로, 그가 적으로서 한 행위에 대해 "인간"으로서의 그에게 어떤 책임도 물을 수 없다. 하지만 사회계약과 주권의 원리를 부정한 동일 정치체의 시민은 더 큰 책임을 진다. 그럼에도 불구하고 앞에서 형이상학적인 논리를 동원해("각기 다른 본성에 속한 사물들 사이에는 어떤 실제적인 관계도 설정될 수 없다") 엄격하게 분리했던 전쟁법과 생살권을, 사형제를 지지하기 위해 다시 연결하는 것은 논란의 소지가 있다.

27) 루소 정치철학의 정수 가운데 하나인 '법'loi 개념의 중요성은 『에밀』 5권에서 루소 자신에 의해 강조되었다. "일반의지 외에는 어떤 것도 신민을 구속할 수 없기에, 다음 질문들을 따져 보게 된다. 이 의지는 어떻게 표명되는가? 어떤 기호를 보고 이 의지를 알아보았다고 확신할 수 있는가? 법이란 무엇인가? 법의 참된 특성은 무엇인가? 이 주제는 완전히 새로운 것이다. 법은 여전히 정의되어야 하는 상태로 남아 있다"(OC IV, p. 842). 법은 일반의지 개념에서 연역되기에 법에 대한 주요 논의는 2권 4장에서 이미 예고되었다.

28) 『제네바원고』에서는 이렇게 설명한다. "법은 정치체의 유일한 동력이다. 정치체는 오직 법을 통해서만 활동하고 감각한다. 법이 없으면 국가가 형성된다 해도 그것은 영혼 없는 신체일 뿐이다. 국가는 존재하되 움직일 수 없다"(OC III, p. 310).

29) "정의의 법"lois de la justice은 '정의라는 법'으로 옮겨도 무방하겠다. 여기에서는 문맥상 무엇이 정의인지 규정할 뿐 어떤 구속이나 제재의 요소도 갖지 않는 법을 뜻하겠다.

30) 그런데 신에게서 유래하는 법이나 자연의 법과 구별되는, 정치체를 구성하는 법의 독특한 지위를 강조하는 것이 『사회계약론』 2권 6장 앞부분의 주제이긴 하나, 이 부분만으로 정의와 법의 관계, 자연법과 정치법의 관계에 대한 루소의 생각을 온전히 파악하긴 쉽지 않다. 『사회계약론』 2권

6장의 기초가 되는 『제네바원고』 2권 4장 「법의 본성에 대해, 그리고 정치체의 정의의 원리에 대해」De la nature des lois, et du principe de la justice civile 의 한 단락을 보자. "법이 정의에 앞서는 것이지, 정의가 법에 앞서는 것이 아니다. 만약 법이 정의롭지 않을 수 없다면, 그것은 정의가 법의 기초이기 때문이 아니다. ······ 그것은 자신을 해하려 하는 행위가 자연에 반하기contre nature 때문이다. 여기에는 어떤 예외도 없다"(OC III, p. 329). 이 문장들은 보기보다 많은 것을 함축한다. 루소에게 법 이전의 보편적 정의란 없다. 반대로, 보편적 정의란 우리가 정치적 결합을 통해 얻은 법을 "일반사회"société générale에 확장한 결과다. 이것을 루소는 『제네바원고』 1권 2장 「인류의 일반사회에 대하여」De la société générale du genre humain에서 이렇게 말했다. "우리는 개별사회들에 따라서 일반사회를 파악한다. 우리는 작은 공화국들의 설립을 통해 큰 공화국을 생각하게 되며, 오직 시민이 된 후에야 정말로 인간이 되기 시작한다"(OC III, p. 287). 우리는 루소가 자연법을 둘로 구별한다는 사실에 유의해야 한다. 하나는 엄밀한 의미의 자연상태에서 오로지 본능과 감성에 의해 행동하는 인간의 법칙인 "엄밀한 의미의 자연법"droit naturel proprement dit이고, 다른 하나는 정치법의 설립 이후에 그것을 인류 전체에 확장한 결과인 "추론된 자연법"droit naturel raisonné이다(OC III, p. 329). 이렇게 정리해 볼 수 있겠다. 루소에게 정치법을 통한 정치체의 형성은 모든 다른 특수한 법의 조건이다. 그런데 정치법의 설립은 이성적인 보편적 법, 즉 기존의 자연법학자들이 말하는 이성적 원리를 포함한 자연법에 기초하지 않는다. 루소가 보기에 이들이 말하는 자연법은 정치체의 설립 이후에나 가능하다. 다음과 같은 자연법의 정의는 루소에게 받아들일 수 없는 것이다. "인간의 자연적 조건은 그가 어떤 고정된 행동 원리도 없이 오직 변덕에 의해서만 행동하는 것을 허락하지 않는다. 이제 인간 행동의 가장 일반적인 규칙이 무엇인지, 다시 말해 각자가 이성적 동물로서 따라야 하는 규칙이 무엇인지 알아봐야 한다. 이것이 우리가 보통 '자연권'droit naturel 혹은 '자연법'loi naturelle이라 부르는 것이다"(푸펜도르프, 『자연법과 만민법』, 2권 3장). 루소의 자연상태에서 인간의 이성은 오직 잠재적인 능력이며, 그것은 오직 사회상태를 통해서만, 사회상태의 특수한 전개를 토대로 발현된다. 따라서 "이성적 동물로서 따라야 하는 규칙"은 사회상태의 원리 혹은 현실에 달려 있다. 그것은 결코 "엄밀한 의미의" 자연상태에서 도출되지 않는다. 그리고 도덕이 보편적 정의의 원리에 기초하고 그것을 표현한다면, 정의가 법 이후에 오는 것처럼, 도덕 또한 정치 이후에 온다. 루소는 『고백』에서 『정치학 강요』의 기획을 말하며 정치에 대한 자신의 관념을 이렇게 설명하는데, 역사적 고찰에서 도출된 이 공식들은 우리가 방금 말한 자연법과 정치법의 논리적 관계를 통해서 분명하게 이해된다. "나는 보았다. 모든 것이 근본적으로 정치에 연관되어 있으며, …… 모든 인민은 단지 그들 정부의 본성에 의해 만들어지는 것이 될 뿐이라는 사실을"(OC I, 404). 그럼에도 불구하고 정치법은 비이성적인, "엄밀한 의미의 자연법"과 연관된다. 이런 자연법은 정의의 관념과는 상관없지만 자기보존의 자연적 원리로서 모든 정치적 행위의 토대가 되기 때문이다. 이 자기보존 원리의 보편성에는 "어떤 예외도 없다."

루소의 독특한 자연상태 이해가 자연법 전통을 변형하는 것은 이미 『불평등기원론』에서 볼 수 있지만, 『사회계약론』의 체계를 도출하는 과정에서 그가 디드로의 『백과사전』 "자연법"droit naturel 항목과 논쟁하고 있다는 것은 여러 주석가들에 의해 지적되었다. 특히 다음을 참고하라. Bruno Bernardi, "Volonté générale, intérêt, bien commun (sur la formation du concept de volonté générale dans la philosophie politique de J.-J. Rousseau)", *Cahiers philosophiques*, 77, décembre 1998, pp. 75~106.

31) 2권 4장을 말한다.

32) 루소는 법을 통한 전체의 자기관계를 "의지"volonté와 "질료"matière의 관계로 묘사하고 있다. 여기에서 '질료'는 의지의 적용 대상, 즉 의지를 수행하는 신체로 이해할 수 있다. 정치체에서는 신민의 집합으로서 '인민 전체' 혹은 '국가'가 이에 해당할 것이다. 우리는 '물질'로 옮겨도 무방한 'matière'를 굳이 '질료'로 옮겼다. 『제네바원고』의 문장은 루소가 이 단어를 쓰면서 형상과 질료라는 형이상학의 전통적인 개념쌍을 고려하고 있음을 보여 준다. "법의 본성은 질료와 형상에 의해 구성된다. 형상은 명령하는 권한에 있고, 질료는 명령을 받는 사물에 있다"(OC III, p. 327). 그렇다면 법의 실행은 정치체 안에서 공적인 의지와 질료의 연결을 통해 가능할 것이다.

그런데 루소에게서 의지와 질료의 연결 문제는 형이상학적 차원에서는 결코 풀 수 없는 것으로 남는다. 『사부아 보좌신부의 신앙고백』에서 루소는 '나' 안에 통합되어 있는 의지와 운동으로부터 세계의 두 원리를 도출한다. "의지가 어떻게 물리적이고 신체적인 행위를 생산하는가? 이에 대해서 나는 아무것도 알지 못한다. 하지만 나는 내 안에서 의지가 행위를 생산하는 것을 겪는다. 내가 행동하길 원하면, 나는 행동한다. 내가 내 몸을 움직이길 원하면, 내 몸은 움직인다." 그런데 루소는 '나'에 대해서 능동적인 원리와 수동적인 원리의 즉각적인 결합만을 확인할 수 있을 뿐이다. "감각이 영혼에 어떻게 작용하는지 알 수 없는 것과 마찬가지로, 어떻게 의지가 신체를 움직이는 것인지도 이해하기 불가능해 보인다. …… 나에 대해 말하자면, 내가 수동적일 때든 능동적일 때든 두 실체의 결합 수단은 절대적으로 이해 불가능해 보인다"(OC IV, p. 576).

하지만 정치철학에서 루소는 의지와 신체의 연결 방식을 해명 또는 고안하려고 시도하는 것처럼 보인다. 인민과 주권자 사이에서 두 전체를 연결하는 정부에 대한 고찰이 그것이다. 루소에게 정부란 주권자의 의지와 신민의 신체를 매개하는 힘으로 정의되기 때문이다. 따라서 전체의 자기관계라는 문제에서 『사회계약론』의 정치학은 『사부아 보좌신부의 신앙고백』의 존재론보다 더 적극적이고 이성적인 요소를 갖는다. 하지만 이것을 확인하기 위해서는 3권 1장에서 시작하는 정부론을 기다려야 한다.

33) 법의 일반성을 설명하던 루소는 갑자기 "보편성"universalité을 말한다. 용어 혼용에 당황하지 말고, 『제네바원고』의 다음 문장을 읽어 보자. "여기에서 결국 같은 것인 '보편성'universalité이라는 말 또는 '일반성'généralité이라는 말은 무엇을 의미하는가? 추상으로 이해되는 유genre든지, 문제가 되고 있는 전체에 들어맞는 것이든지, 전체는 오직 그것의 부분들에 대해서만 전체다"(OC III, p. 327). 즉 루소는 부분과 전체의 관계에서 전체의 특성에 해당하거나 전체를 대상으로 삼는 것을 '일반' 혹은 '보편'으로 표현한다.

34) 번역하기 까다로운 이 문장의 원문은 다음과 같다. "La chose publique est quelque chose." 'The public thing is something'으로 영역할 수 있는 이 문장에서, "공적인 것"은 '공화국'의 라틴어 어원 'res publica'에 상응한다. '공적인 것'으로서의 공화국은 일반의지의 표현인 법에 의해 통치될 때에만 사적 이익이나 관심사와 구별되는 독자적인 존재와 힘을 가질 수 있다.

35) 이 문장에 입법자의 두 가지 임무가 요약되어 있다. 하나는 인민이 분명하게 인식하지 못하는 일반의지를 먼저 파악해서 그것을 법의 형태로 제안하는 것이다. 다른 하나는 사리판단이 부족한 인민이 자신에게 적합한 법을 따를 수 있도록 그들을 교육하는 것이다. 전자가 인민의 자기 구성이라는 사회계약의 형식적 난점에 대한 대응이라면, 후자는 경험적 차원에서 제기되는 인민의 불충분한 자질에 대한 대응이다. 하지만 입법자의 존재가 사회계약의 이런 난점들을 '실제로' 해결하는가? 입법자에 대해 논하는 2권 7장은 권리와 정당성만 논하던 『사회계약론』에 이론적 모델의 경험적 실현의 문제가 본격적으로 개입하는 전환점이 될 것이다.

36) "통치에 대한 책"이란 플라톤의 『정치가』Politikos를 말한다. 1권 2장에서 루소는 인민을 양 떼에, 지도자를 목자에 비유한 칼리굴라의 추론을 언급한 바 있다. 플라톤 또한 『정치가』 앞부분에서 정치가와 목자의 유비에 대

해 논의한다. 이 유비는 『정치가』에서 결론이 아니라 출발점이긴 하지만, 책 전체에서 플라톤은 모든 면에서 우월한 존재로서 신적인 통치술을 행사하는 단수형의 왕을 정치의 철저한 객체인 인민과 대조한다.

37) 루소는 몽테스키외의 『로마인의 흥망성쇠 원인론』*Considérations sur les causes de la grandeur des Romains et de leur décadence* 1장의 문장을 그대로 옮겨 적었다.

38) "인간의 구성을 변질시켜 그것을 견고하게 만"든다는 것을 도식적으로 설명하자면, 정치상태 이전의 신체적이고 본능적인 존재였던 인간을 탈자연화해, 물리적 존재를 도덕성과 동물성이 결합된 존재로 변형한다는 뜻이다.

"구성"은 'constitution'을 옮긴 말이다. 이 말은 가장 일반적인 의미로는 구성 요소들의 관계 혹은 결합을 뜻한다. 프랑스어에서 이 말이 사람에게 적용될 땐 보통 '체질'이나 '체격'을 의미한다. 한편 18세기에 'constitution'은 국가나 정치체와 관련될 때에는 통치 형태나 국가조직 혹은 정체의 기본 규칙인 '기본법'을 뜻했다. 구성주의적 정치철학을 표방하는 『사회계약론』에서 이 단어의 의미는 크게 두 범주로 구분될 수 있다. 우선 'constitution'은 정치체를 구성하는 행위 혹은 정치체 구성의 사실을 지칭한다. 또한 이 단어는 국가의 구성 요소들을 결합하는 원리 혹은 그 형식을 뜻한다. '정체'나 '기본법', 더 나아가 18세기 문헌에서 낯선 말인 '헌법'이라는 의미는 후자의 경우에 속할 것이다. 우리는 이 단어의 다양한 쓰임에도 불구하고 이 단어의 번역어를 '구성' 혹은 어떤 경우 의미를 명확하기 위해 '국가구성'으로 고정하여 『사회계약론』의 핵심적인 단어를 개념적으로 옮기려고 애썼다.

39) 엄밀히 말해 리쿠르고스가 입법자의 역할을 수행하기 위해 왕권을 포기한 것은 아니다. 리쿠르고스는 스파르타의 왕이었던 이복형 폴리데크테스 Polydectes가 죽자 후임으로 예정된다. 그런데 미망인이 된 왕비가 형의 아이를 배고 있다는 사실을 알게 되자, 조카가 무사히 왕권을 잡도록 하기 위해 스파르타를 떠난다. 그는 후에 스파르타 시민들의 요청으로 귀국해서 스파르타의 제도를 만들게 된다.

40) 베르나르 가뉴뱅에 따르면, 루소가 언급하는 이탈리아의 제도는 "도시마다 돌아다니며 최상의 법을 적용하고 경험을 전수하는 학식 있는 법률가"인 '포데스타'Podestà인 것 같다. Bernard Gagnebin, "Le rôle du législateur dans les conceptions politiques de Rousseau", in *Études sur le Contrat social de Jean-Jacques Rousseau*, Paris, Les Belles Lettres, 1964, p. 279.

41) 장 칼뱅(1509~64)은 프랑스 출신 16세기 종교 개혁가다. 그는 종교 박해

를 피해 바젤, 스트라스부르 등을 거쳐 도시국가 제네바에 정착했다. 1541
년경부터 칼뱅은 제네바의 종교와 제도 개혁에 착수했고, 반대파의 저항이
없지 않았으나 결국 끝까지 제네바에서 권력을 잃지 않았다. 그는 1543년
법령을 발표했고, 이 법령이 18세기까지 제네바 공화국에서 일종의 헌법
역할을 한다. 『사회계약론』의 루소는 입법자로서 칼뱅을 높이 평가하지만,
『산에서 쓴 편지』에서는 신학자이자 종교 개혁가로서의 칼뱅이 독단적이며
관용을 모른다 하여 비판한다. "그가 남긴 제도institution"를 칼뱅이 설립한
제도 일반이 아니라, 그가 1536년 발표한 『기독교 강요』*Institutio christianae
religionis*로 읽기도 한다.

42) "십인위원"décemvir은 '십인관' 혹은 '십대관'으로 옮기기도 한다. 고대 로
마에서 '십인위원'decemvir은 '십인심의회'decemviratus를 구성하며, 각 십인
심의회는 지위에 따라 입법 기능, 종교 기능, 행정 기능 등을 맡았다. 『백
과사전』의 정의는 루소와 상반된 관점에서 십인위원을 바라본다. "주권을
통해 창설된 로마의 관직이며 국가의 법을 만든다. 이 관직은 십인위원이
라 불리는데, 왜냐하면 이 중대한 권력은 오직 열 명에게 1년 동안만 부여
되었기 때문이다. 하지만 그들은 이런 주권의 지위를 누리자마자 이 지위
를 평생 유지하기 위해 어떤 수단도 아끼지 않기로 맹세하고 결의했다."

43) "국가를 유지하고 강화하기 위하여 지켜야 할 국가의 행동 기준"(『표준국
어대사전』)으로 정의되는 '국가이성'raison d'État은 중세에는 교회, 제국, 국
가 등의 가상인격이 가진 주권을 묘사하는 데 쓰이다가, 마키아벨리 이후
도덕적 강박에서 벗어난 국가의 통치원리를 가리키게 되었다. 국가이성은
국가의 필요에 따라 법과 도덕적 정당성의 한계를 무시한다는 점에서 '법
치국가'État de droit와 대비되기도 하지만, 흐로티위스, 홉스 등은 인민의 행
복을 운영하는 정치체의 원리인 '국가합리성'rationalité d'État과 국가이성을
분리하지 않았다. 루소의 용법 또한 이 전통에 속한다고 봐야 할 것이다.

44) 입법자는 "입증 없이 설득한다"persuader sans convaincre. 우리는 부정할 수
없는 증거나 논거로 확신을 주는 'convaincre'를 '확신'보다는 '입증'으로
옮겼다. 입법자는 이성적인 방법에만 의지하지 않을 뿐, 인민에게 어떤
확신을 주어야 하기 때문이다. 한편 필로넨코는 칸트가 『순수이성비판』
Kritik der reinen Vernunft, 「초월적 방법론」 2장 3절에서 구별하는 두 가지 신
빙성, 즉 주관적 근거만 가지는 신빙성인 "Überredung"(persuasion)과 객관
적 근거까지 충분한 신빙성인 "Überzeugung"(conviction)을 고려하면서, 루
소가 '설득 없이 입증한다'로 써야 했다고 주장한다. Alexis Philonenko, *op.
cit.*, p. 57. 왜냐하면 필로넨코가 보기에 루소의 입법자는 신의 권위를 빌

리긴 하나, 인민을 속이지 않고 최소한의 객관성(일반의지)을 담보하여 말하기 때문이다. 따라서 입법자의 목적은 근거 없는 설득보다는 어느 정도 객관성을 갖춘 입증에 의한 확신이어야 한다. 하지만 루소는 인민의 이성과 덕이 충분하지 않아 입법자가 "논증"raisonnement을 사용할 수 없는 상황을 상정하고 있다. 합리적인 증거나 논거가 효력을 발휘할 수 없기에 논증을 통해 확신시킬 수 없을 때, 입법자가 "다른 차원의" 말로 설득할 수밖에 없다면, "입증 없이 설득한다"는 루소의 표현을 그대로 인정할 수도 있을 것 같다.

45) 루소는 "공적 행복에 대하여"Du bonheur public라고 불리는 열 개의 단편들(OC III, pp. 509~515)에서 "공적 행복"félicité publique을 개인의 행복과 대비시킨다. 루소가 이 단편들에서 규정하는 공적 행복의 몇 가지 특징을 소개한다. 공적 행복은 "한 인민의 행복"이다. 하지만 개별자들의 행복이 부재한 공적 행복은 "환상"이다. 그런데 공적 행복을 구성하는 개별자들의 행복은 단순한 "쾌락"과 구별되며, 개인의 진정한 행복을 알아보기란 거의 불가능하다. 공적 행복은 개인의 행복과 구별되는 표지를 통해 쉽지는 않더라도 개별적으로 인식해야 한다. 그것은 개인 내적으로는 사적인 존재와 공적인 존재 사이의 모순의 해소를 통해, 사회적으로는 개인들의 "절대적 상태"가 아니라 개별자들 사이의 "관계"를 통해 발생되고 측정된다. 즉 공적 행복은 내적 모순의 해소와 사회적 관계의 진전을 통해 실제적으로 개선된다.

46) 입법자의 역할과 중요성에 대해 루소는 『로마사 논고』 1권 9장과 10장의 영향을 받았다고 평가된다. 하지만 마키아벨리의 입법자가 오로지 결과만으로 평가받기 위해 모든 권력과 술수를 동원한다면, 루소의 입법자는 초자연적 권위의 설득력 이외에 어떤 권력에도 기댈 수 없다. 이 차이로 인해 루소의 입법자는, 심지어 법 위에 있는 마키아벨리의 입법자보다 훨씬 곤란한 상황에 놓이게 된다.

47) 루소는 유대교의 율법과 이슬람의 율법, 이 율법들의 입법자인 모세와 무함마드를 거론한다. 이스마엘은 아브라함과 하녀 하갈 사이에서 태어난 아들로서, 이슬람교에서는 이스마엘을 아랍 민족의 시조로 본다. "이스마엘 자손"이란 이슬람교의 창시자인 예언자 무함마드를 지칭한다.

48) 대부분의 주석가들은 "오만한 철학"orgueilleuse philosophie이 볼테르Voltaire (1694~1778)의 1736년 비극 『광신 혹은 예언자 마호메트』*Le Fanatisme ou Mahomet le Prophète*를 암시한다고 본다. 이 비극에서 볼테르는 무함마드가 광신을 정치에 이용하는 술수를 비판한다. 하지만 베르나르디는 루소의 과

넉이 볼테르가 아니라, 익명으로 유통되던 『세 사기꾼에 대한 논문』*Traité des trois imposteurs*이라고 추측한다. *Du Contrat social, éd.* Bruno Bernardi, Paris, GF Flammarion, 2001, p. 214. 모세, 무함마드, 예수를 사기꾼으로 비난하는 '세 사기꾼' 담론은 중세부터 존재했으나, 18세기에 유물론의 전파와 함께 여러 구체적인 텍스트 형태로 유행했다. 많은 유물론자들, 자유사상가들이 이 텍스트의 저자로 의심받았다.

49) 입법자의 필요성은 인민의 자기 구성에 함축된 형식적 어려움, 그리고 인민의 지성과 덕성의 결핍에서 도출되었다. 인민에게 최적의 법을 제안하고 인민으로 하여금 그 법이 가져다줄 이익을 제대로 판단하도록 만들기 위해, 입법자는 거의 신과 같은 지혜와 판단력을 갖춰야 한다. 이런 입법자 개념은 사회계약 이론의 난점을 해결하는 것인가, 아니면 비현실적 장치를 통해 그것을 감추려 하는가? 그런 지성과 덕을 갖춘 인간을 발견하는 문제는 논외로 하더라도, 인민보다 먼저 일반의지를 판단하고 종교적 권위를 통해 인민을 이끄는 입법자의 형상은 루소의 인민주권 이념과 양립 불가능한 것이 아닌가? 자연스럽게 제기되는 이런 의문들을 통해 많은 주석가들은 루소의 내적 결함으로부터 현실 사회에서 민주주의와 공화주의의 본질적 난점을 규명하려고 한다.

이에 대해 베르나르디는 루소 정치철학의 내적 정합성을 최대한 강조하며 가능한 답변을 고안한다. Bruno Bernardi, *op. cit.*, pp. 211, 212. 그는 루소의 입법자가 오직 정치체 구성의 순간에만 법을 제안한다고 해석한다. 실제로 루소는 3권 4장에서 민주정을 설명하며 이렇게 말한다. "법을 만드는 자가 법을 집행하는 것도, 인민단체의 관심이 일반적인 목적에서 벗어나 개별적인 대상을 향하는 것도 좋지 않다." 이 문장이 함축하는바, 정치체가 설립된 후에는 인민 스스로가 법을 제안하고 결의한다는 것이다. 그러므로 베르나르디가 보기에 인민이 입법자로 인해 법 제정에서 수동적인 입장을 취하게 되는 상황은 엄격하게 한정되어 있다. 한편, 루소의 입법자는 일반의지를 미리 판단하긴 하지만 자의적으로 판단하진 않는다. 이 장과 이후 이어지는 인민에 대한 장들에서 여론과 풍속에 대한 고려가 두드러지는 것은 그 때문이다. 입법자는 언제나 주어진 인민의 본성과 상황에 맞는 법을 제안하며, 인민 안에 이미 결정되어 있는 것을 미리 볼 뿐이다.

루소에게 입법자는 정치체의 설립 이후에도 개입할 수밖에 없다든지, 현실에서 신과 같은 입법자는 없으므로 입법자의 행위는 언제나 인민에 대한 오해와 억압으로 작동할 것이라든지 하는 반론이 충분히 가능하다. 심지어 마낭과 같은 논평자는, 입법자가 인민 안에 이미 있는 것만을 깨우

쳐 줄 뿐이라면 루소의 정치학을 보수주의로 규정할 수밖에 없다고 단호하게 말한다. Pierre Manent, "De Montaigne à Rousseau: le législateur impossible", in *Penser l'homme: Treize études sur Jean-Jacques Rousseau*, éd. Claude Habib, Christophe Litwin, Pierre Manent, Paris, Classiques Garnier, 2013, pp. 145~153.

그런데 이런 체계화의 노력을 모두 인정하고 심지어 신과 다름없는 입법자의 존재를 가정한다 해도, 루소의 입법자 개념은 경험과 현실 앞에서 언제나 문제적인 것이 된다고 주장할 수도 있다. 따라서 베르나르디의 체계화와 균형을 맞추기 위해 우리는 필로넨코를 다시 인용한다. Alexis Philonenko, *op. cit.*, pp. 55~66. 필로넨코에게도 신적인 인간의 존재는 그 자체로 문제다. 하지만 그런 인간을 가정한다 해도 입법자 개념의 한계는 해소되지 않는다. 우선, 완전한 인간과 불완전한 사회는 루소가 묘사한 대로 그렇게 쉽게 화해하지 않는다. 사회는 완벽한 인간과 본질적으로 불화한다. 소크라테스와 예수는 루소가 계속해서 고찰한 인물들이었다. 종교적 권위 외에 어떤 권력도 가지지 않는 입법자가 그를 죽이려는 불완전한 사회 속에서 어떻게 살아남을 것인가? 둘째, 박해로 죽지 않아도 아무튼 입법자는 유한한 존재다. 반면 인민의 현재 상태를 생각할 때 인민의 교육은 단기간에 끝나지 않는다. 그러므로 입법자는 자신의 유한성을 보완하고 교육의 긴 임무를 완수하기 위해 여럿이어야 한다. 어쩌면 입법자를 양성해 내는 입법자의 공동체가 필요할지 모른다. 그런데 이상하게도 루소는 언제나 입법자를 단수로만 말한다. 셋째, 입법자의 유한성이 극복된다 해도, 인민의 상태가 오늘보다 나아질 것이라는 희망의 근거는 루소 정치철학 어디에서도 발견되지 않는다. 오히려 현실에서 인민은 계속해서 타락하고 있다. 입법자가 개입할 수 있는 시기는 오래전에 이미 사라졌는지 모른다.

이렇게 입법자 개념은 권리와 경험, 정당성과 역사 사이에서 논리적으로 연결될 수 없는 양쪽을 연결하는 시도이며, 그런 한에서 이 개념은 언제나 문제적이다. 한 가지만 더 언급하겠다. 루소의 사유 체계 안에는 입법자 형상과 호응하면서도 이질적인 형상들이 존재한다. 『신 엘로이즈』에서 이상적인 가족과 공동체를 건설하고 운영하는 볼마르Wolmar, 『에밀』의 교육자인 장-자크, 현실의 장벽과 박해 속에서 신의 정의를 전하려 애쓰는 예수와 사도들, 그리고 코르시카 입법 작업을 준비하고 폴란드 정부의 개혁 방안을 모색하는 루소 자신은, 루소 체계의 각 부분에서 입법자와 유사한 기획을 세우고 실천하려 한다. 이런 형상들의 유비에 대해 많은 논평이 덧붙여졌다. 그런데 아마도 이 형상들의 가장 의미심장한 공통점은, 이들 모두가 현실의 한계에 맞닥뜨려 실패하거나 실패를 예감한다는 사실일 것이다.

50) 윌리엄 워버튼(1698~1779)은 영국의 저술가이자 글로스터의 주교다. 『교회와 국가의 동맹』*The Alliance between Church and State*, 『모세의 신탁』*Divine Legation of Moses* 등으로 유명했다. 루소는 정치종교를 다루는 4권 8장에서 워버튼을 다시 언급한다.

51) 루소 자신도 인용했지만 이런 발상은 마키아벨리 『로마사 논고』 1권 11장 「로마인들의 종교에 대해」의 영향 아래에 있다. 우리는 이 문장이 『사회계약론』의 마지막 논의인 「정치종교에 대해」와 직접 이어진다는 것을 알 수 있다. 실제로 『제네바원고』에는 정치종교에 대한 논의가 입법자에 대한 논의를 담은 원고 뒷면에 기록되어 있다. 이에 대해서는 「정치종교에 대해」를 읽을 때 다시 얘기하도록 하자.

52) 2권 8장을 시작으로 네 장에 걸쳐 루소는 입법자가 고려해야 하는 경험적 조건들을 검토한다. 입법은 인민의 기질이나 수, 경제적이고 도덕적인 조건에서부터, 지역의 크기와 지리적 조건에 의존한다. 몽테스키외의 영향을 감지하는 것은 어렵지 않다. "사람들이 솔론에게, 그가 아테네인들에게 준 법이 최선의 법인지 물었다. 그는 대답했다. '나는 아테네인들이 감당할 수 있는 법 중 최선의 것을 준 것이오.' 이것은 모든 입법자가 새겨들어야 하는 훌륭한 말이다. 신의 지혜가 유대인들에게 '나는 너희에게 좋지 않은 계율을 주었다'고 말할 때, 이것은 그 계율이 상대적으로 좋을 뿐이라는 것을 뜻한다"(『법의 정신』, 19권 21장). "정치법의 원리"를 다루는 책에서 정치학의 경험적이고 실용적인 조건을 탐색하는 것은 어울리지 않아 보인다. 이 사실을 인지하는 루소는 『제네바원고』에서 이렇게 썼다. "내가 여기에서 권리가 아니라 적합성convenances을 다루긴 하지만, 모든 좋은 제도에 필수적인 적합성에 대해 훑어보고 지나가지 않을 수 없다"(OC III, p. 318). 이런 검토의 결론은 간명하고 시사적이다. "이 모든 조건이 모여 있기란 어렵다"(10장). 프랑스어 'convenance'는 추상적으로는 '적합(성)', '일치' 등을 뜻하나, 구체적으로는 '법'과 대비되어 '관습'을 뜻하기도 한다. 『사회계약론』의 맥락에서 보자면, 입법의 경험적 조건에 대한 검토를 통해 입법자의 현실적 어려움에 인민과 환경의 현실적 어려움이 추가된다. 그런데 드라테가 지적하듯이(OC III, p. 1465), 구성주의적 정치학의 가능성을 정초하려는 『사회계약론』의 기획 안에서, "적합성"을 따지는 것은 내적인 긴장을 유발하는 것처럼 보인다. 인민의 성격과 기후, 역사적 정체성과 여론 등을 입

법이 반드시 고려해야 할 요소로 규정할 때, 루소는 단순한 구성주의적 관점의 한계를 감지하고 있다.

53) 주석가들은 루소가 이 일화를 플루타르코스의 『무지한 군주에게』*Pros egemona apaideuton* 첫 문단에서 얻은 것으로 본다. "키레네인들은 자신들에게 좋은 법을 정해 주고 정부를 세워 줄 것을 플라톤에게 요청했지만, 플라톤은 거절했다. 플라톤은 키레네인들이 그토록 큰 번영을 누리는 동안에는 어떤 법이라도 그들에게 주는 것이 어려운 일이라고 말했다. 왜냐하면 자신이 행복한 조건에 있다고 생각하는 사람만큼 사납고 오만하고 길들이기 어려운 존재는 없기 때문이다." 그렇다고 해도 루소는 부유함과 평등의 긴장이라는 관점에서 이 일화를 독특하게 해석하고 있다.

54) 미노스는 그리스신화에서 크레타의 전설적인 왕이며, 제우스와 에우로페의 아들이다. 그는 제우스에게서 입법을 배우고 제우스가 주는 법을 직접 받아오기도 했다. 『백과사전』의 "미노스"Minos 항목에서는 "리쿠르고스는 이 위대한 인간의 법을 모델로 삼았다"고 소개한다.

55) 우리는 'crise'를 의학적인 의미의 '고비'로 옮겼다. 18세기에 이 의학 용어는 극적이고 정치적인' '위기'의 의미로 확장되고 있었다. 1762년 『아카데미 프랑세즈 사전』의 정의는 의학적 의미에 한정되어 있다. "병에 대해 자연이 행하는 일로서, 보통 땀이나 여타 증상을 통해 확인되며 병의 귀추를 판단하게 한다." 한편 '격변'이라고 옮긴 'révolution'에는 천체의 공전 운동이라는 본래 뜻에 사회의 급격한 변화라는 뜻이 추가되고 있었다.

56) "타르퀴니우스 왕들"이란 고대 로마의 5대 왕인 타르퀴니우스 프리스쿠스Lucius Tarquinius Priscus와 7대 왕인 타르퀴니우스 수페르부스Lucius Tarquinius Superbus를 지칭한다. 이들의 통치가 끝나고 기원전 510년경 로마는 공화정이 된다.

57) 우리는 'police'를 문장의 자연스러움에 따라 '통치질서'[4권 1, 3, 4장(3번)] 혹은 '내치'(3권 5, 15장, 4권 4장)로 옮기고 원어를 병기한다. 『아카데미 프랑세즈 사전』에서 이 단어는 "한 도시 안에서 거주자들의 안정과 편의에 관련된 모든 것을 위해 세워진 질서와 규칙", 그리고 "어떤 집회나 사회든 그곳에서 확립된 질서와 규칙"으로 두 번 정의된다. 루소는 보통 두 번째 의미로 이 단어를 사용하는 것 같지만, 첫 번째 의미 또한 배제되어 있지 않다.

58) 러시아의 차르 표트르 1세(1672~1725)는 17세기 말에서 18세기 초에 걸쳐 러시아의 근대화와 서구화를 추진했다. 루소는 표트르 1세가 시도한 러시아의 유럽화 정책을 비판한다. 루소의 비판은, 『칼 12세의 역사』*Histoire*

*de Charles XII*와 『러시아사』*Histoire de Russie*에서 표트르 1세를 탁월한 입법자로 묘사한 볼테르의 반발을 불러온다. 그는 『철학사전』*Dictionnaire philosophique*의 "표트르 대제와 루소"Pierre le Grand et J.-J. Rousseau 항목, 그리고 『공화주의적 생각들』*Idées républicaines*에서 루소에 대한 격렬한 반박문을 내놓는다. 볼테르가 볼 때 미개한 러시아 인민을 유럽적인 방식으로 개화시키는 것은 당시 러시아에 반드시 필요한 일이었다. 한편 몽테스키외는 『법의 정신』 19권 14장에서, 루소와는 다른 이유로 표트르 1세의 개혁을 비판한다. 몽테스키외가 보기에 러시아 차르의 실수는 풍속을 통해 쉽게 바꿀 수 있는 것을 억압적인 법을 통해 어렵게 바꾸려 한 것이다. 드라테는 표트르 1세에 대한 루소와 볼테르의 대립을 긴 주석들로 해설하고 있다(OC III, pp. 1466~1469).

59) 정치체의 크기에 대한 문제는 아리스토텔레스 이후 정치철학의 주요한 문제가 되었다. 드라테는 『정치학』 7권 4장을 참조할 것을 권하고 있다(OC III, p. 1469). "도시국가의 크기는 어떤 한도를 가진다. 동물, 식물, 도구, 다른 모든 사물들도 그렇지 않은가. 이런 것들 각각은 너무 작거나 너무 크면 자신의 기능을 수행할 힘을 잃는다. …… 도시국가도 마찬가지다. 거주자가 너무 없으면 자립할 수 없을 것이다(그런데 도시국가는 그 정의상 자립 사회다). 거주자가 너무 많으면 자립은 하겠지만 도시국가가 아니라 단순한 더미가 될 뿐이어서 진정한 구성을 이루지 못할 것이다." 아리스토텔레스의 영향은 다음 장까지 이어진다.

60) 18세기 당시 프랑스 왕국은 34개의 '주'province로 구성되고, 주는 다시 '군'district으로 나뉜다. 이런 체제는 1790년 혁명정부에 의해 83개의 새로운 '주'département 체제로 재편된다. '태수령'satrapie은 페르시아제국에서 태수가 관할하는 속주를 지칭한다. '부왕령'vice-royauté은 왕의 대리인 자격으로 큰 주나 식민지를 다스리는 부왕의 관할지다.

61) 여기에서 루소는 주권을 "일반권한"autorité générale이라는 말로 지칭하고 있다.

62) 태양의 원격 작용도 진공의 존재도 인정하지 않은 르네 데카르트(1596~1650)는 행성의 운행을 설명하기 위해 공간을 가득 채우고 있는 에테르의 소용돌이 운동을 도입했다. 프랑스에서 18세기 초까지 유행한 데카르트의 와동설은 18세기 중반 뉴턴 이론을 받아들인 여러 학자들에 의해 반박된다. 베르나르 르 부예 드 퐁트넬Bernard Le Bouyer de Fontenelle(1657~1757)은 1752년 『인력에 대한 고찰과 데카르트의 와동설』*Théorie des tourbillons cartésiens avec des réflexions sur l'attraction*을 통해 와동설의 마지막 지지자를 자임했다.

63) 루소는 정치체 설립 시기 인민의 불안정한 상태를 묘사하기 위해 군대의 비유를 든 다음, 그것을 화학 개념에 다시 비유하고 있다. "발효"fermenta-tion는 화학에 대한 그의 관심을 다시 확인시켜 준다. 이 비유를 통해 루소가 발효라는 화학적 과정을 엄밀하게 이해하지 못했다고 비난하는 것은 부당하다. 물론 18세기에 화학은 많은 발전을 이루었다. 특히 디드로와 같이 화학 발전에 민감했던 철학자들은 기존의 역학적 세계관이 가진 한계를 극복하기 위해 '발효'처럼 질적 변화의 새로운 논리를 함축하는 개념들을 적극적으로 활용하려고 했다. 하지만 달랑베르와 같이 뉴턴 역학과 수학에 경도돼 있던 학자들이 보기에 화학은 그 원리를 규명하기 위해 가야 할 길이 너무 멀어 보였다. 그리하여 달랑베르의 '인간지식체계도면'Système figuré des connaissances humaines에서 화학은 연금술과 함께 "특수자연학"physique particulière(혹은 "실험자연학"physique expérimentale)의 가장 밑에 위치한다. 실제로 18세기 당시 이 용어는 자연학 여기저기에 사용되고 있었지만, 분명하게 규명되지 않은 개념이었기에 이 말을 무분별하게 적용하는 것에 대한 비판도 많았다. 『백과사전』의 "발효" 항목에 따르면, "지난 세기 화학과 의학 이론에서" 이 개념은 "과거 자연학에서 미세물질matière subtile에 해당하는 것, 오늘날에는 인력attraction에 해당하는 것이다. 또한 그것은 데카르트의 동인agent, 뉴턴의 성질qualité, 그러니까 일반적으로 가장 군건하게 확립된 모든 철학적 원리와 같은 운명을 겪었다. 한 무더기의 반쪽짜리 화학자들이 '발효' 이론을 잘못 이해해서, 그것을 아무렇게나 적용했으며, 이론을 변질시키고 왜곡했다." 루소는 이 단어를 의식적으로 사용한 것 같다. 예를 들어, 그는 『보몽에게 보내는 편지』에서도 자기애에서 자기편애로의 질적 변화를 이 개념을 통해 설명한다(OC IV, p. 937). 루소는 이 말을 통해 구성방식의 변화로 인해 발생하는 어떤 대상의 질적 변화를 말하려는 것 같다.

64) 프랑스어 'tyran'은 부당하게 왕권을 찬탈한 '참주'를 뜻하기도 하고, 법과 인민의 이해관계를 무시하며 폭력을 통해 지배하는 '폭군'을 뜻하기도 한다. 이 문장처럼 '참주'로 옮기는 것이 자연스러운 경우에도 우리는 일관되게 '폭군'을 번역어로 택한다. 이 단어에 대한 루소의 정의와 해설은 3권 10장의 본문을, 번역의 문제는 3권 10장의 옮긴이 주 59를 참고하라.

65) 틀락스칼라는 멕시코 고원지대의 작은 원주민 국가로 아스테카 제국이 성장하여 주변 지역을 지배하고 틀락스칼라의 교역을 방해함으로써 어렵게 생존해야만 했다. 이 때문인지 그들의 검소하고 엄격한 기질이 스파르타에 비유되곤 했다. 다른 한편, 그들은 메소아메리카의 배신자로 비난받

기도 한다. 에스파냐의 에르난 코르테스Hernán Cortés(1485~1547)가 1519년 유카탄반도에 상륙하고, 곧이어 아스테카 제국을 정복할 계획을 세우자, 틀락스칼라는 코르테스와 동맹을 맺고 제국의 정복을 돕는다. 에스파냐의 메소아메리카 정복에 일조한 덕에 틀락스칼라는 정복자들의 착취에 시달리지 않을 수 있었다.

66) 제노바의 지배하에 있던 코르시카는 1755년 파스콸레 파올리Pasquale Paoli (1725~1807)를 중심으로 독립 전쟁을 벌여 코르시카 공화국의 건국을 선언한다. 코르시카 공화국은 25세 이상 모든 남성에게 투표권을 주는 등 민주적 정체를 실현하기 위해 애썼고, 여러 계몽주의 사상가들의 지지를 받았다. 하지만 1768년 제노바가 코르시카의 주권을 프랑스에게 양도하자 코르시카는 강력한 왕국과 맞서게 되었다. 코르시카 공화국은 결국 1769년 프랑스에 합병되어 소멸했다. 『사회계약론』을 집필하던 당시 루소가 코르시카에 대한 칭송을 삽입한 것은 자연스럽다.

코르시카에 대한 루소의 호감은 루소 자신이 입법자가 될 기회를 제공했다. 1764년 8월, 코르시카의 정치가였던 부타포코Matteo Buttafoco가 루소에게 코르시카의 입법을 제안한다. 루소는 즉각 제안을 수락하고, 작업을 위한 자료를 요청한다. 루소는 현지 사정을 조사하기 위해 코르시카를 방문할 계획도 가지고 있었다. 하지만 결국 방문도, 입법도 실현되지 못한다. 루소는 자신의 신체적·정신적 문제를 첫 번째 이유로 내세운다. 하지만 정치적인 이유도 무시할 수 없다. 그는 준비 작업 중 부타포코의 귀족주의적 의도를 알게 되고, 자신의 입법이 코르시카 인민의 자유를 위해 쓰이지 않을 것이라 예감한다. 실제로 부타포코는 귀족주의자로서 후에 파올리와 달리 프랑스로의 합병을 지지하게 된다. 루소가 코르시카 입법을 위해 작업한 원고는 1861년에야 출판되었다. 이 원고를 『코르시카 헌법 구상』Projet de constitution pour la Corse이라 부른다.

67) 1권 8장을 뜻한다.

68) 카르타고는 현재 튀니지에, 티레는 현재 레바논에 위치한다. 두 도시는 고대 페니키아의 도시국가로서 해상무역을 통해 번성했다. 로도스는 현재 그리스령으로 기원전 5세기에서 기원전 2세기까지 번성한 에게해의 해상 도시국가다.

69) 『법의 정신』 11권 5장 「다양한 국가의 목적에 대해」De l'objet des États divers를 암시하고 있다.

70) 루소는 2권 6장에 이어 "공적인 것"chose publique이라는 표현을 다시 한 번 사용한다. 2권 6장의 옮긴이 주 34를 참고하라.

71) 정부는 주권자와 시민 사이에서 둘을 매개한다. 이런 관계는 3권 1장 정부론에서 자세히 고찰된다. 이 문장은 3권에서 고찰되는 정부가 주권과 맺는 관계를 보여 준다. 정부는 주권자의 자기관계를 형성하는 "매개항"termes intermédiaires으로 기능한다.

72) 즉 시민들 사이에는 평등이 중요하지만, 주권자와 각 신민 사이에는 결코 대등한 관계가 성립되어선 안 된다. 한 개별자는 신민으로서는 철저하게 수동적인 존재이며, 시민 혹은 주권자로서는 철저하게 능동적인 존재다. 앞의 주석에서 말했듯이 동일인의 이런 이중성은 정부라는 매개항을 통해 실현되며, 이에 대해서는 3권 1장에서 자세히 논의된다.

　　이 문장이 어색해 보이는 것은, 루소가 'rapport'를 중의적으로 사용하고 있기 때문이다. 이 단어는 일반적으로는 '관계'를 뜻하지만, 수학에서는 '비율'을 뜻한다. '관계'의 문제로 수렴되는 정부에 대한 논의에서 루소는 이 말의 중의성을 적극적으로 활용할 것이다. 잠시 후 3권 1장에서 정부의 본성과 크기를 고찰할 때 비례식은 정치학의 방법이 된다.

73) 이 번역어 선택에 대해서는 1권의 옮긴이 주 45를 참고하라.

74) 루소에게 정치법은 "전체의 전체에 대한 관계"를 규정하고, 시민법은 개별자들 사이의 관계 혹은 개별자와 전체의 관계를 규정한다. 1권 옮긴이 주 45에서 설명했듯이, 이 때문에 루소의 'lois civiles'은 현대적 의미에서 공법의 일부를 포함하게 된다. 이러한 규정은 몽테스키외의 법의 분류와 비교해 볼 만하다. "이 두 종류의 전쟁상태로 인해 인간들은 서로 법을 설립한다. 너무나 커서 다양한 인민이 있을 수밖에 없는 행성의 거주자로 간주될 때, 인간은 인민들 사이의 관계에 대한 법을 갖는다. 그것이 만민법이다. 존속시켜야 하는 사회에서 살아가는 존재로 간주될 때, 인간은 통치하는 자와 통치되는 자의 관계에 대한 법을 갖는다. 그것이 정치법이다. 인간은 또한 모든 시민들 사이의 관계에 대한 법도 가지는데, 그것이 민법이다"(『법의 정신』, 1권 3장). 몽테스키외의 경우, "민법"은 개별자와 전체와의 관계를 규정하지 않는다.

75) 루소는 풍속과 여론을 네 번째 "가장 중요한" 법으로 규정한다. 루소가 남긴 단편의 한 문장을 보자. "법은 외부에만 작용하고 행동만 규제한다. 풍속만이 안으로 침투해서 의지를 인도한다"(OC III, p. 555). 실제로 루소의 정치 이론은 그 구성주의적 지향에도 불구하고, 그리고 루소가 『사회계약론』의 대상을 "정치법"에 한정하고 있음에도, 공화국의 실현이 풍속과 여론에 의존함을 책 내내 지속적으로 강조한다. 이 문제는 이미 입법자에 대한 논의를 복잡하게 만들었고, 3권과 4권 곳곳으로 이어져 결국 정치종교

에 대한 장까지 이어질 것이다. 풍속과 여론에 대한 근심은 구성주의적 정치 이론의 이면이며, 루소는 이 사실을 결코 무시하지 않는다. "정치법의 원리" 안에 "은밀하게" 잠입해 있는 이 주제는 『사회계약론』에서 양적으로나 논리적으로나 사소하지 않지만, 이 책에 대한 지금까지 연구에서는 다소 부차적으로 다루어진 것이 사실이다.

76) 드라테는 로마인들과 근대 자연법학자, 루소에게서 법의 구분이 어떻게 이루어졌는지 매우 효율적으로 정리한다. 분량의 제한 때문에 거친 요약이 될 수밖에 없겠지만, 독자의 이해를 돕기 위해 드라테의 정리를 간추려 옮긴다. Robert Derathé, *Jean-Jacques Rousseau et la science politique de son temps*, Paris, Vrin, 1995, pp. 386~397.

로마 법학자들은 인간 일반의 공통 규칙을 만민법ius gentium/droit des gens 혹은 자연법ius naturale/droit naturel이라 부르고, 특정 인민의 고유한 규칙을 시민법ius civile/droit civil이라 불렀다. 만민법과 자연법의 구별 문제가 있다. 만민법을 인간 일반의 법칙으로, 자연법을 생물 일반의 법칙으로 규정할 수 있다. 이와 달리, 만민법과 자연법의 대상을 인간으로 한정하고, 전자를 이성적 존재로서 인간의 규칙으로, 후자를 동물로서 인간의 규칙으로 이해할 수도 있다. 한편 로마인들에게 만민법은 외교관법을 뜻하기도 했다. 이런 맥락에서 만민법은 외교관에 대한 법은 물론이고, 로마 안에서 외국인의 행위, 외국인들 사이의 행위, 외국인과 로마 시민 사이의 관계에 대한 법을 지시하게 된다.

근대 자연법 학자들은 스토아학파에서 자연법 개념을 배웠다. 인간 일반에게 적용되는 자연법은 이성의 원리와 사회성의 원리를 토대로 삼으며, 인간의 지성적 본성에서 도출된다. 이와 달리 특정 사회에서 유효한 시민법은 본성이 아니라 인간의 의지로 만들어진 것이다. 자연법과 시민법은 이렇게 적용 범위와 원리의 차이를 갖지만, 내용상 시민법이 자연법에 상당 부분 통합된다. 왜냐하면 실질적으로 자연법의 이성적 규칙이 개별 시민법의 근거이자 지향점이 되기 때문이다. 이런 사정은 만민법도 마찬가지다. 17세기에 만민법은 로마인들이 부여했던 의미를 잃고, 오직 여러 국민들 사이의 관계를 규정하게 된다. 흐로티위스에 따르면, 만민법 또한 시민법처럼 인간의 의지가 만드는 것이고, 그러므로 보편성을 갖지 못하기에 경험적 분석의 대상이다. 하지만 푸펜도르프와 바르베락이 보기에 만민법은 시민법보다 더 큰 보편성을 갖기에 자연법에 더 가깝다. 뷔를라마키는 보편적이고 필연적인 만민법과 합의에 의해 도출되는 만민법을 구별하려 한다. 하지만 그도 결국 만민법이 자연법에 종속되어야 한다고 생각한다.

이들은 흐로티위스와 대립하여 자연법을 모든 법의 심급으로 삼는다. 이를 통해 자연법 학자들은 법학에서 추론적이고 추상적인 방법론의 우위를 확인한다.

　루소는 자연법 학자들의 용어와 방법론을 배웠다. 루소도 자연법이 보편적이라고 생각하지만 결정적인 차이가 있다. 루소에게 자연법의 기원은 이성이 아니라 이성 이전의 본능이다. 따라서 루소의 자연법은 자기애와 연민을 포함하는 자연법과, 이성과 사회성을 통해 추론된 자연법으로 나뉜다.『사회계약론』의 주제인 정치법droit politique은 국가의 기원, 정치권력의 본성과 토대, 정부에 대한 분석을 포함하는 것으로 볼 때 현대의 일반공법을 뜻하는 것 같다. 추론적이고 분석적인 방법을 쓴다는 점에서 루소의 정치법 또한 자연법 학자들과 마찬가지로 자연법에 종속된다.『사회계약론』4권 9장에서 알 수 있듯이, 자연법 학자들의 영향을 받아 루소도 만민법을 국제공법에 한정한다. 그런데 다른 법학자들과 달리 루소는 만민법의 범위를 더 좁혀, 국제 통상, 전쟁과 정복, 동맹, 협상 등만을 포함한다. 이런 루소 만민법의 특징은, 흐로티위스처럼 루소도 만민법을 합의에 의해 도출되는 것으로 본다는 점이다. 하지만 루소도 약속의 의무 같은 기본적인 자연법의 원리가 만민법의 토대가 된다는 사실을 인정했을 것이다.

3권

1) 2권 3장에 이어 정치학을 기술하기 위한 수학적 언어가 다시 등장한다. 다소 장황하긴 해도 이 장의 산술적 언어는 2권 3장의 모호한 진술에 비해 명확하고 덜 논쟁적이다. 앞 권의 옮긴이 주 72에서 밝혔듯이, 이 장에서 루소는 'rapport'라는 단어의 일반적 의미(관계)와 수학적 의미(비율)를 넘나들며 진술한다. 우리로서는 '관계'와 '비율'을 적당히 혼용하여 번역하는 수밖에 없다.

　3권 앞부분 장들을 이해하기 위해서는 1권과 2권에 제시된 주권이론과 3권 1장에 나오는 정부gouvernement 개념을 분명하게 파악하는 것이 중요하다. 루소의 주권이론에서 주권자는 능동적인 전체로, 국가는 수동적인 전체로 규정된다. 이 전체의 전체에 대한 관계, 다시 말해 능동적 전체와 수동적 전체의 관계가 주권, 일반의지, 법 등, 1권과 2권의 핵심 개념들을 정의한다. 전체의 자기관계로서의 주권은 원리적으로 '자기규정의 일반성'에 수렴하며, 구체적으로는 '입법권'에 전적으로 귀속된다. 루소가 정의하는 정부는 전체의 자기관계가 "운영"되도록 하는 역할을 맡는다. 정부는 주권자의 의지에 따라 국가와 신민에게 법을 집행한다. 이런 의미에서 정부는 능동적 전체와 수동적 전체의 관계를 매개하며, 정부의 이 권력을 행정권이라 부른다. 이렇게 루소는 기존 정치철학에서 동일한 주체였던 정부와 주권자를 완전히 분리한다. 이에 따라 기존에는 주권자의 행위였던 통치("gouverner")가 루소 텍스트에서는 단지 행정부의 업무를 지시하게 된다. 아래에서 보게 되겠지만 민주정이 위험한 주요한 이유는 입법권자 대부분이 행정권자가 됨으로써 이런 분리가 불완전한 것이 되기 때문이다. 루소는 입법권의 양도 불가능성을 통해 법을 통한 시민의 자기규정을 요구하지만, 행정권의 엄격한 분리를 말함으로써 이런 자기규정이 어떤 매개체를 통해 실현될 수밖에 없음을 인정한다. 3권에서 정부와 통치의 이 같은 의미를 염두에 두지 않으면 루소의 의도를 오해하기 쉽다.

이와 관련해 3권 전반부의 논의를 미리 정리해도 좋을 것 같다. 정부는 주권의 실현을 위해 필수적으로 요구되고, 그 힘이 국가, 주권자와의 관계를 통해 논리적으로 계산된다. 즉 정부의 존재이유와 원리적 크기는 주권 이론에 의해 원리적으로 설명된다. 하지만 국가와 주권자의 힘, 그리고 정치체와 인민의 여건은 이 계산의 정확한 실행을 복잡하게 만든다. 따라서 정부의 형태와 크기를 실질적으로 정하는 일은, 정부와 주권자의 비례식과는 달리 경험적 연구를 필요로 한다.

2) 2권 4장과 2권 6장을 참고하라.

3) 2권 6장 「법에 대해」에서 루소는 의지와 신체의 관계를 다루면서도 그 연결 방식에 대해서는 침묵했다. 전체의 자기규정으로서 법을 설명하기 위해서는 그것으로 충분했기 때문이다. 더군다나 우리는 2권 6장의 옮긴이 주 32에서 루소에게 의지와 신체의 연결 문제가 형이상학적인 차원에서는 풀리지 않는다고 말했다. 정부론은 정치학의 영역에서 이 문제에 대한 한 해명을 내놓는다. 앞에서 말한 것처럼 루소에게 정부는 전체의 자기관계를 해명하기 위한 가상인격이다. 따라서 정부론의 필연성은 형이상학적으로는 해결될 수 없었던 문제가 정치철학에서는 반드시 해결되어야 함을 뜻한다. 『제네바원고』에서는 이렇게 말한다. "인간의 구성에서 신체에 대한 영혼의 작용이 철학의 심연인 것처럼, 국가의 구성에서 공적인 힘에 대한 일반의지의 작용은 정치학의 심연이다. 모든 입법자들이 그곳에서 길을 잃고 말았다"(OC III, p. 296).

4) '시민의 자유'에 대해서는 이미 1권 8장에서 설명했다. 『백과사전』의 "시민의 자유"liberté civile와 "정치적 자유"liberté politique 항목은, 두 자유를 도

식적으로 비교할 수 있게 해준다. 『백과사전』에 따르면 전자는 시민법에 의해 보장되는 시민 각자의 자유이고, 후자는 정치법에 의해 보장되는 주권자 혹은 정치체 전체의 자유다. 그런데 루소에게 시민법은 근본적으로 정치법에 의해 가능하고 제한되므로 시민의 자유는 정치적 자유에 종속되며, 다른 한편으로 시민법과 정치법은 시민의 안전과 자유라는 동일한 목적을 지향하므로 개인의 관점에서 시민의 자유와 정치적 자유는 공통의 영역을 갖는다.

5) 베네치아의 협의회Collegio는 26명의 국가 주요 인사로 구성된 모임이며, 모든 청원서와 보고서를 검토해 여러 심의회Consiglio와 원로원Senato에 분배한다. 26명 가운데 열 명이 원수doge를 포함한 베네치아 시의회Serenissima Signoria에 분배된다.

앞으로 보게 되겠지만 루소는 베네치아 공화국의 복잡한 정치제도를 종종 예로 든다. 한때 강력한 해상무역과 군대로 번영을 누렸던 베네치아 공화국은 18세기에 몰락의 길을 걷고 있었다. 루소는 1743년 9월부터 1744년 8월까지 베네치아 주재 프랑스 대사의 개인 비서로 베네치아에 머물렀다. 그는 베네치아 체류 기간 동안 이탈리아 음악을 발견하고, 외교 업무를 통해 정치학에 대한 관심을 키우다 『정치학 강요』라는 미완의 기획을 수립한다. 베네치아 체류 동안 루소는 일주일에 두 번 본국으로 보내는 외교 보고서를 작성했는데, 이 문서들은 OC III에『베네치아 공문』Dépêches de Venise 이라는 이름으로 수록되어 있다.

다양한 정치제도 용어들을 번역하는 어려움에 대해 잠시 언급해야겠다. 『사회계약론』3권과 4권에서 루소는 제네바, 베네치아, 고대 로마와 폴란드, 프랑스 왕국 등 현실 정치체의 제도들을 많이 인용한다. 그런데 같은 어휘로 표현되는 기관이나 제도가 정치체와 시대에 따라 다른 기능을 맡는 경우가 대부분이라 정확한 번역어를 고르는 일이 어렵다. 게다가 한국에서 고대 로마나 근대 유럽 도시국가들의 정치제도 용어가 표준화되어 있지 않아 어려움이 가중된다. 우리는 되도록 일관된 용어를 사용하도록 애쓸 것이고, 필요한 경우 해설을 덧붙이도록 하겠다. 예를 들어, 우리는 'conseil'의 번역어로 일관되게 '심의회'를, 'collège'의 번역어로 '협의회'를 쓸 것이다. 따라서 프랑스 구체제하에서 왕의 자문 역할을 하는 '심의회'나, 베네치아의 '대심의회'Grand conseil, 제네바의 '총심의회'Conseil général, '소심의회'Petit conseil 등을 말하게 될 것이다. 이런 용어들은 각 정치제도에서 그것이 가지고 있는 기능을 통해 구체적으로 이해해야지, 번역어가 한국어에서 가지는 의미나 어감만으로 파악해서는 안 된다.

6) "인민이 지도자에게 종속되기로 결정한 행위"는 주권자가 정부를 구성하는 행위다. 정부 구성 행위는 결코 계약이 아니다. 이것은 3권 16장에서 자세하게 논의된다.

7) A/B = C/D와 같은 비례식에서 A와 D가 비례식의 '외항'이고, B와 C가 '내항'이다. 이 비례식에서 내항 B와 C가 같은 경우를 '연비례'라고 한다. 즉 연비례는 A/B = B/C와 같은 형태이며, 이때 연비례의 내항 B를 '비례중항'이라고 한다. 루소는 신민, 정부, 주권자의 관계를 연비례를 이용해 규정하고, 신민과 정부와 주권자의 힘의 관계가 연비례를 이루는 것을 정치체의 균형상태로 본다. 즉 신민 : 정부 = 정부 : 주권자의 꼴이다. 그렇다면 (정부)² = (주권자 × 신민)이 될 것이다. 이 수학적 비유의 근거는 곧 밝혀진다.

8) 루소가 두 수의 비율을 지칭하기 위해 쓴 'exposant'은 현대 프랑스어에서는 '지수'를 뜻한다. 18세기에 이 단어는 '지수'와 '몫'을 모두 뜻할 수 있었다.『아카데미 프랑세즈 사전』의 "exposant" 항목은 "두 수의 비율을 표현하는 수"와 "거듭제곱의 지수를 표현하는 수"로 이 단어를 두 번 정의한다.

9) 연비례 비유의 정당성을 다음과 같이 요약할 수 있겠다. 정부는 신민과 주권자를 매개한다. 신민과 정부의 관계에서 보면, 신민의 수가 늘어나면 신민들의 개별의지를 통제하기 위해 정부의 힘도 증가해야 한다. 즉 정부의 힘은 신민의 수에 비례한다. 한편 정부와 주권자의 관계에서 보면, 정부의 힘이 증가하면 정부의 권력남용을 막기 위해 주권자의 힘도 그만큼 증가해야 한다. 즉 주권자의 힘은 정부의 힘에 비례한다. 정부를 공통항으로 갖는 이 두 비례관계로부터 연비례식이 도출된다.

10) '복비'raison doublée란, A/B = C/D와 같은 식이 있을 때 AC/BD와 같이 양쪽의 두 비를 곱한 결과를 뜻한다. 따라서 연비례 A/B = B/C가 있는 경우에 복비는 AB/BC, 즉 A/C가 된다. 그런데 한 외항 A(신민)가 1로 고정된다면, 이 연비례의 복비는 결국 C(주권자)다. 그러므로 복비가 변한다는 것은 C가 변한다는 뜻이고, 이에 따라 내항 B(정부)는 C(주권자)의 제곱근 $\sqrt{C}$가 되어 함께 변한다. 오로지 인구를 기준으로 말하자면 적절한 정부의 크기는 시민의 수의 제곱근이다.

11) 『백과사전』의 "양"quantité 항목은 이것을 다음과 같이 분류한다. "양quantité은 다음 네 종류로 환원될 수 있다. 사회적 양quantité morale은 관례나 자의적인 결정에 종속되는 것으로, 사물의 중요성과 가치, 위엄과 권력의 정도, 보상과 처벌 등을 말한다. 지성적 양quantité intellectuelle은 오직 지성을 통해서만 발생하고 결정되는 것으로서, 정신 혹은 정신의 개념작용에서 넓

이의 크고 작음, 논리학에서 보편 개념들, 범주prédicaments 등이다. 물리적 혹은 자연적 양quantité physique ou naturelle은 두 종류가 있다. 첫째는 물질 자체와 그것의 넓이의 양이다. 둘째는 무게, 운동, 빛, 열, 차가움, 묽음, 밀도 등처럼 자연적 물체의 특성과 속성의 양이다." 이렇게 보면 'qualité morale'에서 'moral'이 좁은 의미의 도덕만을 지시하지는 않는 것 같다. 형용사 'moral'의 번역 문제와 이에 대한 우리의 판단에 대해서는 1권 옮긴이 주 42에서 밝힌 바 있다.

12) 우리는 현대 프랑스어에서는 '법원'이라고 옮기는 'tribunal'을 '관청'으로 옮긴다. 『백과사전』의 "tribunal" 항목은 이 단어를 다음과 같이 규정한다. "판사가 판결을 내리는 곳, 판사의 소재지다. 이 말은 또한 때때로 재판권을 구성하는 판사들의 단체를 뜻하기도 한다. 때로는 그들이 행사하는 재판권을 의미한다. 이 용어는 라틴어로, 호민관들이 심판을 내리던 고위 소재지를 지칭하던 말에서 유래했다." 이런 뜻이라면 '법원'이 더 어울릴 것 같지만, 로마의 호민관tribunus/tribun이 권력의 확대를 통해 행정, 입법, 사법의 권한을 두루 가지고 있었던 것처럼, 호민관의 소재지를 지칭하던 이 말은 현대의 삼권분립의 관점에서 이해하면 오해를 일으키기 쉽다. 구체제 왕정하에서 사법권은 행정권이나 입법권과 엄격하게 분리되지 않았으며, 봉건제의 역사적 전개가 만들어 낸 복잡성으로 인해 다양한 정치적 주체들에게 분배되어 있었다. 지역이나 판단 주체, 권한에 따라 다양한 법원이 있었고, 여러 행정관들은 곧 판사이기도 했다. 따라서 'tribunal'이라는 말은 사법적 판결을 포함해 행정관의 결정이 이루어지는 장소를 폭넓게 지칭한다고 봐야 한다.

13) 정치체는 상위 전체를 갖지 않는 절대적 전체다. 반면 정부는 한편으로는 정치체의 부분이지만, 다른 한편으로는 그 자신이 전체다. 상대적 전체인 정부는 상위 전체와의 관계를 제외하면 정치체가 집단적 가상인격으로서 가지는 속성을 공유한다. 예를 들어, 정부는 정부 나름의 단체의지를 갖고 그 의지를 실행할 기관을 갖는다. 시민과 주권자 사이에 정부라는 매개체가 필요했던 것처럼, 행정관과 군주 사이를 매개하는 기관도 필요할 것이다. 이런 식으로 단계에 따라 연비례가 계속 나타난다. 연비례는 더 이상 분할될 수 없는 인격이 나타날 때까지 계속 분할될 수 있는데, 이 인격을 1로 생각하면 '... 1/27, 1/9, 1/3, 1, 3, 9, 27 ...'과 같은 등비수열을 모델로 상정할 수 있다.

14) "행정관단체"가 정부이고, "시민단체"가 주권자임을 따로 부연할 필요는 없을 것이다.

15) 주권자와 달리 정부는 일반의지를 위반할 수 있다. 루소 주권이론의 실현을 위해 정부는 선험적으로 요구되지만, 정부의 권력남용은 정치체 안에서 정부의 지위와 역할 때문에 필연적인 결론이며 그것을 억제할 방법은 경험에 의존한다. 완전히 방지할 수 없다면, 경험적 수단을 통한 점진적인 개선은 바랄 수 있는가? 루소의 전망은 회의적이다. 이에 대한 루소의 비관주의는 3권과 4권 곳곳에서 관찰되며, 3권 10장에서 그는 정부의 권력남용 경향을 명확하게 확인한다.

16) 3권 1장에서 보았듯이 루소에게 '군주'prince란 그 수가 몇이든 행정관 전체를 집합적으로 지시하는 말이고, '왕정'monarchie은 한 명의 행정관에게 행정권이 집중되어 있는 체제를 뜻하므로, 'monarchie'를 '군주정'으로 옮기는 것은 적합하지 않다고 생각했다. 우리는 'monarchie'를 일관되게 '왕정'으로 옮긴다.

"왕의 정부"gouvernement royal는 일반적인 의미에서 새기자면 '왕정'과 동의어다. 하지만 좁게는 프랑스의 북아메리카 식민지였던 누벨프랑스Nouvelle-France를 통치하기 위해 1663년 루이 14세가 설치한 새로운 정체를 지시한다.

17) 루소는 앞에서 설명한 분류법에 따라 3권 4장에서 6장까지 민주정, 귀족정, 왕정을 고찰한다. 하지만 그가 정부를 세 가지 형태로 구분한다고 말하는 것은 부정확하다. 루소에게 "모든 정당한 정부는 공화정이다"(2권 6장). 민주정, 귀족정, 왕정은 모두 국민주권과 법에 의한 통치라는 공화정 원리 아래에서 가능한 행정 형태를 가리키는 명칭들이다. 또한 앞 장에서 루소가 제시한 원리에 따라, 이 세 정부형태는 연속적이며, 하나의 정부는 사실상 다양한 정부형태의 조합으로 구성된다.

그렇다면 루소가 쓰는 공화정이라는 용어를 현대적 의미의 민주주의와 등치시킬 수 있을까? 그리고 루소의 분류법을 따라 현대 한국의 정체를 (대통령제의 특성을 강조하자면) 왕정 혹은 (여러 자치단체장과 선출직 공무원의 비중을 생각하자면) 선거 귀족정을 정부형태로 채택하고 있는 공화정이라고 규정할 수 있을까? 하지만 잊지 말아야 할 것은, 루소의 공화정은 원리적으로는 입법권의 위임을 부정하며 그에게 귀족정은 오직 행정의 한 가지 방식으로만 규정된다는 사실이다. 따라서 현대 정부들의 형태를 루소의 선거 귀족정이라고 말할 수는 있지만, 보통 대의제 입법권을 함축하는 현대 민주주의와 루소의 공화정을 등치시킬 수는 없을 것이다. 우리가 대의 민주주의라고 말하는 것은 『사회계약론』의 체계 안에 존재하지 않는다. 그런데 『폴란드 정부론』에서는 얘기가 다르다. 3권 15장의 옮긴이 주 82를 참고하라.

이 장에서 루소는 민주정을 인민 다수가 행정을 담당하는 제도로 이해한다. 루소의 이런 해석은 18세기에서 특이한 것이었다. 예를 들어, 『백과사전』의 "민주정"démocratie 항목은 우리가 생각하는 의미와 거의 같은 것을 말하고 있다. "민주정은 단순한 통치 형태의 하나로서, 민주정에서는 단체로서의 인민이 주권을 가진다. 주권이 인민의 수중에 있는 모든 공화국은 민주정이다." 그런데 루소의 복고적 용어 사용은 『사회계약론』 안에서만 일관된다는 사실을 지적해야겠다. 『달랑베르에게 보내는 편지』에서 루소는 민주정을 주권자와 신민이 동일인인 경우로, 즉 『사회계약론』의 맥락에서는 공화정으로 정의한다. "민주정에서 신민과 주권자는 다른 관계를 통해 고찰된 같은 사람들이어서, 소수가 재산에서 다수를 압도하면 그 즉시 국가는 소멸하거나 형태가 변한다"(OC V, p. 105). 이 사례를 통해 루소가 동시대인들이 받아들이는 민주주의 개념을 모르지 않았음을 알 수 있다. 『사회계약론』의 루소는 법과 주권을 엄격하게 정의하면서 정부의 기능과 의미를 제한한다. 그 결과 기존의 통치체제를 가리키던 개념들도 함께 변화를 겪는다.

18) 『학문예술론』부터 루소는 사치의 비판자였다. 이것은 그가 단지 고대 공화정의 엄격한 덕을 신봉하기 때문만은 아니다. 18세기에 사치는 정치적·경제적·기술적·철학적 논쟁의 화두였다. 『백과사전』의 "사치"luxe 항목은 당대의 사치 논쟁에 대해 다음과 같이 말한다. "사치는 예로부터 모럴리스트들의 성토 주제였다. 이들은 빛보다는 어두움으로 사치를 비난했다. 그런데 사치는 얼마 전부터 몇몇 정치가들의 찬양의 대상이 되었다. 그들은 사치에 대해 국가 지도자나 철학자보다는 상인이나 중개인처럼 말한다." 이어서 사치가 인구, 국가의 부, 유통, 풍속, 지식과 예술, 인민의 행복 등에 기여한다는 사치 옹호론자들의 주장을 소개한다. 사치에 대한 루소의 비판과 농경 사회, 소규모 수공업에 대한 그의 이상화는 오랫동안 루소에게서 현대적 의미의 정치경제학을 부정하는 퇴행적 정신을 발견하도록 유도했다. 하지만 최근의 연구들은 루소의 상업 사회에 대한 비판이 단지 퇴행적이지 않고 나름의 토대가 있다는 것을, 루소와 중농주의의 대조를 통해 밝히기도 한다. 루소의 경제학이 어떤 것이었는지에 대해서는 여전히 많은 연구가 필요하다.

19) 몽테스키외의 『법의 정신』 3권 3장을 말한다. "왕정이나 전제정을 유지하고 지탱하기 위해서는 많은 올바름이 필요하지 않다. 왕정에서는 법의 힘이, 전제정에서는 항상 올라가 있는 군주의 팔이 모든 것을 규정하고 억

제한다. 하지만 인민국가에서는 동력이 하나 더 필요하다. 그것이 덕이다. 내가 말하는 것은 역사 전체를 통해서 확인되고, 사물의 본성에도 잘 부합한다." 몽테스키외를 비판하며 루소는 다시 한번 확인한다. 주권이론은 보편적이나, 정부이론은 특수하다. 주권자와 정부, 입법과 '통치' 혹은 행정을 혼동하는 것은 정치적인 오류일 뿐만 아니라, 이론적인 오류다.

20) 18세기에 '인민정부'gouvernement populaire는 흔히 '민주정'démocratie과 같은 뜻으로 쓰였다. 인민이 주권을 가지고 그 대다수가 국가 운영에 참여하는 통치 형태를 지시한다. 다시 한번 강조하지만, 루소는 인민정부와 민주정을 모두 행정 형태로만 이해한다.

21) "로렌공이며 폴란드 왕인 자"는 스타니스와프 1세Stanisław I(1677~1766)를, 스타니스와프 1세의 아버지 "포즈난Poznań 주지사"는 라파우 레슈친스키Rafał Leszczyński를 가리킨다. 당시 폴란드는 귀족들이 왕을 선출하는 제도를 가지고 있었다. 스타니스와프 1세는 18세기 초에 국왕의 자리에 두 번 올랐지만 재위 기간은 짧았다. 그의 딸이 프랑스의 루이 15세와 결혼한 덕에, 퇴임 후 1737년 로렌 공국Duché de Lorraine과 바 공국Duché de Bar의 통치자가 되었다. 하지만 이 지역의 실질적인 지배권은 프랑스에 속해 있었다. 스타니스와프 1세는 그곳에 아카데미를 세우고 철학자들과 교류하며 직접 저술 활동도 하면서 계몽주의의 흐름에 동참했다. 그는 루소의 『학문예술론』에 대한 반론을 발표했고, 루소는 이에 대한 재반론을 통해 자신의 생각을 정교하게 다듬었다.

우리가 '주지사'라고 옮긴 'palatin'은 여러 나라에서 귀족이나 직위를 나타내는 용어로 사용되었다. 『아카데미 프랑세즈 사전』이 설명하듯 특히 폴란드에서는 "각 주의 총독"에 이 명칭을 부여했다.

22) "평온한 예속보다 위태한 자유를 택할 것이다." 이 문장은 스타니스와프의 『폴란드 정부에 대한 고찰』Observations sur le gouvernement de la Pologne에 나온다. 우리는 1권 4장에 대한 옮긴이 주 25에서 기만적인 안전이나 안정보다 자유를 우위에 두는 루소의 태도에 대해 이미 말했다. 루소는 계속해서 이 원칙을 강조할 것이다.

23) 공화정 체제 아래에서 루소가 가장 선호하는 정부형태가 귀족정이다. 하지만 루소가 평가하는 귀족정은 특권계층이 주권을 행사하는 체제가 아니라, 소수가 행정을 담당하는 제도다. 『산에서 쓴 편지』의 여섯 번째 편지에서 루소는 이 점을 명확히 말한다. "정부가 취할 수 있는 다양한 형태는 세 가지 주요한 형태로 수렴된다. 그것들을 장점과 단점을 통해 비교해 본 후, 나는 양극단 사이에 있으며 귀족정이라는 이름으로 불리는 중간 형태

를 선호하고 있다. 여기에서 다음을 기억해야 한다. 국가의 구성과 정부의 구성은 매우 상이한 두 가지이고, 나는 그것들을 혼동하지 않았다. 최선의 정부는 귀족적인 것이지만, 최악의 주권도 귀족적인 것이다"(OC III, pp. 808, 809). 즉 루소는 행정제도로서의 귀족정에 논의를 한정한다. 특히 그가 높이 평가하는 선거 귀족정은 인민이 자신들 중에서 소수의 행정가를 뽑는 제도다. 엘리트와 인민을 분리하고, 엘리트의 인민에 대한 지배를 정당화하는 전통적인 귀족정과 루소의 귀족정 개념은 완전히 구분된다.

24) 이 단어들은 모두 '노인'이나 '연장자'라는 어원을 가진다.

25) 옵티마테스는 로마 공화정 말기에 평민파에 반대하여 원로원 중심의 보수적인 정치를 추구하던 세력을 뜻한다. 이들은 기원전 130년경 그라쿠스 형제의 개혁에 반대하며 등장했다가, 한 세기 정도 세를 유지한 끝에 카이사르에 의해 진압되었다. 루소는 권력이 나이와 나이에 따르는 지혜에서 분리되어 개별적인 대상이 되는 현상을 강조하고 있다.

26) 루소가 말하는 귀족정은 입법권과 행정권을 구별하는 공화정 체제를 전제하고 있음이 분명하다.

27) 현재 스위스의 수도인 베른은 18세기 당시 알프스 북부 도시국가들 가운데 가장 넓은 영토와 강력한 세력을 유지하고 있었다. 루소가 지적한 대로, 당시 베른은 특권 귀족 가문들이 권력을 독점하는 체제였다. 루소는 『신 엘로이즈』에서 폭정의 역사를 상기시키고 애국심을 고취하는 베른의 연극을 높게 평가하기도 하지만(OC II, p. 251), 『폴란드 정부론』 11장에서는 베른의 거대한 재정과 편파적인 제도의 연관성을 비판하기도 한다. "베른주에서만 스위스 나머지 지역의 열 배의 돈이 운용된다. 행정은 그에 비례하여 편파적이다"(OC III, p. 1006).

28) 앞 장에서 루소는 민주정의 조건으로 "상당한 정도"의 평등을 제시했다. 귀족정에 필요한 것은 "엄격한 평등"이 아니며, 이런 평등은 실현되기도 어렵다. 그리고 후자의 사실로 인해 민주정의 실현 가능성은 한층 더 낮아진다. 귀족정은 평등보다는 "절제"를 요구한다. 드라테가 상기시키는 대로(OC III, p. 1479), 『법의 정신』 3권 4장 「귀족정의 원리에 대해」Du principe de l'aristocratie에는 귀족정과 절제의 관계가 더 자세히 서술되어 있다. 몽테스키외에 따르면, 귀족정 안에서 특권층은 상당한 힘을 가지고 다른 세력을 억압하지만, 그 자신은 억제되기 힘들다. 두 가지 방식의 억제가 가능한데, 첫째는 "큰 덕"을 통해 귀족의 힘을 인민의 힘과 동등하게 유지하는 것이고, 둘째는 "작은 덕"을 통해 귀족들이 최소한 그들끼리의 균형을 유지하도록 하는 것이다. 몽테스키외는 이런 덕들을 통해 특권계층이 힘을

과용하지 않도록 하는 것을 "절제"라는 말로 표현한다. "그러므로 절제는 이런 정부의 영혼이다. 내가 말하는 절제는 덕에 근거한 것이지, 영혼의 비겁함과 게으름에서 유래하는 것이 아니다."

29) 주석가들은 루소가 어떤 텍스트를 근거로 아리스토텔레스를 이렇게 해석하는지 알 수 없다고 지적한다. 『정치학』 3권 7장에서 아리스토텔레스는 (귀족정과 구별되는) 과두정의 금권정치를 비판할 뿐이다.

30) 우리는 3권 3장의 옮긴이 주 16에서 'monarchie'에 대한 이 번역어의 선택에 대해 설명했다.

31) 왕정에서 왕이라는 개인이 정부라는 집단적 존재를 대표한다는 것은 자연스럽다. 그런데 다른 정부형태, 그러니까 민주정이나 귀족정에서는 반대로 "집단적 존재가 한 개인을 대표"하는가? 루소는 하나의 단체의지로 움직이는 정부를 "개인"individu이라고 표현한 것일까? 혹은 여기에서 "대표하다"représenter를 '대리하다'의 뜻으로 넓게 해석해야 하는 것일까? 주석가들 사이에서 이 문장에 대한 해석은 결론을 보지 못했다.

32) 아르키메데스(BCE287?~BCE212)는 시라쿠사Syracuse의 왕 히에론 2세Hiero II의 후원으로 '시라쿠시아'Syracusia라 불리는 배를 설계했다. 이 배는 고대 세계의 가장 큰 배로 얘기되곤 한다. 그런데 배의 규모가 너무 커서 배를 바다로 옮기는 일이 문제였다. 아르키메데스는 도르래를 이용해 한 손으로 시라쿠시아를 진수시켜 왕을 놀라게 했다고 전해진다.

33) 즉 인민이 왕에게 완전히 종속되어 있는 것과 인민이 강한 힘을 갖는 것.

34) 구약성경의 『사무엘상』 8장에서 사무엘은 왕을 세우려는 이스라엘 원로들에게 왕정의 폐해에 대해 경고한다. 왕은 국가의 모든 인적·물적 자원을 자신의 사익을 채우기 위해 착취할 것이고, 결국 인민은 모두 왕의 노예가 될 것이라는 경고였다. 하지만 이스라엘인들은 사무엘의 말을 듣지 않고 결국 왕정을 건설한다.

35) 18세기에 마키아벨리에 대한 이런 해석은, 특히 왕정을 비판하는 자들에게 낯설지 않았다. 디드로는 『백과사전』의 "마키아벨리주의"machiavélisme 항목에서 이렇게 적고 있다. "왕정의 가장 열렬한 옹호자 중 하나가 갑자기 폭정의 파렴치한 변호인이 된 것을 어떻게 설명할 것인가? …… 마키아벨리가 군주에 대한 논설을 썼을 때, 그것은 마치 그가 동료시민들에게 이렇게 말했던 것과 같았다. '이 작품을 잘 읽어 보라. 당신들이 언제라도 주인을 용인하게 된다면, 그는 내가 묘사하는 그대로일 것이다. 당신들은 잔혹한 짐승에게 자신을 내맡기게 될 것이다.' 따라서 마키아벨리의 목적을 잘못 알아본 것은 그의 동시대인들의 과오였다. 그들은 풍자를 찬사로 오해

한 것이다."

36) 루소는 3권 3장의 고찰을 상기시키고 있다.

37) 여기에서 루소는 "공화정 정부"로 민주정을 지시하는 것 같다. 우리는 이 장에서 왕정이 공화정의 정당한 정부형태가 되는 것이 현실적으로 어려운 이유들을 확인하게 된다. 왕정에 대한 루소의 불신은 『생-피에르 신부의 다원합의제』*Polysynodie de l'abbé de Saint-Pierre* 1장의 마지막 문단에서 가장 분명하게 표현되는 것 같다. "본론으로 들어가기 전에 다음을 지적하는 것이 좋겠다. 기적이 따른다면 어떤 위대한 영혼이 왕국을 돌보는 어려운 일을 완수하는 것도 가능하겠지만, 왕위 계승에 확립되어 있는 세습 질서와 왕권 계승자들의 기괴한 교육은 언제나 수많은 얼간이들을 진정한 왕이랍시고 내놓을 것이다. 그리고 유소년기, 질병, 착란과 정념의 시기를 거치면 국가의 머리에는 대개 군주 시늉을 하는 것만이 남을 것이다. 그래도 공무는 진행되어야 한다. 그러므로 왕을 가진 모든 인민에게는 왕 없이 운영 가능한 정부형태를 설립하는 것이 절대적으로 요구된다"(OC III, p. 619). 생-피에르 신부와 루소의 관계에 대해서는 아래 4권 3장의 옮긴이 주 22를 참고하라.

38) 드라테는 주석에서 루소가 이 문단을 출판 직전에 추가한 정황을 묘사한다(OC III, p. 1482). 루소는 출판 허가를 받지 못한 『에밀』과 『사회계약론』을 네덜란드에서 출판한 다음 프랑스로 들여오려고 했다. 그는 당시 프랑스 정치권과 외교가의 실력자인 에티엔-프랑수아 드 슈아죌Étienne- François de Choiseul 공작(1719~85)의 보호를 받고자 문단 끝에 훌륭한 정치가에 대한 찬사를 삽입한 것이다. 하지만 슈아죌은 오히려 루소의 찬사를 비난으로 해석해 이런 요청을 받아들이지 않았다.

39) 디오니시우스 2세(BCE397?~BCE343)는 디오니시우스 1세의 아들로서 기원전 4세기 시라쿠사의 왕이다. 그는 두 번 왕위에서 쫓겨난다. 첫 번째는 숙부 디온Dion 때문이었고, 두 번째는 시라쿠사 시민들이 디오니시우스 2세의 전제정을 거부했기 때문이었다. 결국 코린트Corinth에서 쓸쓸하게 죽음을 맞이한다.

　　루소는 이 문단에서 세습 왕정의 약점을 매우 간략하게 제시하고 있다. 왕의 선출 기간 동안 여러 혼란을 떠안아야 하는 선거제와, 그런 혼란은 없지만 어떤 검증도 없이 어린아이를 왕으로 모셔야 할지도 모르고 어떤 경우에는 섭정이라는 대행 체제를 용인해야 하는 세습제 중 무엇이 더 위험한가? 세습제의 가장 큰 위험은 왕의 교육이며, 조금 전 옮긴이 주 37에서 보았듯이 루소는 이것을 여러 곳에서 강조한다. 왕으로 예정된 아이는 바로 그런 사실로 인해 언제나 교육에 실패한다. 디오니시우스 2세의 말은 그 적절한 예증이며, 다음 문단에서 루소는 이에 대해 더 자세히 말한다.

40) "선과 악을 구별하는 가장 쉽고 빠른 방법은, 다른 사람이 왕이었다면 네가 무엇을 원하고 무엇을 원하지 않았을지 자신에게 묻는 것이다." 이 문장은 『역사』*Historiae* 1권 16절에 등장한다.

　　푸블리우스 코르넬리우스 타키투스(58~120?)는 고대 로마의 역사가다. 그는 17세기 프랑스에서 폭정의 옹호자라는 혐의로 비난받았지만, 18세기 들어 몽테스키외와 달랑베르에 의해 자유의 신봉자로 재평가된다. 루소는 타키투스에 대한 재평가 분위기 속에서 1754년 『역사』 1권을 개인적으로 번역하기도 했다. 루소는 어린 시절 제네바에서 아버지와 함께 읽었던 책의 저자 중에서 타키투스를 확인하며, 『불평등기원론』에서 『고독한 산책자의 몽상』*Les Rêveries du promeneur solitaire*까지 많은 글에서 그의 이름을 호명한다.

41) 1권 2장 앞부분에서 루소는 가족사회와 정치사회의 차이에 대해 간략하게 말했다. 하지만 이 "논박"의 자세한 사항을 보려면 『정치경제』(OC III, pp. 241~244)와 『제네바원고』(OC III, pp. 298~300)를 참고해야 한다. 여기에서는 『제네바원고』의 해당 부분을 요약해 보자. 가족과 국가의 통치가 같은 원리를 따를 수 없게 만드는 차이들은 다음과 같다. 우선 두 집단은 크기가 다르며, 그로 인해 가장은 모든 것을 직접 보지만 국가 지도자는 직접 볼 수 있는 것이 거의 없다. 다음으로 가족의 구성은 자연적이나, 국가의 구성은 인위적이다. 가장은 육체적인 힘으로 아이들을 다스리며 그의 권위와 아이들의 복종도 자연의 산물이나, 국가 지도자는 인위적으로 구성된 집단에서 제정된 법을 통해 인민이 원하는 것만을 제공한다. 루소는 소유권의 문제를 강조한다. 가족 안에서 개별자의 소유권은 가장의 소유에서 유래하나, 정치체에서 지도자는 개별자의 소유를 보장하기 위해 기능한다. 또한 가족은 수가 늘어나면서 번영하고 때가 되면 자연스럽게 해산하나, 국가는 인구를 적절히 유지해야 하고 자신을 보존하는 것이 첫 번째 임무다. 다음으로 루소는 가족 안에서 가장과 나머지 구성원들과의 관계를 고찰한 다음, 국가에서 지도자와 신민들 사이에는 이런 관계가 성립하지 않는다고 말한다. 어쩌면 가장 중요한 차이는 다음일 것이다. 가장은 가족을 사랑하며 자연스럽게 가족을 위해 일하지만, 지도자는 오히려 인민의 불행에서 이득을 얻을 수 있고 그래서 권력을 남용할 위험을 항상 안고 있다. 이런 이유들 때문에, 설사 그 목적과 기능에서 겹치는 점이 있더라도 가장과 지도자는 다른 원리에 근거해 가족과 정치체를 다스리며,

그들의 행위를 인도하고 규제하는 원칙도 매우 상이하다.

42) 영국 정체의 문제는 『법의 정신』 11권 6장을 참고하라. 폴란드 정체의 이런 측면에 대해서는 『폴란드 정부론』 7장 「국가구성을 유지하는 수단」Moyens de maintenir la constitution에서 더 자세하게 논의된다(OC III, p. 976).

43) 드라테에 따르면(OC III, pp. 1483~1485), 고대의 혼합정부 논의는 플라톤, 아리스토텔레스, 폴리비오스에게서 발견되며, 근대에는 거의 모든 정치철학자들이 정부형태를 논하며 혼합정부의 문제를 다루었다.

44) 왕정의 사례를 생각하면 된다. 왕정의 경우 정부의 힘이 너무 강해져서 주권자의 힘으로 통제되지 않을 수 있다. 비례식으로 환원하자면, 군주의 힘이 너무 강하다는 것은 신민, 군주, 주권자 사이의 힘이 연비례 관계, 예를 들어 $1:4:16$에 있지 않고, $1:8:16$과 같이 되는 경우를 말한다. 그러면 군주의 주권자에 대한 비율($8/16$, 즉 $1/2$)이 신민의 군주에 대한 비율($1/8$)보다 크게 된다.

45) "온건한"tempéré이라는 형용사는 정부를 수식할 때 보통 '독단적인'arbitraire 혹은 '전제적인'despotique과 반대의 속성을 지시하기 위해 쓰였다.

46) 우리는 정부의 존재이유와 거기에서 추론되는 좋은 정부의 크기는 주권이론에서 논리적으로 도출되지만 정부형태의 결정은 궁극적으로 경험적 요소들에 의존한다고 이미 말했다. 정부형태 결정에 영향을 끼치는 다양한 요소를 검토하는 이 장은, 다소 장황한 기술, 많은 사례, 그리고 반복되는 문체("…… 할수록 더 …… 한다")를 통해 이런 사실을 보여 준다.

47) 법과 풍토 혹은 정치와 풍토의 연관성은 『법의 정신』의 대표적인 주제다. 몽테스키외는 특히 14권에서 18권까지 다섯 권에 걸쳐 이 문제를 집중적으로 다룬다.

48) 장 샤르댕(1643~1713)은 프랑스의 여행가이자 작가로 페르시아와 근동에 대한 보고로 유명하다. 루소는 샤르댕의 『페르시아 여행』Voyages en Perse을 인용하고 있다.

49) '솔'sol은 '수'sou라고 불리기도 하는 화폐단위이고, 그 역사가 고대까지 올라간다.

50) 고대 세계에서 '바르바리아'는 로마제국의 문명 바깥에 있는 민족들을 포괄적으로 지칭했지만, 『백과사전』의 해당 항목에서 볼 수 있듯이 18세기에 이 말은 기본적으로 "대서양, 지중해, 이집트, 니그리시, 기니로 둘러싸인 아프리카의 넓은 지역"을 뜻했다. 여기에서 "니그리시"Nigritie는 말리부터 수단에 이르는 아프리카 지역을 지칭하던 옛말이다.

51) 지렛대의 비유를 부각하기 위해 '받침점'이라고 번역한 'points d'appui'는

'근거지'라는 뜻도 가지고 있다.

52) 우리가 앞에서 말한 대로 최선의 정부의 절대적 조건이나 특징은 존재하지 않는다. 최선의 정부는 주어진 인민과 여건의 무수히 많은 경험적 상태에 따라 언제나 변화한다. 따라서 좋은 정부는 정부형태 자체의 분석으로는 잘 판단되지 않는다. 좋은 정부는 언제나 "증후"signe를 통해 간접적으로 추정된다.

53) 루소는 인구문제에 구체적인 관심을 가지고 있었다. 루소가 남긴 노트에는 1758년 파리의 사망, 세례, 결혼, 고아에 대한 통계가 발견되기도 한다(OC III, p. 528). 하지만 루소가 윌리엄 페티William Petty(1623~87)의 『정치산술』Political Arithmetic 전통을 비롯해 당대의 인구에 대한 사회과학적 사유와 직접적으로 연관되어 있는지는 조사가 필요해 보인다. 분명한 것은 사회과학의 수학적 방법론에 대한 관심이 인구문제로 자연스럽게 수렴되는 현상이 루소에게서도 관찰된다는 사실이다.

이 장에서 보는 것처럼 루소는 좋은 정부의 증후로 인구 증가를 제시한다. 그런데 『사회계약론』을 요약하고 있는 『에밀』 5권에서는 두 번째 증후가 제시된다. 그것은 인구 전체의 증가 혹은 감소가 아니라, 인구의 분포 상태다. "정부와 법의 상대적인 훌륭함을 보여 주는 두 번째 표지 또한 인구에서 볼 수 있다. 하지만 방식이 다르다. 즉 인구의 양이 아니라 분포다. 크기와 사람 수가 같은 두 국가가 힘에서는 매우 상이할 수 있다. 두 국가 가운데 더 강한 국가는 언제나 거주자들이 영토에 더 균등하게 퍼져 있는 국가다. 대도시가 없고 따라서 덜 빛나는 국가가 그렇지 않은 국가를 항상 이길 것이다. 대도시는 국가를 소진시키고 약화하며, 대도시가 생산하는 부는 허울 좋고 기만적인 것이라 돈은 많이 들고 효과는 적다. …… 잘못 분포된 인민은 국가에 이롭지 않을 뿐만 아니라, 인구 감소보다도 더 해롭다. 인구 감소는 생산에 아무런 기여를 하지 못할 뿐이지만, 부적절한 소비는 생산을 감소시킨다는 점에서 그렇다"(OC IV, pp. 851, 852).

그런데 루소가 남긴 어느 단편에서는 대도시와 지방 문제가 인구의 절대적 증가 혹은 감소와 연관되어 있음이 진술되고 있다. "(대도시에서는 죽는 사람이 더 많고 농촌에서는 태어나는 사람이 더 많다는) 경험을 바탕으로 두 가지 가운데 하나의 결론을 이끌어 내야 한다. 농촌 거주자 증가가 도시에 의해 끊임없이 흡수되는 거주자보다 지속적으로 더 많아서 땅이 언제나 비슷하게 붐빌 수 있다. 아니면 더 많은 출생을 만들어 내는 농촌 거주지가 더 많은 사망을 만들어 내는 도시 거주지보다 인구 증가에 더 도움이 될 것이다"(OC III, pp. 527, 528).

도시와 농촌의 관계는 루소의 인류학이나 철학, 문학에서만이 아니라 통치 이론에서도 고찰되고 있다. 지방 균형에 대한 루소의 사유는 아래 3권 13장에서도 곧장 다시 등장한다.

54) 루소의 두 라틴어 인용문의 출처는 타키투스의『아그리콜라』*Agricola* 21, 31장이다. 주머니에 단도를 숨긴 파리 보좌 사제의 일화는, 드라테의 해설에 따르면(OC III, p. 1485) 레츠 추기경Cardinal de Retz(1613~79)의『회고록』 *Mémoires* 3권에서 온 것으로 보인다. 레츠 추기경은 당시 궁정의 무기 소지 풍속에 대해 언급하며, 한번은 억지로 주머니에 단도를 넣고 갔다가 망신을 당한 일을 보고하고 있다. 마키아벨리 인용은『피렌체사』서문을 출처로 삼는다. 하지만 루소는 원문을 그대로 옮기지 않고 변형, 요약했다. "리브르"는 구체제 화폐단위로, 3리브르가 1에퀴, 24리브르가 1루이가 된다.

55) 3권에서 루소는 정부의 존재이유와 원리를 규명하고, 정부의 여러 형태를 분류한 다음, 경험적으로 결정되고 확인될 수밖에 없는 좋은 정부를 묘사했다. 이에 따라 논증은 수학적인 방법에서 경험적인 방법으로 이동했다. 그리고 이 장부터는 정부의 타락과 정치체의 파괴에 대한 고찰이 정치철학에 도입된다. 정부는 군주의 개별의지가 변질되었을 때 타락한다. 그런데 군주의 개별의지는 군주가 일반의지에 따라 행정권을 행사하여 신민들을 통제하기 위해 반드시 필요한 것이기도 하다. 그러므로 정부의 타락은 원리적으로 피할 수 없다. 한편 개별의지의 타락은 그것이 개별적인 것이기에 권리의 영역이 아닌 경험의 영역에서 전개된다. 따라서 그런 타락을 막고 정치체의 붕괴를 방지하는 것도 경험의 영역에 속한다. 이 장에서부터 논증 방법으로서 역사적 고찰의 비중이 증가하는 것은 이 때문이다.

56) 우리는 일반적으로 '노력'으로 번역하는 'effort'를 그것의 역학적인 의미를 살려 '힘'으로 번역했다. 이런 의미는 이미 18세기 과학에서 유통되고 있었다.『백과사전』의 "effort" 항목은 이 단어를 이렇게 정의한다. "운동하고 있는 물체가 어떤 효과를 생산할 때 동원되는 힘을 지시하기 위해 철학자들과 수학자들이 자주 사용하는 용어다. 이런 뜻에서 다음과 같이 말한다. 어떤 곡선을 따라 운동하는 물체는 매 순간 접선을 벗어나기 위해 힘을 가한다fait effort. 그리고 나뭇조각에 밀어 넣은 쐐기는 힘을 가해fait effort 나무를 쪼갠다."

57) 베네치아는 5, 6세기경 석호 위에 개척되었다고 전해진다. 대심의회의 입회 자격을 최근 4년 입회자 중 추첨을 통해 선정된 자들에게만 부여하는 '심의회 잠금'은 1297년에 발생한 것으로 인정되고 있다. 이 사건은 베네치아 공화국이 과두 귀족정으로 진행하는 일련의 과정에 속한다.『베네토의 자

유에 대한 시론』은 1612년 익명으로 출간된 저서로, 베네치아 공화국에 대한 황제의 주권을 주장했다고 한다.

루소는 이 주석에서 로마의 역사를 간략하게 정리하고 있는데, 이것은 곳곳에서 로마 공화정의 제도를 검토하는 4권 전체의 서문 역할을 할 만하다. 로물루스의 왕정으로 시작한 로마는 타르퀴니우스의 추방과 함께 공화정으로 전환된다. 로마 공화국의 초기 역사는 '귀족'patricii/patriciens과 '평민'plebs/plébeiens의 권력투쟁을 통해 전개되었다. 이 투쟁은 귀족단체인 '원로원'senatus/sénat과 독립적인 평민회의 입법권을 보장하여 귀족과 평민의 정치적 평등을 규정한, 기원전 287년의 호르텐시우스 법Lex Hortensia에 의해 일단락된다. 이후 상층 평민들과 귀족들로 구성된 새로운 귀족계층인 '관직귀족'nobilitas이 등장했고, 'patricii'라는 이름은 점차 단순하게 귀족을 지칭하는 말로 변해 갔다. '호민관'tribunus/tribun은 기원전 494년 평민의 권리를 수호하기 위해 설치되어, 평민회의 의장직을 수행하며 원로원의 결정을 거부할 권리를 가졌다. 이후 호르텐시우스 법에 의해 평민회가 입법권을 보장받자 호민관의 권력도 강화되었다. 기원전 5세기경 설치된 '집정관'consul/consul은 '민회'comitia/comices에서 선출되는 고위 행정관으로 1년 동안 로마의 행정, 군사의 수장 역할을 수행했다. 집정관의 강력한 권력은 원로원과 호민관에 의해 견제되었다. 제정기에는 황제가 원로원 수장과 집정관의 직권을 차지하게 된다. 4권에서 루소가 로마의 정치제도를 장황하게 묘사할 때, 우리는 다시 한번 이런 내용을 떠올려야 할 것이다.

마키아벨리에 대한 언급은『로마사 논고』1권 2, 3장을 지시한다.

58) 루소는 이 인용을 기원전 1세기 로마의 역사가인 코르넬리우스 네포스(BCE100?~BCE25?)의『밀티아데스』*Miltiades*에서 가져왔다. 크세노폰(BCE 430?~BCE355?)은 아테네에서 태어나 스파르타로 귀화한 저술가로『히에론』*Hieron*은 시라쿠사의 참주 히에론 1세에 대한 대화편이다.

59)『백과사전』의 "폭군"tyran 항목은 이 단어의 이중적인 의미를 명확히 규정하고 있다. "이 단어를 통해 그리스인들은 자유로운 국가의 주권을 가로챈 시민을 가리켰다. 심지어 그가 정의와 공평의 법에 따라 국가를 다스리는 경우라도 그러했다. 오늘날 폭군은 주권의 찬탈자만이 아니라, 권력을 남용하여 인민을 억압하고, 법을 대체하는 그의 부당한 정념과 의지에 의해 신민을 그 희생자로 만드는 합법적인 주권자까지 뜻한다." 루소 또한『사회계약론』에서 이 단어를 문맥에 따라 다른 뜻으로 사용한다. 우리는 때에 따라 '폭군' 혹은 '참주'로 번역어를 달리 선택하기보다는 근대적 의

미에 가까운 '폭군'을 일관되게 사용했다.

60) 루소에게 정치체는 정당한 사회계약을 통해 구성되더라도 언젠가는 타락하여 파괴된다. 즉 루소의 정치철학은 정치체의 유한성을 전제한다. 그렇다면 사회가 실질적으로 할 수 있는 일은 타락과 파괴의 속도를 늦추는 것뿐이다. 다시 시작할 수는 없을까? 1권 6장 등에서 명시되고 2권 3장의 논의에 전제된바, 만약 정당한 사회계약이 특정한 역사적 시기를 조건으로 갖는다면 새로운 시작이란 매우 힘든 일이 될 것이다.

정치체의 유한성은 루소 사유의 체계에서 정치 바깥 혹은 정치 이후의 영역이 있음을 암시한다. 『에밀』 5권에서 에밀은 여러 나라와 사회를 둘러본 후 교사에게서 이런 말을 듣는다. "자유는 어떤 형태의 정부에도 있지 않아. 자유는 자유로운 인간의 마음에 있어서, 그는 자유를 어디에서나 지니고 있어"(OC IV, p. 857). 그러므로 에밀은 좋은 정치체의 시민이 아니라, 자신이 사는 정치체의 정당성과 상관없이 개인적 행복을 찾을 수 있는 인간으로 교육되었다. 루소가 『에밀』의 교육을 예증하고자 쓴 미완성 소설 『에밀과 소피, 혹은 고독한 자들』Émile et Sophie, ou les solitaires에서 공동체의 실패를 경험한 에밀은 "조국"을 떠나며 "우주"가 자신 앞에 펼쳐지는 광경을 묘사한다(OC IV, p. 912). 한편 『고백』, 『루소가 장-자크를 심판하다. 대화』Rousseau juge de Jean-Jacques. Dialogues, 『고독한 산책자의 몽상』으로 이어지는 자서전 연작은 루소가 자신의 특수한 경우를 통해 개인과 사회의 불화를 연구한 저작으로 읽을 수도 있다. 결국 『몽상』에서 루소는 모든 정치와 사회 바깥으로 밀려난 자아가 할 수 있는 일을 찾는다. 자연상태는 이런 의미에서 이중적이다. 자연상태는 정치체의 기원으로서 현실 정치체의 비판 원리이자 이상적인 정치체의 토대가 되지만, 그런 역할을 정확하게 수행하기 위해 정치가 없는 상태로 규정되어 있다. 그리고 『몽상』의 장-자크는 사회에서 벗어나 죽음을 앞두고 있는 자아에 대한 탐구를 잃어버린 자연상태로의 회귀처럼 묘사한다. 그러므로 '에밀'과 '장-자크'는 루소에게 정치체의 유한성을 실험하는 두 가지 형상의 이름이다.

61) 암묵적 동의는 주권자가 "법을 폐지할 수 있는데도 그렇게 하지" 않을 때 성립한다. 또한 여기에서 암묵적 동의의 대상이 법이라는 사실에 주목하자. 억압적인 정부에 대해, 루소는 침묵을 암묵적 동의가 아닌 암묵적 거부로 이해한다. 『제네바원고』의 다음 문장을 보자. "사람들은 암묵적 동의로 폭정을 정당화한다. 하지만 가장 긴 침묵으로도 그런 동의를 전제할 수 없다는 것은 매우 알기 쉽다. 왜냐하면 개별자들은 두려움 때문에 공적인 힘을 사용하는 사람에 대해 반대하지 못할 뿐만 아니라, 단체로서만 의지

를 표명할 수 있는 인민에게는 모여서 의지를 선언할 힘이 주어져 있지 않기 때문이다. 반대로, 인정받지 못한 지도자는 시민들이 침묵하고 있다는 것만으로 충분히 몰아낼 수 있다. 이런 지도자가 용납되려면 시민들이 말해야 하며, 그것도 완전한 자유상태에서 말해야 한다"(OC III, p. 304).

62) 이 문단에서 "옛" 혹은 "옛것"은 각각 '고대의' 혹은 '고대'로 읽을 수도 있다.

63) 프랑스어 표현 "actes authentiques"를 '진정한 행위'처럼 추상적으로 옮길 수도 있으나, 『백과사전』의 "증서"actes 항목에 따르면 이 표현은 "공증인 앞에서 체결된 모든 계약, 채권, 합의, 영수증" 등의 "공적 증서"actes publics를 뜻하는 "자발적 결정 증서"actes de juridiction volontaire의 동의어다. 루소는 법이 일반의지의 공인된 기록일 뿐이라고 말하고 있다.

64) 공화정 시기 로마에서는 모든 시민이 자기 돈으로 무기를 마련해서 전쟁에 나가는 의무와 권리를 가졌다. 즉 모든 로마 시민은 그 자체로 군인이었다.

65) 그러므로 "주권은 어떻게 유지되는가"에 대한 답은 단순하다. 주권은 전 인민의 집회를 통해 유지된다. 인민집회는 주권이 유지되고 활동하는 유일한 정치제도다. 하지만 이 제도는 현재의 관점에서 보면 "공상"에 불과하다. 그런데 루소는 역사적 사실을 환기시키며 인민의 직접적인 입법권 행사가 단지 "공상"이 아님을 주장한다. 심지어 작은 국가가 아니었던 로마도 민회를 개최했다. 하지만 근대국가에서는 단지 크기의 문제만이 아닌 다양한 조건들 때문에 인민집회를 정기적으로 소집하기 어렵다. 아래에서 도시화의 정치경제적 효과들, 대표제를 요청하는 인민의 도덕적이고 경제적인 조건들, 정부 자체의 월권 경향 등이 그 원인으로 제시될 것이다. 그러므로 이 장만을 근거로 루소가 근대국가에서도 고대와 같은 인민의 집회가 가능하다고 믿는 것이라 판단하면 안 된다. 루소의 정치철학은 원리적 가능성과 역사적 가능성을 분명하게 구별한다.

　　루소는 그의 시대가 고대 세계에서 얼마나 떨어져 있는지 분명히 알고 있다. 『산에서 쓴 편지』의 아홉 번째 편지에서 그는 이렇게 충고하고 있다. "고대 인민들은 더 이상 근대 인민들의 모델이 아니다. 그들은 모든 면에서 근대인과 무관하다. 제네바인들이여, 특히 당신들은 자기 자리를 지키도록 하라. …… 당신들은 로마인도 스파르타인도 아니고, 심지어 아테네인도 아니다. 당신들과 결코 어울리지 않는 이 위대한 이름들을 내버려 두라. 당신들은 항상 사익과 일과 거래와 이윤에 골몰하는 상인이고, 장인이고, 부르주아다. 당신들에게는 심지어 자유조차 손쉬운 획득과 안전한 소유를 위한 수단일 뿐이지 않은가"(OC III, p. 881). 루소에게 고대는 이상적인, 심지어 어떤 경우에는 유일한 모델인 동시에, 실현 불가능한 모델이다.

66) 이렇게 인민집회의 원리적 필연성과 가능성을 단언하고 나서, 3권 13, 14장과 4권 2~4장 등에서 루소는 인민이 실제로 집회를 열어 입법권을 행사할 때의 원칙들을 다룬다. 루소는 이 논의들을 주권과 입법의 토대를 설명하는 2권에 통합시킬 수도 있었지만, 그렇게 하지 않고 정부이론 다음으로 분리했다. 주권의 행사로서 입법권은 일종의 자기관계로 묘사되었다. 의지의 표명일 뿐인 이 자기관계는 단순하고 양도 불가능하다. 이와 달리 의지의 실행을 위해서는 정부라는 매개항이 개입해야 한다. 그리고 책의 구조상 주권자가 다시 등장하게 되는 것은, 정부를 설립하고 정부의 타락 경향을 통제할 주체가 필요하기 때문이다. 주권자는 비록 엄밀한 의미에서 입법행위는 아니지만 자기관계의 매개항을 설립해야 하며, 이 매개항의 변질을 통제하기 위해 자신의 의지를 계속해서 재확인해야 한다. 그런데 3권 후반부와 4권 전반부에서 기술되는 인민집회의 실천적 조건과 어려움들은 인민이 자기 자신의 의지를 확인하는 행위가 그리 단순하고 자연스러운 것이 아님을 보여 준다. 루소가 이런 검토들을 1, 2권에서 분리한 것은 그가 책의 구조를 통해 주권이론의 원리를 최대한 순수한 형식으로 보호하려 한 것처럼 보이게 한다.

67) 주석가들은 이 논의가 당시 제네바의 정치 상황을 반영하고 있다고 지적한다. 특히 소심의회와 인민집회에 대한 문제는『산에서 쓴 편지』의 여덟 번째 편지에서 집중적으로 고찰될 것이다.

68) 기원전 499년에서 기원전 450년까지 이어진 그리스와 페르시아제국의 전쟁에서 그리스의 도시국가들은 제국의 침략을 이겨내고, 이 전쟁에서 형성된 델로스동맹의 중심이었던 아테네는 이를 바탕으로 정치적·문화적·경제적 전성기를 이룩한다. "오스트리아 왕가"는 합스부르크가를 지칭하는 것으로, 네덜란드와 스위스는 합스부르크가의 속령이 되었다가 긴 투쟁을 통해 독립한 역사를 공유한다. 루소는 아래 3권 15장 결론과 주석에서 다시 언급할 작은 국가들의 연합에 대해 암시하고 있다. 이에 대해서는 3권 15장의 옮긴이 주 83을 참고하라.

69) 18세기에 'états du pays'는 보통 신분제 지방의회를 지칭했다. 루소는 이 말을 더 넓은 의미로 사용하는 것 같아서 '의회'로 간단하게 옮겼다.

70) 여기에서 "대표되는 자"représenté와 "대표하는 자"représentant는 주권자와 입법부가 아니라, 주권자와 정부를 가리킨다는 사실에 주의해야 한다. 하지만 대표제를 비판하는 아래 3권 15장은 입법부의 대표와 행정부의 대표

를 모두 문제 삼는다. 물론 하나의 장에서 동시에 비판된다고 해서, 루소에게서 입법권의 대표와 행정권의 대표를 혼동해서는 안 된다.

71) '연설가'나 '대변자'로 옮길 수 있는 'orateur'는 영국 의회에서 '하원의장'을 가리키는 말이었다.

72) '민회'comitia/comices는 로마 공화국의 정치제도로, 시민들은 대표자를 보내지 않고 직접 민회에 모여 입법과 사법 등의 문제를 결정하고 일부 관직을 선출하기도 했다. 로마의 민회는 조직 방식에 따라 '트리부스 민회'comitia tributa, '쿠리아 민회'comitia curiata, '켄투리아 민회'comitia centuriata로 구분된다. 루소는 4권 4장에서 로마 민회를 길게 분석할 것이다.

73) '대의원'은 'député'를, '대표자'는 'représentant'을 옮긴 말이다. 『백과사전』의 "대의원, 대사, 사자"député, ambassade, envoyé 항목에서 디드로는 이렇게 설명한다. "대사와 사자는 주권자의 이름으로 말한다. 대사는 주권자의 인격을 대표하며, 사자는 주권자의 의견을 설명할 뿐이다. 대의원은 특정 단체나 하위 집단의 대변자이자 대표자다. 대사라는 직위를 떠올리면 웅장함이 연상되고, 사자라는 직위는 능숙함을 떠올리게 하며, 대의원이라는 직위는 선출을 연상시킨다. 보통 참사회의 대의원, 공화국의 사자, 주권자의 대사 등으로 말한다." 한편 에드메-프랑수아 말레Edme-François Mallet(1713~55)가 작성한 "대의원" 항목은 이 단어가 국가나 조직에 따라 다양한 직위를 지시할 수 있음을 밝히며, 프랑스에서의 말뜻을 다음과 같이 설명한다. "프랑스의 여러 주는 매년 대의원을 보내 왕에게 삼부회 진정서를 제출하도록 한다. 이 대의원들은 언제나 셋인데, 하나는 성직자의 대의원, 하나는 귀족의 대의원, 마지막 하나는 인민 혹은 제3신분의 대의원이다." 즉 18세기 프랑스에서 '대의원'이라는 말은 보통 신분제 의회인 삼부회에 출두하는 지역대표를 의미하는 경우가 많았던 것 같다.

74) 『폴란드 정부론』에서 루소는 이렇게 부연한다. "나는 영국 국민의 과오, 무관심, 멍청함에 놀랄 뿐이다. 그들은 대의원들을 주권으로 무장시켜 놓고, 대의원들이 7년 내내 그 권력을 가지고 할 것을 규제하기 위한 어떤 재갈도 덧붙이지 않는다"(OC III, p. 979).

18세기 프랑스 작가들은 영국을 선망했다. 뉴턴을 발견하고 소개한 볼테르, 리처드슨Samuel Richardson을 찬양한 디드로, 영국의 정치제도를 음미한 몽테스키외를 보라. 특히 몽테스키외는 『영국에 대한 노트』Notes sur l'Angleterre에서 이렇게 말하고 있다. "현재 영국은 세계에서 가장 자유로운 나라다. 어떤 공화국도 그에 미치지 못한다." 루소는 동시대인들과 꽤 다른 관점에서 영국을 바라보았다.

75) 우리는 'plébiscite'를 '평민회의결'로 옮긴다. 이 말은 로마에서 호민관이 발의한 안건에 대해 평민들이 투표한 결과를 지시한다. 이에 대해서는 4권 4장에서 루소 자신의 논의와 함께 더 자세히 설명할 것이다.

76) 그라쿠스 형제는 기원전 2세기경 로마 공화국의 개혁가다. 티베리우스 그라쿠스Tiberius Gracchus(?~BCE133)는 호민관이 되어 토지개혁을 시도했으나 반대파에 의해 살해당한다. 그의 아우 가이우스 그라쿠스Gaius Gracchus(BCE154~BCE121)는 형보다 더 강력하게 로마를 개혁하고자 호민관이 되었다. 그는 토지개혁은 물론이고 사법개혁까지 시도했고, 로마 시민권의 대상을 동맹국 시민에게까지 확장하려 했다. 하지만 그도 결국 반대파의 저항을 극복하지 못하고 스스로 목숨을 끊을 수밖에 없었다.

　　시민들의 큰 지지를 받은 그라쿠스 형제가 호민관으로 선출될 때 지지자들이 지붕까지 올라가 그를 위해 표를 던졌다고 한다. 이런 행위가 유발하는 "곤란함"에 대한 루소의 지적은 어색한 단락 구분으로 인해 이해가 쉽지 않으나, 곧장 다음 단락에서 해소된다. 다음 단락과 거기에 붙인 옮긴이 주를 참고하라.

77) 로마의 '호위관'lictor/licteur은 왕이나 집정관 등의 고위 관료를 호위하며, 그들의 명령을 받아 구속과 처벌을 집행하기도 하는 관직이다. 하지만 인민의 수호자인 호민관은 호위관의 수행을 받을 수 없었다. 『백과사전』의 "호위관"licteur 항목에 따르면, 호위관의 주요 직무에는 민회에서 소동을 진압하고 군중을 해산하는 일이 포함된다. 루소는 군중을 통제하는 역할을 호위관에게 맡김으로써 인민의 대표인 호민관이 인민을 직접적으로 통제하는 것을 막으면서도, 동시에 군중이 적절히 통제되도록 한 로마의 제도를 높이 평가하고 있는 듯하다.

78) 이에 대해서는 4권 5장을 참고하라.

79) 루소는 『언어기원론』Essai sur l'origine des langues 마지막 20장 「언어와 정체의 관계」Rapport des langues aux gouvernements에서 이 명제를 더 상세하게 전개한다(OC V, pp. 428, 429). 언어의 진화는 정치와 밀접하게 관련된다. 웅변적인 고대의 언어와 소심하고 탁한 근대 프랑스어는 두 사회의 정치적 상황에 호응한다. "설득이 공적인 힘의 역할을 맡았던 고대에는 웅변이 필수적이었다. …… 사회는 마지막 형태에 도달했다. 거기에서는 대표와 금화 없이는 이제 어떤 것도 바꿀 수 없다. '돈을 내시오'가 아니면 인민에게 할 말이 전혀 없기 때문에, 길모퉁이의 벽보를 통해서 혹은 집에 들이닥친 군인들을 통해서만 그 말을 전달할 뿐이다. …… 자유에 유리한 언어가 있다. 이런 언어들은 잘 들리고, 운율이 강하며, 유려해서, 아주 멀리서도 이야기

를 구별할 수 있다. 우리의 언어는 긴 의자에 앉아 웅성거리는 용도로 만들어져 있다. …… 그런데 모여 있는 인민이 알아듣기 어려운 모든 언어는 노예의 언어다. 한 인민이 자유로운 동시에 그런 언어를 말하고 있는 것은 불가능한 일이다." 루소는 다음과 같은 요청으로 『언어기원론』을 끝낸다. "한 인민의 성격, 풍속, 이해관계가 그들의 언어에 어떤 영향을 끼치는지 사실을 통해 관찰하고 사례를 통해 입증하는 일은 꽤나 철학적인 고찰의 소재가 될 것이다."

80) 18세기 글에서 '시민사회'société civile라는 말의 의미가 지금과 다르다는 것을 우리는 이미 책의 맨 앞에서 지적했다.

81) 루소가 노예제를 원리적으로 부정하는 1권 4장의 논의를 뒤집고 있다고 말해선 안 된다. 여기에서 문제가 되는 것은 정치적 자유의 이율배반이라고 부를 만한 것이며, 루소는 정치적 자유와 근대 세계의 근본적인 불화를 확인하기 위해 노예제를 예로 들고 있다.

82) 하지만 정당성과 원리의 영역을 다루는 『사회계약론』과는 달리, 현실의 큰 국가를 다루는 『폴란드 정부론』에서 루소는 대표제의 불가피성을 인정하고 보완책을 제시한다. 특히 7장에서 루소는 폴란드와 같은 나라에서 시민들이 직접 입법부를 구성하기 어려우므로, 대신 두 가지 장치로 대표제의 타락을 예방해야 한다고 주장한다. 두 가지 장치란, 대표의 임기를 짧게 유지하는 것과 기속위임을 공고히 하는 것이다. "나는 자유의 기관을 예속의 도구로 만드는 타락의 이 끔찍한 악을 예방하기 위한 두 가지 수단을 알고 있다. 첫째는, 내가 이미 말했듯이, 의회diètes의 빈도를 통해 대표자들을 자주 교체하여 그들의 유혹을 더 값비싸고 더 어렵게 만드는 것이다. …… '자유반대권'liberum veto을 박탈하거나 변경하게 된다면, 연속된 두 의회에 같은 대의원들nonces을 보내는 것에 어떤 제한을 두고 그들이 여러 번 선출되지 않도록 하는 것 외에는 다른 변경 조치들이 있을 수 없다. 이 문제에 대해서는 아래에서 다시 논할 것이다. 두 번째 수단은 대표자들이 지시를 정확하게 따르고 의회에서 그들의 행동에 대한 정확한 보고를 권리지정인들constituants에게 하도록 강제하는 것이다"(이 인용문에서 루소는 폴란드 정체를 기술하는 용어들을 능숙하게 사용하고 있다. 우리는 이해가 쉽도록 일반적인 용어로 번역했다. '자유반대권'liberum veto은 폴란드 의회의 대표자들에게 부여된 권한으로, 대표자는 단 한 명이라도 반대를 통해 의회의 결정을 무효로 만들거나 연기시킬 수 있었다. 프랑스 등의 절대주의와 구별되는, 왕마저 선출하는 귀족주의적인 폴란드 정체의 특징을 보여 주는 제도다). 그러므로 루소의 정치철학 안에서 대표제에 대한 원리적인 비판과 현실적인 수용을 구별해야 한다.

83) 루소는 작은 나라들이 "연합"confédération을 이루어 큰 국가들의 제국주의에 맞서는 국제 관계를 구상한다. 비록 『정치학 강요』의 기획은 완결되지 못했지만, 도시국가로 구성된 연합에 대한 구상은 루소의 글 몇 군데에서 일관되게 발견된다. 『에밀』 5권에 진술된 기획안을 보자. "마지막으로 우리가 찾아보았던 이런 어려움에 대한 치유법을 동맹과 연합을 통해 검토해 볼 것이다. 동맹과 연합은 각 국가마다 내부에 대한 지배는 유지하도록 하면서 밖으로는 모든 부당한 침략자에 맞서도록 국가를 무장시킨다. 우리는 어떻게 좋은 연합의 결합을 확립할 것이며, 무엇이 그것을 지속 가능하게 만들 수 있는지, 그리고 주권의 권리를 침해하지 않으면서 연합법을 어디까지 확장할 수 있는지 탐구할 것이다"(OC IV, p. 848).

84) 드라테는 이것이 중세 때부터 공법학자들의 일관된 주장이었으며, 18세기에는 보편적인 관념이 되었다고 지적한다(OC III, p. 1489). 그런데 홉스와 로크는 각각 다른 이유에서 이 관념을 거부한다. 홉스에게 개별자들은 자기들끼리 계약을 맺어 주권을 왕에게 전적으로 양도한다. 로크는 계약보다는 '신탁'trust을 말한다. 루소는 홉스나 로크와 다른 이유로 정부설립이 일종의 종속 계약이라는 관념을 부정한다. 종속 계약을 통한 정부의 설립은 루소의 절대적 주권이론과 양립할 수 없다.

85) "최고의회"cour souverain는 현재 '종심재판소'를 뜻하지만, 본문의 맥락에서는 어색하기에 직역했다.

86) 이 장의 논리는 다시 한번 정리할 필요가 있다. 정부의 설립은 두 단계로 이루어진다. 우선 주권자는 일반의지와 법의 형식으로 정부형태를 지정한다. 다음으로 그런 정부의 행정을 담당할 행정관을 지명한다. 하지만 행정관을 지명하는 것은 개별적인 행위이므로 주권자의 행위일 수 없다. 즉 행정관 지명은 주권자가 아닌 정부의 일이다. 정부를 구성하는 것 자체가 정부의 일일 수밖에 없다. 루소는 여기에 논리적 결함처럼 보이는 것이 있음을 부정하지 않는다. 하지만 그는 이 절차가 "모두의 모두에 대한 새로운 관계를 통해" 현실에서는 쉽게 해결된다고 말한다. 주권자는 자신을 바라보는 관점을 변화시킴으로써 아직 존재하지 않는 정부의 행정관으로 행위할 수 있다. 그런데 주권자는 언제나 집단적 존재이고 전체이므로, 주권자의 이런 행위는 주권자 전체를 일종의 행정관으로 전환시킨다. 주권자가 시민 가운데 일부를 행정관으로 임명하는 것은 모순이지만, 주권자 전체가 행정관으로 전환되어 일부 행정관을 임명하는 것은 가능하다. 따라서 역사적인 사실이 아니라 논리적인 순서에서 최초의 정부는 언제나 민주정일 수밖에 없다. 정부설립을 설명하는 루소의 논리는 일관성을 가지고 있다.

이 일관성은 모든 최초의 구성행위에 결부되어 있는 난점을 숨기지 않을 정도로 분명하다. 그리고 이 난점은 사회계약을 설명하는 언어에서 더 근본적인 형식으로 다루어졌다. 개별자들은 마치 자신이 이미 주권자인 것처럼 행위함으로써만 자신을 주권자로 전환시키는 계약을 체결할 수 있었다.

87) 우리는 군사적 권력이나 종교적 권력과 구별되는 'autorité civile'을 부득이하게 '정치권력'이라 옮겼다. 군인이나 신자에게 작용하는 권력이 아니라, 정치체의 구성원인 시민이 만들어 내고 정치체 전체에게 작용하는 권력으로 이해하면 좋겠다.

88) 3권 13장을 말한다.

89) 이 단락이 제네바에서 일으킨 스캔들을 기회 삼아 루소의 1762년 위기를 간략하게 정리해 보자. 『에밀』과 『사회계약론』은 1762년 초 비슷한 시기에 출판되었다. 그런데 파리의 고등법원이 『에밀』을 문제로 저자의 체포령을 내리고(6월 9일) 책을 공개적으로 불태웠던(6월 11일) 것과 달리, 공화국 제네바는 두 저작을 동시에 문제 삼았다. 파리에서 『에밀』이 불타던 날, 제네바의 소심의회는 두 책에 대한 금서 조치를 내리고, 며칠 후에는(6월 19일) 체포령과 함께 책들을 불태운다. 6월 9일에 프랑스에서 도망친 루소는 조국에서도 거절당해 떠돌이 신세가 된다. 파리와 제네바의 관점의 차이는 루소에 대한 양편의 유명한 반박문을 봐도 알 수 있다. 파리에서는 추기경 크리스토프 드 보몽Christophe de Beaumont(1703~81)이 주로 『에밀』을 규탄한 『조서』Mandement를 8월 28일에 내놓고, 제네바에서는 검사장procureur général 장-로베르 트롱생Jean-Robert Tronchin(1710~93)이 루소의 정치적 의도를 집중 공격하는 『시골에서 쓴 편지』Lettres écrites de la campagne를 이듬해 가을 출판한다. 두 책에 대한 루소의 반박문은 각각 1763년 3월과 1764년 12월에 출판되는데, 전자가 『보몽에게 보내는 편지』이고 후자가 『산에서 쓴 편지』다. 이 두 저작에서 루소는 그의 인간 이론과 정치학의 원리, 현실적 작용을 이해하게 해주는 귀중한 변호를 남긴다.

비록 루소는 1763년 5월 12일 제네바의 시민권을 포기하지만, 루소를 둘러싼 제네바의 소란은 복잡한 정치 상황으로 인해 잠잠해지지 않았다. 제네바의 권력을 잡고 있던 소심의회와 트롱생을 비롯한 특권 시민들이 대표적으로 이 단락에서 모든 정체의 파괴를 기도하는 저자의 의도를 본 것은 자연스럽다. 만약 제네바 시민들의 의결기관인 총심의회에서 "인민은 현재 행정을 담당하는 자들에게 그것을 계속 맡기길 원하는가"를 묻는다면, 소심의회는 한순간에 권력을 상실하고 말 것이었다. 특권층에 맞서 소심의회와 투쟁하고 있던 시민들은 루소를 구명하기 위한 '청원'représentations을 투서하는 동시에 집단행동에 나섰다. 『산에서 쓴 편지』를 통해 제네바의 정치 상황에 대한 자신의 입장을 밝히고, 계속된 추방과 분서와 사회적 비난(특히 볼테르는 1764년 12월 27일 제네바에 『시민들의 견해』*Sentiment des citoyens*라는 신랄한 비방서를 익명으로 배포함으로써 루소가 자신의 아이들을 버렸다는 사실을 처음으로 공개한다)을 견디며, 루소는 한편으로는 자신의 조력자들과 협의하고 『코르시카 헌법 구상』을 검토했으며, 다른 한편으로는 식물학에서 위안을 찾고 자서전 기획을 실행에 옮기게 된다. 이것이 모두 1764년의 일이다.

90) 『전쟁과 평화의 법』 2권 5장 24절에서 흐로티위스는 개인이 정치체를 떠나는 것이 허용될 수 있다고 말한다. 하지만 집단적인 도주는 허용되지 않는다. "그런데 집단적으로 국가를 나올 수 없다는 것은 목적의 필연성에 의해 충분히 입증된다. 이 목적의 필연성이 정신적인 문제에서는 법을 대신한다. 즉 만약 그것이 허용된다면, 시민사회는 더 이상 존속할 수 없을 것이다. 고립된 개인의 탈퇴에 대해서는 결론이 달라야 할 것 같다. 강에서 물을 긷는 것과 강의 물줄기를 수로로 돌리는 것은 다른 일인 것과 같다."

91) 따라서 정치체를 정당하게 떠날 수 있는 자는 사회에 어떤 의무도 지고 있지 않아야 하며, 설사 의무가 있더라도 그런 의무를 수행할 힘을 가지고 있지 않아야 한다. 이 때문에 『몽상』에서 완전히 비사회적인 존재로 변환되려는 루소는 자신이 얼마나 할 일이 없고, 얼마나 무능력한지, 더 나아가 자신이 어떻게 "만장일치"에 의해 사회에서 추방되었는지를 끊임없이 강조해야 할 것이다.

4권

1) 1권의 논의 대상이 사회계약, 즉 정치체의 형성이었다면, 2권은 주권행위로서의 입법을, 3권은 주권자의 자기관계 실현의 필수적 매개체로서 정부를 다루었다. 4권의 논의 대상은 무엇인가? 루소는 1782년 판본 이후로 삭제된 초판본 목차에서 4권의 주제를 "정치법을 계속 다루면서 국가의 구성을 공고하게 만드는affermir 수단들을 진술"하는 것이라고 말하고 있다. 루소의 이런 요약은 분명하게 실현된다. 4권 2장부터 4장에서는 투표의 원리, 행정관 선출 방식, 로마 민회의 작동 방식이 차례로 고찰되는데, 이것은 입법과 정부 구성 등의 실제적인 정치체 운영에 대한 검토라고 할 수 있다. 5장부터 9장까지는 주권자나 정부의 구성과는 별개로 정치체의 갈등과

위기를 조정하고 여론과 종교를 통해 정치체의 건강을 유지하는 방안들이 논의된다. 행정부를 견제하는 동시에 주권자와 행정부의 갈등을 조정하는 호민관, 위기 상황에서 일정 기간 집중된 권력을 행사하는 독재관, 여론에 관여하는 감찰관, 그리고 유명한 정치종교에 대한 검토가 이어진다.

그런데 4권 전체의 구도와 정서를 설정하는 것은 1장이며, 따라서 1장을 정리하지 않고 『사회계약론』에서 4권의 위치를 정확하게 규정하기란 어렵다. 1장에서 루소는 인간사회의 필연적 퇴화 과정을 묘사한다. 우선 그는 풍속과 이해관계가 단순한 상태에 머물러 있어, 법이 별로 필요하지 않고 별다른 논의 없이 쉽게 법이 통과되는 사회를 상상한다. 루소는 이런 사회의 구성원들이 심지어 낮은 수준의 이성적 능력만을 가진다고 말한다. 이런 조건에서 심의는 거의 필요하지 않고, 일반의지는 언제나 분명하게 확인된다. 하지만 사회가 분화되고 인간의 능력이 발달하면, 더 이상 일반의지의 이상적인 실현은 가능하지 않다. 일반의지는 개별이익에 의해 왜곡되고, 사회적 갈등은 좀처럼 합리적으로 해소되지 않는다. 이 진행은 국가가 "몰락"할 때까지 계속된다. 이렇게 루소는 일반의지가 별다른 장애물 없이 실현되는 과거의 어느 시점과, 일반의지가 거의 실현될 수 없을 정도로 타락한 "몰락"의 세계를 대조한다. 2권 3장에서 수학적 모델로 설명되었던 것이 여기에서는 상상적 역사에 의해 묘사되는 것이다. 이렇게 함으로써 루소는 4권 전체의 지위를 분명히 규정한다.

루소는 1장에 "일반의지는 파괴될 수 없다"라는 제목을 붙였다. 그는 인간사회가 개별이익들의 각축장으로 변질될지라도 일반의지가 잠재적인 형식으로나마 존재하고 있음을 강조한다. 여기에서 루소는 다음 사실을 전제하고 있음이 드러난다. 현재 사회는 일반의지가 무리 없이 실현되는 조건을 이미 상실했다. 즉 만장일치에 가까운 의사 결정은 불가능하다(단, 2장에서 말하는 것처럼 사회계약 자체는 만장일치 외에 다른 방법이 없다). 또한 현대 정치와 사회의 여러 증상들은 개별이익의 난립을 입증하며, 정치체의 붕괴가 가속화되고 있는 중이다. 하지만 바로 이때 심의의 가능성과 중요성이 강조된다. 일반의지가 더 이상 이심전심으로 확인되지 않는다면, 그리고 개별자들이 자신의 특수한 이해관계에서 벗어나는 것이 매우 어려운 일이 되었다면, 그럼에도 불구하고 일반의지를 발견하고 추종하는 것이 공동체의 완전한 파괴를 막기 위해 필요하다면, 정치적 심의를 통해 일반의지를 추정하는 기술이 설명되어야 할 것이고, 시민들의 풍속과 덕이 더 빨리 타락하지 않도록 방지하는 일에 주의해야 할 것이다. 이로써 4권의 논의들이 필요한 이유가 확인된다. 우리가 이제 투표와 민회를 통한 의사결정의 기술적 요소에 관심을 가져야 한다면, 그리고 엄밀히 말해 정치법의 영역에 포함되지 않는 풍속과 여론의 문제를 다루어야 한다면, 그것은 1~3권에서 규명된 원리적 모델로서의 합의가 자연스럽게 실현되는 조건이 상실되었기 때문이다.

2) 주석가들은 이 표현이 스위스 발레Valais 지역에 대한 루소의 이상화된 이미지를 지시한다고 언급한다. 하지만 그들 중 누구도 구체적인 근거를 제시하지는 않는다. 물론 발레 지방이 루소에게 갖는 특별한 의미는 언급할 만하다. 『신 엘로이즈』의 1부 편지 23은 발레 지역의 자연과 단순한 삶에 대한 찬가이고, 『고백』 8권에서 루소는 자신이 발레의 역사에 대한 글을 구상하기도 했음을 회고한다. 주석가들의 지적은 루소의 발레 지역에 대한 애착을 근거로 한 추측처럼 보인다.

3) 올리버 크롬웰(1599~1658)은 영국에서 왕당파를 누르고 공화국을 건설하는 데 크게 기여한 군인이자 정치가다. 하지만 루소는 수평파의 요구를 분쇄하고 일종의 독재정치를 실시한 호국경으로서의 크롬웰을 비판하는 듯하다. 보포르 공(1616~69)은 17세기 프랑스의 귀족이자 군인으로서 후에 오스만제국과의 전투에서 사망했다. 그는 군인으로서의 자질과 귀족으로서의 교양이 모두 부족했던 것으로 알려져 있다.

　　루소는 파리, 런던으로 대표되는 "기초부터 잘못 구성된 국가"와 제네바, 베른으로 대표되는 작은 공화국을 대비하고 있다. 이심전심의 정치가 불가능하고 위험하기까지 한 것은 파리와 런던이지, 제네바와 베른이 아니라는 것이다.

4) 드라테를 비롯한 몇몇 주석가들은 여기에서 루소가 법의 제안이나 발의를 정부의 기능으로 한정하는 것을 관찰하고 의아해한다(OC III, p. 1492). 하지만 이 장의 두 번째 문단에서 "새 법을 제안하는 첫 번째 사람은 ……"이라고 말하는 루소는 법의 제안을 일반 시민의 역할로도 생각하고 있음이 분명하다. 이것은 입법자에 대해 논하는 2권 7장에 대한 해석에도 영향을 끼친다. 실제 정치에서 시민이 법을 제안할 수 있다는 해석은, 2권 7장에서 논의되는 입법자의 역할을 건국 등의 특수한 상황에 한정시키는 해석과 호응한다.

5) 3권 10장에서 루소의 각주와 옮긴이 주 57을 참고하면 좋겠다.

6) 타키투스는 『역사』 1권 85장에서 하F게르마니아Germania Inferior의 사령관 아울루스 비텔리우스(15~69)의 진군 소식에 겁에 질린 로마와 원로원의 모습을 묘사한다. 비텔리우스를 반역자로 비난하는 분위기 속에서, "가장 신중한 자들은 진부한 비난에 그쳤으며, 몇몇은 위험을 무릅쓰고 모욕

적인 진실을 말하였지만 수많은 목소리가 뒤섞인 와중에 혹은 그들 자신의 말을 덮는 소란스러운 수다를 통해 그렇게 하였다." 비텔리우스는 결국 마르쿠스 살비우스 오토(32~69)에 이어 로마의 황제가 되지만, 8개월 만에 실각하고 살해된다.

7) 2권 3장의 수학적 모델을 통해 순수한 일반의지 개념을 전체주의의 위험에서 구해 냈다 하더라도, 여기에서 자신의 의지와 다른 일반의지에 전적으로 복종해야 하는 개인은 현실적으로 어떤 전체주의의 희생자가 되지 않는가? 하지만 우리는 루소가 인민집회의 안건을 공적이고 일반적인 사안으로 엄격하게 한정하며(2권 6장 등), 주권의 권리에도 한계가 있음(2권 4장)을 강조했다는 사실도 알고 있다. 무엇보다 이 문장은 1권 7장 마지막에서 시민을 "강제로 자유롭게" 하겠다는 계약조건과 호응하며, 다수결 원리를 이 조건 위에 확립한다. 루소는 이 조건이 없다면 사회계약은 무용지물이 된다고 강조했다. 공화국의 원리가 유지되기 위해 개별자는 일반의지로 선언된 것을 자신의 의지로 인정해야 한다. 왜냐하면 정치체 안에서는 일반의지만이 내가 진정으로 원하는 것이기 때문이다. 일반의지에 반한다면 그것이 내 의견이라고 해도 그것에 따르는 것은 "자유로운" 행위가 아니다. 루소가 '자유'를 말할 때, 우리는 일반의지와 루소식 공화주의에 대한 해석들의 차이가 이 자유에 대한 이해로 수렴함을 알게 된다. 여기에서 설립되고 유지되는 자유는 자연적 자유와 완전히 구별되는 시민의 정치적 자유다.

8) 부분사회의 위험에 대해 말하는 2권 3장과 정부의 권력남용에 대해 말하는 3권 10, 18장 등을 예로 들 수 있겠다.

9) 찬성표와 반대표가 정확히 동일한 상황을 말한다.

10) 4권 2장은 1장의 구도를 다른 말로 서술하며 시작했다. 최선의 만장일치와 최악의 만장일치가 있다. 그리고 우리는 이 두 만장일치 사이에서 심의하고 결정해야 한다. 결국 그 기술은 다수결이다. 원리적으로 만장일치의 의사결정을 전제하고 지향하는 일반의지는, 현실에서 다수결 제도의 토대이자 이념으로 작동한다. 인민의 원리적인 단순한 자기관계(1, 2권), 예를 들어 2권의 입법에서 다수결은 부정되진 않아도 의심의 대상이었다. 3권에서 행정부를 선출하는 문제가 다루어질 때에는 선출의 조건과 주권자와의 관계만이 논의될 뿐, 실제 선출에 쓰이는 기술로서의 다수결은 논의에서 배제되었다. 그런데 4권 2장은 입법이나 선출, 즉 루소 주권이론의 현실적 실행의 측면에서 마지막 문제가 결국 다수결 원리로 수렴됨을 보여 준다. 그런데 이 원리의 원칙들은 선험적으로 도출되지 않고 여러 역사

적 경험과 조건에 달려 있다. 이상적 원리로서의 주권이론과 다수결 원리 사이의 갈등과, 이런 주권이론을 규범적 모델로 삼는 현실 정치에서 다수 결 원리의 필연적 요청과 경험적 적용은 루소 정치철학의 복합성을 동시에 드러내며, 『사회계약론』의 구조를 재검토하도록 유도한다. 다수결 원리에 대한 좀 더 구체적인 고찰은 현실의 큰 정치체를 검토하는 『폴란드 정부 론』 9장에서 제시될 것이다.

11) 3권 17장에서 루소는 정부설립이 법의 제정과 실행이라는 두 가지 행위 로 구성되며, 특히 정부형태를 규정하는 법을 실행하기 위해 정부 인사를 임명하는 행위는 원리적으로 교묘한 과정을 함축한다고 말했다. 4권 3장 은 정부법의 실행과 관련하여 군주, 행정관 임명의 정치적 기술에 대해 부 연한다.

12) 베네치아 원수 선출 과정에 대한 다음 묘사를 보라. "국가적인 사항으로 원수의 선출은 아주 중요한 과제이므로 그 절차를 다음과 같이 규정하고 있다. 1000명의 공화국 국회의원 중에서 제비로 30명을 뽑고 그 30명을 제비뽑기로 9명으로 줄인다. 9명이 40명을 선출한다. 선출된 40명 중 12 명을 제비로 뽑는다. 그 12명이 25명을 선출한다. 25명을 제비뽑기로 11 명으로 줄인다. 또 11명이 41명을 선출한다. 41명이 최종 선거인단이 된 다. 원수는 이 41명의 선거인단 중 25표 이상을 획득하였을 때 비로소 당 선되는 것이다." 한성철, 「1200년 공화국의 영광 베네치아: 통사적인 접 근」, 『이탈리아어문학』, 6(1), 2000, 218쪽.

13) 루소는 『법의 정신』 2권 2장 「공화정 정부에 대해, 그리고 민주정과 관련 된 법에 대해」Du gouvernement républicain et des lois relatives à la démocratie를 인용하고 있다.

14) 선거를 통해 대표를 선출하는 방식을 선호하는 현대 민주주의의 관점에 서는 이상하게 보이겠지만, 추첨에 의한 선출은 모든 시민의 동등한 정치 참여를 민주정의 본질로 규정하는 고대 그리스에서 널리 행해진 제도였다. 또한 추첨은 제한적으로나마 로마와 심지어 근대 초 피렌체와 베네치아에 서도 활용되었다. 추첨이 민주정에 호응하고, 선거가 귀족정에 호응한다는 관념은 매우 오래된 것이다.

   그런데 루소가 스스로 비교하듯이, 추첨과 민주정의 호응에 대한 그의 평가와 몽테스키외의 평가는 같지 않다. 몽테스키외가 추첨을 통한 선출이 민주정 시민들의 정치체에 대한 관점, 정서에 끼치는 영향을 강조한다면, 루소가 강조하는 것은 다른 측면이다. 그에게 추첨이 민주정에 알맞은 이유 는, 추첨과 달리 특정인을 지명하는 방식이 민주정의 행정력을 낭비하게

만들기 때문이고, 그렇게 되지 않으려면 행정관 선출을 추첨을 통한 법의
작용으로 규정해야 하기 때문이다.

15) 이 문장의 맥락을 이해하기 위해서는 루소의 이전 진술을 참고해야 한
다. 3권 5장의 주석에서 루소는 세습 귀족정의 위험을 경고하며, 이런 위
험 때문에 행정관 선거가 법으로 규정되어야 함을 말했다. "행정관 선거 절
차를 법으로 규정하는 것이 매우 중요하다. 왜냐하면 그것을 군주의 의지
에 맡겨 두었다가는 베네치아 공화국과 베른 공화국이 그렇게 된 것처럼 세
습 귀족정으로 추락할 수밖에 없기 때문이다." 그렇다면 귀족정에서 "군주
가 군주를 선택하고 정부는 스스로 자신을 유지"한다는 말을, 귀족정 정부
의 본성이 아니라, 세습 귀족정으로의 나쁜 경향으로 해석해야 할 것이다.
베르나르디는 이 문장을 "『사회계약론』의 드문 모순 중 하나"라고 지적한
다. 우리의 해석은 베르나르디를 참고했음을 밝힌다. *Du Contrat social*, éd.
Bruno Bernardi, Paris, GF Flammarion, 2001, p. 236.

16) '무산귀족'으로 옮긴 'barnabotes'는 베네치아 공화국에서 재산도 명성도
없는 귀족을 이르던 말이다.

17) 'Terraferma'는 말 그대로는 '본토'를 뜻하나, 실제로는 베네치아가 아닌 베
네치아 공화국의 내륙지역을 뜻한다. 현재의 롬바르디아Lombardia, 프리울
리·베네치아·줄리아Friuli-Venezia-Giulia, 베네토Veneto 지역의 일부를 포함한
다. 베네치아 공화국의 영토는 세 부분으로 구성되는데, '본토' 외에 현재
베네치아시와 주변을 지칭하는 도가도Dogado, 해외 영토에 해당하는 스타
토 다 마르Stato da Màr가 있다.

18) 제네바 공화국의 여러 신분에 대해서는 표제 및 일러두기의 옮긴이 주 3
을 참고할 수 있다.

19) 볼테르는 『공화주의적 생각들』 35절에서 베네치아 정치제도에 대한 루
소의 이해를 신랄하게 비판한다. "이 모든 것은 차마 눈 뜨고 볼 수 없는 거
짓이다. 그는 베네치아 정부가 완전한 귀족정이 아니라고 처음으로 말하고
있다. 진실로 괴상한 생각이기에, 베네치아국에서는 심하게 처벌받을 것이
다. 저자가 감히 무산귀족이라는 경멸적인 용어로 부르고 있는 원로원 의원
들이 결코 행정관이었던 적이 없다는 것은 허위다. 나는 매우 중요한 직책
을 맡았던 원로원 의원을 50명 이상 그에게 댈 수 있을 것이다."

20) 3권 4장을 보라.

21) '대리관'으로 옮긴 'lieutenants'에 대해, 『아카데미 프랑세즈 사전』은 "다른
상급 관료 바로 아래에 있는 관료이고, 상급 관료가 부재할 때 그를 대신
한다"고 설명한다. 『백과사전』의 해당 항목은 단순 관료의 의미보다는 상

관 부재 시 그를 대리하는 역할을 강조하여 설명한다. 대리관은 "관할권의 제1관료가 부재할 때 그를 대신하는 재판관직"이다. 『백과사전』은 곧이어 대리관의 임명이 자의적으로 이루어져서는 안 된다는 것을 강조하고 있다.

22) 생-피에르 신부(1658~1743)의 『다원합의제론』*Discours sur la polysynodie*을 말한다. 생-피에르 신부는 계몽주의 철학의 선구자였으며, 1713년의 『유럽의 영구적 평화를 위한 계획』*Projet pour rendre la paix perpétuelle en Europe*으로 유명해졌다. 1719년 출간된 『다원합의제론』에서 그는 1715년에서 1718년까지 프랑스 섭정기의 통치 방식이었던 다원합의제를 루이 14세의 절대주의적 통치 방식보다 우위에 두고 검토한다. 다원합의제란 귀족과 명사로 구성되어 각기 다른 영역을 담당하는 심의회들이 안건을 논의하면, 섭정이나 섭정의 심의회가 그 결과를 검토하여 결론을 도출하는 통치 방식이다. 생-피에르 신부는 이 저술이 빌미가 되어 아카데미 프랑세즈에서 축출되었다.

　　루소는 1754년, 그러니까 그가 『정치학 강요』에 대한 구상을 품던 시기에, 생-피에르 신부의 저작과 원고 등을 정리·편집·논평하는 일을 맡았다. 자신만의 정치철학을 모색하고 있던 루소는 이 작업을 통해 생-피에르 신부를 일종의 디딤돌로 삼았다. 그는 1758년 이 작업을 포기했지만, 『영구평화계획 발췌』*Extrait du Projet de paix perpétuelle*, 『영구평화계획에 대한 판단』*Jugement sur le Projet de paix perpétuelle*, 『생-피에르 신부의 다원합의제』, 『다원합의제에 대한 판단』*Jugement sur la polysynodie* 등이 따로 출판되거나 사후에 편집된다.

23) "정치법의 원리"를 다루는 『사회계약론』에 어울리지 않는 것처럼 보이는 이 장의 매우 긴 역사적 소묘는 현대 독자를 지치게 할 것이다. 루소의 논의를 따라가기 위해서는 로마 정치사에 대한 지식이 있어야 하지만 이에 대해 잘 정리하는 것은 우리의 능력을 벗어난다. 우리는 3권 10장에 삽입된 루소 자신의 각주와 옮긴이 주를 비롯한 책 곳곳의 고대사회에 대한 언급들을 기본적인 안내로 삼을 것을 권하고, 이 장 곳곳에서 독자들의 이해를 도울 수 있도록 최소한의 정보를 제공할 것이다. 드라테는 여기에서 루소가 참조하는 주요한 자료가 마키아벨리의 『로마사 논고』와 16세기 이탈리아의 인문주의자 카롤루스 시고니우스Carolus Sigonius(1520~84)의 『고대 로마의 시민법에 대해』*De antiquo jure civium romanorum*임을 밝히면서(물론 우리는 여기에 몽테스키외의 『로마인의 흥망성쇠 원인론』을 덧붙여야 할 것이다), 이 장이 『사회계약론』의 전체 구조에서 별 의미를 갖고 있지 않으며 정치종교 논의로 가기 위한 과정 이상이 아니라고 말한다(OC III, pp. 1494, 1495).

여전히 다양한 해석을 기다리고 있는 이 장에 대해, 우리는 몇몇 관찰을 덧붙이는 것으로 그치겠다. 앞 장 마지막 문단에서 볼 수 있듯이 이 장의 주제는 "인민집회에서 투표하고 집계하는 방식"이다. 이 "방식"은 『사회계약론』의 체계, 즉 시민들의 직접적인 입법권 행사를 정치의 토대로 삼는 정치 이론에서 핵심적인 역할을 해야 한다. 그런데 루소는 1, 2권에서 인민집회의 정당성과 원리에 대해 말하면서도 그것의 구체적인 실행에 대해서는 논하지 않았다. 이것은 이 주제가 "정치법의 원리"에 속하지 않고, 개별 정치체에서 역사적 조건에 맞게 논의되어야 한다는 사실을 함축한다. 또한 앞 장 마지막 문단에서 루소는 "20만"이나 되는 로마 인민의 크기를 강조한다. 그러니까 루소는 여기에서 자신의 정치 이론에 적합한 전형적인 작은 도시국가(스파르타나 제네바)의 사례를 논하지 않고, 비록 제국 시기 이전이기는 하나 다양한 민족과 계층이 뒤섞여 있으며 "거대함에 대한 본능"을 간직하고 있는 로마의 경우를 검토한다. 그러므로 루소는 제국 이전 로마에 대한 나름의 분석을 통해 구체적 현실에 최대의 복잡성을 부여하려 한다.

독서의 즐거움을 방해하지 않는 한에서, 이 장에서 루소의 현실주의에 대해 언급하겠다. 실제로 루소는 역사적 정치체의 경우를 분석하면서 앞에서 개진한 원리 혹은 그 원리에서 추정되는 결론들과 어긋나는 주장을 내놓기도 한다. 우선 현실의 복잡성은 이 장의 전반부를 채우고 있는 로마 인민의 편제에 대한 분석을 요구한다. 시민은 원리상 동등한 정치적 권리를 가진 주체들이지만, 여러 민족과 계층으로 구성된 큰 인민의 집회를 조직하기 위해서는 인민을 여러 집단으로 나누고 집단들 사이의 권리의 차이를 고안할 수밖에 없다. 그리고 결국 루소는 로마의 현실에서 하층 인민의 뜻이 무작정 관철되는 다른 민회보다는 모든 시민을 참여시키면서 귀족계층의 지도적 역할이 가능한 켄투리아 민회를 높이 평가한다. 게다가 로마 민회의 역사에서 더 중요한 것은 원리가 아니라 효과이고, 정당성과 함께 그것의 실현을 돕는 풍속이나 역사적 조건이 강조된다. 이런 요소에 의해 이 장은 정치종교를 준비하고 있다고 말할 수 있다.

루소는 로마 공화정의 발생과 소멸 사이에 논의를 한정함으로써 정치체·의 한계에 대해 암시하고 있다. 로마는 아마도 역사적으로 찾을 수 있는 민회에 대한 가장 훌륭한 사례일 것이지만, 그런 로마도 공화국의 소멸은 결국 막을 수 없었다. 이런 절대적 사실을 바라보며 진행되는 이 장은, 4권의 마지막 논의들의 지위를 은밀히 규정한다.

24) 로물루스와 누마는 공화정 이전 로마의 최초 일곱 왕 중 1, 2대 왕으로 알

려진 전설적인 인물들이다. 로물루스는 루소가 설명하는 대로 로마의 군사 편제를 만들고 인근 민족들과의 전쟁을 통해 건국 초기 로마의 안정을 수호했다고 한다. 누마는 로물루스가 마련한 안정을 토대로 여러 법과 제도를 정비해 사회적 평화를 이루려 했다고 전해진다. 하지만 루소가 언급하는 어원은 출처와 진위가 불확실하다.

25) 몇 가지 오해를 방지하는 것이 좋겠다. 현대 역사책은 로물루스가 설립한 트리부스가 무엇을 기준으로 편성된 것인지 합의를 보지 못하고 있다. 따라서 최초 로마 인민의 편제가 로물루스의 군대를 구성하던 민족들에게서 유래했다는 것은 루소의 제한된 지식이다. 또한 루소의 묘사를 읽으면 로마 인민이 처음에는 로물루스의 군대와 같이 알바인, 사비니인, "외국인"으로 구성되어 있었던 것처럼 보인다. 하지만 역사가들은 최초 로마 인민이 라티움, 사비니, 에트루리아의 민족들로 구성되었다고 밝히고 있다. 우리는 고대에 대한 루소의 지식을 모두 사실로 받아들여선 안 된다.

우리는 로마 인민의 편제 명칭을 라틴어 발음대로 옮겨 적었다. 독자들을 위해 라틴어와 프랑스어 표기를 첨부한다. 트리부스tribus/tribu, 쿠리아curia/curie, 데쿠리아decuria/décurie, 쿠리오curio/curion, 데쿠리오decurio/décurion, 켄투리아centuria/centurie.

26) 루소가 'chevaliers'로 옮겨 놓은 고대 로마의 '기사'equitis는 세르비우스 시대에 생긴 편제로 부유한 시민 집단에 의해 구성된다. 이들은 스스로 말과 무기를 마련할 만큼 부유했으며, 민회에서 기사들로 구성된 켄투리아는 우선적으로 투표를 실시했다. 나머지 켄투리아는 이들의 의견을 따르는 것이 관례였다. 루소의 서술에서는 모호하지만, 역사가들은 켄투리아의 설립을 아래 등장하는 세르비우스의 업적으로 평가한다.

27) 위 옮긴이 주 25에서 말한 것과 같이, 최초의 세 트리부스가 어떻게 조직되었는지는 여전히 확인되지 않는다.

28) 이미 2권 3장부터 거론되었던 세르비우스 툴리우스는 기원전 6세기 중반 로마를 다스린 로마의 6대 왕이다. 로물루스나 누마의 경우처럼 그의 치세에 대해서도 객관적인 사실들이 확립된 것은 아니지만, 총 인구조사인 켄수스를 도입하고 군제를 개혁했으며 루소가 말하는 대로 사회체제를 수정했다고 알려져 있다.

29) 마르쿠스 테렌티우스 바로(BCE116~BCE27)는 로마 기사계층 출신의 학자다. 루소가 언급하는 부분은 바로가 쓴 『농업론』De re rustica 3권 1장이다.

30) 가이우스 플리니우스 세쿤두스(23~79)는 로마의 정치가이자 학자다. 37권으로 구성된 『박물지』Historia Naturalis로 유명하다. 루소가 인용하는 부분

은 『박물지』 18권 3장이다.

31) "치욕"이라고 옮긴 'ignominie'는 언뜻 보면 일반명사처럼 보인다. 하지만 아래에서 감찰관의 트리부스 이전 권리에 대해 말하는 것을 보면, 여기에서 루소는 '치욕'으로 로마 시대의 형벌을 지칭하는 듯하다. 1777년 출간된 『자연적 정의와 사회적 정의에 대한 보편 사전』*Dictionnaire universel raisonné de justice naturelle et civile* 7권의 "치욕" 항목은 다음과 같이 설명한다. "한 사람의 공적 성격을 강등하는 것. ······ 로마인들에게 '치욕'은 감찰관이 내리는 형벌로서, 그가 누군가의 '치욕'을 적발했을 때 부과된다. ······ '치욕'은 군대에서 가장 큰 형벌 중 하나였으며, 그 내용은 군사에게 밀 대신 보리를 주거나, 봉급 전부 혹은 일부를 빼앗거나, ······ 진지 위로 뛰어나갈 것을 명령하거나, 허리띠를 풀고 유약하고 여성스러운 몸짓으로 사람들 앞에 나서도록 하거나, 높은 신분에서 하위 신분으로 강등시키는 것이다."

32) 아피우스 클라디우스 사비누스는 기원전 6세기 말에서 기원전 5세기 초의 정치가다. 이때 로마는 건국 후 사비니인들과 전쟁을 벌이고 있었는데, 사비니인이었던 그는 화친을 주장하다가 로마로 넘어와 정착한다. 그는 원로원에 들어갔으며, 후에 집정관의 자리에도 오른다.

33) '콤피탈리아'는 1년에 한 번 열리는, 가정의 수호신을 기리는 축제다. 하지만 루소가 말하는 대로 이 축제가 쿠리아와 연관되어 있는지는 불확실하다. '파가날리아'는 농촌에서 1월 중 열리는 축제로서, 농사 마감과 파종 준비를 기념한다.

34) '켄수스'census/cens는 고대 로마의 제도로서 5년마다 인구와 재산을 조사하고 목록을 작성하는 사업이다. 이 조사를 바탕으로 군대 소집, 정치적 권리의 분배, 세금 책정 등을 실시한다. 켄수스를 담당하는 관리가 '감찰관'censor/censeur이다. 하지만 감찰관은 켄수스만 담당하는 것이 아니라, 공공의 도덕이나 품행을 감찰하고 정부의 재정 활동을 감독하기도 했다. 아래 4권 7장에서 루소는 감찰관에 대해 더 자세히 논할 것이다.

35) 이 문장에서 "집"과 "조국"은 모두 프랑스어 'foyers'를 옮긴 말이다. 루소는 이 단어의 다의성을 활용하고 있다.

36) '무산자'proletarii는 어원상 '자식 양육자'라는 뜻으로, 자손 생산을 통해서만 국가에 기여하는 가난한 시민을 뜻한다. '카피테 켄시'capite censi는 '머릿수로 세는 자들'이라는 뜻이다. 처음에는 무산자와 동의어로 쓰였으나 이후 무산자보다 더 가난한 하층민을 뜻하는 말이 되었다.

37) 가이우스 마리우스(BCE157~BCE86)는 로마의 장군, 정치가로서 일곱 번이나 집정관에 당선되었고, 군대 개혁으로 널리 알려져 있다. 『정치경제』

와 『폴란드 정부론』에서 루소는 마리우스가 "해방 노예, 떠돌이, 용병"을 군대에 편입시킨 것을 비판한다(OC III, pp. 268, 269, 1016, 1017).

38) '마르스 광장'은 신의 이름이 암시하는바, 연병장으로 사용되던 곳이고, '포룸'은 시장이 열리던 곳이다. 이 두 곳에서 민회가 열렸다고 한다.

39) 루소는 "로마 광장"으로 포룸을 뜻하고 있음이 분명하다.

40) '점복관'augur/augure은 로마에서 자연현상 등을 해석해서 점을 치는 역할을 했다. 전쟁 등 국가의 중대사를 결정할 땐 점복관의 의견을 듣는 것이 관례였다. 주의해야 할 것은, 점을 담당하는 점복관과 종교적 규율이나 의례를 담당하는 '신관'pontifex/pontife은 구별해야 한다는 점이다.

41) '보호자'patronus/patron와 '피호민'cliens/client은 고대 로마의 사회제도로, 부유하고 힘 있는 귀족과 그렇지 않은 자유민 사이의 일종의 계약관계다. 이 관계를 통해 보호자는 피호민을 보호하고, 피호민은 보호자의 정치적·군사적 활동을 지원한다. "피호민의 영향력"이란, 이렇게 귀족에게 보호받는 피호민들이 그들의 보호자를 위해 투표하는 것을 뜻한다. 이 제도에 대한 루소의 우호적인 평가는 『백과사전』의 "피호민"client 항목과 비교할 만하다. "후원에 대한 이런 권리는 로물루스에 의해 설립되었다. 그의 의도는 부자와 빈자를 결합해, 빈자는 경멸을 받지 않도록 하고 부자는 시기의 대상이 되지 않도록 하는 것이었다. 하지만 피호민의 조건은 점점 일종의 순화된 노예상태가 되어 갔다."

42) 루소가 프랑스어 "lois royales"로 적어놓은 '왕의 법'leges regiae은 로마 초기 왕정 시대의 법을 지칭한다. 하지만 마지막 왕인 타르퀴니우스는 선왕들이 도입했다고 알려진 법을 무시하고, 인민과 원로원을 억압했다. 왕의 법에 따르면 왕의 권위는 인민이 민회에서 인준한 법에 근거를 둔다.

43) 라틴어 'prae rogativa'는 '먼저 질문받는 자'라는 뜻이다.

44) 기원전 2세기에 형 그라쿠스에 의해 통과된 샘프로니우스 민회법lex Sempronia de comitiis을 암시한다. 민회에서 첫 번째 켄투리아 투표의 결과를 다음 켄투리아들이 따르는 경향이 있었기 때문에, 투표 순서를 추첨으로 정하도록 한 이 조치는 민회의 성격을 근본적으로 바꾸었다.

45) 호민관이 귀족과 평민의 권력투쟁의 결과 생긴 관직이라는 점은 앞에서 말했다. '평민회의결'plebiscitum/plébiscite은 "로마 인민이 인민의 행정관, 즉 인민의 호민관의 제청하에 원로원 의원이나 귀족들과 독립적으로 명령하는 것"(『백과사전』, "평민회의결"plébiscite 항목)이다. 평민회의결은 '법'leges과 달리 평민들이 호민관과 함께 단독으로 규정하는데, 그럼에도 불구하고 귀족들도 그것을 따라야 했다. 호라티우스법 이후 평민회의결의 힘은 원로원

의 권력을 제한할 정도로 강력해졌다가, 제정 시기에 소멸한다.

46) 루소는 '원로원 제1인자'princeps senatus를 프랑스어로 풀어서 'prince du sé-nat'라고 썼다. '원로원 제1인자'는 보통 전직 감찰관 중에서 임명되며, 원로원에서 가장 큰 권위와 존경을 받았다. 그에게는 법적인 권한이 없었으나, 권위와 명예의 영향력이 상당했다고 한다. 제정 시기에는 황제가 원로원 제1인자임을 자임하게 된다.

47) 마르쿠스 툴리우스 키케로(BCE106~BCE43)의 『법론』De legibus 3권 15절을 말한다. 키케로가 서판을 통한 투표를 비판하는 이유는 단순하지 않다. 직접 말로 의사를 표시하는 투표는 앞선 투표의 부당한 권위가 작동할 위험이 있지만, 서판을 통한 투표는 의견의 분명한 표명을 방해하며 투표자들이 거리낌 없이 나쁜 쪽에 표를 던질 가능성을 열어 주었다는 것이다.

48) 베네치아 공화국은 1000년의 역사 이후 1797년 나폴레옹에 의해 소멸되었다. 『사회계약론』이 출간되고 23년 후다. 하지만 공화국은 이미 16세기 말부터 쇠퇴기를 겪고 있었다.

49) 기원전 139년 로마 민회에 서판을 이용한 비밀투표가 도입되었다. 이 제도에서 시민은 투표소에 들어가 '참관인'rogatores suffragiorum이 보는 앞에서 투표한다. '감시원'custodes은 투표자 수와 투표수를 대조하는 등의 투표관리를 맡는다. '개표원'diribitores은 표를 분류하고 집계한다. '참관인'의 라틴어 어원은 '질문하는 자'라는 뜻을 가지고 있는데, 이것은 원래 이 명칭이 비밀투표가 도입되기 전 투표에서 각 시민에게 의견을 묻는 일을 담당한 관리를 지시했기 때문이다.

50) 루소는 프랑스어 'édit'를 사용하고 있지만, 이 말로 그가 로마의 '명령'edictum을 뜻하고 있음은 분명하다. '명령'은 민회에서 결의되는 좁은 의미의 법과 구별되며, 원로원이나 명령권ius edicendi을 가진 주요 행정관이 내릴 수 있었다.

51) 베네치아의 '십인심의회'Consiglio dei Dieci는 1310년 설치되었으며, 공화국의 치안과 중대한 사법적·행정적 사안을 관장한다. 『백과전서』의 '십인심의회'Conseil des dix 항목은 이 단체가 베네치아 시민의 자유를 훼손한다고 고발한다. "이것으로 충분히 입증되는바, 베네치아의 자유는 여러 왕정국가보다 훨씬 더 부족하다. …… 열 명으로 구성된 행정관단체는 법의 실행자이면서, 입법자로서 자신에게 부여한 모든 권력을 가진다. 이 단체는 아무 말도 없이 오직 자신의 개별의지만으로 마음에 들지 않는 시민을 파괴할 수 있다."

52) 스파르타의 '민선장관'은 어원상 '감시자들'을 뜻하는 '에포로스'ephoros

로 불렸다. 민선장관은 총 다섯 명으로, 이들은 왕과 필적하거나 왕을 능가하는 권력을 가졌다. 스파르타의 치안, 사법, 행정의 기능을 두루 관장했다고 한다. 그래서 루소가 매우 한정된 기능으로 묘사하는 것과 달리, 스파르타에서 이들의 권력은 폭군에 비유되기도 했다. 하지만 루소의 판단은 특별한 것이 아니어서, 『백과사전』의 "민선장관"éphore 항목에서도 비슷한 평가를 볼 수 있다.

53) 이 문단의 가치는 몇몇 역사적 사실의 환기에 있지 않다. 4권에서 루소는 로마 공화정의 역사와 제도를 통해 실제 정치체에서 주권과 행정이 어떻게 운용되고 유지되어야 하는지 검토한다. 그런데 이 문단에서 알 수 있는 것처럼, 루소는 로마 공화정의 제도를 검토하면서도 그것을 스파르타 등의 다른 공화국의 사례를 통해 수정하거나 확장하며, 이를 통해 입법자로서의 태도를 드러낸다. 루소는 스파르타, 로마, 베네치아의 민선장관, 호민관, 십인심의회가 그 본질적인 기능에 있어서 상통하는 측면을 가진다고 보고 종합을 시도한다. 그리고 아래에서는 원리적 기능에서 벗어난 세 제도가 어떻게 타락하여 정치체의 쇠퇴를 불러왔는지 묘사한다. 우리는 역사적 사실로서의 호민관 제도와, 루소가 분석하고 종합하는 호민관 제도를 구별해야 한다. 이 문단의 첫 문장 시제("부를 것이다")는 이에 대한 루소의 태도를 분명히 보여 주고 있으며, 이 장의 첫 문단은 호민관 제도를 3권 앞부분에서 설명된 루소의 정부이론에 삽입하고 있다. 역사적 사실을 묘사하면서 그것을 변형하여 수용하는 이 미묘한 태도는 루소가 역사적 사실을 말하는 4권의 모든 곳에서 섬세하게 구별될 필요가 있다.

54) 인민의 대표자로서 호민관이 강력한 거부권 외에 그 어떤 구체적 권한도 가지지 않았다는 것, 그럼에도 불구하고 인민 권력의 증대와 함께 호민관의 권력 또한 강력해져서 호르텐시우스 법 이후에는 그를 공격하는 자에게 사형이 내려질 정도로 '신성함'을 획득했다는 것은 모두 역사적 사실이다.

55) 스파르타 에우리폰티드 왕조의 25대 왕인 아기스 4세(BCE265~BCE241)는 시민들의 채무와 토지 분배 문제를 개혁하기 위해 레오니다스 2세Leonidas II(?~BCE235)를 폐위했으나, 결국 자신이 몰아 낸 왕의 반란으로 살해당했다.

56) 스파르타의 왕이자 레오니다스 2세의 아들인 클레오메네스 3세(?~BCE 219)를 가리킨다. 그는 역설적으로 자신의 아버지에 의해 살해당한 아기스 4세의 개혁을 이어받았다고 전해진다. 루소는 민선장관들을 살해하고 민선장관 제도를 철폐한 클레오메네스 3세의 통치를 암시하고 있는 듯하다.

57) 이 "문구"formule는 "집정관들은 공화국이 어떤 피해도 입지 않도록 주의

하라"Caveant consules ne quid detrimenti respublica capiat를 말한다. 원로원은 국가 위기 상황에서 이 문구를 공포함으로써 독재관dictator/dictateur의 권력을 공인했다.

58) '알바 롱가'Alba Longa라고도 하는 로마 인근의 전설적인 국가를 말한다. 로마 건국자 로물루스는 알바 롱가의 공주인 레아 실비아Rhea Silvia와 마르스 신 사이에서 태어난 것으로 알려져 있다. 로마의 성장으로 두 도시는 경쟁 관계에 들어가게 되어, 결국 알바는 기원전 7세기경 로마에 의해 파괴된다. 이때 알바인들이 로마로 유입되었다.

59) 루키우스 코르텔리우스 술라(BCE138?~BCE78)는 호민관과 평민에 맞서 원로원 중심의 보수적 개혁을 시도한 로마의 장군이자 정치가다. 그는 마리우스 아래에서 군인으로서 공적 활동을 시작했지만 로마의 실권을 차지하면서 마리우스와 맞서게 되고, 결국 종신 독재관이 된다. 술라가 그리스 원정을 떠난 사이에 로마를 장악한 마리우스는 회군하는 술라를 반역자로 규정하고 대항하나, 패배하고 만다.

그나이우스 폼페이우스 마그누스(BCE106~BCE48)는 공화정 말기의 군인, 정치가로, 술라의 부하로 정계에 입문해 여러 군사적 업적을 통해 세력을 확장한다. 카이사르 등과 삼두정치를 실시하며 로마의 실권자가 되지만, 원로원의 견제로 카이사르와 반목하게 된다. 루비콘강을 건너 로마로 진격한 카이사르에 밀려 로마를 떠난 후, 결국 전투에서 패배하여 후퇴하고 암살당한다.

60) 루키우스 세르기우스 카틸리나(BCE108?~BCE62)는 키케로와 원로원의 견제로 집정관 선거에서 연거푸 실패하자 반란을 계획했다. 당시 집정관이었던 키케로는 이를 알아채고 유명한 『카틸리나 탄핵문』In Catilinam을 네 차례 발표하면서 카틸리나의 음모를 제압한다. 반란이 실패로 끝나자 이번에는 키케로가 음모 가담으로 의심받는 다섯 명의 시민을 재판 없이 처형했다는 죄목으로 추방당한다. 하지만 유배는 길지 않아서, 그는 1년 후 로마에 복귀했다.

61) 앞에서 말했듯이 로마의 감찰관은 풍속을 교정하는 것과 함께 '켄수스'라고 불리는 인구조사를 담당했다. 이 장에서 루소는 로마 감찰관의 풍속과 관련된 기능에 집중한다. 더구나 이 검토는 역사적인 것에 그치지 않는데, 루소는 여기에서 법과 풍속의 관계 속에서 감찰관 제도에 꽤 큰 의미를 부여한다. 2권 12장에서 루소는 법을 정치법, 시민법, 형법, 그리고 여론으로 분류했다. 여론은 법의 형태를 가지지는 않지만, "법을 소생시키거나 보완하고", "권한의 힘을 습관의 힘으로 교체"하며, "다른 모든 법의 성공"을

좌지우지한다. 그러므로 입법자는 "은밀하게" 여론에 주의해야 한다. 하지만 아래에서 말하듯이 여론과 풍속은 법의 강제성 혹은 폭력으로 규제될 수도 없고 그래서도 안 된다. 루소에게 감찰관 제도 혹은 감찰법정은 바로 법과 폭력이 아닌 방식으로 여론을 살피고 규제하는 정치 기술이다. 법과 풍속 혹은 여론의 관계에 대한 더 상세한 논의는『달랑베르에게 보내는 편지』에서 볼 수 있다(OC V, pp. 60~68).

62) 우리는 'constitution'을 계속해서 '(국가)구성'으로 번역한다고 이미 밝혔다. 여기에서 '인민의 구성'이 지시하는 것은, 인민의 인종적·문화적·사회적 조합이 아니라, 아래에서 부연되듯이 사람들을 하나의 인민으로 만드는 입법을 가리킨다.

63) '입회인'seconds은 본래 결투의 증인이자 감독관의 역할을 수행했으나, 점차 결투에 직접 가담하게 되어 결투를 집단적인 싸움으로 변질시켰다. 이로 인해 사상자 수가 급증하자 여러 왕들은 입회인을 규제하거나 결투 자체를 금지하는 칙령을 연달아 내놓게 된다. 루소는『신 엘로이즈』1부 편지 62(OC II, pp. 168~173)와『달랑베르에게 보내는 편지』(OC V, pp. 60~68)에서 결투의 문제를 검토한다.

64) '사모스'는 고대 세계에서 번성했던 에게해의 섬이다. 피타고라스와 에피쿠로스가 이곳에서 태어났으며, 포도주로도 유명했다. 그런데 루소는 디베르누아d'Ivernois 판에서 "우리 언어의 미묘함délicatesse" 때문에 원래 히오스Chios섬의 이야기를 사모스의 것으로 바꾸었다는 주석을 추가했다. 어떤 언어적 이유로 루소가 섬의 이름을 의도적으로 바꾸었는지에 대해서는 명확히 밝혀진 바 없다. 이에 대한 기본적인 사실관계는 드라테의 조사를 참고할 만하다(OC III, pp. 1497, 1498).

프랑수아-앙리 디베르누아François-Henri d'Ivernois(1722~78)는 제네바의 사업가로서,『사회계약론』과『에밀』을 발표한 후 위기를 겪고 있던 루소와 친분을 쌓았다. 루소는 자필로 서명한『사회계약론』을 그에게 주었는데, 거기에는 다른 판본에 등장하지 않는 주석 두 개가 들어 있어 관심을 끈다. 우리가 방금 언급한 사모스에 대한 주석 외에 다른 하나의 주석은 3권 5장에서 라틴어 어원의 근거를 대기 위해 추가한 라틴어 인용문인데, 논의 전개에서 큰 의미는 없다.

65) 우선 '정치종교'라는 번역어에 대해 언급해야겠다. 우리는 1권 첫 문단에 대한 해설에서 'civil'의 복잡한 함의에 대해 말했다. 보통 '시민종교'로 번역되고 있는 'religion civile'은 정치체의 구성과 운영을 위해 요청되며, 정치적 주체로서 시민 일반을 대상으로 하는 공적인 종교제도를 지시한다. 이

개념은 본질적으로 "정치법의 원리"에 속하는바, 사회계약과 정치법의 보존을 위해 요청되는 국가 단위의 종교를 뜻한다. 물론 우리가 '시민사회' société civile 등의 기존 번역어를 불가피하게 보존한 것처럼, 'religion civile' 또한 관례에 따라 번역할 수 있다. 하지만 『사회계약론』의 경우 이 관례를 따르면, 어쩔 수 없이 텍스트의 논리를 배반하게 된다. 왜냐하면 잠시 후 확인하게 되겠지만 루소는 'religion civile'과 'religion du citoyen'을 구별하면서 'civil'이라는 형용사와 'du citoyen'(시민의)이라는 수식어를 분리하기 때문이다. 이 두 개념, 즉 'religion civile'과 'religion du citoyen'의 정확한 관계는 여전히 논의의 대상이지만, 우리는 둘을 분명하게 구별하고 'du citoyen'과 다른 'civil'의 함의를 적극적으로 드러내는 것이 텍스트의 흐름을 더 명확하게 전달한다고 판단했다. 그렇다면 개념의 유연성을 위해 '사회종교'는 어떨까? 18세기 프랑스에서 '사회'와 '국가'의 밀접한 관계를 고려하면 그것도 불가능하지 않을 것이나, 우리는 어디까지나 『사회계약론』의 국가이론으로서의 지위를 강조해야 한다. 그렇다면 '국가종교'는 어떨까? 아래 옮긴이 주 92에서 보게 되겠지만, 'religion civile'은 'religion du citoyen'의 배타적 국가주의에 일반적 도덕성과 관용을 지지하는 보편성이 종합된 제도다. 따라서 '국교'를 연상시키는 '국가종교'는 오해의 소지가 크다. 이런 조건들을 고려하여 우리는 완전히 만족할 수 없지만 '정치종교'를 선택했다. 독자들은 이 장에서 'religion civile'과 'religion du citoyen'을 세심하게 구별하고, 둘을 각각 어떻게 정의해야 할지 고민해야 한다.

정치종교에 대한 루소의 관심은 1756년 8월 18일에 볼테르에게 쓴 편지에서 처음 발견된다. 종교적이고 형이상학적인 낙관주의에 대한 볼테르의 비판에 맞서 라이프니츠와 알렉산더 포프Alexander Pope(1688~1744)를 옹호하는 루소는, 『캉디드 혹은 낙관주의』Candide ou l'optimisme의 작가에게 "도덕의 법전 혹은 일종의 정치적인 신앙고백"code moral, ou une espèce de profession de foi civil, 또는 "시민의 교리문답"catéchisme du citoyen을 써볼 것을 제안한다. "법이 부과할 수 있는 일종의 신앙고백이 있습니다. 하지만 그것은 도덕과 자연법의 원리가 아니라면 순수하게 부정적인 것이어야 합니다. 왜냐하면 사회의 토대를 공격하는 종교들이 있을 수 있으며, 국가의 평화를 보장하려면 이런 종교들을 전멸시키는 일부터 시작해야 하기 때문입니다. 이렇게 금지해야 할 교리 중 가장 추악한 것은 물론 불관용입니다" (OC IV, pp. 1073, 1074). 그리고 『제네바원고』는 루소 정치철학의 체계에서 오랫동안 숙고된 정치종교의 위치를 물리적 배치로 암시하는데, 루소는 『사회계약론』 마지막 장의 초고를 입법자를 논하는 원고 뒷면에 써놓은 것이다. 실제로 입법자를 다루는 2권 7장 마지막 부분에서 우리는 입법자와 종교적 권위의 관계, 정치와 종교의 관계에 대한 루소의 고민을 볼 수 있다. 이제 마지막 장에서 루소는 정치와 종교의 관계, 그리고 정치의 "도구"가 되는 종교의 조건을 더 상세하게 고찰하려 한다. 입법의 어려움 혹은 한계에 대한 마지막 해결책으로 제시되는 일종의 정치종교론은, 2권의 입법자에 대한 논의나 법의 분류에 대한 논의에서 예고된 『사회계약론』 전체의 구조를 완결시킨다.

　이미 18세기부터 루소의 정치종교론과 그 안에 함축된 기독교 비판은 열렬한 논쟁의 대상이었다. 여러 비판에 대해, 루소는 『보몽에게 보내는 편지』, 『산에서 쓴 편지』, 그리고 여러 개인적인 편지에서 해명을 시도한다. 하지만 루소 정치철학의 모순과 다양한 해석 가능성을 집약하고 있는 이 장은 여전히 열린 텍스트라고 말할 수 있다. 이 개념의 어려움에 대해 아래에서 살펴보기 전에, 우선 우리는 『보몽에게 보내는 편지』의 문장으로 정치종교의 기본 전제를 상기시키는 것으로 그치겠다. "하지만 고백하건대 다음은 분명한 것 같다. 인간이 사회를 위해 만들어지는 존재라면, 가장 참된 종교 또한 가장 사회적이기에 가장 인간적인 것이라는 사실 말이다. 신은 우리가 그가 만들어 놓은 대로 되길 원한다. 그럴 리 없지만 만약 그가 우리를 악한 존재로 만들었다는 것이 사실이라면, 그렇게 되지 않으려고 하는 것은 신을 거역하는 것이 될 것이다"(OC IV, p. 969). 사회가 인간의 운명이라면, 종교의 사회성을 생각하는 것 또한 인간의 운명이다. 루소는 이 운명을 신에 대한 복종으로 표현한다.

66) 루소는 1권 2장과 2권 7장에서 칼리굴라의 추론을 언급했다.

67) 드라테는 루소가 18세기에 유행한 다신교 혹은 일종의 비교신화학 연구를 풍자하고 있다고 지적한다(OC III, p. 1500). 그는 보조브르Isaac de Beausobre, 부루커Johann Jakob Brucker, 모스하임Johann Lorenz von Mosheim, 그리고 퐁트넬의 『신화의 기원에 대해』De l'origine des fables와 데이비드 흄David Hume(1711~76)의 『종교의 자연사』The Natural History of Religion 등을 예로 든다.

68) 몰렉(혹은 몰록)은 고대 셈족의 신이다. 불의 신으로, 셈족은 어린아이를 태워 몰렉에게 바쳤다고 한다. 사투르누스는 로마신화의 농경의 신으로서, 그리스신화의 크로노스에 호응한다. 크로노스는 그리스신화에서 제우스의 아버지로서, 권력을 빼앗길 것을 두려워해 제우스를 제외한 나머지 자식들을 삼켰다고 전해진다. 바알은 고대 시리아에서 땅을 기름지게 하는 겨울비 혹은 폭풍의 신이다. 애초에 셈족의 신이었으나 후에 페니키아

의 신이 되었다. 유피테르는 로마신화의 최고신이다. 그리스의 제우스에
해당한다.

69) 루이 드 카리에르Louis de Carrières(1662~1717)는 프랑스의 성경 주석가다.
『성경 전권에 대한 기록에 근거한 주석』*Commentaire littéral sur tous les livres de
la Bible*으로 유명하다.

70) 예프테(혹은 입다)는 구약『사사기』에 나오는 인물이다. 히브리인들과 암
몬인들 사이에 전쟁이 일어나자 앞장서서 암몬인들에게 맞선다. 하지만 신
에 대한 섣부른 맹세로 딸을 제물로 바치게 된다. 카모스(혹은 케모쉬)는 앞
서 언급된 몰렉과 동일한 신으로 여겨진다.

71) 포키스는 고대 그리스의 폴리스로 기원전 5세기에서 기원전 3세기까지
활동했던 것으로 전해진다. 루소가 언급하는 전쟁에 대해서는『백과사전』
의 "포키스"Phocide 항목을 참고할 수 있다. "포키스인들은 아폴론에게 바
쳐진 땅을 경작하려고 했고, 이것은 그 땅에 대한 신성모독이었다. 그 즉
시 인근 인민들이 신성모독을 규탄하였다. 어떤 인민은 진심으로 그랬고,
어떤 인민은 개별적인 복수를 경건한 핑계로 둘러대기 위해 그랬다. 이 문
제로 발발한 전쟁은 종교 문제에 의해 야기되었기에 '성전'이라고 불렸다."

72) 타란토는 기원전 8세기경 그리스인들이 이탈리아반도 남부 지역에 건설
한 도시다. 타란토는 기원전 272년 로마에게 정복당한다.

73) 카피톨리움 언덕은 유피테르 신전, 유노 신전, 미네르바 신전이 놓인, 로
마 종교와 정치의 중심지였다. 이 세 신전은 공화정 초기에 헌정된 것으로
전해진다.

74) 18세기 문헌에서 '보이는 지도자'chef visible는 교황을, '보이지 않는 지도
자'chef invisible는 예수를 지칭한다.

75) 칼리파는 무함마드 사망 이후 이슬람 세계의 최고 지도자를 지칭한다. 간
단하게 '알리'로 불리는 4대 칼리파 알리 이븐 아비 탈리브(600?~661)까
지를 정통 칼리파로 분류한다. 이후 알리를 추종하던 세력은 알리만을 칼
리파로 인정하고 새로운 분파를 만든다. 이로써 이슬람 세계가 시아파와
수니파로 분열되었다.

76) '성직자 집회'Assemblée du clergé는 16세기 후반부터 프랑스혁명 전까지 프
랑스의 성직자들을 대표하는 기관이었다. 보통 5년에 한 번씩 각 지방의
성직자 대표들이 모이는 제도였으며, 국왕과 로마교회 사이에서 프랑스 성
직자들의 이익을 대변했다. 루소가 교단과 구별하는 것은 바로 구체제의 이
특정한 제도다.

77) 홉스는『시민론』*De cive* 17장 28절에서 이렇게 말한다. "따라서 기독교 국

가에서 영적인 문제와 세속의 문제 모두는 정치권력의 소관이다. 주권을 가진 자나 의회가 정치체와 교회 모두를 이끈다. 왜냐하면 교회와 기독교 정치체는 하나이기 때문이다."

78) 바르베락은 흐로티위스의 『전쟁과 평화의 법』을 번역하며 서문에서 이 편지를 소개했다. "『시민론』을 보았어. 나는 사람들이 이 책에서 발견하게 되는, 왕들에게 호의적인 내용에 동의해. 하지만 저자가 자신의 견해를 세우는 토대는 인정할 수 없어. 그는 인간이 자연적으로 전쟁상태에 있다고 믿고 있어. 그리고 내 원리들에 절대로 부합하지 않는 다른 얘기들을 확립하지. 그는 이렇게 주장하기까지 해. 조국에서 공적인 힘에 의해 승인된 종교를 따르는 것이 모든 개별자의 의무라고 말하지. 진심으로 믿는 것이 아니더라도, 최소한 그것을 공언하고 억지로라도 따라야 한다고. 다른 것들에 대해서도 나는 동의할 수 없어." "Préface", *Droit de la guerre et de la paix*, Amsterdam, Pierre de Coup, 1724, pp. XXXI, XXXII. 바르베락은 흐로티위스와 마키아벨리, 홉스 사이의 간극을 강조하기 위해 이 편지를 인용한다. 로마 기독교와 정치체의 원리 사이에 근본적인 불화를 인정한다는 점에서 루소는 홉스에 동의한다.

79) 워버튼에 대해서는 2권 7장에서 언급된 바 있다. 피에르 벨(1647~1706)은 계몽주의의 선구적인 사상가로, 신교도로서 종교적 관용을 주장하는 한편, 회의주의적 태도로 당대의 낙관주의와 신학적 독단주의를 비판했다. 루소는 유명한 『역사적이고 비평적인 사전』*Dictionnaire historique et critique*을 읽으며, 벨의 회의주의적 이성 비판과 광신 비판의 영향을 받았다.

80) 『제네바원고』1권 2장 「인류의 일반사회에 대해」에서 볼 수 있듯이, 루소에게 '일반사회'란 인류 전체의 사회를 말하고, '개별사회'란 특수한 정치체를 뜻한다. '일반성'의 이런 용법은 루소에게 고유한 것은 아니어서, 루소의 일반의지 개념 형성에 영향을 준 『백과사전』의 "자연법"droit naturel 항목에서 저자인 디드로는 인류의 이성적인 삶의 원리 혹은 규범으로서의 일반의지를 말한다. 하지만 루소는 디드로의 일반의지 개념을 개별 정치체의 구성주의적 원리로 엄격하게 정의할 것이다.

81) 루소의 "참된 유신론"vrai théisme을 확인할 수 있는 곳은 『사부아 보좌신부의 신앙고백』이다. 루소의 자연신학을 집대성한 이 글에서 그는 "참된 유신론"을 또한 "참된 기독교"라 부른다. 아래에서도 드러나겠지만, 루소는 자연종교로서의 복음의 기독교와 역사적인 교회의 기독교 각각에 완전히 상반되는 가치를 부여한다.

82) 루소가 자기 식으로 변주하고 있는 '신법'droit divin 개념에 대해 우리는 그

것을 『백과사전』의 "신법" 항목과 대조해 볼 수 있다. "그것은 신이 인간에게 계시하고 성서를 통해 발견되는 법과 계율이다. 십계명에 포함된 계율과 복음서 곳곳에서 발견되는 계율이 이에 속한다. 신법은 두 종류가 있다. 하나는 부모를 공경하라는 명령과 같이 어떤 이유에 근거한 것이다. 실정신법droit divin positif이라 불리는 다른 하나는 유대인들의 예법과 같이 그 이유가 밝혀지지 않고, 신의 의지에만 근거한다. 신법이라는 용어는 인간이 만든 것인 인간법droit humain이라는 용어와 반대된다. 교회법 혹은 종교법droit ecclésiastique ou canonique과 신법을 혼동해선 안 된다. 교회법은 실상 신법을 포함하지만, 또한 교회법에는 교회가 만든 법들도 포함된다. 교회가 만든 법은 시민법과 마찬가지로 일종의 인간법이다. 교회가 만든 법과 시민법은 변하기 마련이지만, 신법은 결코 변하지 않는다." 루소는 '실정신법'을 단 하나의 정치체와 관련된 신법으로 규정하고, 이것을 '국가신법' droit divin civil이라는 낯선 용어와 연결한다.

83) 인간의 내적 모순을 발견하고 그것을 해소하는 일의 어려움을 인식하는 것은 루소 철학의 주요한 대상이다. 이와 관련해서 루소가 남긴 단편의 일부를 옮긴다. "인간의 비참을 만드는 것은 우리의 상태와 욕망 사이의, 우리의 의무와 성향 사이의, 자연과 사회제도 사이의, 인간과 시민 사이의 모순이다. 인간을 하나로 만들어라. 그것이 그를 최대로 행복하게 만드는 것이다. 인간을 국가에 완전히 내주든지, 아니면 그 자신에게 완전히 내주어라. 하지만 그의 마음을 분할한다면 그것은 그의 마음을 찢어 놓는 것이다" (OC III, p. 510). 한편 『에밀』은 『사회계약론』과 다른 방식의 통일성을 모색한다. 그리고 모든 개인적 시도가 실패로 돌아갔을 때, 루소는 『고독한 산책자의 몽상』에서 유사 자연상태로의 복귀라는 상상적이고 개인적인, 하지만 여전히 철학적인 해결책을 궁리할 것이다.

84) 로마 12표법에서 이 표현은 죄인에게 사형을 언도할 때 공포된다. 말 그대로는 '그를 신성하게 하라'라는 뜻으로, 세속적 처벌과 종교적 희생 제의와의 관련을 보여 주는 사례다.

85) 여기에서 말하는 "사회정신"esprit social이, 위에서 루소가 구별한 대로 '일반사회'가 아니라 '개별사회'에 연관된 것임을 강조할 필요는 없을 것이다. 첫 번째 『산에서 쓴 편지』에서 루소는 이것을 다른 방식으로 말한다. "나는 순수한 복음이 사회에 해롭다고 비난하지 않는다. 어떤 의미에서 나는 복음이 너무 사회적이라고 생각한다. 그것은 전 인류를 포괄하기에 배타적이어야 할 입법에 쓰일 수 없고, 애국심보다는 인류애를 불어넣으며, 시민보다는 인간을 형성하는 것을 목표로 한다"(OC III, p. 706).

86) 불완전함이 결합을 가능하게 하며, 현실의 인간은 이런 결합을 통해 행복을 추구하므로, 불완전함은 인간 행복의 조건이다. 이것은 정치학만이 아닌 루소 인간학의 기본명제다. 『에밀』의 다음 문장을 보라. "모든 애착은 불충분함의 증거다. 만약 우리가 타인을 전혀 필요로 하지 않는다면, 그들과 결합할 생각도 하지 못할 것이다. 따라서 우리의 가냘픈 행복은 우리의 이런 약함에서 생겨난다. ······ 나는 어떤 것도 필요로 하지 않는 사람이 무엇인가를 사랑할 수 있다고 생각하지 않으며, 어떤 것도 사랑하지 않는 사람이 행복할 수 있다고 생각하지 않는다"(OC IV, p. 503).

87) 루소는 기독교의 현세에 대한 무관심과 정치적 원리 사이의 본질적인 어긋남을 계속해서 강조하고 있다. "체념"하는 자는 시민일 수 없고, 정치체를 위해 살 수 없다. 정치와 이해관계 사이의 연관은 『사회계약론』의 첫 쪽부터 명시되고 있었다. 그런데 말년의 루소는 자신을 체념하는 자, 세상의 모든 이해관계에서 벗어난 자로 규정하면서, 이런 비정치적 존재가 갖는 정치적 의미에 대해 생각해 보게 될 것이다. 이것이 『고독한 산책자의 몽상』의 한 가지 의미다.

88) 티투스 리비우스Titus Livius Patavinus(BCE59?~CE17)의 『로마사』*Ab Urbe condita libri* 2권 45장에 등장하는 장면을 암시하고 있다. 기원전 480년, 집정관 마르쿠스 파비우스(?~BCE477)는 로마를 침공한 에트루리아 군대와 대치한다. 그와 동료 집정관은 내부 반란을 두려워해 공격을 시도하지 못하는데, 적들의 조롱에 화를 누르지 못하는 병사들이 진격을 요청하자 승리자로 돌아올 것을 신에게 맹세하도록 주문한다. 병사들은 적에 대한 분노에 휩싸여 맹세를 수행하고 적에게 달려든다. 루소는 이 맹세의 정황을 무시하고, 자신의 맥락에서 전용하고 있다.

89) 2권 4장 「주권의 한계에 대해」를 말한다.

90) 루소는 어디에서 다르장송 후작의 문장을 본 것일까? 주석가들에 따르면, 루소가 여러 번 참고하는 『프랑스 정부의 과거와 현재에 대한 고찰』에는 이 문장이 등장하지 않는다.

91) 루소는 4권 6장에서 언급한 카틸리나 탄핵을 다시 거론한다. 루소의 주석을 이해하기 위해서는 로마의 역사가 가이우스 살루스티우스Gaius Sallustius Crispus(BCE86~BCE34)의 『카틸리나 음모』*De conivratione Catilinae*를 참고해야 한다. 이 책 51장은 카틸리나 일당에 대한 과도한 형벌을 비판하는 카이사르의 연설을 담고 있다. "형벌에 대해 말해 볼 수 있다. 왜냐하면 비탄과 비참 속에서 죽음은 형벌이기는커녕 고뇌에 주는 안식이고, 고통으로부터의 해방이기 때문이다. 저세상에는 괴로움도 즐거움도 존재하지 않는다."

이렇게 카이사르는 현세와 내세의 연결을 절단함으로써 카틸리나의 사형을 막으려 한다. 이에 맞서 52장에서 카토는 "카이사르가 재능과 기술을 가지고 삶과 죽음에 대해 논하였다"고 하나, 그것이 내세에 대한 전통적 관념과 충돌한다는 것을 지적하는 것으로 그친다. 카토는 정치체의 관점에서 카틸리나에게 극형이 내려져야 함을 역설한다.

마르쿠스 포르키우스 카토(BCE95~BCE46)는 공화정 말기 정치가로 스토아철학의 신봉자였다. 카이사르에 의해 공화국의 전통이 부정되자 그에 맞서 끝까지 저항하다가 패배하고 자결한다. 루소에게 카토는 위대한 시민의 모범이었으며, 제네바 시민은 로마 공화정의 마지막 시민에 대한 찬양을 그치지 않았다. 루소는 현자의 모범인 소크라테스와 시민의 모범인 카토를 비교하고, 결국 카토가 간 길의 가치를 높이 평가한다. 『정치경제』의 한 대목을 보자. "감히 소크라테스와 카토를 대조해 보자. 전자는 더 철학자였고, 후자는 더 시민이었다. …… 전자는 몇몇 개인을 교육하고, 소피스트들과 싸우고, 진리를 위해 죽는다. 후자는 세계의 정복자들에 맞서 국가, 자유, 법을 수호하고, 결국 봉사해야 할 조국이 사라지자 세상을 떠난다. …… 전자의 덕은 그 자신의 행복을 만들 것이고, 후자는 모두의 행복에서 자신의 행복을 찾을 것이다. 우리는 전자에게 교육받으려 할 것이고, 후자의 지시를 받으려 할 것이다. 이것만으로 선택이 결정된다. 왜냐하면 현자들의 인민을 만든 적은 없어도, 한 인민을 행복하게 만드는 것은 불가능하지 않기 때문이다"(OC III, p. 255).

92) 내재적이고 구성주의적인 정치체를 구상하는 정치철학 안에서 초월적인 종교가 갖는 위상은 논란의 대상이다. 그럼에도 불구하고 루소는 종교 없이는 국가도 없다고 단언하며 정치종교의 필요성을 말한다. 국가에 대한 의무는 그것이 의무인 한 도덕적 원리를 포함하기에, 이 도덕적 원리를 지지하는 보편성의 토대로서 종교적 신조가 요구된다. 또한 공적인 의무는 그것이 공적인 한 국가 전체와 연관되기에, 이 의무를 지지하는 신조는 공적으로 확인되어야 한다. 하지만 앞선 정치적 고려에서, '인간의 종교', '시민의 종교', '사제의 종교'는 모두 결함을 가진 것으로 판정되었다.

이에 루소는 순전히 "권리"의 차원에서 정치종교의 조건을 고찰한다. 그런데 정치종교의 구체적 교의들을 열거하며 그 실체를 밝히는 이 문단은 더 실질적이고 시급한 문제를 제기한다. 왜냐하면 열거된 "긍정적 교의들"이 루소의 사유 안에서 정치종교의 개념으로 온전히 종합될 수 없는 것처럼 보이기 때문이다. "신성의 존재, 내세의 삶, 정의로운 자의 행복, 악인의 징벌, 사회계약과 법의 신성함"은 마지막 요소를 제외한다면 모두 『사부아 신부의 신앙고백』에서 '참된 유신론'의 요소들로 해설된다. 그렇다면 루소의 정치종교는 '인간의 종교'에 사회계약과 법에 대한 신조를 추가한 형태가 될 것이다. 즉 권리의 차원에서 고찰된 정치종교는 '인간의 종교'를 기본으로 하되 "사회계약과 법의 신성함"을 통해 순수한 보편주의를 완화시켜야 한다. 하지만 루소는 이미 앞에서 특수한 사회와 법에 대한 애착의 결핍을 '인간의 종교'의 결함으로 언급하지 않았던가? 그렇다면 문제는 '인간의 종교'의 보편성 추구와 "사회계약과 법의 신성함"이라는 특수성 추구가 어떻게 종합되어 서로 충돌하지 않을 수 있는지 밝히는 것이다. 하지만 루소는 이에 대해 더 이상 설명하지 않으며, 이 때문에 루소의 정치종교 개념은 논리적 난관을 품고 있는 것처럼 보인다. 이 문제에 대한 더 자세한 논의는 다음을 참고하라. Ghislain Waterlot, *Rousseau. Religion et politique*, Paris, PUF, 2004, pp. 62~112.

루소가 이 문제를 해결하는 방식은 일종의 상호보완 요소를 도입하는 것이다. 그는 곧장 "부정적 교의"를 통해 "사회계약과 법의 신성함"이 가져올 배타적이고 전체주의적인 위험을 예방하려 한다. 공적인 것 이외의 문제에서, 특히 종교의 영역에서는 관용의 원칙이 준수되어야 한다는 것이다. 관용은 우선 '시민의 종교'의 단점이었던 과도한 불관용을 방지하는 것이지만, 동시에 '사제의 종교'가 가장 먼저 배격되었던 이유에 대한 조심스럽고 부분적인 대처이기도 하다. "사회계약과 법의 신성함"과 '관용'의 원리가 동시에 요청되는 것은, 사회 속 인간에게 내재하는 공적 영역과 사적 영역 사이의 모순과 분열을 조정하기 위한 것처럼 보이기 때문이다. 하지만 이 "부정적 교의" 하나만으로 루소 인간학의 근본 문제 중 하나인 사적 영역과 공적 영역의 공존을 보장하는 것은 쉽지 않을 것 같다.

다만 다음을 강조하고 싶다. 정치종교 개념 안에서 발견되는 이 두 가지 난점은 루소 정치철학의 가장 첨예한 문제와 연관되어 있다. 즉 보편성과 특수성의 긴장, 공적인 것과 사적인 것의 갈등은, 루소의 정치종교 개념이 『사회계약론』의 끝에서 구성주의적 정치철학의 어떤 한계 지점을 지시하고 있다는 사실을 알려 준다. 이런 까닭으로 정치종교는 주권이론에서 일반의지 개념이 일으킨 모든 해석의 혼란과 가능성을 다시 촉발한다.

93) 루소는 신학적 불관용의 사회적 폐해를 구체제하의 결혼 제도를 통해 비판하고 있다. 1539년의 왕령은 프랑스에서 출생, 결혼, 사망을 공인하는 권한을 가톨릭교회에 부여했고, 이를 통해 교회는 강력한 사회적 영향력을 가지게 된다. 프랑스 위그노의 종교적 자유를 보장한 1598년의 낭트칙령 Édit de Nantes은 신교도들이 가톨릭 사제를 통하지 않고 공적인 지위를 인

정받을 수 있게 했다. 하지만 1685년 퐁텐블로칙령Édit de Fontainebleau에 의해 낭트칙령이 폐기되자, 프랑스의 신교도들은 왕국에서 종교적 자유를 잃고 오직 가톨릭 사제를 통해서만 출생, 결혼, 사망을 확인받아야 했다. 이에 신교도들의 불법 결혼이 성행했고, 이런 결혼에서 태어난 아이들은 법적인 지위를 갖지 못했다. 이것은 큰 사회적 문제가 되어, 1750년대부터는 신교도들이 본격적인 법적 투쟁에 뛰어든다. 결국 루이 16세는 1787년 11월, 일명 '관용의 칙령'édit de tolérance이라 불리는 베르사유칙령을 통해 신교도들이 가톨릭 사제를 통하지 않고 결혼할 수 있도록 허락한다. 그리고 1792년 9월 20일, 혁명정부는 결혼이 국가가 승인하는 세속적 계약 관계임을 분명히 선언할 것이다. 따라서 루소가 『사회계약론』을 쓰던 당시 프랑스 신교도들의 결혼은 심각한 사회적 문제로 인식되고 있었다. 『신 엘로이즈』에서 쥘리의 유명한 결혼식 장면에서도 볼 수 있듯이, 그렇다고 해서 루소가 결혼을 비종교적인 제도로 확립하려 했다고는 말할 수 없을 것 같다. 여기에서 그는 신학적 불관용에 의해 다른 종교를 가진 자들의 사회적 존재 자체를 불가능하게 만드는 가톨릭교회와 구체제 결혼 제도의 폐해에 대해 말할 뿐이다.

94) 이 문단은 디드로가 쓴 『백과사전』의 "불관용"intolérance 항목과 대립한다. 우선 루소가 말하는 "신학적 불관용"intolérance théologique과 "사회적 불관용"intolérance civile의 의미를 오해하지 않기 위해 디드로의 정의를 참고해야 한다. "교회의 불관용은 공언되는 것과 다른 모든 종교를 거짓 종교로 간주하는 것이다. …… 사회적 불관용은 온갖 종류의 폭력적 수단을 동원해 우리와 다른 방식으로 신과 종교에 대해 생각하는 자들과 모든 교류를 끊는 것이다." 그러므로 사회적 불관용은 정치적 이념에 근거한 차별과 같은 비종교적 불관용이 아니라, 종교 문제를 근거로 다른 영역에서도 배제와 차별을 정당화하는 것을 뜻한다. 디드로가 이렇게 두 가지 불관용을 구별하는 것은, 어느 정도의 신학적 불관용을 인정할 수밖에 없는 현실을 받아들이면서 사회적 불관용에 대한 비판을 강화하기 위해서다. "불행하게도 종교에서 벗어난 자들을 복귀시키겠다는 의도라 하더라도, 종교를 폭정, 냉혹함, 불의, 비사회성의 비난을 받을 위험에 처하게 만드는 것은 반종교적인 행위다." 디드로는 이렇게 종교와 세속의 엄격한 구별을 통해, 종교가 세속의 문제에 개입하고 부당한 행위의 근거가 되는 것을 경계한다. "신앙이 부족한 신민은 살 자격이 없다고 말하는 군주는, 신의가 없는 군주는 다스릴 자격이 없다고 말하게 될 신민을 두려워해야 하지 않을까?" 디드로의 관용론은 종교적 불관용이 종교 집단 내의 파문에 한정된다면 인정할

수 있다는 로크의 견해를 따르는 것이다. 하지만 결혼 문제에 대한 주석에서 알 수 있듯이, 루소는 이들과 달리 불관용이 아무리 종교 내적인 문제에 한정된다 하더라도 정치체에 끼치는 해가 결코 작지 않다고 주장한다. "신학적 불관용이 허락된 모든 곳에서는 그것이 어떤 사회적 효과를 갖지 않기가 불가능하다."

95) 개신교의 수장이었던 앙리 4세(1553~1610)는 1589년 프랑스의 왕이 되나 가톨릭 세력의 저항과 싸워야 했다. 결국 그는 1593년 가톨릭으로 개종하고, 1598년에는 종교적 평화를 선언하는 낭트칙령을 발표해 왕국의 통합을 기도했다. 드라테는 루소의 평가를 이해하기 위해 로데Rodez의 주교였던 아르두앵 드 페레픽스Hardouin de Péréfixe(1606~71)의 『앙리대왕의 역사』Histoire du roi Henri le Grand를 인용한다(OC III, p. 1506). 개종을 앞둔 앙리 4세는, 바르게 산다면 가톨릭에서도 구원이 가능하다는 한 개신교 사제의 말을 듣고는, 그렇다면 양쪽 종교 모두로부터 구원의 가능성을 인정받는 종교인 가톨릭을 믿는 것이 현명한 선택이 아니겠냐고 반문한다. 하지만 이 논거를 강조하면 앙리 4세의 개종 이유가 구원의 가능성으로 축소되고, 따라서 "이치를 따질 줄 아는 모든 군주들은 그 종교를 저버릴 것"이라는 루소의 판단을 이해하기 어려워 보인다. 우리가 보기에 루소는 왕권의 안정과 사회적 통합을 위해 정치종교의 자격이 없는 가톨릭으로 개종한 앙리 4세의 선택을 비판하고 있는 것 같다.

96) 마지막 장에서 루소는 『사회계약론』을 정리하기보다 "정치법의 원리" 이후의 작업들을 예상한다. 만민법droit des gens의 영역으로 포괄될 이 작업 대상들은 미완의 『정치학 강요』를 완성시켰을 것이다. 드라테는 만민법을 큰 주제로 두고, 교역을 만민법의 첫 번째 영역으로, 전쟁법, 정복을 두 번째 영역으로, 공법, 동맹, 협상, 협약을 세 번째 영역으로 분류할 것을 제안한다(OC III, pp. 1507, 1508). 그는 따라서 루소가 말하는 "공법"droit public이 현대적 용법에서는 '국제공법'droit international public에 해당한다고 해석한다.

　　『사회계약론』 결론의 짧은 계획을 통해 우리는 다음과 같이 루소의 법 이론을 그의 주요 텍스트에 대응시킬 수 있다. 루소에게 자연법은 『불평등기원론』에서 논의되었으며, 정치법은 『사회계약론』에서 막 검토되었다. 그리고 만민법은 『정치학 강요』의 나머지 부분에서 다루어질 예정이었다. 하지만 법 이론을 포함한 루소의 정치학을 온전히 파악하기 위해서는 『학문예술론』, 『정치경제』, 생-피에르 신부 관련 텍스트들, 『달랑베르에게 보내는 편지』, 『제네바원고』, 『산에서 쓴 편지』, 『코르시카 헌법 구상』, 『폴란드 정부론』 등을 참고해야 할 것이며, 루소의 정치학을 그의 체계 안에 정확하게 위치시키기 위해서는『언어기원론』,『신 엘로이즈』,『에밀』,『고백』,『대화』,『몽상』 등으로 독서의 범위를 넓혀야 할 것이다. 우리는 옮긴이 주를 통해 이런 체계적 독서의 가능성을 조금이라도 전달하고자 했다.

끝과 시작,
『사회계약론』의 난해함과 그 역사적 의미

작가의 근심

암스테르담의 출판업자 레Marc-Michel Rey는 1761년 말 전달받은 원고의 인쇄 작업을 이듬해 4월에 마무리하고 책을 프랑스로 부쳤다. 하지만 프랑스 왕국 내 서적에 대한 검열을 담당하고 있던 출판총감Directeur de la Librairie 말제르브Chrétien-Guillaume de Lamoignon de Malesherbes는 책의 국내 반입을 허락하지 않는다. 작가의 이름을 책에서 삭제하지 않으면 작가가 위험에 처할 수 있다는 경고가 전달된다. 이 작가는 이미 약 1년 전『신 엘로이즈』 *Julie ou la Nouvelle Héloïse*의 두 번째 서문에서, 당시 서간체 소설의 규약에 따라 그 자신이 썼다고 말하지 않는 편지들에 기어코 자신의 이름을 붙였던 자다. 그 이름은 심지어 근대사회에서 소설의 폐해를 그토록 고발한 철학자의 것이었다. 그런데 이번 책은 정치의 문제를 직접 다루고 있어서, 작가의 이름은 단지 여론의 윤리적이고 미학적인 판단의 대상에 머무르지 않고 정치적 권력들의 표적이 될 것이다. 그는 자신의 이름을 지우지 않았으며, 『사회계약론』*Du Contrat social ou Principes du droit politique*은 불법 출판물의 형태로 밀수될 수밖에 없었다. 이제 장-자크 루소Jean-Jacques

Rousseau라는 이름은 파리와 제네바를 비롯한 유럽 주요 도시에서 규탄과 추방의 판결들을 기다려야 한다.

그런데 책이 준비되고 있던 4월 4일, 암스테르담의 출판업자에게 편지를 쓰는 루소는 다른 것을 걱정하고 있다. "당신은 바다로 발송하지요. 책은 교육론이 일부분이라도 출판되고 나서야 도착할 것입니다. …… 만약 이 두 저작이 함께 출판된다면, 소수의 독자들에게만 적합한 『사회계약론』의 난해한 내용으로 인해, 이 책은 틀림없이 교육론 책에 묻힐 겁니다."[1] 이 편지는 5월 23일 루소가 『에밀』*Émile ou de l'éducation*의 편집을 담당한 파리의 출판인 뒤센느Nicolas-Bonaventure Duchesne에게 보낸 편지와 종종 함께 읽힌다. "이 저작은 교육론에서 여러 번 인용되기도 하고 심지어 일부가 발췌되어 실려 있기 때문에 교육론의 부록으로 간주되어야 하며, 따라서 두 저작은 함께 완전한 전체를 구성합니다. 하지만 이 책은 프랑스를 위해 만들어지지 않았기에 나는 이 나라에서 그것에 대해 얘기한 적이 없을뿐더러, 더욱이 출판에서는 당신의 책과 경쟁 관계에 있기에 저절로 그것에 의해 사장될 것입니다."[2]

두 편지에서 루소는 거의 동시에 출판된 『사회계약론』과 『에밀』의 관계를 묘사하고, 정치철학이 교육론 때문에 제대로 조명받지 못할 것을 염려한다. 그는 이미 출판 단계부터 『사회계약론』 수용의 어려움을 분명하게 의식하고 있으며, 두 편지는 이 어려움을 각각 다른 관점에서 서술한다. 첫 번째 편지가 정치철

---

[1] *Correspondance complète de Jean-Jacques Rousseau*, éd. R. A. Leigh, t. X, Genève, Institut et Musée Voltaire, 1969, p. 180.

[2] *Ibid.*, p. 281.

학서로서『사회계약론』의 난해함을 언급한다면, 두 번째 편지는 『사회계약론』과『에밀』의 체계의 문제, 그리고『사회계약론』의 지정학적 문제를 제기한다. 그의 정치철학서는 "소수의 독자들" 만을 대상으로 삼으며, 독서에서 어떤 성과를 얻어 내려면 상당한 노력을 요한다. 또한 이 책은『에밀』이 구축하는 인간이론 체계의 한 부분이기에 이 "완전한 전체" 속에서 이해되어야 한다. 따라서 체계에 대한 안이한 이해는『사회계약론』의 정확한 지위와 의미를 파악하기 어렵게 만들 것이다. 게다가 이 책은 애초에 프랑스 왕국을 위해 쓰이지 않았다. 구체제 유럽 사회의 보편적 인간학을 다루는『에밀』과 달리,『사회계약론』의 대상은 작가의 조국으로 대표되는 작고 검소한 공화국이다.

　　루소의 걱정은 어느 정도 유효했다. 프랑스혁명 이전 파리에서『사회계약론』의 영향력이 미미했음을 보여 주는 모르네Daniel Mornet의 유명한 조사[3]는, 최근 연구들에 의해 약화되긴 했으나 책에 대한 1789년 이전 프랑스 사회의 무관심과 무지를 여전히 적절하게 보여 준다. 출판 직후 프랑스 작가 바쇼몽Louis Petit de Bachaumont은 "아주 심각한 무질서"를 유발할 이 책의 저자가 "다행스럽게도 학문적 어둠에 둘러싸여 일반 독자들이 책을 이해할 수 없게 한다"며 안심하고, 어느 잡지에서는 이 책의 "형이상학"이 "극단적으로 난해하다"고 평가한다.[4] 그럼에도 프랑스혁

3) Daniel Mornet, "Les enseignements des bibliothèques privées (1750-1780)", *RHLF*, 17, 1910, pp. 449~496.

4) 다음에서 재인용. Raymond Trousson, *Jean-Jacques Rousseau jugé par ses contemporains. Du* Discours sur les sciences et les arts *aux* Confessions, Paris, Honoré Champion, 2000, p. 328.

명은 『사회계약론』을 "성 장-자크"Saint Jean-Jacques의 경전으로 받들고, 1794년 10월 팡테옹Panthéon은 루소의 유해를 그의 정치철학서와 함께 맞아들이지 않았는가? 하지만 이 장엄한 신성화가 책의 난해함을 해소해 주지는 않았다. 정치적 격변 속에서 롤랑Manon Roland은 루소를 지롱드파에 가입시켰고, 로베스피에르Maximilien de Robespierre는 같은 철학자를 자코뱅파의 지주로 삼았으며, 바뵈프Gracchus Babeuf는 공산주의 혁명을 꿈꾸며 그를 친구로 삼았다. 심지어 보수주의자들과 반혁명파들도 루소의 이름으로 말하곤 했다. 『사회계약론』이 출판된 해 태어나 혁명가가 된 라카날Joseph Lakanal은 1794년 9월 15일 공공교육위원회Comité d'instruction publique에 나가 다음과 같이 보고함으로써 루소 자신의 근심을 정중하게 확인한다. "하지만 『사회계약론』에서 전개된 위대한 원칙들은 그것이 오늘날 우리에게 얼마나 명백하고 단순해 보이는지와 상관없이 그때에는 별 파급력이 없었다. 우리는 그 원칙들을 활용하거나 두려워할 정도로 충분히 그에 대해 듣지 못했으며, 이 원칙들은 정신의 일반적인 수준, 심지어 평범한 정신보다 우월하거나 스스로 그렇게 생각하는 자들의 수준 너머에 있었다. 어떤 의미에서는 바로 혁명이 우리에게 『사회계약론』을 설명해 주었다. 따라서 다른 저작이 우리를 혁명으로 이끌고, 우리를 기르고, 우리를 교육하고, 혁명을 위해 우리를 만들어 내야 했다. 『에밀』이 바로 그 저작이다."[5] 마지막으로 『사회계약론』의 지정학적 구도는 책에 대한 파리와 제네바의 다소 상반된 반

[5] Joseph Lakanal, *Sur J.-J. Rousseau,* rapport du comité d'instruction publique du 29 fructidor an II, pp. 5, 6.

응을 통해 역설적으로 입증된다. 1762년 6월 9일 파리고등법원 Parlement de Paris은 『에밀』에 유죄 판결을 내리고 작가를 체포할 것을 명한다. 루소는 즉시 피난길에 오르고, 『에밀』은 이튿날 화형대에 오른다. 그런데 제네바에서는 『에밀』의 종교적 파격과 함께 『사회계약론』의 정치적 함축이 동시에 문제시된다. 제네바의 권력을 장악하고 있던 소심의회 Petit conseil가 두 책을 모두 불태우고 작가의 체포령을 내린 것이 6월 19일이다. 조국에서도 안식처를 찾지 못한 작가는 이제 악화되는 피해망상 속에서 유럽을 떠돌게 된다.

이렇게 『사회계약론』의 첫 독서들은 루소가 의식하고 있던 세 가지 전제, 즉 정치적 "형이상학", 철학자의 인간이론, "제네바 시민"의 지정학에 대한 몰이해 혹은 성급한 판단 속에서 진행되었다. 혁명이 이 책을 설명해 주었다고 말하는 라카날은 어떤 의미에서 『사회계약론』 수용의 역사를 간명하게 요약했다. 혁명에 참여한 자들은 하나의 세계를 과거의 것으로 만드는 사건인 혁명을 통해서만, 독서의 이런 어려움들을 무시하고 과거의 책을 미래의 책으로 읽어 낼 수 있었다. 그리고 책은 출판 후 250여 년 동안 수많은 현실과 사건이 제공한 "설명"에 의해 계속해서 새롭게 해설되었다. 이 역사적 설명들 속에서 작가의 염려는, 특히 한국의 독자들에게는 거의 잊혔다. 이 글의 목적은 『사회계약론』의 현대적 의미를 추출하는 것이 아니다. 그런 과감한 일보다는, 작가 자신이 의식하고 있던 독서의 난해함을 보여 주고, 이를 통해 문제적인 책을 만들어 냈던 사유와 세계를 소개함으로써, 아직 오지 않은 우리의 설명에 더 단단한 출발점을 제공하는 것이다.

지정학적인 삶

1762년 6월 9일 급히 파리를 떠난 루소는 제네바에 발을 들이지 못하고 모티에Môtiers에 머문다. 파리의 주교 보몽Christophe de Beaumont이 『에밀』을 규탄하기 위해 쓴 『교서』Mandement가 8월에 발표되자, 루소는 즉각 그에 대한 반박문 『보몽에게 보내는 편지』Lettre à Christophe de Beaumont를 집필하여 이듬해 2월 출판한다. 제네바의 상황은 더 복잡하다. 작가와 두 저작에 대한 소심의회의 결정에 결국 루소는 1763년 5월 제네바의 시민권을 포기하지만, 곧 그를 구명하기 위한 제네바 시민들의 청원 운동이 시작된다. 총심의회Conseil général를 소집하려는 시민들의 움직임에 소심의회가 제동을 걸자 사태는 더 과격해지고, 검사장Procureur général 트롱생Jean-Robert Tronchin은 소심의회의 결정을 지지하기 위해 『시골에서 쓴 편지』Lettres écrites de la campagne를 9월과 10월에 걸쳐 발표한다. 이에 대한 루소의 응답인 『산에서 쓴 편지』Lettres écrites de la montagne가 1764년 12월 제네바에 배포되었다. 이 혼란스러운 시기에 루소는 자신의 사유와 인격에 대한 비난을 견디며 개인적인 상실까지 겪는다. 1728년 제네바에서 도망쳐 나온 소년 도제가 청년이 되고 파리로 떠날 때까지 그에게 집과 사랑을 제공한 바랑스Françoise-Louise de Warens 부인, 그리고 1757년 디드로Denis Diderot를 비롯하여 루소가 "돌바크 일당"coterie holbachique이라고 부르는 계몽주의 그룹과의 결별 이후 그에게 안식처와 우정을 베푼 뤽상부르Charles François Frédéric II de Montmorency-Luxembourg 원수가 각각 1762년 7월, 1764년 5월 세상을 떠난다.

철학적이고 정치적이고 실존적인 이 일련의 위기 속에서 루소는 한동안 내버려 두었던 식물학에서 안식을 찾아보지만, 결국 다시 펜을 든다. 그가 쓰려는 것은 자신의 삶에 대한 "모든 것을 말하기"tout dire를 통해 그의 인격과 정치와 철학을 변호하는 글이다. 1762년 1월 말제르브에게 보낸 유명한 편지 네 통이 예고하는 자서전 기획은, 사실 루소의 체계 안에서 오래전에 준비되었다고 말해야 한다. 왜냐하면 1753~54년에 쓴 『불평등기원론』Discours sur l'origine et les fondements de l'inégalité parmi les hommes에서, 루소는 인간이 자기 자신과 맺는 관계의 발생과 전개를 통해 인류에 대한 추론적 역사를 구성했기 때문이다. 자서전 기획에서는 그 대상이 인류에서 장-자크로 바뀌었을 뿐이다. 1764년 어느 날 일명 『뇌샤텔 원고』Manuscrit de Neuchâtel라 불리는 『고백』Les Confessions 초고를 작성하며, 루소는 어떤 인식의 대상으로서 자신의 삶에서 발견되는 독특함에 대해 이렇게 쓴다. "인민의 한 사람일 뿐인 나에게는 독자들의 관심을 끌 만한 말할 거리가 아무것도 없지 않느냐고 따지지 말라. ······ 여기에서 사실은 기회원인일 뿐이다. 내 삶이 얼마나 비천했든 왕보다 더 많이 생각하고 더 잘 생각했다면 내 영혼의 역사는 왕의 그것보다 더 흥미로운 것이다."[6] 그는 또 이렇게 쓴다. "어떤 것에 대한 경험과 관찰의 측면에서 나는 아마 어떤 인간도 가져 본 적 없는 가장 유리한 입장에 있다. 왜냐하면 나 자신은 어떤 지위도 없이 모든 신분을 겪어 보았기 때문이다. 왕위만 제외하면 가장 낮은 신분부터 가장 높은 신분까지 모든 것을 살아 보았다."[7] 루소는 인간의 내면을

6) OC I, p. 1150.

7) *Ibid.*

기준으로 한다면 "인민의 한 사람"의 이야기도 "왕"의 역사보다 더 가치 있는 것이 될 수 있다고 주장하는 동시에, 삶의 역정을 통해 신분제 사회를 횡단한 의식에게만 주어진 특수한 인식론적 지위를 강조한다. 한낱 평민의 역사를 기술하는 루소의 자서전 기획이 봉건제 사회의 논리를 위반한다면, 그것은 거기에서 고찰되는 삶이 그 자체로 구체제 유럽의 지정학적 편력이기 때문이고, 이 편력을 통해 그가 자신의 의식이 동시대의 다른 누구보다 고양되었다고 확신하기 때문이다.

루소는 1712년 6월 28일 제네바 공화국의 시민계급 가정에서 태어났다. 그의 선조는 칼뱅Jean Calvin과 비슷한 시기에 개신교도에 대한 박해를 피해 프랑스 왕국에서 "피신처의 도시"cité du refuge로 이주했다. 루소의 할아버지와 아버지는 시계공이었다. 칼뱅의 금욕적인 통치가 사치 산업을 위축시킨 후로 시계 산업은 제네바 경제에서 점점 큰 비중을 차지하게 되었고, 시계공이 된 망명자의 후손들은 정치 세력을 형성하여 특권층과 갈등을 빚게 된다. 따라서 루소는 이중의 지정학 안에서 태어났다. 프랑스라는 가톨릭 왕국과 제네바라는 개신교 공화국 사이의 긴장이 이 지정학의 국제적인 측면이라면, 제네바 공화국 안에서 벌어지고 있던 계층 간 정치투쟁은 그 국내적인 측면이었다.[8]

루소는 자신의 유년기를 다루는 『고백』 1권에서 제네바 시민계급의 아이가 이런 지정학과 함께 어떤 정치적 의식을 갖게 되는지 문학적으로 묘사한다. 자서전 작가는 아이가 어머니의 빈

---

8) 루소와 제네바의 관계를 종합적으로 다룬 연구는 다음을 참고하라. Helena Rosenblatt, *Rousseau and Geneva*, Cambridge, Cambridge University Press, 1997.

자리를 잊기 위해 아버지와 함께 탐독한 책의 목록을 통해, 소설적 감성과 공화국의 이상이 유년기 의식에 병렬적으로 설치되는 과정을 서술한다. 또한 그는 귀족과의 싸움에 휘말린 아버지가 도주한 후, 열악한 도제 생활에 내몰려야 했던 소년이 억압적 권력에 대해 키운 분노를 생생하게 전달한다. 폭군과도 같은 장인 밑에서 자신의 천성과 재능이 억압당한다고 느끼는 아이의 심정을 묘사할 때, 자서전 작가는 정치적 언어와 뉘앙스를 곳곳에 삽입한다. 『고백』 1권은 아이의 억압과 타락의 역사인 동시에, 이 종속 상태를 통해 아이가 현실에 대한 부정과 저항의 태도를 형성해 가는 드라마다. 그리고 1권 끝에서, 성문 밖으로 놀러 나갔다가 제때 작업장으로 복귀하지 못한 젊은 도제 장-자크는 장인에게 맞는 것이 두려워 그의 선조에게 망명지를 제공해 준 정치체를 영영 떠나기로 결심한다.

1728년, 소년은 가족 없는 아이에게 가혹했던 작은 도시국가에서 프랑스 왕국으로 넘어가 평생 "엄마"maman라고 부르게 될 바랑스 부인을 만나고, 그 자신이 일종의 망명자가 되어 바랑스 부인의 주선으로 토리노에서 가톨릭으로 개종한다. 새로운 사회의 문명과 문화는 제네바와 아주 달랐지만, 작은 작업장의 도제에서 귀족 가문의 하인이 된 그를 억압하는 사회적 불평등은 더 체계화되고 확대된 형식을 갖추었을 뿐 본질적으로는 상통했다. 장-자크는 자신을 둘러싼 불평등한 구조를 인식하면서, 자신의 내면이 사회적 편견에 희생되고 있다고 강하게 확신하게 된다. 그리고 이렇게 형성된 왕국과 소위 문명에 대한 반감은 자신이 포기한 공화국과 시민의 가치를 이상화하도록 유도한다.

이 모든 개인적이고 사회적인 쟁점이 잠시나마 확대되지 않도록 하는 동시에, 세상과 학문에 대한 호기심을 독학으로 자유롭게 해소할 수 있게 한 바랑스 부인과의 삶이 서글프게 마무리되자, 루소는 이제 자신이 가야 할 곳이 왕국의 수도이자 유럽 문명의 중심 파리라고 생각한다. 그는 다른 아이를 연인으로 들인 바랑스 부인의 냉랭한 마지막 시선에도 불구하고, "샤르메트"Char-mettes에서의 행복한 삶을 언제까지나 추억할 것이다. 1742년, 자신을 음악가라고 생각하는 루소는 이미 서른 살이다. 그는 혼자서 만들어 낸 새로운 악보 표기법을 가지고 파리에서 이름을 떨칠 수 있을 것이라고 믿는 순진한 청년이다. 제네바를 떠날 때와 마찬가지로 그에게는 아무것도 없다.

짧은 글에서 이후 루소의 모든 편력을 기술하기란 불가능하지만, 『사회계약론』에 이르게 될 "정치작가"écrivain politique의 여정[9]에서 반드시 언급해야 할 사건들이 있다. 재기 넘치지만 언제나 신분의 한계를 체감하는 청년으로서 파리의 문명과 사교계를 엿보던 루소는 1743년 9월부터 1744년 8월까지 베네치아의 프랑스 대사 몽테귀Pierre François Montaigu 백작의 비서로 근무한다. 무능력하고 고지식한 대사 곁에서 자신의 가치를 더욱 분명하게 확인하며, 루소는 쇠락해 가는 베네치아 공화국과 이 작은 도시국가를 둘러싼 국제관계를 구체적으로 관찰한다. 그리고 여기에서 이후 『사회계약론』의 모태가 될 『정치학 강요』Institutions politiques의 기획이 탄생한다.

파리로 돌아온 미래의 철학자는 "가정부"gouvernante라고 부르

---

9) 루소의 삶에 대한 가장 좋은 자료는 작가 자신이 쓴 『고백』이다. 한국어로 번역된 여러 판본을 참고할 수 있다. 그런데 "정치작가"로서 루소의 삶과 글을 이해할 수 있게 해주는 치밀한 연구로는 특히 다음을 언급해야 한다. Michel Launay, *Jean-Jacques Rousseau écrivain politique(1712-1762)*, Grenoble, A.C.E.R., 1972.

면서도 일생을 함께할 테레즈 르바쇠Thérèse Levasseur를 만나고, 디드로, 달랑베르Jean le Rond d'Alembert 등의 백과사전파와 교제하며 『백과사전』*Encyclopédie*의 음악 관련 항목을 담당한다. 1749년 10월, 뱅센느Vincennes 감옥에 수감된 디드로를 만나러 가던 루소는 디종 아카데미Académie de Dijon의 논문 공모 문제 "학문과 예술의 복구가 풍속을 순화하는 데 기여하였는가"를 보고 그의 삶과 사유의 방향을 한순간에 결정한 일명 "뱅센느 계시"Illumination de Vincennes를 겪는다. 이 공모에 제출한 『학문예술론』*Discours sur les sciences et les arts*은 1750년 말 출판되어 절묘한 달변가이자 문명 비판 철학자로서 루소의 이름을 전 유럽에 알린다.

그런데 파리와 유럽의 문명을 비판하기 시작하며 그는 자신의 이름 밑에 항상 "제네바 시민"을 기입한다. 곧이어 1750년대에 벌어진, 프랑스 궁정 오페라 지지자들과 이탈리아 오페라 지지자들 간의 싸움인 부퐁 논쟁Querelle des Bouffons에서, 루소는 이탈리아 음악의 자연스러움과 감정을 옹호하며 음악과 언어 이론에서 자신의 입장을 정비한다. 1752년 10월 프랑스 왕의 연금을 우스꽝스럽게 거절함으로써 프랑스 사회는 물론이고 디드로를 비롯한 계몽주의자들과의 거리를 확인한 사건은 하나의 일화로만 취급되어선 안 된다. 왕의 연금을 거절한 자가 된 루소는 단지 그 정치적 독립성만이 아니라, 사회성의 결여라는 성격적 결함을 통해 계몽주의자들과 멀어져 갔다.

이어 루소는 그의 철학적·인류학적·정치학적 토대를 밝히는 『불평등기원론』을 디종 아카데미의 또 다른 질문에 대한 답변으로 1755년 출판한다. 그런데 이 책 앞에는 제네바 총심의회에 바치는 헌사가 첨부되어 있다. 루소가 이 헌사를 작성한 것은 1754년이고, 이해에 그는 공식적으로 제네바 시민의 정치적 권리와 종교를 회복했다. 그는 자신의 철학을 조롱하고 제네바 정치와 사회에 관여하려는 볼테르Voltaire와 그의 보조자 달랑베르에게, 각각 1756년의 『볼테르에게 보내는 편지』Lettre à Voltaire와 1758년의 『달랑베르에게 보내는 편지』Lettre à d'Alembert를 통해 응수한다. 1757년에는 디드로, 그림Friedrich Melchior Grimm, 데피네Louise d'Épinay 부인 등과 결별한다.

계몽주의자들과의 불화 이후 파리 북쪽 몽모랑시Montmorency에 칩거한 채, 루소는『신 엘로이즈』, 『에밀』, 『사회계약론』을 통해 이전 저작들에서 격렬하게 표명한 기존 문명과 정치에 대한 비판이 어떤 결론에 이르는지를 보여 준 후 파리의 사교계와 문화를 영영 떠날 계획을 세운다.

이렇게『학문예술론』이 발표된 1750년부터 『에밀』과『사회계약론』이 출판되는 1762년까지 루소는 자신의 정치적이고 철학적인 입장을 확고히 하며 유럽에서 가장 유명한 철학자이자 문필가가 되었다. 그런데 그가 이렇게 음악과 문학과 철학을 통해 파리와 유럽의 중심부로 진입할 수 있었던 것은, 언제나 "제네바 시민"이라는 지정학적 입장을 명시하고, 이 공화국 "시민"의 입장에서 문명과 군주제의 핵심 주장을 반박했기 때문이었다. 그는 철학과 예술과 삶의 방식, 모든 것에서 공화국의 것과 왕국의 것, 시민의 것과 신민의 것을 대립시켰다.

상황은 루소가 기대했던 것과는 다른 방식으로 그를 파리로부터 분리했다. 그렇다고 그의 조국이 그를 반긴 것도 아니었다. 『신 엘로이즈』의 상업적인 성공에도 불구하고, 다른 두 저작이 유발한 파문과 박해로 인해 루소는 다시 제네바 시민의 신분을 잃고 유럽을 떠돌게 된다. 물론 그의 여정은 여전히 정치적이다. 그는 소심의회에 저항하는 제네바 시민들을 계속해서 지지했다.

1764년에는 부타포코Mathieu Buttafoco가 제안한 신생 코르시카 공화국의 입법 작업을 수락했다. 1766년 1월부터 이듬해 5월까지 영국에 머물며 겪은 흄David Hume과의 불화는, 전 유럽의 관심을 모으며 문명과 사회의 편에 서있다고 생각한 사람들의 공분을 일으켰다. 그리고 이곳저곳을 떠돌다 1770년 6월 파리로 복귀해서는, 1771년부터 『폴란드 정부론』*Considérations sur le gouvernement de Pologne* 작업에 착수한다.

하지만 1762년 이후 루소의 편력은 정치사회 안에서의 지정학뿐만 아니라, 정치사회 자체를 상대화하는 지정학까지 포함한다. 이제 문제는 "모든 신분"의 섭렵만이 아니고, "신분" 그 자체를 벗어나는 과정이다. 이 과정은 자서전 3부작이라고 할 수 있는 『고백』, 『루소가 장-자크를 심판하다. 대화』*Rousseau juge de Jean-Jacques. Dialogues*, 『고독한 산책자의 몽상』*Les Rêveries du promeneur solitaire*의 제목과 형식의 변화만으로 충분히 증명된다. 유럽 사회 전체를 상대로 자신의 존재와 글을 정당화하려는 독백조의 『고백』, 당시 재판 과정의 고발과 변호 형식을 빌려와 자신에 대한 해석 가능성을 모두 소진하려고 시도하는 『대화』, 그리고 『불평등기원론』에서 추론된 '자연상태'état de nature 개념을 개인의 실존적 상황에 적용하여 의식과 사회의 급진적인 단절을 구현하려는 시적 산문 『몽상』. 그의 마지막 글인 『몽상』은 루소가 파리 북쪽 에름농빌Ermenonville의 영국식 정원을 산책하며 보낸 마지막 나날처럼 비정형의 미완성 텍스트로 남았다. 그는 1778년 7월 2일 에름농빌에서 죽었고, 목가적인 풍경 속에 묻혔다. 하지만 이렇게 평생 어느 사회에도 온전히 속하지 못한 자, 그리고 마지막 순간 스스로 자신의 존재를 사회에서 분리한 자의 유해는, 예기치 못한 방식으로, 이제 공화국이 된 프랑스가 마련한 성대한 행렬과 함께 1794년 팡테옹으로 이전된다.

『고백』1권 끝에서 작가는, 이런 운명을 상상조차 하지 못한 채 단지 폭력을 피해 도주하는 16세 소년의 막막함을 회상하고, 그의 예정된 불행을 안타까워할 뿐이다. 이때 그는 잠시 이야기를 멈추고, 소년이 조금 더 좋은 환경에서 자랐다면 누릴 수 있었을 평범한 제네바 시민의 삶을 가정법을 통해 상상한다. 그랬다면 소년은 단순한 직업을 가진 선량한 시민이자 충실한 신자가 되어 두드러지진 않아도 행복한 삶을 살 수 있었을 것이다. "나는 내 신분을 사랑했을 것이고, 그것을 명예롭게 했을지도 모른다. 하찮고 단순하지만 한결같고 안락한 삶을 보낸 후에, 지인들의 품 안에서 평화롭게 죽었을 것이다. 아마 곧 잊혔겠지만, 그래도 사람들은 기억나는 동안에는 나를 그리워했을 것이다."[10] 이렇게 그는 자신이 섭렵한 "모든 신분"과 그가 "사랑했을" 신분 사이에서 부유했던 삶을 한탄한다. 바로 이 운명에 의해, 장-자크 루소는 계속해서 "제네바 시민"이라는 이상화된 신분과 자신을 동일시하며 "인민의 한 사람"이 되었다. 그리고 그의 삶과 사유의 두 개의 극인 '제네바 시민'과 '인민'은 일종의 구심력과 원심력으로서 루소 정치철학의 크기를 규정한다. 루소의 지정학적 삶은, 특수성과 보편성의 긴장이 그의 정치철학을 구조화하듯이, 이 두 개의 상상적 신분으로 조직되어 있다.

10) *Ibid.*, pp. 43, 44.

자연상태와 정치

    루소에게는 체계가 있으며, 정치학은 이 체계의 요소로 고찰되어야 한다.[11] 그런데 이 단순한 사실이 인정되기 위해서는 20세기 초 카시러Ernst Cassirer의 문제제기가 있기까지 오랜 시간이 필요했다. 사람들은 외딴 전원에 모여 사는 순수한 영혼들의 내면을 그리는 『신 엘로이즈』, 일반의지에 복종하는 시민의 신조인 『사회계약론』, 사교육을 통한 자유로운 개인의 형성과 행복을 설교하는 『에밀』, 사회에서 박해받는 개인의 편집증적 자기변호 『고백』 등의 작가에게 사유의 일관성이 있다고 생각하지 않았다. 심지어 루소 정치학의 가장 중요한 두 저작인 『불평등기원론』 과 『사회계약론』도 모순되는 것처럼 보였다. 전자가 정치의 부당한 출현과 타락이 가져온 인류의 돌이킬 수 없는 불행을 묘사하며 끝났다면, 후자는 마치 새로운 출발이 가능하다고 강변하는 듯했다. 하지만 이미 『고백』에서, 루소는 자신의 여러 텍스트에

---

11) 루소의 체계를 구축하는 것이 현대 루소 연구의 주요한 과제였다. 이 임무는 카시러에서 시작하여 필로넨코까지 이어진다. 주요 연구 일부를 출판 순서로 나열한다. Ernst Cassirer, "Das Problem Jean-Jacques Rousseau", *Archiv für Geschichte der Philosophie*, XLI, 1932, pp. 177~213 and 479~513. Pierre Burgelin, *La philosophie de l'existence de J.-J. Rousseau*, Paris, PUF, 1952. Jean Starobinski, *Jean-Jacques Rousseau. La transparence et l'obstacle*, Paris, Plon, 1957. Henri Gouhier, *Les méditations métaphysiques de Jean-Jacques Rousseau*, Paris, Vrin, 1970. Alexis Philonenko, *Jean-Jacques Rousseau et la pensée du malheur*, 3 vol., Paris, Vrin, 1984. 영미권 연구로는 다음을 참고하라. Arthur M. Melzer, *The Natural Goodness of Man*, Chicago, The University of Chicago Press, 1990. 이 중 한국어로 번역돼 있는 것은 스타로뱅스키의 연구뿐이다. 장 스타로뱅스키, 『장-자크 루소. 투명성과 장애물』, 이충훈 옮김, 아카넷, 2012.

대해 상충되는 평가를 내리는 동시대인들을 이해하지 못하고 이렇게 말한다. "그런데 죽어 가는 이 엘로이즈의 신앙고백은 정확히 사부아 신부의 것과 같다. 『사회계약론』의 모든 과감한 것은 이미 『불평등기원론』에 있었고, 『에밀』의 모든 과감한 것은 이미 『신 엘로이즈』에 있었다."[12] 그는 자신에 대한 박해가 바로 그가 구축한 체계에 대한 몰이해와 연관되어 있다고 믿었다. 그런데 루소의 이 말을 그의 모든 텍스트가 같은 주장을 한다는 것으로 오해해선 안 된다. 그의 체계는 꽤 미묘하다.

『보몽에게 보내는 편지』에서 루소는 그의 체계에 토대를 제공하는 『불평등기원론』의 논의를 이렇게 정리한다. "나는 말하자면 악함의 계보généalogie를 추적했으며, 본래적 선함bonté originelle의 연속적인 변질에 의해 어떻게 인간이 결국 지금의 자기 자신이 되는가를 보여 주었다."[13] 이 문장은 보기보다 이해하기 어렵다. 우선 단순한 성선설을 상기시키는 "본래적 선함"이란 무엇인가? 루소는 우리가 겪고 있는 거의 모든 불행과 악이 사회적 존재방식을 통해 발생했다고 생각한다. 이기심과 질투와 같은 감정적 악부터 전쟁과 불평등 같은 사회적 악까지, 현 인류의 불행은 사회가 없었다면 가능하지 않았다. "본래적 선함"이라는 것은 바로 이 사회적 불행과 악의 불가능성을 지시한다. 그런데 최소한 이기심은 인간의 가장 기본적인 성향 아닌가? 루소는 그렇지 않다고 답한다. 고도로 추상화된 '자연상태' 개념을 통해, 그는 타자와 사회에 대한 어떤 참조도 포함하지 않은 순수한 '자기애'

---

12) OC I, p. 407.

13) OC IV, p. 936.

amour de soi와, 오로지 타인의 시선을 통해서만 자신을 선호하는 '자기편애'amour-propre를 구별한다. 그리고 타인의 존재와 시선을 의식하지 않는 '자연인'homme naturel에게 사회성의 본능은 '연민' pitié이라는, 타자에 대한 비이성적이고 감각적인 관계 안에서 잠재적인 형태로만 나타난다. 이런 자기애와 연민의 존재에게는 인간의 가장 자연적인 사회라고 생각되었던 가족도, 인간의 가장 본질적인 도구라고 생각되었던 언어도, 인간의 가장 우월한 능력이라고 생각되었던 사유도 발견되지 않는다. 그리고 자연상태에서 '사회상태'état de société로의 이행은, 자기애가 자기편애로 변질되어 자아의 분열이 일어나고, 이에 따라 연민에 이성적이고 사회적인 계기들이 개입하는 과정으로 환원된다.

왜 이런 극단적 추상화가 필요한가? 그것은 "어떻게 인간이 결국 지금의 자기 자신이 되는가를 보여 주"기 위해서다. 즉 가설적 자연상태에 대한 정확한 추론은 인간의 현재 상태에 대한 비판을 목적으로 갖는다. 인간적인 어떤 현상을 근본적으로 이해하고 비판하기 위해서는, 그것의 발생과 전개를 신학적이거나 형이상학적인 전제 없이 내재적으로 재구성할 수 있어야 한다. 자연상태는 인간의 비신학적이고 비형이상학적인 발생을 사유하기 위한 출발점이고, 루소에게 이 발생은 인간의 자기관계가 본능적이고 즉각적인 것에서 어떤 매개나 거리를 포함하는 관계로 변화하는 과정과 일치한다.

그런데 루소가 보기에 동시대 철학자들은 자연상태에 어떤 본질주의적 혹은 목적론적 편견을 삽입하며, 이런 미진한 추상화는 그들의 정치적 편향성으로 이어진다. 그들은 자연상태를 일종의 원시적 사회상태로 설정하고 종교적이거나 합리적인 소질을 가진 자연인을 거기에 배치하는데, 이로부터 그들은 인간의 도덕적 상태를 비판하고 점검하는 것에 그치지 않고 현재 확립되어 있는 정치적 권리들을 정당화하는 데까지 나아간다. 예를 들어, 홉스Thomas Hobbes는 자연상태를 보편적 전쟁상태로 규정함으로써 결국 절대주의라는 정치적 불평등을 정당화한다. 하지만 절대주의는 어떤 식으로든 전제군주제의 폭력을 불러올 뿐이라고 믿는 루소는 다음처럼 반문한다. 어떤 지속적인 관계나 권리가 없는 자연상태에서 전쟁이 어떻게 가능한가? 엄밀한 자연상태에서 전쟁이 불가능하다면, 그 상태로부터 절대주의를 도출하는 것은 철학적 오류를 통해 부당한 권력에 봉사하는 것 아닌가? 따라서 『불평등기원론』은 한편으로 근거 없이 인정되고 있는 도덕적 혹은 정치적 권리들에 대한 근본적인 비판을 위해 자연상태를 추론하고(1부), 다른 한편으로 그렇다면 그런 가짜 권리들이 어떤 기만을 통해 권리와 제도로 설립될 수 있었는지 추측한다(2부). 이렇게 추측된 "악함의 계보"에 따르면, 우연한 계기로 자연상태에서 벗어난 인간은 정신적이고 사회적인 변질을 겪으며, 초기 사회상태를 거쳐 기만적이고 폭력적인 정치상태로 이행하여 현재에 이른다. 그리고 이성과 철학은 이 과정에서 언제나 폭력을 정당화하는 데 동원되었다.

　『불평등기원론』은 이렇게 루소의 사유 안에서 정치와 이성의 복합적 위상을 보여 준다. 우선 정치의 위상에 대해 생각해 보자. 루소는 정치를 포함한 기존의 인간 문명을 분석하고 비판하기 위해 순수하게 비정치적이고 비사회적인 어떤 상태를 추론한다. 하지만 이 추론은 17, 18세기 자연법 사상가들의 정치학적 전제와 방법에 근거하며, 그는 기존 정치철학자들의 자연상태와 자연법 개념을 비판함으로써만 자신의 독특한 자연상태 개념에 이른다. 즉 문명과 문화를 비판하기 위한 순수하게 비정치적인 상태는 기존 정치철학에 대한 그의 비판적 지양으로부터 도출된 것이다. 그리고 이를 출발점으로 재구성된 인류사에서, 정치는 인간의 역사가 다다른 마지막 상태로 규정되며, 타락한 정치는 이성을 포함한 사회상태의 요소들이 가장 극단적으로 전개되는 장으로 등장한다. 자기애가 자기편애로 변질되었다는 사실은, 자아가 사회적 관념에 속박되었음을, 이제 의식은 자아를 포함한 모든 대상을 편파적으로 대하게 되었음을 뜻한다. 다시 말해 사회상태는 본질적으로 속박과 불평등의 원리이기에, 폭력적인 정치는 자유와 평등의 부정으로서 사회상태의 극단적인 결론이다.

다음으로, 정치 혹은 정치학의 위상에 대한 위 소묘에서 제기된 문제로, 루소의 체계에서 이성의 복합적 지위에 대해 말해야 한다. 정치를 제대로 비판하기 위해서는 폭력적인 정치와 철학의 공모가 선명하게 드러나야만 했다. 이것은 우연이 아닌데, 왜냐하면 정치상태의 발생과 전개를 추론해 보면 이를 위해 인간의 이성적이고 사회적인 능력들이 고도로 발달해야 했음을 알 수 있기 때문이다. 따라서 정치는, 그것이 부당한 것이라 할지라도 아니 부당한 것이기에 더욱더, 인간의 불행과 능력을 동시에 입증한다. 사회상태를 통해 발달한 인간의 이성이 부당한 정치체의 설립과 심화를 위해 사용되었다면, 바로 이 불행을 통해 우리는 인간의 능력이 어디까지 전개되었는지 알 수 있다.

이런 정치와 이성의 복합적 지위에서 『사회계약론』의 건설적 계획이 도출된다. 현재의 억압적인 정치는 인간의 사회적 존재가 이르게 된 필연적 결과이자, 이제 인간이 정치를 근본적으로 다시 사유할 수 있음을 보여 주는 증거다. 루소가 여러 번 강조하는 대로 문명이 비가역적인 과정이라면, 자연으로 돌아가려는 순진한 바람이 현실에서는 더 폭력적인 문명으로의 전락을 유발할 뿐이라면, 간단히 말해 우리가 우리의 능력과 행복을 포기할 수 없다면, 방법은 비록 타락의 역사로 인해 얻게 된 것이라도 우리가 가진 모든 능력과 자원을 활용하여 정치의 토대와 형식을 바꾸는 것이다.

『사회계약론』의 정치와 정치학은 인간사회의 불행을 완전히 극복하게 해줄까? 루소는 정치철학이 인간과 사회의 모든 문제를 남김없이 해소해 주었다고 확신하게 될까? 이에 대한 정치철학적 대답은 『사회계약론』 독서로 넘기고, 여기에서는 루소 사유 전체와 관련하여 체계적 대답을 짐작해 보도록 하자. 루소는 『학문예술론』과 『불평등기원론』에서 『달랑베르에게 보내는 편지』에 이르는 1750년과 1758년 사이에 자신의 철학적 토대를 마련하고, 그것으로 기존의 관념과 제도를 비판하는 데 주력했다. 사교계의 위선적인 도덕, 파리의 문화와 예술, 시대의 두 극단인 광신과 유물론, 왕정의 정치가 비판의 주요 표적이었다. 그리고 1761년 출판되는 『신 엘로이즈』, 이듬해 동시에 발표된 『사회계약론』과 『에밀』을 통해 루소는 구체제 유럽 사회의 문제에 대한 자신의 답을 제시한다.

『신 엘로이즈』의 과제는 무엇인가? 그것은 가족이라는 삶의 형식이 개인의 내면을 변화시키는 힘을 측정하는 것이다. 연인에 대한 사랑과 아버지에 대한 의무 사이에서 갈등하던 쥘리Julie는 결혼이 제공하는 존재방식의 변화를 통해 의무를 받아들이고 정념을 승화시킨다. 하지만 과거는 완전히 지워지지 않고, 순진한 독신자dévot 쥘리, 쥘리의 옛 연인이자 젊은 철학자인 생-프뢰Saint-Preux, 쥘리의 유물론자 남편 볼마르Wolmar는 구성원 각자의 욕망과 환상의 결합체인 가족 속에서 서로의 결함을 치유하며 함께 사는 실험을 감행한다. 이 서간체 소설을 통해 루소는 가족이라는 소우주를 정념의 도덕적 변형과 사회적 이념 대립의 해소 장치로 탐구한다. 『사회계약론』은 무엇을 하려고 하는가? 사회상태는 공동의 이익을 위해 인간을 모여 살게 하면서도 그들의 이익을 대립시킨다. 이 대립이 정당한 형식으로 해결되지 않으면, 개인들의 관계를 제도적으로 조정하는 정치는 끊임없는 속임수와 착취의 도구가 될 뿐이다. 정치철학은 국가라는 장치를 통해 구성원 각자의 이익을 보호하면서도 각자의 이익 추구가 충돌하지 않도록 사회를 조직하고 개인을 시민으로 변형해야 한다. 법을 통한 개인의 개조, 권리에 기초한 개인들의 결합과 공적인 영역의 확보가 그것을 가능하게 할 것이다. 『에밀』의 야심은 무엇인가? 사회상태는 개인의 자유와 사회적 속박을 양립 불가능한 것으로 대립시킨다. 『에밀』에서 루소는 가상의 교육을 통해 비록 매우 드문 일이긴 하나 개인과 사회의 조화 가능성을 입증하려고 한다. 아이는 가족이나 국가의 힘을 빌리지 않고 사회 속에서 자신의 자유를 보존하며 살 수 있도록 교육된다. 가족이나 국가와 구별되는 사교육의 장치는 자연, 특히 유년기의 자연이다. 교육자는 아이의 자연적 성장에 보조를 맞추고 그 힘을 이용하여, 아이가 고독한 개인으로서 내면의 자유를 보존한 채 사회의 도덕이나 의무와 충돌하지 않게 한다.

이렇게 『신 엘로이즈』, 『사회계약론』, 『에밀』은 가족, 국가, 개인의 특수성에 기초하여, 인간의 정신적이고 사회적인 변형을 기획하고 이를 통해 사회상태가 분열시킨 개인의 마음을 세 가지 방식으로 통합하려고 한다. 이렇게 각기 다른 방식으로 구축되는 세 통합 기획의 학문적 바탕은 각각 근대인의 정념론, 정치학, 철학적 인간학이다.

이 세 기획 사이의 관계를 어떻게 규정해야 할까? 루소는 우리가 개인으로서는 에밀처럼 자유롭고, 가족이나 사적인 공동체에서는 쥘리처럼 선하고, 국가 안에서는 시민의 이상적 모델인 카토Cato처럼 덕을 갖추길 원했던 것일까? 흔히 그렇게 생각하곤 한다. 에밀은 공화국의 훌륭한 시민이 될 것이고, 소피Sophie와 꾸린 가정은 쥘리의 공동체처럼 평화로울 것이라고. 하지만 다음을 고려해야 한다. 에밀은 애초에 정념의 혼란과 이념의 대립에 빠지지 않으므로, 쥘리와 생-프뢰의 가족이 필요치 않다. 심지어 그는 자신이 살게 될 사회가 정당한 정치체일 것이라는 기대도 품지 않는다. 다만 그는 가족과 국가가 실패해도 개인만은 언제까지나 자유로울 수 있다고 확신한다. 쥘리의 세계는 절망으로 가득 찬 생-프뢰의 고독과 공화국의 정치적 원리 양쪽과 단절되어 있다. 카토들이 모여 사는 국가에서 에밀과 같은 자유로운 개인이나 오로지 내면의 목소리에 충실한 독신자 쥘리는 환영받지 못한다. 에밀과 쥘리와 카토는 하나의 세계에 같이 거주하거나 한 개인의 모델이 되기에는 너무나 이질적이다. 또한 다음 사실을 고려해야 한다. 루소는 이 세 기획 각각의 실현 가능성에 대단히 회의적이었다. 에밀의 교육이 가능하기 위해서는 아이에 대한 불가능한 통제와 교육자의 신적인 자격이 필요하다. 쥘리와 같이 비인간적으로 순수한 마음을 모두가 모방할 수 있으리라고 생각해선 안 된다. 우리는 카토처럼 영웅적으로 죽을 수 없으며, 공화국의 엄밀한 실현 조건은 역사에서 이미 상실되었다. 우리 각자는 『에밀』, 『신 엘로이즈』, 『사회계약론』에서 개인의 자유, 가족과 욕망, 시민의 권리에 대해 이해하고 어떤 교훈을 얻을 수 있겠으나, 이 세 가지 원리는 마치 온전한 근대인의 불가능성을 증명하듯, 각각 그 자체로 그리고 셋의 종합에서 불가능성의 증거들을 포함하고 있다. 근대인과 행복의 본질적인 불일치는 루소 철학의 전제이자 결론처럼 보인다.

그런데 우리는 루소의 사유가, 비록 가설의 지위를 벗어나지 않는다 해도 어떤 발생론 혹은 역사학의 형식을 가지고 있음을 잊어선 안 된다. 『불평등기원론』의 인류학적 역사는 루소 철학 전체의 전제일 뿐만 아니라, 체계의 각 요소들이 배치되는 역사적 지평이다. 그렇다면 『에밀』의 인간학, 『신 엘로이즈』의 정념론, 『사회계약론』의 정치학 각각은 이 지평에서 어디에 위치하는가? 『사회계약론』의 중요한 결론 가운데 하나는 공화국의 원리와 근대사회의 근본적인 모순이다. 정당한 정치체의 설립은 과거의 어느 시점에서만 가능했던 것이다. 『신 엘로이즈』의 세계는 기독교와 유물론의 화해를 한 주제로 삼고 있는 만큼 루소와 동시대적이나, 쥘리의 가족 공동체의 조건으로 제시되는 스위스 농촌의 경제와 신분제 사회체제는 이 소설의 정념론을 추동하는 과거 지향성을 보여 준다. 이에 반해 『에밀』의 개인은 『불평등기원론』 결론이 묘사하는 정치사회의 묵시록적 파국을 직시하고 우주의 파괴 속에서도 자족적인 현자의 윤리에 의지한다. "법의 보호하에서 자유를 갈망하는 것은 헛되다. 법이라! 그게 어디에 있으며, 어디에서 그것이 존중받는단 말인가? 여기저기에서 법이라는 이름으로 오직 사익과 인간의 정념만이 군림하는 것을 보았겠지. 하지만 자연과 질서의 영원한 법은 존재한다. 현자에게는 그것이 실정법의 역할을 한다."[14] 따라서 『에밀』의 인간학만이 동시대에 서서 미래를 바라본다. 다만 그 미래는 어둡고 절망적이다. 에밀은 구체제 말기 유럽 사회에 대한 비관적인 전망

14) *Ibid.*, p. 857.

속에서 더 이상 가족과 국가에 희망을 투사하지 않는다. 에밀이 정념과 정치의 원리를 파악하는 것은 오직 내면의 자유를 위해서, 즉 사회의 실패에 대비하기 위해서다.

이런 배치를 통한 역사적 체계는 1762년 이후 루소의 삶과 글을 포괄함으로써 구조적인 것이 된다. 다시 말해, 루소는 사유의 정점을 표현했던 『신 엘로이즈』, 『사회계약론』, 『에밀』에 『고백』, 『대화』, 『몽상』의 자전적 글들을 첨부함으로써 그의 체계를 구조적으로 완성한다. 마지막 글쓰기들을 통해 그는 그 시대의 다른 누구보다 가족과 친구, 정치체의 실패를 체화한 인간으로 자신을 규정할 것이고, 그런 규정하에서만 자신의 철학적 토대였던 가설적 자연상태를 죽음을 마주보는 시적 산문 속에서 체험하려고 시도할 것이다. "나 여기 그러므로 지상에 홀로 있어, 더 이상 형제도 이웃도 친구도 사회도 없이 오직 나뿐이다."[15] 『몽상』의 첫 문장은 『불평등기원론』과 『에밀』의 철학자가 그의 사유를 자기 자신에게 적용할 조건을 지시한다. "하지만 그들과 모든 것에서 떨어져 나온 나, 나는 무엇인가?" 몇 문장을 사이에 두고 이어지는 이 질문은, 자기관계의 형성과 타락이 일으킨 불행에 대응하고자 새로운 형식의 관계들을 사유했던 철학자의 마지막 기획을 요청한다.

이로써 체계는 추상적인 자연인의 자연상태에서 시작하여 사회상태의 불행한 전개를 사유한 다음, 현재의 인류와 사회상태의 조화 가능성 혹은 그 불가능성을 확인하고 나서, 장-자크라는 특권적 사례를 통해 사회에서 이탈한 개인의 자연상태로의 복귀

15) OC I, p. 995.

혹은 소멸을 실험한다. 자연인은 철학적 인간학의 모델로 일반화된 장-자크이고, 장-자크는 사회상태의 불행을 통해 개별화된 자연인이며, 쥘리, 카토, 에밀은 불행이 아닌 방식으로 자연인과 장-자크를 연결해 줄 수 있었던 형상들이다. 루소의 사유는 그 자신의 삶과 소멸을 체계의 구조적인 요소로 규정할 정도로 체계적이었다.

권리의 가능성과 불가능성

『사회계약론』[16)]은 정치적 권리와 국가의 가능성을 탐구한다. 그런데 그런 권리와 국가는 이미 사실로서 있지 않은가? 이 반문에 대한 루소의 부정적인 대답 자체가 『불평등기원론』이며,

---

16) 여기에서 『사회계약론』과 루소 정치철학 연구의 긴 역사를 충실히 대변하는 책의 목록을 작성하는 것은 불가능하다. 다만 이 번역이 특별히 빚지고 있는 몇몇 연구를 소개하겠다. 앞 절에서 루소의 체계에 대한 연구 목록과 겹치는 것은 제외했다. Robert Derathé, *Jean-Jacques Rousseau et la science politique de son temps*, Paris, Vrin, 1995 (1950). *Études sur le Contrat social de Jean-Jacques Rousseau*, actes des journées d'étude, Paris, Les Belles Lettres, 1964. Louis Althusser, *Sur le Contrat social*, Paris, Manucius, 2009(1967). Roger D. Masters, *The Political Philosophy of Rousseau*, Princeton, Princeton University Press, 1968. Raymond Polin, *La politique de la solitude. Essai sur J.-J. Rousseau*, Paris, Sirey, 1971. Victor Goldschmidt, *Anthropologie et politique. Les principes du système de Rousseau*, Paris, Vrin, 1983. 짧지만 카시러, 드라테, 스트라우스Leo Strauss, 바일 Éric Weil 등의 중요한 논문을 수록한 다음 모음집을 언급하고 싶다. *Pensée de Rousseau*, éd. G. Genette et T. Todorov, Paris, Seuil, 1984.

『사회계약론』의 정치철학은 『불평등기원론』의 체계를 지지하는 분노에서 출발한다. 현실 정치체의 기만적인 발생을 재구성하는 글의 서문에서 루소는 이렇게 적고 있다. "차분하고 공정한 시선으로 고찰해 보면, 인간사회는 우선 강자의 폭력과 약자에 대한 억압만을 보여 주는 것 같다. 정신은 전자의 가혹함에 격분하고, 사람들은 후자의 어리석음을 한탄하게 된다."[17] 이런 인식하에 시급하게 요청되었던 사유가 몇 쪽 후에 다음과 같이 정식화된다. "그렇다면 이 글의 문제는 정확히 무엇인가? 사물의 진행 속에서 권리가 폭력의 뒤를 잇고 자연이 법에 종속된 순간을 지적하는 것, 또한 어떤 기적의 연쇄를 통해 강자가 약자를 섬길 결심을 할 수 있었는지 그리고 인민이 진짜 행복을 내주고 관념적인 평온을 받을 결심을 할 수 있었는지 설명하는 것이다."[18] 즉 『불평등기원론』에서 루소는 물리적 힘에서 정치적 권리로의 부당하고 비논리적인 이행을 재구성하려고 했다. 이것은 제도적으로 억압적 국가의 탄생을 추론하는 것이었다. 왜냐하면 국가는 모든 정치적 권리의 토대 혹은 제도로 규정되기 때문이다. 이런 비판에 이어지는 『사회계약론』의 건설적 작업은 정치적 권리의 정당한 발생과 보존을 사유하는 것, 다시 말해 국가의 정당한 발생과 보존을 고안하는 것이다.

권리의 가장 기본적인 속성은 그것이 자연적이거나 초월적인 힘과 무관한 지극히 인간적인 구성물이라는 점이다. 루소는 폭력으로는 강제할 수 있을 뿐 도덕적 의무를 만들 수 없으며,

---

17) OC III, pp. 126, 127.

18) *Ibid.*, p. 132.

가족과 같은 자연적 관계로부터 사회적인 권리를 도출하는 것도 오류라고 생각한다. 더군다나 그것은 신이 내려 주는 하사품도 아니다. 권리와 국가는 우리가 어떤 필요 때문에 만든 것이다. 이런 관점에서 그것의 유일한 기초는 개인들의 의지와 합의다. 자유로운 개인이 동의하고 합의한 것만이 그에게 정당한 속박을 부과하기 때문이다. 그런데 이 의지의 활동은 이성의 도움 없이는 정당할 수 없다. 개인이 잘못된 정보나 오판으로 어떤 것에 동의한다면 그런 동의에 의해 발생한 권리는 충분히 정당하지 않을 것이기 때문이다. 따라서 권리와 국가의 정당한 발생은 그것을 원한 개인들의 자유와 그들의 합리적 판단에 기초해야 한다. 그런 의지와 판단이 어떤 것이었는지 추론해야 권리와 국가의 정당한 형식을 인식할 수 있다. 힘의 관계일 뿐인 현재 사실과 거리를 두고, 권리와 국가 이전의 자연상태와 자연인을 정확하게 개념화해야 한다. 정치철학은 가설에서 출발하는 분석적 학문이기에, 무엇보다 추상화의 사유다. 루소는 1767년 7월 26일 미라보Victor Riquetti de Mirabeau에게 보낸 중요한 편지에서 이 사실을 명확하게 표명한다. "추상을 통해 자연법과 정치법을 고찰할 때에만 그것들에서 명백함을 찾을 수 있습니다. 개별 정부에서는 이런 명백함이 반드시 사라집니다. 왜냐하면 정부에 대한 학문은 시대와 장소와 상황에 따라 달라지는 적용, 조합, 예외의 학문이기 때문입니다."[19] 그런데 이런 전제와 방법은 흐로티위스 이후 모든 자연법 이론가들이 공유하는 것이며, 루소의 정치철학 역시

---

19) *Correspondance complète de Jean-Jacques Rousseau*, éd. R. A. Leigh, t. XXXIII, Oxford, The Voltaire Foundation, 1979, p. 242.

이 점에서 자연법 전통 안에 있다고 말할 수 있다.

하지만 루소는 권리와 국가에 대한 구성주의적 관점과 방법을 취하자마자, 그것을 극단적으로 실행함으로써 자연법 전통의 상당 부분을 부정하고 만다. 루소 이전 자연법 이론가들은 권리와 국가의 발생을 자유의 양도를 통한 종속의 발생과 등치시킨다. 개인들은 생존이나 이에 상응하는 필요에 의해 자연적 자유를 다른 개인에게 양도하고, 양도된 자유가 한 주체 안에서 모여 최초의 정치적 권리 혹은 주권을 구성한다. 이렇게 형성된 공적인 권리는 단일하고 절대적이어야 한다. 그것이 단일하지 않다면 국가는 여전히 사적 이해관계들의 전쟁터일 것이며, 그것이 절대적이지 않다면 국가는 그런 상태를 결코 통제하지 못할 것이다. 이 단일성과 절대성을 보장하기 위해, 자유의 양도는 무조건적이어야 하며 그 반환은 매우 엄격하게 제한되어야 한다.

루소도 권리와 국가의 발생이 종속관계의 발생과 동일한 사건이라는 것을 인정한다. 하지만 그는 자유의 단순한 양도로 형성된 정치체가 구성원의 안전과 이익을 결코 보호하지 못한다고 생각한다. 양도된 자유가 그 목적에 맞게 사용되리라는 보장은 어디에도 없으며, 오히려 이렇게 형성된 권리는 특정 개인의 이익을 위해 쉽게 동원되기 때문이다. 이런 상황에서는 사적인 것과 공적인 것이 끊임없이 갈등 관계에 놓인다. 무엇보다 루소는 사적인 것과 공적인 것이 충돌하는 상황에서는 시민의 자유가 보존되기 어렵다고 생각한다. 루소에게 시민의 자유는 단지 공적인 안전장치 안에서 사적인 영역에 갇혀 있는 것, 보호받아야 할 것이 아니다. 그것은 공적인 영역을 통해 공적인 형식으로 실현되어야 한다. 자유의 양도를 통한 사적인 자유의 실현만으로 시민은 결코 충분히 안전하지도, 충분히 자유롭지도 않다. 루소는 자유의 양도라는 형식을 부정하기 위해 그것을 원리의 수준에서 비판하길 꺼리지 않는다. 의지를 양도한다는 것이 가능한가? 어떻게 다른 사람이 나를 대신하여 원할 수 있는가? 이렇게 정치적 이익의 핵심을 안전에서 자유로 이동시킴으로써 루소는 자신이 출발점으로 삼았던 전통의 전제를 무너뜨린다.

루소가 맞닥뜨린, 그가 "기하학에서 구적법의 문제나 천문학에서 횡경의 문제에 비교"[20] 하는 정치학의 난제는, 따라서 다음처럼 정식화된다. 자유의 양도 없이 어떻게 종속관계를 생산할 수 있는가? 여기에서 루소는 과격하게 추상화된 그의 자연상태 개념을 정치체 원리의 모델로 삼는다. 자연인이 자유로운 것은 그에게는 어떤 외부의 의지도 의미를 갖지 못하기 때문이고, 그가 마치 동물과 같이 어떤 매개도 거리도 없는 직접적이고 본능적인 자기관계를 살기 때문이다. 정확히 말해 이런 단순한 자기관계 안에서는 자유와 종속이 분리되지 않는다. 물론 정치는 자연으로 돌아가는 행위가 아니며, 이런 자연적인 자기관계의 단순성과 직접성을 물리적으로 구현하지 않는다. 정치는 자연인의 개인적이고 본능적인 자기관계의 효과가 사회적이고 이성적인 차원에서 가상의 형태로 생산되도록 하는 기술이다. 루소의 '사회계약'을 통해 개인은 자신의 자유를 양도하지만, 그것을 양도받는 자는 일반화된 형태의 그 자신이다. 정치체의 행위를 결정하는 '일반의지'volonté générale는 이런 집단적 자아의 의지일 뿐이다. '법'을 지키는 것은 다른 누구의 의지를 따르는 것이 아니라, 바로 이성적으로 규정된 나 자신의 의지를 따르는 것이어서 자유

20) *Ibid.*, p. 243.

로운 행위다. 즉 루소는 정치적 주체의 사회적이고 이성적인 존재방식을 통해 시민과 정치체, 그의 의지와 주권의 관계를 일종의 자기관계로 해석한다. 시민은 자유롭게 자신의 의지에 종속되어 있다.

이 결론이 정치학에 가져온 혁신, 그러니까 공적인 것의 존재와 실체에 대한 탐구, 입법권과 주권의 일치, 입법권의 대표 불가능성, 입법권과 행정권의 엄격한 분리, 입법권에 대한 행정권의 종속, 무엇보다 정치를 단순한 자기관계와 자연적 자유의 집단적이고 이성적인 변환으로 보는 관점에 대해서는 말을 아낄 것이다. 우리는 이렇게 규명된 권리와 국가의 새로운 가능성이 그것의 불가능성의 이면이라는 사실만 강조하려고 한다.

루소는 정치체의 구성과 시민의 모든 행위를 일종의 '나'와 '일반화된 나' 사이의 관계로 환원하는 내면성의 논리가 "낯선 언어"langue étrangère[21]처럼 들린다는 것을 잘 알고 있다. 시민과 정치체 혹은 시민과 법 사이의 이 난해한 관계는 완전히 내재적이고 자유로운 정치의 어려움을 표현한다. 그런데 루소는 이 어려움이 결코 개념적인 것이 아니라, 역사적인 것이라고 믿는다. 『사회계약론』에 대한 대표적인 선입견 가운데 하나는, 그것이 구성주의적이고 분석적인 방법을 취하고 있으므로 역사적이고 현실적인 조건과 유리되어 있다는 판단이다. 이 판단은 『사회계약론』 2, 3권의 후반부와 4권 전체에 대한 안일한 독서를 유도하곤 한다. 하지만 이 부분들에서 검토되는 인민의 상태와 풍속, 고대 로마의 정치제도와 정치종교religion civile의 문제는 1권과 2, 3권 전

---

21) OC IV, p. 937.

옮긴이 해제

315

반부에서 개념화된 정치적 권리와 제도의 속성들과 긴밀하게 연결되어 있다. 이 연관성을 다음과 같이 말해 볼 수 있겠다. 정당한 원리로 재구성된 권리와 국가의 가능성은 그 개념적 속성에 의해 특정한 현실적 조건들이 충족될 때에만 실현될 수 있다. 그 조건들이란 다음과 같다. 국가가 작은 규모로 유지되어야만 하고, 각 지역이 고루 발전하여 인구가 분산되어야 하며, 상업이 사회질서와 정치적 관념에 혼란을 일으킬 정도로 과도하게 성장해선 안 되고, 시민들의 경제적 불평등이 억제되어야 하며, 풍속과 문화와 종교가 시민의 덕과 도덕을 타락시키지 않고 사회적 욕망을 너무 분화시키지 않도록 어느 정도 단순하고 건전하게 유지되어야 한다. 하지만 근대사회의 현실과 전망은 이 조건들의 충족이 더 이상 가능하지 않음을 보여 준다. 루소가 보기에 구체제 유럽의 상황은 이에 대한 분명한 증거였다. 프랑스와 영국 같은 국가는 점점 비대해지고, 제네바나 코르시카 같은 작은 공화국들은 강대국 사이에서 정치제도와 여론의 심각한 변질을 겪고 있었으며, 사회의 불평등과 정치적 억압이 가중되는 가운데 이에 대해 개인들은 나태하고 이기적인 대응에 매달릴 뿐이었다. 루소는 눈앞에 펼쳐진 근대사회의 혼란과 방탕이 그가 세운 공화정 이론의 역사적 모델이었던 고대 공화국들과 얼마나 멀리 떨어져 있는지 계속해서 확인한다.

정당한 권리와 국가의 발생은 개념적으로 고안되었다. 하지만 그 유일한 논리적 가능성은 역사의 전개를 통해 점점 불가능한 것이 되어 간다. 이성과 역사는 필연적으로 어긋나 버린다. 우리는 앞에서 정치의 악화 혹은 정교화가 이성의 발전을 함축한다고 말했다. 하지만 이성이 자신의 힘을 깨닫고 정당한 정치체의 건설을 사유할 수 있게 되었다는 사실에는, 바로 그렇기 때문에 이미 그런 때가 지나가 버렸다는 또 다른 사실이 따라붙는다. 이 불가능성 앞에서 어떤 해결책이 가능한가? 에밀과 장-자크는 정치세계와 사회로부터의 도피 혹은 그것의 주관적 소멸을 택할 것이다. 하지만 이것은 '인간'의 선택이지, '시민'의 선택은 아니다.

이 어려움에 대해 1789년의 프랑스혁명은 그것이 얼마나 진심이고 얼마나 실현되었는지와 상관없이 역사의 변혁을 통해 개념을 보존하는 형식을 택할 것이다. 『사회계약론』에 대한 혁명의 "설명"은 그것의 사후성과 별개로 혹은 그 사후성을 통해 이런 길의 가능성과 불가능성을 탐색한다. 이와 반대로 역사적 불가능성을 전제로, 『사회계약론』이 창안한 개념이 현실에 가하는 폭력을 비난할 수도 있다. 제2차 세계대전 직후 일군의 학자들은 유럽을 파괴한 전체주의의 기원을 『사회계약론』의 개념 자체에서 찾았다. 심지어 루소 자신도 가정법의 형식으로나마 전체주의의 필연성을 잠시 언급했다. "이 정부형태가 찾을 수 있는 것이라면 그것을 찾아서 수립해 봅시다. …… 이 형태가 찾을 수 없는 것이라면, …… 내 의견은 반대쪽 극단으로 가서 거리낌 없이 인간을 최대한 법 위에 두어야 한다는, 따라서 독단적인, 최대로 독단적인 전제군주제를 세워야 한다는 것입니다. 나는 이 전제군주가 신이길 바랍니다. 나는 가장 엄격한 민주정과 가장 완전한 홉스주의 사이에 용납할 수 있는 어떤 중간도 보지 못합니다. 왜냐하면 인간과 법의 갈등은 모든 정치적 상태 중 최악의 것이기 때문입니다."[22] 물론 이 가정법은 루소가 자신이 발견한 원리

---

22) *Correspondance complète de Jean-Jacques Rousseau*, éd. R. A. Leigh, t. XXXIII, Oxford, The Voltaire Foundation, 1979, p. 243.

에 대해 품고 있던 확신을 보여 줄 뿐이다. 하지만 그의 원리가 엄격한 개념적 정당성을 요구하는 한, 전체주의는 언제나 역사의 가능성으로 남을 것이다. 또 다른 해석자들은 이 역사적 불가능성을 인정하며 관념의 역사로 나아간다. 칸트Immanuel Kant 는 이미 동시대에 루소 철학의 새로움을 알아보았으며, 이후 피히테Johann Gottlieb Fichte, 헤겔Georg Wilhelm Friedrich Hegel 등은 정치철학에서 완전히 전개된 루소의 내면성의 "형이상학"을 철학사에 편입시킬 것이다. 하지만 우리가 그 면면을 다 소개할 수 없는 대부분의 입장들은, 이런 선명한 해석들을 참고하며, 또한 루소 정치철학의 개념적 기교와 현실과의 거리를 조정해 가며, 자신의 역사적 위치에서 그것을 "설명"하기 위해 애쓸 것이다.[23]

이 모든 해석의 미래를 알지 못한 채, 시민으로서 루소는 권리의 역사적 불가능성을 다음과 같이 인정했다. 『대화』에서 자신을 객관화하는 형식으로 그는 쓴다. "하지만 인간본성은 뒤로 가지 않으며, 일단 순수와 평등의 시대에서 벗어나면 영영 거기로 거슬러 갈 수 없다. 이것이 그가 가장 강조한 원리들 중 하나다. 따라서 그의 목적은 여러 인민이나 큰 국가를 처음 그들이 단순했던 상태로 되돌리는 것일 수 없었다. 그는 단지 가능하다면 몇몇 인민의 진보를 정지시키려고 했을 뿐이다. 이런 인민이란 크기가 작거나 상황이 허락해서 사회의 완성과 종의 퇴락을 향

---

23) 우리는 루소 수용사에 대한 수많은 연구 목록을 따로 정리하지 않았다. 다만 마르크스 전통, 자유주의, 스트라우스 전통, 롤스John Rawls 전통, 공동체주의, 공화주의, 비판이론, 페미니즘에서 루소의 정치철학이 어떻게 해석되었는지 효율적으로 정리하는 최근의 다음 연구만 소개해 둔다. Céline Spector, *Au prisme de Rousseau: usages politiques contemporains*, Oxford, Voltaire Foundation, 2011.

한 그토록 급속한 진행으로부터 보호된 인민을 말한다. 이런 것을 구별할 필요가 있지만 지금껏 아무도 그러지 않았다. 사람들은 그가 학문과 예술과 극장과 아카데미를 파괴하고 세계를 처음의 야만에 다시 잠기게 하려 한다고 고집스럽게 비난했다. 그런데 반대로 그는 현존하는 제도의 보존을 강조했고, 그것을 파괴하면 임시방편마저 제거되어 악이 고스란히 유지되고 강도질이 부패를 대신하게 될 것이라 주장했다. 그는 자신의 조국, 그리고 그의 조국과 같은 작은 국가들을 위해 작업했다. 그의 이론이 다른 국가들에게도 어떤 쓸모가 있으려면, 사람들이 평가 기준을 바꾸어서 잘못된 판단에 의해 가속화되고 있는 그 국가들의 데카당스를 늦춰야만 했을 것이다."[24] 어떤 정치의 필연적 종말 앞에서, 구체제의 시민에게 남은 유일한 길은 "임시방편"과 파멸의 지연뿐이었다.

끝과 시작

루소는 정당한 정치체가 가능한지 물었고, 그것이 가능하다고 말하기 위해 할 수 있는 최선의 지성적 노력을 기울였다. 한편으로 그 가능성의 입증은 그것이 이미 지나가 버린 가능성임을 입증하는 것이었다. 결국 그는 죽음을 늦추는 것만이 우리가

24) OC I, p. 935.

취할 수 있는 유일한 방법이라고 말했다. 이성의 힘과 그로 인한 좌절을 동시에 겪는다는 점에서, 루소의 정치철학은 지극히 계몽주의적이며, 지극히 그 자신의 인간학에 호응한다.

이후 『사회계약론』의 독자들은 그들의 현실과 이상을 위해 이런 좌절에 머무를 수 없었다. 물론 이 책에서 루소가 정치를 자유의 실현 도구로 규정하고, 그것을 개념적으로 구현하기 위해 개인과 공동체, 부분과 전체, 의지와 종속, 이성과 역사, 그리고 '나'와 또 다른 '나' 사이의 모든 정치학적이고 철학적인 함축을 탐색하지 않았다면, 다양한 시대와 사회의 독자들이 이 책에 그토록 매달리지 않았을 것이다. 하지만 그들은 언제나 난해함과 오독의 위험을 무릅써야 했다. 루소가 단언한 불가능성 앞에서, 그들은 18세기 유럽 지정학 속에서 작가와 책의 위치, 철학자의 전체 체계 안에서 정치학의 의미, 이제는 옛 방법이 되어 버린 어떤 학문 전통의 한계와 이에 대한 루소의 대응 중 일부 혹은 전부를 모르는 척하거나 무시함으로써만 『사회계약론』의 난해함을 일종의 해석의 도구로 삼았다. 그렇게 책은 역사의 구성물이 되어 갔다. 우리는 독자들에게 작가와 함께 책의 이런 운명을 한탄하거나 부정하라고 부추기지 않는다. 다만 『사회계약론』의 역사적 의미에 무엇인가를 덧붙여야 하는 것은 우리의 운명이기도 하므로, 우리가 그런 작업에서 우리 자신의 위치를 좀 더 정확하게 인식할 수 있도록 몇 가지 사실을 제시하려고 했을 뿐이다.

이 글에 제시된 사실들의 종합으로서, 『사회계약론』의 최초의 역사적 의미를 말해야 한다. 루소는 죽음의 필연성을 인정하고 그것을 늦추는 것이 현실적 방법이라고 말했다. 그런데 이 죽음의 주체는 누구인가? 여기에서 곧 죽을 자는 프랑스혁명 이후의 세계를 예감조차 하지 못하는 낡고 자기 파괴적인 구체제 정치와 정치적 주체일 것이다. 따라서 우리는 루소의 현실론적 비관을 확인할 뿐만 아니라, 그런 비관이 정확하게 유럽 구체제의 종말을 단언하고 요청하는 것임을 인지해야 한다. 이렇게 말할 수 있는 것은 단지 루소가 구체제의 정치를 단죄하고 그 파국을 예고하기 때문만은 아니다. 『사회계약론』은 또한 구체제를 지지하고 정당화했던 어떤 세계관과 정치학적 전통의 한계를, 그 세계관과 정치학이 다다른 막다른 길을 보여 준다. 루소는 자신이 속한 이론적 전통과 그 자신의 철학적이고 실존적인 경향에 의해, 근대사회의 변화와 발전을 인정하는 데 소극적이었다. 예를 들어 이미 바다 건너에서는 상업사회의 가능성에 대한 여러 논의가 나오고 있었지만 루소는 좀처럼 그것에 귀를 열지 않았다. 루소가 부당한 현실을 비판하고 새로운 원리를 고안하기 위해 바라본 곳은 여전히 먼 과거였다. 하지만 그는 자신의 시선을 복고적으로 만드는 방법론을 전대미문의 방식으로 활용하여, 역설적으로 그 이후 누구도 다시는 과거를 바라보지 않도록 만들었다. 그는 권리의 원리가 기초하는 자연상태에서 전통적 관념과 편견들을 모조리 제거함으로써 기존의 권리들과 제도들이 근본적으로 어떤 근거도 없는 폭력이라는 것을 증명했고, 여기에서 도출되는 결론을 가장 멀리 밀고 나감으로써 정치적이고 사회적인 문제들이 더 이상 전통적인 방식으로 제기될 수 없게 만들었다. 이렇게 밝혀진 권리의 내재적 원리, 그 정치적인 함축과 그것에 결부된 현실적인 어려움을 근대사회에 문제로 제시함으로써, 막다른 길을 앞에 둔 근대인을 막다른 길을 등진 근대인으로 전환시켰다. 그 결과, 우리 중 누구도 그가 제시한 자유의 원리와 그 정치적 실현의 당위를 부정할 수 없게 되었다. 우리 중 누구도 그가 제시한 정치적이고 철학적인 해결책의 미묘함과 매혹을 철저히 무시할 수 없게 되었다. 그리고 우리 중 누구도 이제 이 문제에 대하여 방법론적으로나 이념적으로 과거를 바라보지 않는다. 우리는 루소에게서 이성과 역사의 격차를 보는 법을, 그 격차를 통해 자신의 존재를 규정하는 법을 배웠다.

1952년 『사회계약론』에 전체주의의 기원이라는 혐의가 씌워지던 때, 과거 독일에서 나치의 부상으로 인해 망명길에 올랐던 철학자 바일Eric Weil은 루소의 정치철학에 대한 유명한 논문에서 이런 의미를 정확하게 묘사했다. "그것은 터를 닦았고, 터를 닦음으로써 인류를 호출하여 거기에 무엇인가를 건설하도록 했다. 그뿐이다. 그런데 이것이 엄청난 것이다."[25] 그러므로 『사회계약론』이 난해한 이유가 그것이 전제하는 지정학, 체계, 정치철학에 있다고 말하는 것으로는 부족하다. 『사회계약론』은 그것이 속했던 세계와 우리를 단절시키고, 과거의 방식으로 새로운 출발의 조건을 마련했다. 이 책을 펼친 독자가 과거에 대한 어떤 막연함과 미래에 대한 어떤 막막함을 느낀다면, 그는 『사회계약론』의 난해함을 정확하게 이해하고 있는 것이다.

25) Eric Weil, "Rousseau et sa politique", in *Pensée de Rousseau*, ed. G. Genette and T. Todorov, Paris, Seuil, 1984, pp. 37, 38.

***

번역에 대해

『사회계약론』의 수필 원고는 현재 남아 있지 않다. 1762년 암스테르담에서 출판된 판본이 정본으로 인정된다. 현재 프랑스에서 편집되는 『사회계약론』은 보통 1762년판을 기본으로 삼되, 이후 루소의 수정을 여럿 반영한 물투Paul-Claude Moultou와 뒤페이루Pierre-Alexandre DuPeyrou의 1782년 판본과의 차이를 밝히고 있다.

현재 루소 연구에서 표준 판본으로 인정되는 것은 갈리마르Gallimard 출판사에서 1959년에서 1995년에 걸쳐 다섯 권으로 편집된 플레야드 총서Bibliothèque de la Pléiade의 루소 전집이다. 우리의 번역 또한 플레야드판 전집 3권을 기준으로 작업한 결과이며, 여러 옮긴이 주에서 확인되듯 이 전집에서 『사회계약론』을 편집한 드라테Robert Derathé의 상세하고 치밀한 주석을 참고했다.

오랫동안 루소 연구의 기초가 된 플레야드판 전집에 이어, 2012년 루소 탄생 300주년을 맞아 새로운 루소 전집 두 종이 각각 슬라트킨Slatkine／오노레 샹피옹Honoré Champion과 클라식 가르니에Classiques Garnier 출판사에서 기획되었다. 이미 완간된 전자는 루소 저작을 시기별로 편집하고, 현대 독자들이 편견 없이 루소 텍스트에 접근할 수 있도록 필수적인 정보와 최근까지의 연구 동향을 간략하게 소개한다. 아직 간행 중인 후자는 플레야드판과 같이 루소 저작을 주제별로 편집한 다음, 풍부한 주석을 붙이고 각 텍스트를 편집한 연구자의 해석의 자유를 보장하는 것처럼 보인다. 클라식 가르니에판 『사회계약론』을 기다리며, 우리는 플라마리옹Flammarion 출판사에서 2001년에 베르나르디Bruno Bernardi의 편집으로 나온 『사회계약론』 단행본을 참고했다. 이 판본에서 베르나르디는 계몽주의 시대 화학과 정치철학의 관계에 대한 그 자신의 주장과 함께, 『사회계약론』의 모호한 논리와 구조를 최대한 정합적으로 만드는, 어떤 지점에서는 과도해 보일 정도의 논증들을 제공한다.

『사회계약론』의 동아시아 수용에서 결정적 역할을 한 것은 일본의 나카에 조민中江兆民이다. 그는 1874년과 1882년, 각각 『민약론』民約論과 『민약역해』民約訳解를 통해 『사회계약론』 일부를 동아시아 근대정치사상사에 편입시켰다. 그리고 조민의 『민약역해』는 대한제국 말기인 1909년 『황성신문』에 『로사민약』盧梭民約이라는 제목으로 번역·연재된다. 따라서 한국의 『사회계약론』 번역은 약 110년의 역사를 가진 셈이고, 이 책을 보는 독자들은 서점이나 도서관에서 이미 여러 번역서를 비교해 보았을지 모르겠다.

우리는 이 번역이 낭비가 되지 않도록 다음과 같은 원칙을 세웠다. 일단, 풍부한 옮긴이 주를 제공하려고 했다. 앞의 해제에서 밝힌 대로 『사회계약론』은 어떤 의미에서 우리와 다른 세계의 책이다. 우리는 번역이 아무리 정확해도 이 책을 이해하는 데에는 텍스트만으로 부족하다고 판단했다. 루소가 텍스트 곳곳에서 전제하는 맥락과 배경은 적절한 해설 없이 인지되지 않는데, 이 경우 독자는 『사회계약론』이 얼마나 다층적이고 논쟁적인 텍스트인지 알 수 없다. 또한 몇몇 개념이나 표현은 시대적인 차이나 개념의 변천으로 인해 현대 독자들에게 오독을 일으키곤 한다.

이런 일들을 방지하기 위해 우리는 너무 의존하는 것처럼 보일지라도 18세기의 『아카데미 프랑세즈 사전』과 특히 디드로와 달랑베르의 『백과사전』을 많이 인용했다. 계몽주의 시대 프랑스 사회와 사상에 대한 한국어 연구가 부족한 상황에서, 18세기 프랑스어와 지식을 총망라하는 두 저작을 참고하고 소개하는 것이 독자를『사회계약론』의 세계로 안내하고, 오해를 일으킬 만한 표현들의 정확한 의미를 전달하는 가장 효율적인 방법이라고 생각했기 때문이다. 예를 들어 'société civile'은 '시민사회'로 옮길 수밖에 없었지만,『백과사전』의 정의를 통해 이 표현의 강한 국가주의적 함의를 부각할 수 있었다(1권 옮긴이 주 2).

또한 루소가 암시하거나 참고하고 있는 고전 텍스트와 17, 18세기의 저작들을 최대한 인용하려고 했다. 이것은『사회계약론』이 위치하는 더 작은 세계, 그러니까 이 책이 직접 참고하고 대적하고 있는 사유와 논증의 지형으로 독자를 안내할 것이다. 이를 통해 우리는 홉스나 로크John Locke는 물론이고 여전히 한국에 거의 소개되어 있지 않은 흐로티위스나 푸펜도르프Samuel von Pufendorf 등 자연법 사상가들의 텍스트가『사회계약론』과 얼마나 밀접하게 연결되어 있는지, 부족하지만 독자가 직접 확인할 수 있게 했다.

우리는 이런 기본적인 해설과 함께『사회계약론』의 이해를 위해 필수적인 또 다른 맥락을 염두에 두었다. 그것은 루소의 전체 사유의 관점에서 읽은『사회계약론』의 의미다. 프랑스에서는 이미 일단락된 루소 사유의 체계화 작업이 한국에서는 여전히 기초적인 수준에 머무르고 있다.『신 엘로이즈』는 불어불문학과에서,『에밀』은 교육학과에서,『사회계약론』은 정치학과에서 따로 독서된다. 루소 철학의 토대인『불평등기원론』은 어떤 곳에서도 엄밀하게 읽지 않는다. 이런 분위기는 루소에 대한 체계적인 이해를 막을 뿐만 아니라, 각 텍스트에 대한 정교한 분석에도 방해가 되고 있다. 따라서 우리는 옮긴이 주 곳곳과 해제에서 해석에

도움이 될 루소의 다른 텍스트와 참고 사항을 덧붙였으며, 루소 체계와 『사회계약론』 연구의 역사에 대한 단서를 조금이나마 전달하기 위해 애썼다. 여기에는 『사회계약론』 이해에 필수적인 『제네바원고』*Manuscrit de Genève*도 포함된다.

20세기 중반 이후 비교적 최근 연구에 담겨 있는 『사회계약론』에 대한 해석도, 텍스트 이해에 필요하다면 적극적으로 소개했다. 드라테가 제공하는 기본적인 정보는 물론이고, 알튀세르 Louis Althusser나 필로넨코Alexis Philonenko 등은 쉽게 파악되지 않는 텍스트의 구조나 의미를 이해하는 데 큰 도움을 준다.

많은 주석의 양과 특정한 선택들은 무엇보다 다음 목적을 위해 필요했다. 이 목적이란, 『사회계약론』을 그것이 속한 시대와 사유 체계 그리고 정교한 해석의 역사 안에 정확하게 위치시킴으로써 텍스트가 일차적으로 표명한 의미와 이념을 부각하는 일이었다. 독자들은 옮긴이 주와 해제에서 『사회계약론』에 대한 일종의 비관주의적 해석과 함께, 책의 현대적 의미를 말하기는커녕 어떤 의미에서 이 책이 과거의 것임을 강조하는 논평들을 종종 접하게 될 것이다. 물론 독자들에게 특정한 해석을 강요할 의도는 전혀 없다. 또한 『사회계약론』이 더 이상 읽을 필요가 없는 책임을 증명하기 위해 긴 시간 작업한 것도 아니다. 다만 우리는 이 책에 대한 다양한 해석을 가능하게 했던 특수한 의미 체계를, 그리고 역설적으로 『사회계약론』을 끊임없이 새로운 책으로 변환했던 특수한 과거지향성을 강조하고 싶었다.

책을 고루하게 만들 뜻이 없다는 사실은 번역어에 대한 우리의 선택에서도 드러난다. 기본적으로, 옮긴이 주를 통해 번역의 어려움을 일으키는 언어학적이거나 철학적인 문제를 자세히 기술하려고 했다. 이것은 번역자의 책임을 회피하려는 것이 아니고, 핵심적인 개념의 번역 문제를 공유하는 것이 한국어 사용 독자로 하여금 텍스트에 대한 심층적인 이해를 진전시키도록 돕는 길이라 판단했기 때문이다. 이 때문에 1권 앞부분에는 어쩔 수 없이 긴 주석을 달아야 했다. 여기에서 설명한 'droit'나 'civil' 등의 번역에 대한 고민이 당대 텍스트에서 이 단어들의 풍부한 함의와 함께 독자에게 잘 전달되었길 바란다. 우리는 몇몇 어휘를 기존과 달리 과감하게 번역하기도 했다. 상반되는 결합방식을 지시하는 'agrégation'이나 'association'과 같은 경우(1권 5장)에는 최근 루소를 비롯한 계몽주의 연구의 관심사인 자연과학적 사유와의 연관성을 반영하여 화학 개념과 통용되는 '응집', '회합'을 선택하기도 했으며, 『사회계약론』의 유명한 개념인 'religion civile'과 같은 경우(4권 8장)에는 이 책에서 'civile'이 가진 함축과 'religion civile'과 'religion du citoyen'의 구별을 근거로, 기존의 번역어인 '시민종교'를 '정치종교'라는 더 분명한 어휘로 교체하기도 했다. 물론 우리의 선택은 여러 비판에 열려 있으며 몇몇 경우 언젠가 철회되어야 할 것이다. 하지만 이렇게 최근의 연구 경향 혹은 개념적 이해의 교정에 기초한 번역어 교체가 『사회계약론』에 대한 새로운 토론의 계기가 되길 바란다.

이 책을 번역하는 것은 개인적으로 이중의 어려움을 견뎌야 하는 일이었다. 나는 루소를 전공했지만 정치철학에 대해서는 무지했고, 이전에 책을 출판해 본 경험도 없었다. 여러 도움을 기대하지 못했다면 이 작업을 수락하지 않았을 것이다. 나를 번역자로 추천해 준 것은 김유석 선생님이다. 오윤근 씨의 제안으로 꾸려진 『사회계약론』 강독 모임에서 1~3권의 번역 초고를 점검할 수 있었다. 이 모임에서 손민석, 최민욱, 황소희, 홍철기 씨가 귀중한 의견을 주었다. 안중철 편집장님과 조현진 선생님의 꼼

꼼하고 정확한 지적은 단지 언어의 문제가 아니라 개념과 해석의 문제에서 나를 수많은 고민에 빠뜨렸다. 특히 조현진 선생님이 제기한 논점 중 여럿은 여전히 해결되지 않았다. 이 밖에도 어깨 너머로 정치철학에 대해 많은 것을 알게 해준 정치적 대표 representation 개념 연구모임 선생님들, 내 번역을 지지하고 채근한 이우창 씨를 비롯한 여러 친구들이 긴 번역 기간 동안 사소한 것부터 큰 것까지 나의 대화 상대가 되어 주었다. 모두에게 고맙다고 말하고 싶다.

찾아보기

인명 및 지명

가톨릭의 왕Roi catholique(페르난도 2세
　Fernando II)　32, 209

그라쿠스Gracchus 형제　118, 244, 256

네포스, 코르넬리우스Cornelius Nepos
　109, 251

노아Noah　14, 193

누마 폼필리우스Numa Pompilius　40, 136,
　215, 267, 268

다르장송 후작René Louis de Voyer de Paulmy
　d'Argenson　13, 39, 68, 169, 191, 214,
　280

달랑베르, 장 르 롱Jean le Rond d'Alembert
　26, 174, 203, 232, 247

데 발보아, 바스코 누녜스Vasco Núñez de
　Balboa　32, 209

데카르트, 르네René Descartes　62, 231, 232

드 카리에르, 루이Louis de Carrières
　160, 277

디오니시우스 2세Dionysius II　93

라블레, 프랑수아François Rabelais　17, 193

로도스(섬)　68, 233

로마　54, 58, 68, 82, 107, 110, 112, 115,
　130, 136~139, 142, 144, 145, 147, 149,
　150, 153~155, 168, 169, 172, 215, 225,
　230, 235, 238, 240, 244, 248, 251, 253,
　255, 256, 262~264, 267~273, 277, 278,
　280

루이 9세Louis IX　19, 194

리쿠르고스Lycurgus　40, 53, 54, 58, 214,
　215, 224, 230

마리우스, 가이우스Gaius Marius　142, 154,

269, 273

마키아벨리, 니콜로Niccolò Machiavelli　40,
　56, 90, 106, 107, 214, 225, 226, 229,
　245, 250, 251, 266, 278

마호메트Mahomet　162

모세Moses　159, 215, 226, 227

몽테스키외Montesquieu　53, 97, 134, 176,
　182, 195, 212, 219, 224, 229, 231, 242~
　244, 247, 248, 255, 264, 266

미노스Minos　58, 230

바로, 마르쿠스 테렌티우스Marcus Terentius
　Varro　139, 268

바르바리아Barbarie　102, 248

바르베락, 장Jean Barbeyrac　38, 213, 214,
　235, 278

바알Ba'al　159, 276

베네치아　73, 87, 107, 133~135, 148~150,
　179, 238, 250, 264, 265, 271, 272

베른　87, 128, 244, 262, 265

벨, 피에르Pierre Bayle　163, 164, 278

보댕, 장Jean Bodin　26, 203, 217

보포르François de Bourbon-Vendôme, duc de
　Beaufort　128, 262

비텔리우스, 아울루스Aulus Vitellius　131,
　262, 263

사모스Samos　158, 274

사무엘Samuel　90, 245

사비누스, 아피우스 클라우디우스Appius
　Claudius Sabinus　139, 269

사투르누스Saturnus　14, 159, 193, 276

생-피에르 신부Charles-Irénée Castel de

Saint-Pierre 135, 246, 266, 284

샤르댕, 장Jean Chardin 100, 248

세르비우스 툴리우스Servius Tullius 40, 138, 140, 141, 143, 144, 215, 268

소크라테스Socrates 228, 281

솔론Solon 40, 215, 229

술라, 루키우스 코르넬리우스Lucius Cornelius Sulla 107, 154, 273

스위스 58, 114, 177, 203, 213, 244, 254, 262

스파르타 58, 68, 82, 88, 110, 119, 147, 149, 150, 152, 157, 158, 168, 214, 215, 224, 232, 251, 267, 271, 272

스페인 33, 101

아기스 4세Agis IV 150, 272

아담Adam 14

아르키메데스Archimedes 89, 245

아리스토텔레스Aristoteles 13, 88, 109, 192, 195, 196, 231, 245, 248

아테네 43, 68, 215, 251, 254

알리 이븐 아비 탈리브Ali ibn Abi Talib 162, 277

앙리 4세Henri IV 172, 284

영국 25, 33, 38, 59, 96, 100, 101, 115, 117, 123, 162, 163, 214, 229, 248, 255, 262

예프테Jephte 159, 160, 277

오토, 마르쿠스 살비우스Marcus Salvius Otho 131, 263

워버튼, 윌리엄William Warburton 57, 163, 164, 229, 278

윌리엄 3세William III 38, 214

유피테르Jupiter 159, 161, 192, 193, 276, 277

율리시스Ulysses 14

이스마엘Ishmael 57, 226

일본 37, 164

제네바 26, 54, 128, 134, 135, 177, 178, 186, 187, 200, 203, 212, 224, 225, 238, 247, 254, 259, 260, 262, 265, 267, 274, 281

제노바 107, 132, 233

제우스Zeus 159, 230, 276

카르타고Carthago 25, 68, 233

카이사르, 율리우스Julius Caesar 107, 154, 170, 244, 273, 280, 281

카토, 마르쿠스 포르키우스Marcus Porcius Cato Uticensis 170, 281

카틸리나, 루키우스 세르기우스Lucius Sergius Catilina 154, 167, 170, 273, 280, 281

카피톨리움Capitolium 161, 277

칼리굴라Caligula 13, 52, 158, 192, 223, 276

칼뱅, 장Jean Calvin 54, 177, 179, 224, 225

코르시카(섬) 66, 228, 233

크로노스Cronos 159, 193, 276

크롬웰, 올리버Oliver Cromwell 128, 167, 262

크세노폰Xenophon 109, 251

클레오메네스 3세Cleomenes III 150, 272

키레네 57, 230

키케로, 마르쿠스 툴리우스Marcus Tullius Cicero 147, 154, 170, 271, 273

타란토 161, 277

타르퀴니우스 왕들Tarquins 58, 107, 144, 230, 251, 270

타키투스, 푸블리우스 코르넬리우스 Publius Cornelius Tacitus 94, 131, 247, 250, 262

틀락스칼라Tlaxcala 65, 232, 233

티레 68, 233

파비우스, 마르쿠스Marcus Fabius Vibulanus 168, 280

포키스Phocide 160, 277

폼페이우스 마그누스, 그나이우스Gnaeus
  Pompeius Magnus 154, 273

표트르 1세pyotr I 59, 230, 231

프랑스 19, 25, 26, 33, 38, 59, 102, 106,
  135, 157, 163, 177, 179, 182, 193, 194,
  200, 203, 208, 214, 215, 231, 233, 238,
  241, 243, 246~248, 255, 257, 259, 262,
  266, 275, 277, 282~284

플라톤Platon 52, 57, 95, 223, 224, 230,
  248

플루타르코스Plutarchus 14, 192, 230

플리니우스 세쿤두스, 가이우스Gaius
  Plinius Secundus 139, 268

필론Philo Judaeus 13, 192

호메로스Homeros 160

홉스, 토머스Thomas Hobbes 13, 163, 175,
  182, 184, 188, 192, 194, 202, 204, 208,
  212, 217, 225, 258, 277, 278

흐로티위스, 휘호Hugo Grotius 12, 13, 16,
  18, 20, 22, 38, 126, 163, 175, 182, 191,
  194, 195, 213, 214, 225, 235, 236, 260,
  278

용어

ㄱ

가상인격personne morale 28, 41, 47, 76,
  86, 89, 202, 220, 225, 237, 240

감찰관censeur 140, 145, 156, 157, 261,
  269, 271, 273, 274

개별사회société particulière 166, 221, 278,
  279

개별의지volonté particulière 28, 35, 37, 39,
  43, 51, 55, 75, 77, 79~81, 89, 106, 132,
  203, 204, 206, 210, 215~217, 239, 250,
  271

격변révolution 54, 58, 59, 99, 136, 199,
  230

계약 18, 24~31, 34, 41, 43, 44, 46~48,
  51, 55, 73, 106, 108, 121, 122, 124~126,
  131, 163, 169, 171, 175, 176, 184~187,
  192, 196, 198~201, 203, 204, 207~210,
  220, 223, 239, 252, 253, 258~261, 263,
  274, 281~283

공공선bien public 22, 35, 44, 67, 124,
  127~129, 190

공동이익intérêt commun(공익, 공동의 유용함,
  공적 이익) 28, 35, 39, 43, 51, 99, 117,
  128, 169, 189, 198, 210, 217

공동행복bonheur commun(공적 행복félicité
  publique) 56, 90, 117, 167, 226

공적 인격personne publique 25, 26, 41, 73,
  97

공적인 것chose publique 20, 51, 69, 97,
  204, 223, 233, 282

공적인 힘force publique 44, 73, 75, 77, 88,
  89, 99, 125, 210, 218, 237, 252, 256, 278

공화국république 25, 26, 40, 47, 51, 53,
  54, 85, 91, 94, 99, 106, 107, 112, 118,
  130, 133, 135, 137~139, 143~145, 147,
  148, 150, 153, 154, 169, 177, 185, 186,
  194, 198~200, 206, 214, 215, 221, 223,
  230, 234, 241~244, 246, 251, 253, 255,
  262~264, 267, 271~273, 277, 281

관념적 존재être de raison 28, 202

관용tolérance 159, 165, 171, 172, 225, 275,
  278, 282~284

구성 53, 54, 58, 60~62, 68~70, 75~78,
   96, 106, 110, 113, 128, 130, 135, 149~
   151, 153, 156, 164, 174~176, 178, 181~
   183, 186, 191, 196, 203~205, 207, 208,
   210, 211, 217, 222~224, 226, 227, 231,
   232, 237~240, 243, 244, 247, 248, 258,
   260, 262, 264, 267, 274

국가État 10, 12, 19, 20, 26~28, 31, 33, 35,
   40~42, 45~47, 49~51, 54, 56, 58, 60~
   70, 73~85, 87~94, 96, 98, 99, 103, 105~
   114, 116, 117, 120, 122, 124~132, 135,
   140, 142, 148, 149, 152, 153, 155, 159~
   167, 169~173, 175, 176, 181, 184, 186,
   188, 191, 198~200, 202, 205, 206, 210,
   212~214, 218~220, 222, 224, 225, 232,
   236~238, 242, 243, 245~247, 249, 251,
   253~255, 257, 258, 260~262, 269, 270,
   272, 273, 275, 277, 279, 281, 283

국민nation 44, 52, 56~59, 65, 68, 88, 98,
   105, 112, 114, 119, 127, 156, 158, 159,
   164, 215, 218, 235, 255

군주prince 10, 14, 19, 25, 32, 46, 50, 53,
   73~75, 77~80, 83, 87, 89~96, 99, 103,
   106, 108, 109, 115, 121, 123, 125, 133~
   135, 149, 150, 156, 162, 165, 171, 172,
   211, 218, 219, 240~242, 245, 246, 248,
   250, 264, 265, 283, 284

귀족patriciens 107, 130, 134, 135, 139,
   144~147, 150, 243, 244, 251, 255, 262,
   265, 266, 267, 270

귀족정aristocratie 51, 82, 83, 86~88, 98,
   106~108, 124, 134, 135, 145, 147, 186,
   241, 243~245, 250, 264, 265

기독교christianisme/chrétien 160~169, 193,
   194, 276~278, 280

노예esclavage/esclave 11, 13, 14, 16, 18, 20,
   22, 30, 84, 112, 116, 118~120, 131, 139,
   140, 168, 182, 192, 195, 196, 206, 245,
   257, 269, 270

단체의지volonté de corps 79~81, 95, 106,
   240, 245

대표représentation/représenter 35, 43, 89,
   115, 117~119, 153, 157, 210, 245, 254,
   255, 277

도시국가cité 25, 31, 41, 56, 70, 114~117,
   120, 149, 177, 180, 203, 215, 224, 231,
   233, 238, 244, 254, 258, 267

독재관dictateur 153~155, 261, 273

명령décret 10, 12, 36, 37, 43, 50, 74, 93,
   113, 121, 128, 146, 148, 158, 185, 186,
   195, 196, 205, 211~213, 256, 269~271,
   279

모두의 의지volonté de tous 39, 128, 215

민주정démocratie 51, 82~85, 88, 91, 97,
   98, 106~108, 123, 134, 135, 146, 186,
   227, 237, 241~246, 258, 264

민회comices 115, 125, 130, 140, 143~147,
   251, 253, 255, 256, 260, 261, 267, 268,
   270, 271

보편 50, 134, 222, 223, 235, 239, 275,
   281, 282

부분사회société partielle 40, 215, 216, 263

부분회합associations partielles 40

비례rapport 74~76, 96, 234, 237, 239,

240, 248

ㅅ

사치luxe 84, 99, 101, 119, 166, 177, 215,
242

사회société 12, 22, 34, 35, 37, 42, 51~53,
66, 74, 128, 158, 164~167, 171, 174,
175, 180, 182, 184, 185, 187, 190, 198,
199, 206, 207, 211, 216, 219, 228, 234,
247, 252, 260, 261, 268, 275, 276, 279,
282

사회상태état social 19, 34, 190, 194,
206~208, 210, 211, 219, 221

사회적 양quantités morales 76, 104, 239

소유propriété 19, 30~33, 84, 104, 159,
160, 199, 208~210, 247, 253

시민citoyen 10, 19, 25, 26, 28, 29, 39~41,
43, 44, 46, 50, 53, 67, 70, 73~75, 79, 80,
82~87, 92, 104~106, 108, 112, 114~119,
121, 123, 124, 126, 128~132, 134, 135,
139~143, 146~148, 155, 158, 164~172,
177, 180, 181, 184, 194, 197, 203, 204,
206~208, 212, 215, 217~221, 224, 233,
234, 237~240, 251~253, 255, 257~259,
261~264, 267, 271, 279~282

시민법lois civiles/droit civil 27, 70, 162,
176, 180, 183, 205, 234, 235, 237, 238,
273, 279

시민사회société civile 119, 180, 209, 257,
260, 275

시민의 자유liberté civile 30, 66, 73, 132,
208, 237, 238, 271

시민의 종교religion du citoyen 164, 281,
282

신법droit divin 164, 182, 183, 278, 279

실정신법droit divin civil ou positif 164, 183,
279

심의délibération 22, 27, 39, 43, 81, 123,
129, 130, 132, 133, 212, 215, 261, 263

심의회conseil 77, 103, 112, 116, 135, 136,
146, 238, 266

ㅇ

연합confédération 120, 254, 257, 258

왕roi 13, 14, 16, 17, 20, 22, 38, 50, 53, 59,
73, 82, 89~95, 109, 142, 157, 158, 163,
196, 213, 214, 218, 238, 245, 246, 256~
258, 270, 271

왕정monarchie 50, 51, 82, 83, 91, 92, 94,
95, 98, 99, 106~108, 118, 124, 144, 177,
186, 240~242, 245, 246, 248, 251, 270,
271

운영administration(행정) 10, 22, 37, 50, 60,
74, 82, 84, 88, 89, 92~94, 107, 108, 117,
124, 134, 177, 181, 191, 218, 225, 236,
240~244, 246, 258~260, 272, 274, 340,
344, 354, 382

원로원sénat 47, 86, 87, 92, 94, 107, 115,
119, 130, 131, 144~147, 149, 151, 153,
154, 170, 238, 244, 251, 262, 265, 269~
273

응집agrégation 22, 23, 197

인간의 종교religion de l'homme 164, 165,
281, 282

인공단체corps artificiel 78, 202

인민peuple 11~13, 16~22, 25~27, 32, 36,
38~40, 43, 47, 49, 51, 53, 55~61, 63~70,
73~79, 81~92, 96~99, 101, 103~105,
107, 108, 111~113, 115, 117~128, 130,
134~138, 141~144, 146~151, 153, 156,
158~168, 180, 186, 190, 195, 196, 198,
199, 205, 207, 214, 215, 222~229, 231~
235, 237, 238, 242~247, 249, 251~254,
256, 257, 259, 263, 267, 270, 272, 274,

277, 281

일반사회société générale   221, 278, 279

일반의지volonté générale   25, 28~30, 35,
   36, 39~44, 49~51, 55, 73, 75, 77, 79~81,
   86, 88, 95, 106, 111, 117, 118, 123,
   128~133, 153, 156, 197, 202~204, 206,
   210~212, 215~218, 220, 223, 225, 227,
   236, 237, 240, 250, 253, 258, 261, 263,
   278, 282

입법législation   48, 51, 53, 54, 63, 65~68,
   73, 79, 156, 164, 205, 215, 225, 228~
   230, 233, 240, 243, 254, 255, 260, 263,
   276, 279

입법자législateur   10, 52~54, 56, 63~65,
   68, 70, 81, 83, 152, 162, 163, 207, 214,
   215, 223~230, 233, 234, 237, 262, 271~
   273, 275, 276

ㅈ

자기편애amour-propre   189, 200, 210, 232

자연권droit nature(번역 용어와 관련해, 1권
   옮긴이 주 4 참조)   41, 184, 188, 219, 221

자연법loi naturel   19, 42, 49, 56, 122, 175,
   180, 182, 184, 188, 191, 194, 196, 205,
   206, 208, 214, 219~222, 235, 236, 275,
   278, 284

자연상태état de nature   19, 23, 24, 29~31,
   45, 49, 187, 188, 190~194, 199, 206~
   208, 210, 211, 221, 222, 252, 279

적합convenance   12, 41, 52, 61, 65, 68, 83,
   87, 91, 98, 99, 103, 125, 133~135, 148,
   152, 189, 191, 196, 214, 223, 229

전쟁guerre   14, 17~21, 37, 46, 63, 64, 68,
   106, 107, 139, 160, 165, 167, 188, 194~
   196, 199, 200, 213, 214, 217, 234, 236,
   253, 254, 268~270, 277, 278

전제군주despote   17, 109, 199

전제정   22, 74, 99, 102, 107, 162, 192,
   199, 242, 246

정부gouvernement(통치, 정체)   10, 18, 34,
   35, 47, 48, 51, 52, 60~62, 64, 65, 72~99,
   102~110, 112~118, 121~125, 127, 129,
   134, 135, 144, 148, 149, 151, 152, 158,
   159, 162, 163, 169, 176, 178, 180, 186,
   187, 191, 199, 203, 205, 207, 210, 211,
   213, 218, 222~225, 230, 233, 234, 236~
   245, 247~250, 252~254, 258~260, 262~
   266, 272

정치법lois politiques   38, 69, 71, 173, 176,
   182, 183, 205, 208, 209, 220~222, 234,
   236, 238, 260, 261, 273, 274, 284

정치상태état civil   29, 30, 49, 98, 122, 180,
   207, 224

정치종교religion civile   170, 207, 229, 234,
   261, 266, 267, 274~276, 281, 282, 284

정치체corps politique   22, 26~28, 36, 41,
   48, 51, 60, 63, 72, 76~78, 106, 110, 114,
   115, 121, 123, 130, 133, 151, 163, 166,
   175, 176, 178, 180~183, 186, 188, 191,
   194~200, 202, 204, 205, 207~210, 212,
   215~222, 224, 225, 227, 231, 237~241,
   247, 250, 252, 259~261, 263, 264, 267,
   272, 274, 278~281, 284

정치체제politie   19, 99, 162, 195

종교religion   54, 57, 68, 160, 161, 163~
   166, 169~172, 177, 181, 194, 214, 225,
   260, 275~278, 281~284

주권souveraineté   26, 32, 35~38, 41, 44, 50,
   73, 75, 80, 85, 106, 108~110, 113, 115~
   117, 122, 123, 125, 129, 131, 137, 152,
   176, 183, 186, 188, 192, 196, 203, 205,
   208, 210~214, 217, 218, 220, 225, 231,
   233, 234, 236, 237, 240, 242~244, 248,
   251, 253~255, 258, 260, 263, 264, 272,

277, 282

주권자souverain   10, 14, 26~28, 31, 33,
    35~37, 41~45, 47, 50, 51, 54, 69, 73~78,
    80~83, 86, 88, 96, 103, 106, 107, 111~
    115, 118, 120~123, 126, 134, 143, 149,
    150, 159, 162, 163, 169~172, 176, 184,
    196, 205, 206, 209, 211, 213, 218, 223,
    233, 234, 236~240, 242, 243, 248, 251,
    252, 254, 255, 258~261, 263
중간권력pouvoir moyen   116
중간항moyen terme   149
집단적 가상단체corps moral et collectif
    25, 202
집회assemblée   25, 77, 87, 113, 115, 117,
    125, 129, 130, 132, 136, 141, 143, 144,
    148, 194, 201, 230, 253, 254, 263, 267

ㅋ

칼리파   162, 277

ㅌ

통치질서police   59, 128, 136, 137, 139,
    141, 211, 230

ㅍ

편중préférences   35, 42, 210, 201
평등égalité   34, 35, 42, 43, 57, 66, 67, 84,
    88, 127, 177, 209~211, 230, 234, 244
폭군tyran   13, 58, 65, 67, 108, 109, 150,
    232, 251, 272
풍속mœurs   61, 70, 75, 84, 106, 130, 135,
    138, 142, 147, 150, 153, 156, 157, 180,
    199, 200, 203, 204, 207, 227, 231, 234,
    242, 250, 257, 261, 262, 267, 273, 274
풍토climat   61, 63, 97~101, 119, 248

ㅎ

행정관magistrat   43, 54, 73, 74, 76~83, 87,
    94, 96, 97, 107, 108, 112, 113, 115, 123,
    133~135, 139, 143, 145, 149, 151, 153,
    154, 165, 166, 240, 241, 251, 258, 260,
    264, 265, 270, 271
호민관tribunus/tribun   107, 115, 118, 119,
    143~146, 149~151, 240, 251, 255, 256,
    261, 270, 272, 273
혼합정부gouvernement mixte   96, 97, 107,
    134, 248
회합association   22, 24~26, 39, 40, 74, 105,
    122, 197